유학사상과 생태학

연구총서 36
유학사상과 생태학
Confucianism and Ecology

엮은이   메리 에블린 터커(Mary Evelyn Tucker) · 존 버스롱(John Berthrong)
옮긴이   오정선
펴낸이   오정혜
펴낸곳   예문서원

편 집   유미희
인 쇄   ㈜ 상지사 P&B
제 책   ㈜ 상지사 P&B

초판 1쇄   2010년 9월 10일

주   소   서울시 동대문구 용두 2동 764-1 송현빌딩 302호
출판등록   1993. 1. 7 제6-0130호
전화번호   925-5914 / 팩시밀리   929-2285
Homepage   http://www.yemoon.com
E-mail   yemoonsw@empas.com

ISBN 978-89-7646-260-2 93150
YEMOONSEOWON 764-1 Yongdu 2-Dong, Dongdaemun-Gu Seoul KOREA 130-824
Tel) 02-925-5914, 02-929-2284 Fax) 02-929-2285

값 27,000원

연구총서 36

유학사상과 생태학

메리 에블린 터커·존 버스롱 엮음

오정선 옮김

예문서원

감사의 말

　'세계 종교와 생태계'라는 주제를 다루는 학술대회가 1996년부터 1998년
까지 하버드대학교 세계종교연구센터의 돈 쿤켈(Don Kunkel)과 말고자타 라디
지스카-헤더릭(Malgorzata Radzizewska-Hadderick)의 관리 감독 및 제이니 보슈(Janey
Bosch), 나오미 윌셔(Naomi Wilshire), 릴리 레기오(Lilli Leggio)의 협조로 개최되었다.
세계종교연구센터의 나르게스 모시리(Narges Moshiri)도 처음 두 차례의 학회 준
비를 도왔다. 이 학회에서 발표된 주제들은 캐스린 도지슨(Kathryn Dodgson)과
에릭 에드스탐(Eric Edstam)의 편집을 거쳐 세계종교연구센터에서 시리즈로 발
간, 하버드대학교 출판사가 배포할 것이다.

　이 학술대회와 시리즈 출판을 위해서 재정적으로 막대한 지원을 아끼지
않은 V. 칸 라스무센 재단(V. Kann Rasmussen Foundation) 및 아가 칸 문화재단(Aga
Khan Trust for Culture), 일본 신사본청神社本廳(Association of Shinto Shrines), 네이션 커밍
스 재단(Nathan Cummings Foundation), 콜롬비아대학교 다람 힌두인도 연구센터
(Dharam Hinduja Indic Research Center at Columbia University), 거메슈센 재단(Germeshausen
Foundation), 하버드 불교학 포럼(Harvard Buddhist Studies Forum), 하버드신학교 가치
연구센터(Harvard Divinity School Center for the Study of Values in Public Life), 북미 자이나교

학문 재단(Jain Academic Foundation of North America), 로렌스 록펠러(Laurance Rockefeller), 사차루나 재단(Sacharuna Foundation), 환경 도전에 대처하는 신학 교육(Theological Education to Meet the Environmental Challenge), 윈즐로 재단(Winslow Foundation)에게 감사를 드린다.

이 학술대회는 지금도 활발하게 활동하고 있는 미국의 생명환경보존 연구소(Center for Respect of Life and Environment of the Humane Society)의 도움으로 시작되었다. 벅넬대학교(공동 협찬)는 메리 에블린 터커(Mary Evelyn Tucker)와 존 그림(John Grim) 두 교수에게 학회에 몰두할 수 있도록 안식년을 주었으며 행정 업무 담당자 스테퍼니 스나이더(Stephanie Snyder)가 학회를 도울 수 있도록 편의를 제공했다. 그리고 벅넬대학교의 총장 윌리엄 애덤스(William Adams)와 부총장 대니얼 리틀(Daniel Little)은 교수들과 학생들이 학회에 참석할 수 있도록 여행 경비를 부담했다.

또한 학회를 위해 전문가로서 조언해 준 분들과 편집자들에게 특별히 감사드린다. 그들의 재능 그리고 시간은 학회에서부터 책 출판에 이르기까지 없어서는 안 될 귀중한 것들이었다. 마지막으로 이 과정에서 계속하여 도움, 조언 그리고 용기를 준 마틴 S. 카플란(Martin S. Kaplan)에게 감사드린다.

서문___로렌스 E. 설리번

마치 지구에 사는 인간이 지구의 생태계를 다른 천체의 생태계와 다르게 생각하는 것처럼, 종교는 인간을 다른 모든 종種으로부터 구별한다. 종교적 삶과 지구의 생태계는 분리할 수 없도록 연결되어 있고 유기적으로 연관되어 있다.

인간의 신앙 실천은 세상의 특징이라고 할 수 있다. 인간의 문화로 인해, 변형되지 않은 자연체계는 존재하지 않는다. 사이먼 샤마(Simon Schama)는 이렇게 말했다. "산업화 시대의 노력 역시 마찬가지이다. 그것은 전적으로 우리 사회의 현존과 같은 시기에 일어났다. 그리고 남극, 북극으로부터 적도의 열대림까지 모두 변형된 세계이며, 그것이 우리가 갖고 있는 자연이다."[1] 샤마의 연구에 의하면 인간의 문화로부터 가장 자유롭다고 생각되는 풍경(landscape)조차도 문화의 산물이다.

자연생태에 대한 인간의 신앙은 인간의 생태계 자체에 대해 특별한 공헌을 하였다. (창조하고 생기를 주는 힘의 본질에 대한) 종교적 신념은 생태계에 영향을 주었는데, 그것은 의지의 힘을 불러일으켰고 노동의 힘을 의미

---

1) *Landscape and Memory*(New York: Vintage Books, 1996), p.7.

있는 방향으로 움직였다. 종교적 의식은 인간을 구체적 삶과 연결시켰고 실천적 관습과 정신적 태도를 다음 세대에 전승하였다.

그렇다고 이것이, 종교적 사상은 가끔 인간세계와 접촉하고 오랜 시간에 걸쳐 축적된 어떤 흔적을 남긴다고 말하는 것은 아니다. 사실은 그 반대이다. 환경연구의 관점에서 보면, 종교적 세계관은 공동체로 하여금 특정의 근본적 성격을 갖게 한다. 왜냐하면 종교적 세계관은 근본적이고 만물 포용적이며 독특하기 때문이다.

종교적 세계관은 2차적인 외형의 배후를 조사하며 인간의 관심을 제1질서의 실체들에 집중시키기 때문에 근본적이다.(기원의 삶, 기원의 완전한 실현으로서의 창조성, 기원의 죽음과 파괴, 기원의 재생과 구원) 제1 질서의 계시는 아주 강력하며 공동체로 하여금 창조적 행위를 하게 한다. 근원적 개념은 근원적 동인이다.

종교적 세계관은 그 세계관 안에서 온전하게 자연세계를 흡수하기 때문에 만물 포용적이다. 그것은 전체를 보는 견해와 상징적으로 사고할 수 있는 능력을 가진 우주의 사물로서, 인간에게 인간이 처한 입장을 관통해 볼 수 있는 이미지를 제공한다. 만물 포용적인 종교적 개념은 다른 개념과 동등하지 않다. 그것은 그 안에서 모든 종류의 개념이 혼합되는 마음의 태도를 고안한다. 바로 이러한 이유 때문에 생태계에서 종교적 개념의 역할은 보다 더 잘 이해되어야 한다.

종교적 세계관은 자연세계를 오직 종교적 상상 속에서만 나타나는 전혀 다른 종류의 세계로 흡수하기 때문에 독특하다. 환경연구의 관점에서 보면, 한편으로 이 종교적 견해가 가진 위험은 자연세계에 대한 무관심 혹은 경시이다. 또 다른 한편으로 자연은 오직 종교적 세계 안에서만 다른 종류의 사물들(자연 안에서 항상 명백하게 드러나지는 않는 초자연적 세계 혹은 힘의 형태)과 비교 대조될 수 있으며, 그런 다음에야 비로소 자연은 자연 그 자체와 다르게 다른 새로운 빛 속에서 독특한 것으로 드러날 수 있다. 다시 말하면 오로지 종교적 관념만이 인간으로 하여금 자연세계를 독특한 것으로 평가할 수 있도록 한다. 가해성可解性 역시 마찬가지로, 자연세계는 세계 속에서 인간 자신의 독특한 (종교적 그리고 상상적) 본성과 조화라는 용어로 평가된다. 그러므로 자기 의식적인 관계, 한계와 책임에 대한 역할의 기초를 세운다.

지구의 환경을 보존하기 위한 환경연구는 종교의 역할에 대해 면밀하게 조사하지 않았다. 이러한 추세는 생태계의 위협이나 보존에 미치는 과학기술의 역할에 대해 연구가 진행된 것과는 아주 대조적이다. 종교에 대한 무지가 환경연구에 있어서 그것의 목적 달성을 방해한다. 왜냐하면 비록 과학기술이 종교와 연관된 중요한 인간 문화의 특징을 공유하기는 하지만, 인간의 동기와 배려의 원천에 대해서 연구하지 않은 채로 남겨 두기 때문이다. 그러므로 인간사회를 구성하는 종교적인 삶을 파악하지 않고서 환경을 이해한다는 것은 불가능하다.

우리는 세계의 종교에 관해서 많은 양의 새로운 정보를 갖고 있다. 그런 점에서 종교학은 지질학, 천문학과 마찬가지이다. 종교의 본질과 기능에 관한 새로운 발견은 사실 오래전부터 설명해 온 과정과 사건에 대한 분명한 이해이다. 우리가 알고 있는 세계 종교에 관한 많은 정보는 이전에는 전문가가 아니면 알 수 없던 것들이다. 우리는 세계 종교의 전통, 고대 역사 그리고 현대 세계 종교의 지속된 창조성으로부터 동기, 훈련, 의식의 보고를 열고 있다.

인간의 종교적 영성인 지질학은 지구와 지구에 있는 천태만상의 생명과 연결해야 하는 인간의 필요성을 충족시킬 수 있다. 인간의 소비 양상과 분배 방식의 변화, 생산 방식의 재평가 그리고 물질적 삶의 기반과의 연대 재수립 등 이러한 것들의 성취는 웰빙과 번영, 생명의 한계를 존중하는 것에 대한 새로운 이미지를 밝히는 영적 조절과 함께 달성된다.

이 시리즈는 다음의 괄목할 만한 종교적 견해를 소개한다. 일본의 바쇼(Basho) 자연 신비주의 혹은 이탈리아의 세인트프랜시스(Saint Francis), 무속 치유자들의 태생학, 무아 황홀 생리학, 도가 중재자들, 베단타 실천가들, 세계은행이 지원한 토착민의 의례의식 연구, 위험한 산업폐기 지역들, 산림벌채, 그리고 환경적 인종 차별주의에 대한 신랄한 종교적 비판 등이다.

세계를 수정하는 힘은 놀랍고 동시에 매혹적이며 기억할 수 없는 과거로부터 오늘에 이르기까지 성찰 특히 종교적 숙고에 종속되어 왔다. 우리는 지구의 삶에 뿌리내린 기억과 실천 그리고 신조라는 관계로부터 종교를 이해할 때 생태계를 보다 더 잘 이해할 수 있다. 이 종교적 견해에 대한 지식은 우리의 방식을 재평가하도록 하고 우리 자신을 생명의 자원에 재순응시킨다.

이 책은 종교와 생태계에 대한 현대적 이해가 갖고 있는 심각한 괴리를 다루는 시리즈 중 하나이다. 이 시리즈는 3년 동안 하버드대학교 세계종교연구센터에서 진행된 연구에 기인한다. 나는 하버드대학교에서 환경문제를 부각시켜 연구하도록 결정하고 이 프로그램을 지원해 준 하버드대학교 닐 L. 루덴스타인(Neil L. Rudenstine) 총장의 지도력과 격려에 감사한다. 그리고 이 연구를 총괄하여 진행하고 전 세계로부터 600여 명의 학자와 종교 지도자들 및 환경 전문가들을 하버드대학교로 초대한 벅넬대학교의 메리 에블린 터커 교수와 존 그림 교수에게도 감사드린다. 이 두 분은 학회 진행자로서, 이 위대한 작업에 전망과 힘을 주었다. 헤일(Hale)의 마틴 S. 카플란과 도어(Dorr)의 조언과 협조도 큰 힘이 되었다. 또한 이 연구와 출판은 세계종교연구센터의 직원들(돈 쿤켈, 말고자타 라디지스카-헤더릭, 제이니 보슈, 나오미 윌서, 릴리 레기오, 캐스린 도지슨, 에릭 에드스탐 그리고 벅넬대학교의 스테퍼니 스나이더 등)의 헌신과 재능으로 달성되었다. 위에서 언급한 분들과 지원해 준 모든 분, 그리고 학회 참석자들의 노력이 이 시리즈를 가능하게 해 주었음에 다시 한 번 감사드린다.

시리즈 서문__메리 에블린 터커·존 그림

환경 위기의 본질

우리는 행성에 존재하는 모든 생명체가 위협을 받는 환경의 위기 속에서 새롭게 지구를 지탱해 주는 관계성을 찾는 시대에 살고 있다. 이 환경 위기의 원인에 대해서 과학자들, 경제 전문가들 그리고 정책입안자들은 갑론을박하고 있지만, 이미 만연한 환경 파괴 현상은 우리에게 경종을 울리고 있다. 실제로 어떤 관점에서 보면 미래 인간의 삶 자체가 위협을 받고 있다고 생각할 수 있다. 대니얼 맥과이어(Daniel Maguire)가 정확하게 지적하는 것처럼 "만일 현재의 추세가 계속 된다면 인간은 존재할 수 없다."[1] 리버데일 종교연구센터의 전임 소장 토마스 베리(Thomas Berry) 역시 충격적인 질문을 하였다. "인간이 과연 멸종 위기에 있는 지구상에서 살아남을 수 있는 종種인가?"

자원고갈, 동식물의 멸종, 공해와 독성물질의 과잉현상 등으로 지구는

---

1) 그는 다음과 같이 주장한다. "그리고 이는 전대미문의 현상이다. 만일 종교가 이것에 대해 침묵한다면 그것은 시대에 뒤진 일종의 방심이 되고 만다." Daniel Maguire, *The Moral Core of Judaism and Christianity: Reclaiming the Revolution*(Philadelphia: Fortress Press, 1993), p.13.

전대미문의 위기에 처해 있다. 이러한 위기는 지금까지 인간 공동체가 경험하지 못했던 인구 폭발, 산업 증가, 기술 조작 그리고 군사 무기의 확산 등으로 더욱 악화되고 있는 실정이다. 생명을 지탱해 주는 기본적 요소들(충분한 물, 깨끗한 공기, 개간할 수 있는 땅 등) 역시 위기에 처해 있다. 하지만 이러한 위기를 해결하는 방법은 더 어렵고 복잡하다. 분명한 것은 이러한 위기가 여기서 우리가 논의하는 것 이상으로, 경제적, 정치적 그리고 사회적인 측면으로 분석되어야 한다는 것이다. 그러나 『지구 환경 보고서 2000』(*Global 2000 Report*)의 주장대로 "······ 이러한 지구의 환경문제들이 생기기 시작하면 결코 되돌릴 수 없다. 실제로 『지구 환경 보고서 2000』이 지적한 일부 문제들은 쉽게 기술적 혹 정책적 교정으로 해결할 수 있다. 하지만 대부분의 문제들은 세계의 사회적 경제적 문제들과 뒤엉켜 있다."[2]

미주리 주의 식물공원(Missouri Botanical Garden) 소장인 피터 레이븐(Peter Raven)은 「인간이 이 세계를 죽이고 있다」("We Are Killing Our World")라는 논문에서 환경 위기의 중대성을 같은 맥락으로 언급했다. "진화와 생태의 장을 제공하는 이 세계가 심각한 위기에 처해 있으며, 이러한 상황에서 우리는 위기의식을 갖고 주목해야 한다. 우리는 이러한 심각한 문제들을 다룰 수 있는 적절한 계획을 수립하여 미래의 번영과 평화의 기초를 놓아야 한다. 만일 이러한 문제들을 무시하고 오로지 개인적으로 중요하다고 생각되는 긴급하고 우선적인 것들만을 다룬다면 우리는 결국 재앙에 직면하게 된다."

---

2) Gerald Barney, *Global 2000 Report to the President of the United States*(Washington, D.C.: Supt. of Docs. U.S. Government Printing Office, 1980~1981), p.40.

세계관과 윤리의 재숙고

많은 사람들은 이렇게 복잡하고 다양한 측면을 가진 환경 위기를 단지 경제적, 정치적, 사회적 요인들이 만들어 낸 결과라고 간주하지 않는다. 환경 위기는 인간을 단순히 생명 순환과 생태계에 의존하는 자연의 피조물의 차원으로 이해하는 것이 아니라, 철학적 종교적으로 더 넓게 이해할 것을 요구하는 도덕적 영적 위기이다. 그러므로 종교는 현재 우리가 당면하고 있는 환경 위기의 관점에서 재조명되어야 한다. 왜냐하면 종교가 의식적 혹은 무의식적인 방식으로 자연에 대한 인간의 태도 형성을 돕기 때문이다. 종교는 우리가 누구인지, 자연이 무엇인지, 우리는 어디서부터 와서 어디로 가는지 등과 같은 근원적인 문제에 대해 설명하는데, 이는 한 사회의 세계관을 구성한다. 종교는 또한 우리가 어떻게 타인을 대우해야 하는지 그리고 어떻게 자연과 연결해야 하는지를 제시하는데, 이 가치들은 한 사회의 윤리적 방침을 결정한다. 따라서 종교는 문화와 사회의 가치와 태도의 근저에 흐르는 세계관과 윤리를 생산한다. 역사학자 린 화이트(Lynn White)가 관찰한 것처럼, "사람들이 생태계에 행하는 행위들은, 사람들이 자기 주변과의 관계 속에서 자기에 관해 생각하는 것에 달려 있다. 인간 생태계는 인간의 본성과 운명에 대한 신앙, 즉 종교에 의해 철저히 제약된다."[3]

우리는 자신을 지구와의 관계 속에서 재정위하려고 노력하는 과정에서 물질(matter)과 구체성(materiality)이 갖고 있는 복잡한 본질에 대한 진가를 평가하지 못했다는 사실을 발견한다. 현대인들이 느끼는 고립성은 인간 공동체와 물질적 교환의 형태를 훨씬 넘어서 자연 그 자체와의 인간 상호작용에까

---

3) Lynn White, Jr., "The Historical Roots of Our Ecologic Crisis", *Science* 155(March 1967), p.1204.

지 확대되었다. 특히 기술적으로 복잡해진 도시와 사회 속에서 우리는 인간이 자연에 의존하고 있다는 사실을 인식하지 못하게 되었다. 우리는 더 이상 지구에 거하는 인간으로서의 우리 자신에 대해 알지 못하며, 지구를 성스러운 것으로 간주하지 않는다.

토마스 베리는 인간이 자연세계와의 상호작용에 있어서 자폐증에 걸렸다고 말한다. 다른 말로 하면, 인간은 자기중심적 관점과 근시안적 요구에 갇혀서 생명과 본질의 가치를 인식하지 못하게 되었다는 것이다. 그는 우리가 이러한 박탈과 상실을 극복하기 위해서 새로운 우주론, 문화적 부호화, 동기 부여의 에너지를 필요로 한다고 주장한다.[4] 그는 산업화의 과정에서 파괴적인 힘이 너무나도 막강하였기 때문에, 진보와 진화과정에서의 인간의 역할에 대한 우리가 갖고 있는 불확실한 신화나 박약한 근거의 생각을 철저하게 재점검해야만 한다고 주장한다. 실제로 그는 진화를 우주의 새로운 이야기, 즉 10.5억 년의 지구 역사로부터 연결된 인간의 의미와 방향을 다시 정하는 거대한 우주론적 관점에서 이야기한다.[5]

토마스 베리와 다른 학자들에게 있어서 환경 위기의 가장 중요한 구성요소는 영적 그리고 윤리적인 위기이다. 세계 종교는 지난 세기 동안 환경 문제에 관여해 온 개인, 기관 그리고 각 의견과의 협력에 중요한 역할을 할 수 있다. 비록 종교는 뒤늦게 환경 위기를 말하고 있지만, 그 문제들에 대해 매우 창조적인 방식으로 응답하고 있다. 종교는 신학을 재숙고할 뿐 아니라 종교의 실천과 환경에 대한 장기적인 헌신 또한 올바른 방향으로 다시 정한다. 그렇게 함으로써 종교와 윤리의 본질은 도전받고 변화된다. 다른 종교

---

4) Thomas Berry, *The Dream of the Earth*(San Francisco: Sierra Club Books, 1988).
5) Brian Swimme and Thomas Berry, *The Universe Story*(San Francisco: Harper San Francisco, 1992).

적 신념과 실천에 의해 만들어진 세계관을 재점검하는 것은 우리가 추구하는 21세기의 포괄적 우주론, 광범한 개념적 틀, 그리고 효율적인 환경윤리의 재발견에 아주 중요하다.

과거에는 그 어떤 종교도 오늘날 우리가 당면하고 있는 환경 위기를 다루지 않았지만, 종교는 자연을 대하는 태도 수립에 결정적 요소가 된다. 근대산업 발전의 기초가 된 무한 경제적 성장과 자원 개발은 의도하지 않은 결과를 발생시켰고, 이는 생태계의 순환과 생존을 막다른 골목으로 몰아넣었다. 종교 전통은 인간과 지구를 상호 향상시키는 장기적인 계획 수립 그리고 생명력 있는 조건의 재구상에 아주 중요한 역할을 한다.6) 실제로 E. N. 앤더슨(E. N. Anderson)이 논문에서 주장한 것처럼 "자원을 잘 관리한 모든 전통사회는 종교적 혹은 의례적인 자원 관리를 통해 그 일부 작업을 시행해 왔다."7)

하버드대학교 세계종교연구센터는 세계의 다양한 종교 그리고 그 종교와 생태계에 관한 연구로 이루어진 시리즈의 출판을 시작했다. 로렌스 E. 설리번이 주도하고 메리 에블린 터커와 존 그림이 진행한 학회에 앞으로 3년 동안 600여 명의 학자, 대학원생들, 종교 지도자들 그리고 환경 운동가들이 참석할 것이다. 이 작업은 이렇게 계획된 협력의 결과이다. 계획된 협력은 우리가 다루는 주제의 복잡함에 대화적 숙고의 가능성을 극대화시키

---

6) 개념과 행위, 이론과 실천이 항상 연결되어 발생하지 않기 때문에 우리는 그러한 프로젝트의 한계를 인지한다.

7) E. N. Anderson, *Ecologies of the Heart: Emotion, Belief, and the Environment*(New York and Oxford: Oxford University Press, 1996), p.166. 그는, "요점은 종교의 본질이 아니라, 특정한 도덕적 코드와 관리 체계를 촉진하는 정서적으로 강한 상징의 사용이다"라고 말한다. 그는 다양한 사례 연구에서 생태론적 지혜가 어떻게 신화, 상징 그리고 전통사회의 우주론에 담겨 있는지에 대해 기술한다.

고 각 지역이 생태적으로 유지할 수 있는 대안에 대한 다양성을 강조할 것이다.

앞으로도 계속해서 학술대회가 열릴 것이고 또한 출판물이 발간되겠지만, 우리의 작업은 이제 새롭게 떠오르는 종교와 생태계 분야의 최초의 탐험이 될 것이다. 우리는 이러한 임무를 감당한다는 것이 결코 쉽지 않다는 것을 잘 알고 있다. 하지만 학회에 참석하여 이 주제를 연구하는 학자들, 학문적인 차원을 넘어 이 문제를 다루는 전문가들 그리고 이 책에서 문제를 다루는 학자들의 격려가 큰 힘이 되었다. 우리는 이 시리즈의 출판물들이 단지 종교학자들뿐 아니라 신학교의 교육, 종교적 실천 그리고 환경 정책을 수립하는 전문가들에게도 유용하게 쓰일 것이라고 확신한다.

또한 이 학회와 출판물들은 환경 위기를 저지하는 도덕적 힘인 세계 종교의 역할에 대한 논의를 촉진시킬 것이다. 분명한 것은 현대인들이 당면하고 있는 환경 위기의 문제를 다루기 위해서 전통적, 철학적 그리고 종교적인 개념을 사용하는 것은 방법론적인 문제를 갖고 있지만 동시에 그러한 노력들을 지원해야 하는 강력한 이유가 있다는 것이다. 세계 종교는 복잡하고 다양함에도 여전히 상징적 개념, 영적 영감, 그리고 윤리적인 원리의 가장 중요한 자료가 된다. 종교는 한계를 갖고 있음에도 불구하고 역사적 해석 방향, 사회적 응집의 기초, 문화적 표현의 영적 지도, 그리고 의미 있는 삶의 의례적 축전 등에 필요한 종합적인 우주론을 제공하였다. 우리는 더 종합적이고 생태론적인 세계관과 효율적인 환경윤리를 세계 종교 전통의 상징적이고 개념적인 자료들로부터 끌어내야만 한다. 이러한 우리의 노력에 앞선 다른 분들의 노력이 있었을 것이고, 또 우리의 노력에 문제가 있을 수 있을 것이다. 아래에서는 우리에 앞서 시행된 노력들 그리고 당면한 문제들을 지적할 것이다. 이 책과 학회를 통해서 앞으로 종교와 생태계에 관해 더욱 넓고 깊은 종합적인 논의가 이루어지길 바란다.

한계와 목표

종교의 문제와 희망

세 번에 걸쳐 열린 학회와 출판된 책은 세계 종교가 환경 위기로부터 도래한 도덕적 딜레마에 대해 진지하게 논의하는 데 도움이 될 수 있다는 전제에서 출발함과 동시에 그러한 노력들의 한계를 분명히 인식한다. 또한 환경 위기의 문제는 과학, 경제학, 정치학, 건강 그리고 공공 정책 등 다분야와 연결되어 있다는 사실도 분명히 인식한다. 인간 공동체가 자연에 대해 지금까지 갖고 있던 태도와 전혀 다른 태도를 갖기 위해서 그리고 종種과 생태계를 수용하는 광범한 윤리 개념을 분명히 하려고 노력하는 이 시점에 세계 종교들은 이러한 각 전문 분야의 협력에 없어서는 안 될 중요한 부분이 될 수 있다.

환경 위기에 대한 다량의 과학적 정보가 공유되었으며 수많은 정치적이고 경제적인 선언문들이 발표되었다. 하지만 우리에게 필요한 변화를 추구할 수 있는 정치적이고 경제적이며 과학적인 리더십은 아직 없는 것 같다. 더욱이 우리는 환경 위기라는 문제에 종이에 쓰인 글로부터 실천할 수 있는 공공 정책, 화려한 수사로부터 실제적 행동으로 변화시킬 수 있는 종교적 헌신, 도덕적 상상, 윤리적 참여가 결여되고 있다는 사실을 인식한다. 왜 우리는 페어필드 오즈번(Fairfield Osborne)이 『약탈당한 우리의 행성』(*Our Plundered Planet*)을 통해 경고한 지 거의 50년이 지나고 레이첼 카슨(Rachel Carson)이 『침묵의 봄』(*Silent Spring*)을 통해 경고한 지 거의 30여 년이 지난 오늘에도 여전히 "너무 늦었는가?"라고 물으면서 헤매고 있는가?[8]

"도대체 종교는 왜 중요한 환경문제들을 다루지 않고 무엇을 했는가?", "왜 이렇게 늦게서야 환경문제 논의에 참여하게 되었는가?"라고 물어야 한다. 개인의 구원이라는 논점이 다른 모든 문제를 잠재워 버렸는가? 신과 인간의 관계가 중요한 문제가 되었기 때문인가? 인간 중심적 윤리가 모든 흥미를 다 가져갔는가? 내세가 보장하는 상급들이 현세에 대한 우리의 헌신을 유린하였는가? 단순히 종교가 자연신학들과의 관심을 포기하고 실증주의적인 과학적 우주론에 항복해 버렸는가? 이러한 질문들을 통해서 종교의 환경위기에 대한 관심 부족을 설명할 수 있다. 어쩌면 그 이유들이 불분명할 수도 있기에 보다 더 자세한 설명이 필요하다.

우리는 종교가 환경 위기라는 문제에 관심을 갖고 참여하기 시작했다는 희망적인 측면을 말함과 동시에 종교의 어두운 측면, 즉 종교 기관으로서의 표현과 교리 형태에 대해서도 언급해야 한다. 환경문제에 대한 무관심 외에도 종교는 전쟁을 조장하는 힘, 인종차별, 사회적 부정에 대한 외면, 불평등한 성 차별 등과 같은 학대의 출처가 되어 왔다. 우리는 이러한 종교의 어두운 측면을 소극적으로 다루지 않으며 윤리적 설득력을 지나치게 강조하지 않는다. 하지만 종교가 과거에 내적, 외적의 위협들 속에서 개인과 문화를 지탱해 준 것처럼 이 시대에 중요한 역할을 해야 한다는 데 모두 동의한다.

---

8) 너무 늦었는가?(Is It Too Late?)는 John Cobb이 처음 1972년 Bruce에서 출판하고 1995년 환경윤리서적(Environmental Ethics Books)에서 재발행한 책 제목이기도 하다.

마지막으로 우리가 주의해야 할 점은 종교 이론과 실제의 괴리이다. 위에서 언급한 바와 같이 친환경적인 종교 전통을 가진 사회조차도 과거에는 종종 자원을 오용했다. 종교가 이상과 실재 간의 괴리를 갖고 있는 것은 분명하지만, 그렇다고 그것이 세계 종교로부터 보다 더 건실한 우주론, 환경 친화 및 환경 보존 윤리의 자원들을 찾아내려는 우리의 노력을 결코 감소시키지 않는다. 이론과 실천의 괴리는 철학과 종교 전반에 만연해 있으며, 그것은 환멸과 의구심 그리고 냉소를 불러온다. 더 실제적인 관찰이 요구되지만, 이러한 괴리 때문에 전통 종교 속에 새겨진 복잡한 세계관과 풍요로운 우주론을 자동적으로 무효화해서는 안 된다. 오히려 우리는 이러한 개념적 자료들을 도전적이고 실효적인 방식으로 우리의 관점을 확장하고 발전시키는 데 사용해야 할 것이다.

　　이상의 논점을 요약하면 종교는 예언자적이며 변화적인 요소들과 보수적이고 억압적인 요소들을 갖고 있다. 이 요소들은 지속적인 긴장관계 속에 있으며 종교의 전통 안에서 다양한 사상과 해석을 창조하는 조건을 제공한다. 하지만 이 다양한 긴장과 한계를 인지하는 것은 결코 우리의 긴급한 연구를 약화시키지 않는다. 오히려 우리의 노력을 건강한 비판, 조심성 있는 낙관주의와 의욕으로 정의한다. 이는 종교와 생태계에 영향을 줄 수 있는 새로운 학문 분야의 시작이다. 이 성찰과정은, 한편으로는 종교로 하여금 그들의 역할, 사명, 그리고 정체성에 대한 상상을 변화시킬 것이다. 왜냐하면 이러한 성찰은 지구 자체로부터 분리된 것이 아닌 새로운 의미의 성스러움을 요구하기 때문이다. 다른 한편으로는 종교가 자연에 대한 태도를 형성할 수 있다는 점을 인식하게 할 것이다. 그러므로 종교는 그 자체의 변화 속에서 더욱 자연세계의 아름다움과 복잡성의 진가를 인정하게 된다. 동시에 종교가 자연의 경이와 경외를 촉진함에 따라 절멸 위기에 처한 생태게, 멸종 위기에 있는 종種 그리고 감소하는 자원을 보호하는 윤리적 실천에 에너지를 제공할 수 있다.

방법론적 관심들

우리는 종교와 생태계라는 새로운 분야 안에서 이 연구를 추구함에 있어 심각하게 생각해야 할 방법론적 논점들이 있다는 것을 인식해야 한다.[9] 이 연구에서 우리가 당면하는 중요한 논점들은 시간, 장소, 공간 그리고 전후관계성이다. 시간에 관해서는, 각 종교 전통이 갖고 있는 방대한 역사적 복잡성을 이 제한된 학회와 출판물에 다 담을 수 없다는 점을 인식해야 한다. 그리고 장소에 관해서는, 종교가 발전되어 온 다양한 문화적 상황들에 주목해야 하며, 공간에 관해서는, 종교의 표명 속에서 나타난 기관과 전통의 다양한 틀을 인식해야 한다. 마지막으로 전후관계성에 관해서는, 우리가 현대 세계의 독특한 문제와 함께 21세기 말이라고 하는 역사적 상황 속에 처해 있다는 점을 인식해야 한다.

각 종교 전통은 역사적, 문화적으로 다양할 뿐 아니라 종교 전통의 신조, 경전 그리고 기관들은 장시간에 걸친 광대한 주석과 개정에 시달려 왔다. 그러므로 우리는 이 종교 속에 그리고 종교 간에 존재하는 급진적 다양성을 한 편의 책에 담을 수 없으며, 또한 역사적 전통들을 현대적 관점에서 조사하면서 그것들을 왜곡할 수 있다는 점을 인식해야 한다.

그럼에도 불구하고 환경윤리 철학자 J. 베어드 캘리콧(J. Baird Callicott)이 주

---

9) 여기서는 모든 방법론적 이슈를 다룰 수 없기 때문에, 앞으로 전문 학자들의 의견을 기대한다.

장한 바와 같이, 학자들과 전문가들은 보다 더 포용적이고 총체적인 환경윤리를 수립하기 위한 수단으로 종교 전통의 "개념적 자원을 채굴한다."[10] 캘리콧 자신이 지적한 것처럼, '채굴'이라는 용어는 문제가 있다. 왜냐하면 어떤 종교 공동체, 특히 토착민들에게 약탈의 이미지를 연상시키기 때문이다. 더욱이 우리는 단순하게 어떤 개념을 하나의 공동체로부터 빌려서 다른 공동체에 적용할 수 없다. 세계적 환경윤리를 수립하기 위해 노력하는 우리는 문화적 독특성과 다양성에 아주 민감해야 한다. 우리는 단순한 브리콜라주(아무것이나 이용하여 만든 것) 혹은 아무 흥미 없는 관점들의 연합을 추구하지 않는다. 오히려 학회와 출판물들이 세계 종교가 가진 자연에 대한 태도(상징적 풍요성)를 다양하게 교차적으로 점검한다. 그것은 환경 위기가 가져온 도전에 직면하고 있는 세계 종교 전통의 한계와 또한 그것이 가진 공통점을 밝혀 줄 것이다.

우리는 공동 입장을 추구하는 것과 동시에 우리의 개념적 한계의 강제 속에 새겨 있는 우리들의 관심을 분명히 해야 할 필요가 있다. 우리는 역사적인 면에서 자연에 대한 다양한 태도를 기술할 때 세계 종교들이 그 관점을 표현하는 복잡성, 상황, 그리고 틀에 대한 '비판적 이해'를 목표로 한다. 추가로 우리는 각 종교 전통이 갖고 있는 생태론적 가능성을 과대평가하지 않는 혹은 환경적 무관심을 무시하지 않는 '감정이입적 평가'를 추구한다. 마지막으로 우리는 인간과 지구의 관계를 상호적으로 향상시키는 '창조적 수정'을 추구한다. 이 창조적 수정은 종교 전통이 드러내는 자연에 대한 다양한 태도를 강조함으로써 가능할 수 있다. 그러한 태도와 관계에 대한 연

---

10) J. Baird Callicott, *Earth's Insights: A Survey of Ecological Ethics from the Mediterranean Basin to the Australian Outback*(Berkeley: University of California Press, 1994).

구에서 나타나는 다채로운 효과는 우리가 처해 있는 상황과 21세기 말에 우리가 함께 공유하는 관심을 재상상하는 데 필요한 명시와 상징적 자료를 제공할 수 있다. 간단하게 말하면, 종교 전통은 상징, 의례, 본문의 창조적 자료들을 공급할 수 있으며, 인간을 자연세계로 분리하지 않고 자연의 일부로 재상상하도록 격려할 수 있다.

목표들

위에서 언급한 방법론적 이슈들은 다음에 기술된 학회의 목표들 속에 포함되어 있다.

1. 다양한 종교 전통의 독특한 생태론적 태도, 가치, 실천을 확인하고, 이 전통이 지적, 정치적, 그리고 다른 자원과 연결되어 있음을 분명하게 평가한다.
2. 생태계에 관해서 종교 전통 안에나 종교 전통 간에 존재하는 공통점을 기술하고 분석한다.
3. 건설적 이해, 동기 부여적 논의 그리고 온 세계의 다양한 지역에서의 합의적 행위가 근거하고 있는 최소한의 공통 근거를 분명히 한다.
4. 지구에서 바람직한 인간 현존의 양태는 어떤 것인가를 분명하게 밝힌다. 요약하면 자연을 존경하고 자연에 가치 부여를 강조한다. 이미 실현된 것에 주목하고, 이것을 넘어서 어떻게 가장 바람직한 것을 이룰 수 있는지 진술한다.
5. 종교와 생태계에 관련하여 계속 연구해야 할 필요성이 있는 가장 중

요한 분야에 대한 윤곽을 잡는다. 그 분야들 속에서 최고 우선순위의 문제들을 열거하고 그것들을 어떻게 다루어야 하는지 그 접근방식에 대해 진술한다.

이 학회와 출판물들은 차이점을 망각하거나 혹은 다양성을 무시하지 않는다. 세계 종교 속에 명확히 표현된 자연과 인간-지구의 관계에 대한 복합적 관점들을 의식적으로 인식할 것을 강조함으로써 다원성을 기린다. 종교 전통이 갖고 있는 우주론, 신화, 상징 그리고 의례가 자연의 리듬과 한계 속에서 인간들을 자기 자리에 놓을 것이다.

우리는 하나의 연합된 세계관 또는 단 하나의 세계 윤리를 추구하지 않는다. 하지만 우리는 개인과 그룹, 예를 들면 한스 큉(Hans Kung)과 같은 신학자 혹은 J. 베어드 캘리콧과 같은 환경 철학자 또는 세계교육연합과 종교연합(Global Education Associates and United Religions) 등이 세계 윤리를 공식화하려는 노력을 높게 평가한다.

환경윤리에 대한 최소한의 내용이 진지하게 검토되어야 한다. 우리는 이 시리즈들이 국가 그리고 세계적인 환경논의에 공헌할 것을 기대한다. 환경윤리를 발전시키기 위해서 어떤 중요한 공통부분이 필요할지 모른다.11) 추가로 우리는 지구헌장(Earth Charter)의 윤리적 입장을 지지하는 학회들을 통해서 발견된 것들을 21세기 말에 유엔(UN)에 제출하여 채택되도록 노력할 것이다. 이와 같이 우리는 지구로부터 소외된 인간이 현재 처해 있는 상황을 재구성하는 데 근거가 되는 공동 관심과 구성적 개념을 추구한다. 그렇게

---

11) Martha C. Nussbaum and Amartya Sen(eds.), *The Quality of Life*(WIDER Studies in Development Economics, Oxford: Oxford University Press, 1993).

함으로써 우리는 자원의 고갈 없이 계속 이용할 수 있는 발전뿐 아니라 지구에서 계속 존립할 수 있는 생명의 토대를 만들어 낼 수 있다.

과학자 브라이언 쉬임(Brian Swimme)이 제시한 바와 같이, 우리는 극소의 현상의 지혜를 갖고 지구상의 생명체계에 극대의 현상 변화를 일으키고 있다. 분명한 것은 우리가 자연 그리고 타인들에 대한 간섭의 토대가 되는 지혜의 근거를 확대하고 깊게 해야 한다는 점이다. 이는 자연적 과정에 있어 유전자 변형과 같은 쟁점에서 분명하게 드러난다. 만일 종교들이 전통적으로 신과 인간 그리고 인간과 인간의 관계에 관심을 가졌다면 이제 우리는 신-인간-지구의 관계에 관심을 가져야 한다. 그러한 관심 없이 환경 복합적 상황에서 환경윤리를 수립한다는 것은 어려울 것이다.

자료들: 세계 종교 속에서 발견되는 환경윤리

현대 세계에서 환경 위기라는 도전이 종교와 연관하여 생겨날 때, 많은 사람들은 종교적 신념과 실천의 문제가 오늘날보다 훨씬 덜 복잡한 것처럼 간주되는 고대 세계에 대해 상실감 혹은 향수를 갖는다. 이러한 현상은 의심할 여지없이 역사를 구상화하는 것이다. 하지만 분명한 것은, 종교인들은 급속한 기술 변화 그리고 현저한 세속적 가치 속에서 걱정하며 자신의 역할을 찾으려 영혼 탐구(soul-searching)를 하고 있다는 것이다.

현대의 종교들이 직면하고 있는 가장 심각한 도전 중의 하나는 '현대사회 특히 근대 서구의 영향 속에서 생겨나거나 혹은 서구사회의 영향을 받아 생겨난 사회 안에서 발생한 고삐 풀린 물질주의, 세속화, 산업화, 환경 위기에 어떻게 대응할 것인가'라는 것이다. 실제로 어떤 학자들은 종교를 세속적 삶으로부터 분리시킨 것이 환경 위기의 주요인이라고 주장한다.

예를 들면 중세 역사학자 린 화이트(Lynn White)와 같은 학자들은 종교가 환경 위기에 주는 부정적인 역할에 주목한다. 그는 유대교와 기독교가 자연보다 신의 초월성을 강조하고 인간의 자연 지배를 강조하였는데, 그것이 결국 자연세계의 가치를 평가절하 하였고 결과적으로 자연세계를 공리주의의 목적을 위한 자원으로 파괴하였다고 주장했다.12) 화이트의 주장은 논쟁의 여지가 있지만, 환경의 위기와 위기의 영속화가 세계 종교에 심각하게 도전하는 산업화, 세속화 그리고 윤리적 무감각에 기인한다는 것은 분명하다. 이는 세계 종교가 전통적으로 내세적 목표를 강조하고 현세를 타락한 세계로 부정하는, 즉 개인적 구원에만 관심을 가졌다는 점에서 사실이다. 그러므로 어떻게 종교적 가르침을 다시 자연에 부여해서 자연 파괴를 방지할 수 있는가라는 것이 종교사상의 새로운 핵심이 된다. 실제로 토마스 베리가 정확하게 지적한 것처럼, 인간이 점점 퇴화하는 지구에서 하나의 생명을 유지하는 종種으로 지속적인 존재를 위해 필요한 것은 인간과 우주 관계의 복합적인 재평가이다. 이를 위해 우리는 주요한 경제적 그리고 정치적인 변화 외에 세계 종교의 세계관과 윤리를 점검해야 한다. 우리는 환경윤리를 수립하기 위하여 효율적 자원들을 각 세계 종교 전통으로부터 찾을 때, 긍정적이고 부정적인 특징들을 발견하게 된다.

대부분의 경우 세계관은 유대교, 기독교 그리고 이슬람교의 서구 아브라함 전통들이 만들어 낸 인간 중심적 도덕성과 밀접하게 관련되어 있다.

---

12) White, "The Historical Roots of Our Ecologic Crisis", pp.1203~1207.

이 세계관은 인간 중심적이기 때문에 자연은 2차적인 것으로 밀려났다. 이러한 견해는 자연을 지배하는 강력하고 초월적인 신의 개념에 의해 뒷받침되었다. 다른 한편으로 히브리 성서의 언약개념, 성례전 신학, 성육신 그리스도론 그리고 코란의 부섭정(khalifa Allah) 정치 개념은 우리에게 자연에 대한 개념을 재숙고할 수 있는 풍요한 자료들을 제공한다. 언약개념은 온 창조물에 연장되는 성서의 법률적 동의에 기초하고 있다. 기독교의 성례전 신학은 물체적 실제의 신성한 측면, 특별히 종교적인 목적을 위한 신성한 측면을 강조한다.[13] 성육신 그리스도론은 신이 인간 그리스도 안에서 육신이 되었기 때문에 온 자연세계 질서를 신성한 것으로 볼 수 있다고 주장한다. 인간이 땅에 존재하는 알라의 부섭정이라는 개념은 인간이 온 창조물에 대해 특별한 특권, 책임 그리고 의무를 갖고 있다는 점을 제시한다.[14]

힌두교는 비록 개인이 이 세상에서 지켜야 할 계율(dharma) 혹은 의무 수행을 강조하지만 동시에 고통(saṃsāra)의 세계로부터 해방(mokṣa)을 강조한다. 영적인 수행과 명상을 통해 이러한 종류의 고통과 소외를 치유하기 위하여 개인은 이 세계로부터 무시간적 영의 세계(puruṣa)로 향한다. 하지만 힌두교는 특정 강, 산림 등을 신성한 것으로 간주하는 많은 전통이 있다. 더욱이 신들의 창조적 놀이 개념의 입장에서 힌두교 신학은 세계를 신의 창조적 현현으로 간주한다. 우리는 세계로부터 물러나고 세계를 확증하는 이러한 긴장관계를 불교에서도 찾을 수 있다. 소승불교는 명상하면서 무상한 고통의 세계로부터 물러나 열반(nirvāṇa) 속에 자신을 내려놓을 것을 강조한다. 다

---

13) 과정신학, 창조 중심적 영성, 그리고 생태신학은 기독교 안에서 이러한 종류의 전체론적인 입장을 증진해 왔다.
14) 신학자들과 성서신학자들이 이미 이러한 연구를 했다.

른 한편으로 화엄종과 같은 대승불교는, 각 보석에 우주의 다른 모든 사물이 드러난다는 인드라 그물의 이미지에서 보는 것처럼, 실재 세계와의 상호 연결성을 강조한다. 마찬가지로 동아시아의 선불교 정원은 자연세계의 불성의 충만함을 표현한다. 최근 사회에 참여하고 있는 불교는 아시아와 미국에서 환경보존운동 활동을 했다.

동아시아의 유교와 도교의 전통은 세계 종교 중에서 생명 지지의 경향성을 갖고 있는 종교들로 인정된다.15) 이 전통들을 특징짓는 신성, 인간 그리고 자연세계 사이의 아무런 관련 없는 상호 연결성은 인간-우주 중심적 세계관이라 불린다.16) 이 전통들은 서구의 전통과는 달리 급진적 초월성을 강조하지 않는다. 오히려 계절과 농업의 순환을 통한 자연의 역동적 움직임을 강조하는 창조의 연속성인 우주론을 갖고 있다. 이 유기체적 우주론은 물질과 영의 심오한 상호 연결성을 인정하는 기氣의 철학에 기초하고 있다. 유교와 도교가 추구하는 개인의 자기수양의 목적은 도道의 움직임에 주위를 기울이면서 자연과 타인들과의 조화를 이루는 것이다. 하지만 이 긍정적인 세계관도 근대 이전과 근대 동아시아의 환경적 타락을(예를 들면 벌목) 예방하지 못했다는 점을 반드시 짚고 넘어가야 한다.

이와 유사한 맥락에서 생태론적 우주론을 가진 토착민들은 어떤 경우에는 나무를 베어 넘기고 태우는 농업 정책을 시행함으로써 지역의 환경에 치명적인 손상을 주었다. 그럼에도 불구하고 대부분의 토착민들은 환경윤

---

15) 비록 이것이 이론적이기는 하지만 다른 모든 이데올로기처럼 유교와 도교 전통은 정치적 권력과 사회적 조정의 수단으로 사용되었다. 더욱이 이 전통은 예를 들면 중국에서 벌목의 경우처럼 환경 파괴를 예방하지 못했다.

16) 杜維明은 인간-우주 중심적이라는 용어를 자신의 저서 *Centrality and Commonality*(Albany: State University of New York Press, 1989)에서 사용하였다.

리정신을 담고 있는 세계관을 갖고 있다. 이 세계관은 토착민 공동체가 자연생태 지역과 맺은 관계에 기초하여 수립한 그들의 생명체 포획(life-taking)과 자원 채집(resource-gathering)에 관련된 복잡한 상호 의무에 잘 나타나 있다. 토착민들의 종교적 삶의 방식은 자연이 공급해 주는 음식, 의복 그리고 피난처 등의 자원을 존경하는 것이다. 창조주와 창조에 있어서 영적인 힘에 대한 감사가 대부분의 토착 전통의 핵심이다. 토착민들의 의례 일정은 예를 들면 새가 돌아오는 것, 식물의 만개, 태양의 움직임, 달의 변화와 같은 계절의 사건들로 구성된다.

세계 종교는 오늘날까지 살인, 대량학살, 자살금지 등에 관해서는 언급했지만 생명파괴나 생태파괴에 대해서는 언급하지 않았다. 그것이 문제이다. 우리는 자연세계 파괴에 대해 변화를 일으킬 수 있는 복합적인 우주론적 관점과 공동체적 환경윤리를 수립해야 한다.

환경 위기에 대한 종교의 응답들

그러면 어떻게 인간-지구의 관계를 상호적으로 향상시킬 수 있는가? 이것이 세계 종교가 직면한 가장 중대한 도전이다. 이 도전에 대해 지금까지 다양한 환경 그룹, 과학자들, 종교 지도자들이 응답해 왔다. 예를 들면, 1990년에 종교와 과학의 공동 청원(The Joint Appeal in Religion and Science)은 환경 파괴라는 문제에 위기감을 갖고 공동으로 대처해야 한다고 강조했다. 1992년에 의식 있는 과학자 연맹(The Union of Concerned Scientists)은 '인류에게 경고함'(Warning to Humanity)이라는 성명서를 발표하고 70여 국가로부터 105명의 노벨상

수상자를 포함하여 1000명이 넘는 과학자의 서명을 받아 환경 위기의 위험
성을 알렸다. 이들은 지구를 위한 새로운 윤리가 필요하다고 외쳤다.

환경 위기에 대해 지금까지 국가 차원과 세계적 차원의 노력들이 행해
져 왔다. 세계 야생 생물 기금(World Wildlife Fund)이 지원한 1986년 아시시(Assisi)
의 종교 간의 만남이 그 대표적인 경우이다. 미국 인간사회를 위한 생명과
환경 존중 연구소(The Center for Respect of Life and Environment of the Humane Society of the
United States)는 영성과 지속 가능성(Spirituality and Sustainability)이라는 주제로 아시
시에서 세계은행(World Bank)의 도움으로 일련의 학회를 열었다. 북미 유엔환
경계획(The United Nations Environmental Programme in North America)은 환경 안식일(Environ-
mental Sabbath)을 제정해서 매년 북미 전역의 종교 모임들을 통해 다량의 안내
물을 배급하고 있다. 그리고 뉴욕의 세인트존 더 디바인 대성당(Cathedral of
St. John the Divine)에서 열리는 환경에 대한 전국 종교 연합(National Religious Partner-
ship on the Environment) 역시 환경에 대한 대화를 촉진시키고 자료를 배포하여
미국에서 다양한 유대교 그리고 기독교 종파들의 협력을 이끌어 냈다. 1993
년 시카고에서 열린 세계종교의회(The Parliament of World Religions)는 전 세계에서
약 8,000명이 모인 가운데 인간과 환경 쟁점에 대한 종교 협력 지구 윤리
(Global Ethics of Cooperation of Religions on Human and Environmental Issues) 성명서를 채택하였
다. 또한 환경문제를 다루기 위한 국제회의도 열렸다. 예를 들면 달라이 라
마(Dalai Lama), 미하일 고르바초프(Mikhail Gorbachev) 등을 포함한 지도자들의 세계
포럼(Global Forum of Spiritual and Parliamentary Leaders)이 1988년 옥스퍼드, 1990년 모스
크바, 1992년 리우데자네이루 그리고 1993년 교토에서 열렸다. 실제로 고르
바초프는 모스크바 학회를 주최했으며 교토 학회에 참석해서 환경 위기를
다루는 국제녹십자(Green Cross International)를 설립했다.

유엔환경개발회의(United Nations Conference on Environment and Development, the Earth Summit)가 1992년 리우데자네이루에서 열린 이후, 2000년에 지구헌장을 채택하기 위한 일련의 노력들이 계속되었다. 이 지구헌장은 지구위원회(the Earth Council)와 국제녹십자가 주도하고 네덜란드 정부의 지원을 받아 현재 진행 중이다. 모리스 스트롱(Maurice Strong), 미하일 고르바초프, 스티븐 록펠러(Steven Rockefeller)를 포함한 다른 지구헌장 프로젝트 위원들도 이 과정에 지대한 기여를 하였다. 1997년 3월에 열린 Rio+5 회의에서는 지구헌장 초안을 마련했다. 이제 우리는 지구 공동체를 위한 복합적인 환경윤리 수립을 포함하여 종교가 환경 위기 문제를 해결할 수 있도록 해야 한다.

종교와 생태계의 대화 확장

토마스 베리는 이미 2세기 전에, 현대사회가 당면하고 있는 긴급한 문제들을 다루기 위해서 인간 정신이 갱신되어야 하는데 그 하나의 수단이 바로 '인류의 복합적인 종교 전통에 대한 새로운 의식 창조'라고 주장하였다.[17] 두웨이밍(杜維明)은 현대인들이 당면한 생태 위기에 응답하기 위해 지구공동체의 영적 자원들을 연구하면서 "계몽주의 정신을 넘어서야 한다"고 주장했다.[18] 우리가 진행하는 학회와 출판물들 역시 영적 자원들을 조사, 연구하려고 한다. 하지만 우리의 이러한 노력 전에 이미 이 분야에 많은 중대한

---

17) Thomas Berry, "Religious Studies and the Global Human Community". 이 논문은 출판되지 않았다.
18) Tu Wei-ming, "Beyond the Enlightenment Mentality", *Worldviews and Ecology*(Mary Evelyn Tucker and John Grim[eds.], Lewisburg, Pa.: Bucknell University Press, 1993; [reissued]Maryknoll, N.Y.: Orbis Books, 1994).

노력들이 있었다.[19) 우리는 오직 지난 10년의 중요한 부분만을 토론하겠다.

1986년에 유진 하그로브(Eugene Hargrove)는 『종교와 환경 위기』(*Religion and Environmental Crisis*)[20)라는 책을 편집했다. 1991년에 샬린 스프레트낙(Charlene Spretnak)은 그녀의 저서 『은혜의 상태: 포스트모던 시대에 의미의 회복』(*States of Grace: The Recovery of Meaning in the Post-Modern Age*)[21)에서 이 주제를 다루었다. 「지구 공동체의 웰빙을 위한 위대한 전통의 핵심 가르침과 실천의 회복」(Reclaiming the Core Teaching and Practices of the Great Wisdom Traditions for the Well-Being of the Earth Community) 이라는 책의 부제목은 책의 내용을 잘 설명하고 있다. 1992년에 스티븐 록펠러와 존 엘더(John Elder)는 미들베리대학에서 열린 학회의 자료들을 기초해서 『영과 자연: 왜 환경이 종교적 이슈인가?』(*Spirit and Nature: Why the Environment Is a religious Issue?*)[22)라는 책을 편집, 출판했다. 같은 해에 피터 마셜(Peter Marshall) 은 세계 종교로부터 자료를 찾아 『자연의 망: 지구에서 인간의 장을 재숙고 함』(*Nature's Web: Rethinking Our Place on Earth*)이라는 책을 출판하였다.[23) 1993년에 편집된 『세계관과 생태계』(*Worldviews and Ecology*)는 자연을 세계 종교, 과정사상, 심층 생태학과 같은 현대 철학들의 관점에서 조명했다.[24) 1994년에 J. 베어드 캘리콧은 『지구의 통찰』(*Earth's Insights*)에서 보다 더 복합적인 세계 환경윤

---

19) 이 역사에 대해서는 Roderick Nash, "The Greening of Religion", *The Rights of Nature: A History of Environmental Ethics*(Madison: University of Wisconsin Press, 1989)를 참조.

20) Eugene C. Hargrove(ed.), *Religion and Environmental Crisis*(Athens: University of Georgia Press, 1986).

21) Charlene Spretnak, *States of Grace: The Recovery of Meaning in the Post-Modern Age*(San Francisco: Harper San Francisco, 1991).

22) Steven Rockefeller and John Elder(eds.), *Spirit and Nature: Why the Environment Is a Religious Issue*(Boston: Beacon Press, 1992).

23) Peter Marshall, *Nature's Web: Rethinking Our Place on Earth*(Armonk, N.Y.: M. E. Sharpe, 1992).

24) Mary Evelyn Tucker and John Grim(eds.), *Worldviews and Ecology*(Lewisburg, Pa.: Bucknell University Press, 1993; [reissued]Maryknoll, N.Y.: Orbis Books, 1994).

리의 정립을 위하여 세계 종교의 지적 자원을 조사한다.[25] 이 책은 1989년에 출판된 자신의 책 『아시아 사상의 전통 속에서의 자연』(*Nature in Asian Traditions of Thought*)과 『대지 윤리를 변호함』(*In Defense of the Land Ethic*)의 증보판이다.[26] 1995년에 데이비드 킨슬레이(David Kinsley)는 전통 종교, 심층 생태학, 생태영성과 같은 현대 운동으로부터 자료들을 끄집어내어 『생태계와 종교: 교차 문화적 관점에서의 생태영성』(*Ecology and Religion: Ecological Spirituality in a Cross-Cultural Perspective*)이라는 제목의 책을 출판했다.[27] 세예드 H. 나스르(Seyyed Hosseion Nasr)는 종합서 『종교와 자연의 질서』(*Religion and the Order of Nature*)를 출판했다.[28] 그리고 어떤 특정 주제에 대해 종교적으로 응답하는 책들도 출판되었다. 예를 들면 J. 로널드 엥겔(J. Ronald Engel)과 조앤 기브 엥겔(Joan Gibb Engel)은 1990년에 『환경과 개발의 윤리: 세계적 도전, 국제적 응답』(*Ethics of Environment and Development: Global Challenge, International Response*)이라는 제목의 책을 편집했다.[29] 해럴드 카워드(Harold Coward)는 1995년에 『인구, 소비 그리고 환경: 종교적이고 세속적인 응답들』(*Population, Consumption and the Environment: Religious and Secular Responses*)이라는 책을 편집했다.[30] 로저 고트리브(Roger Gottlieb)는 『이 신성한 지구: 종교, 자연, 환경』(*This Sacred Earth: Religion, Nature, Environment*)이라는 자료집을 출판하였다.[31] 그리고 세계 종교와 생태계에 관한 한 권으로 된 책들이 세계 자연

---

25) Callicott, *Earth's Insights*.
26) 두 책 모두 뉴욕주립대학교출판부(State University of New York Press)에서 출판되었다.
27) David Kinsley, *Ecology and Religion: Ecological Spirituality in a Cross-Cultural Perspective*(Englewood Cliffs, N.J.: Prentice Hall, 1995).
28) Seyyed Hossein Nasr, *Religion and the Order of Nature*(Oxford: Oxford University Press, 1996).
29) J. Ronald Engel and Joan Gibb Engel(eds.), *Ethics of Environment and Development: Global Challenge, International Response*(Tucson: University of Arizona Press, 1990).
30) Harold Coward(ed.), *Population, Consumption, and the Environment: Religious and Secular Responses* (Albany: State University of New York Press, 1995).
31) Roger S. Gottlieb(ed.), *This Sacred Earth: Religion, Nature, Environment*(New York and London:

보호 기금(World-Wide Fund for Nature)의 지원을 받고 출판되었다.[32]

하버드에서 세계 종교와 생태계를 주제로 열리는 학회와 출판되는 책들은 이미 일정한 영역에서 진행되고 있는 논의의 확대와 예를 들면 하나의 종교적 책임으로서의 지구의 운명과 같은 공동 관심사에 대한 협력 도모를 목적으로 한다. 상호 협력의 반추적 기초를 더 넓고 깊게 하는 것이 이 학회의 목적이다. 혹자는 이러한 우리의 노력이 지금 진행되고 있는 과학적 혹은 정책적인 이슈들로부터 이탈한다고 생각할 수 있다. 하지만 우리는 겸손하게 종교와 생태계의 이슈들을 숙고와 논의의 장으로 이끌어 간다고 확신한다. 세계 종교학 분야에서 우리는 이 이슈들이 종교학자들로 하여금 심층적이고 창조적인 성찰을 통하여 응답할 수 있도록 아주 적당한 시기에 도전한다고 생각한다. 우리는 이 학회와 출판물들이 우리가 당면한 환경 위기를 해결하는 개념적이고 상징적인 자료, 방법론적인 고려, 그리고 실제적 방향을 제시하는 연구의 시작이기를 바란다.

Routledge, 1996).
32) 힌두교, 불교, 유대교, 기독교 그리고 이슬람교를 포함한다.

옮긴이의 말

본서 『유학사상과 생태학』은 메리 에블린 터커(Mary Evelyn Tucker)와 존 버스롱(John Berthrong)이 공동 편집한 *Confucianism and Ecology: The Interrelation of Heaven, Earth, and Humans*(Cambridge, Massachusetts,: Harvard University Press, 1998)를 번역한 것이다.

이 책에 실린 논문들은 1996년 5월 30일부터 6월 1일까지 하버드대학교에서 열린 유교와 생태계 학회(Confucianism and Ecology Conference)에서 발표된 논문들이다. 나는 당시 보스턴대학교 신학부 박사과정 학생으로 이 학회에 참석했었다. 이 학회에서 나의 논문 지도교수인 존 버스롱과 로버트 커밍스 네빌(Robert Cummings Neville), 그리고 나의 박사과정 과목인 유교 세미나를 지도했던 하버드대학교의 두웨이밍(杜維明) 박사가 논문을 발표하였다.

그때 나는 이 논문들이 책으로 나오면 한글로 번역해서 한국의 독자들에게 소개해야겠다는 생각을 하였는데, 1998년에 영문판이 출간된 지 12년이 지난 2010년에야 본서 『유학사상과 생태학』을 선보이게 되었다.

이전 세대가 경험하지 못했던 절박한 생태위기 속에서 살아가는 현 인류는 '어떻게 하면 생태계를 보존할 수 있을까?'라는 심각한 고민 속에서 살아간다.

1967년에 린 화이트(Lynn White)는 「생태 위기의 역사적 뿌리들」("The Historical Roots of Our Ecological Crisis")이라는 짧은 논문을 발표했다. 이 논문에서 화이트는, 고전 기독교의 교리들이 자연세계는 비非성스러우며 하나님의 영광을 위하여 인간에 의해 지배되는 단지 죽은 물질 정도로 간주하게끔 만든 주된 요인을 제공했으므로 그것들은 오늘날 인간이 당면하는 생태 위기에 책임이 있다고 주장하여 파란을 일으켰다.

그리고 화이트는 지금까지 서구문명의 발전을 지탱해 온 기독교로는 우리가 당면하고 있는 생태위기를 해결할 수 없다고 주장했다. 그는 해결책으로 새로운 종교를 발견하든지 아니면 기독교에 새로운 안목으로 접근할 것을 제시했다.

화이트와 같은 생각을 가진 학자들은 생태계가 당면한 위기를 해결할 수 있는 방안을 새로운 종교 즉 비서구 종교들, 특히 동양의 종교에서 찾으려고 한다. 이 책은 동양의 종교, 그중에서도 유교에서 그 답을 찾으려는 노력 중의 하나라고 할 수 있겠다.

나는 유교의 근본적 가르침인 천지인 합일(천지인 삼합)이 우리가 당면하고 있는 생태계 위기를 해결할 수 있는 종교 철학적 원리이며 실천적 방안이라고 생각한다.

인간의 욕심으로 인해 파괴되고 병을 앓고 있는 생태계의 현실을 생각해 보자. 그 예로 최근에 미국에서 발생한 BP 원유 유출 사고를 들 수 있다.

2010년 4월 20일 오후 10시. 미국 남부 루이지애나 베니스 남동쪽 45마일 떨어진 멕시코 만 바다 위에서 원유 시추 작업 중이던 딥워터 호라이즌 (Deepwater Horizon)에서 폭발이 발생하여 '21세기 최대의 재앙'이라고 불릴 만큼의 피해와 파장을 일으켰다.

가장 큰 손실은 인명 피해였다. 이 사고로 천지와 함께 합일을 이루어야 할 귀한 11명의 생명을 잃었다. 또한 정부 집계에 의하면 원유 490만 배럴 정도가 유출된 것으로 알려졌다. 멕시코 만에는 서울시 면적의 약 40배인, 약 2만4000㎢의 기름띠가 형성되었는데, 기름띠로 인한 생태계의 피해는 루이지애나, 플로리다, 앨라배마, 미시시피 등 인접한 주州까지 확대되었다.

그러나 2010년 8월 8일 미국 정부의 발표에 의하면, 현재 멕시코 만에 유출된 기름 중에서 26%만이 수면 아래에 있고 나머지 74%는 수거되거나 청소됐으며 일부는 증발하거나 화학분사제를 통해 분해되었다고 한다.

천만 다행이다. 하지만 미국 정부 발표에 빠진 것이 있다. 가장 중요한 것이 누락되어 있다.

그것은 '21세기 최대의 재앙'이 생태계에 미치는 치명적 결과에 대해서는 아무런 언급이 없다는 것이다. 생태론자들은 한결같이 이 '21세기 최대의 재앙'이 이미 멕시코 만 생태계에 치명적인 영향을 주었으며 앞으로 예상치 못한 결과들이 나타날 것이라고 경고하고 있다. 이 사고가 날 수밖에 없었던 근본적 원인은 무엇인가? 기술적 원인을 말하는 것이 아니다. 왜 원유를 파내야 하는가? 인간을 위해서 아닌가? 어찌할 것인가? 멕시코 만에서 영업을 하는 상인들에게 BP가 피해보상을 한다고 한다. 파괴된 생태계에는 BP가 어떻게 보상을 할 것인가? 보상이 가능한가? 불가능하다. 그러면 생태계 복원은 가능한가? 두고 볼 일이다

'21세기 최대의 재앙'을 보면서 나는 다시 한 번 인간이 문제라는 생각을 하게 된다.

끝으로 『유학사상과 생태학』의 출판을 결정해 주신 예문서원에 감사의

인사를 드린다. 잘못된 번역 그리고 매끄럽지 못한 문장 등은 모두 나의 책임이다. 이 책이 생태계 위기 속에서 그 대답을 찾기 위해 씨름하고 있는 수많은 한국의 독자들에게 사랑받기를 원하면서 글을 마친다.

2010년 9월
미국 보스턴에서 오정선

차례

제1부 비판의 본질

제2부 응답의 배경

들어가는 말

메리 에블린 터커 · 존 버스롱

유교적 생태론

유교는 최근 활발하게 진행되고 있는 자연과 생태계의 보존에 있어서 인간의 역할과 생태윤리에 관한 논의에 지식적이고 영적인 자원(자료)을 제공할 수 있다. 그것은 다음과 같다. 역동적이고 유기체적인 세계관, 기氣에 대한 역동적 이해, 생명의 광대한 연속성에 대한 존경, 고통 받는 사람들에 대한 사려 깊은 마음, 정의로움과 환경이 계속 보존되는 사회 건설을 위해 기초를 다지려는 노력, 전체론의 강조, 도덕 교육의 강조 그리고 상호 연결된 중심이 같은 집단 속에 깊이 새겨진 생명에 대한 인식과 감사 등이다. 이것들은 유교가 생태계와 관련하여 제공할 수 있는 많은 공헌의 일부에 지나지 않는다. 유교가 제공할 수 있는 자원에 대해서는 이어지는 유교의 우주론과 윤리를 논의하는 장에서 더 구체적으로 제시하겠다.

우리는 유교(Confucianism)라는 용어를 유교의 전통 전부를 의미하는 말로 아주 광범하게 사용한다. 그러나 역사적으로 보면 유교는 일반적으로 중국 고대 초기(B.C.E.100)로부터 한나라(B.C.E.206~C.E.220) 그리고 당나라(618~907)를 거쳐 19세기까지의 전통을 의미한다. 신유교(Neo-Confucianism)는 10세기부터 20세기까지 계속된 전통을 의미하고, 20세기에 홍콩, 대만, 미국에서 태동한 새로운 유교 형태를 신유학, 현대 유학, 혹은 현대유가사상(New Confucianism)이라고 부른다.

자연주의적 우주론

유교의 중요한 구성 요소인 중국의 자연주의는 유기체적인 전체론全體論과 역동적인 생기론生氣論으로 이루어진다. 유교의 유기체적인 전체론은 우주를 분리된 기계적 부분들이 아닌 하나의 거대한 통전적 단위로 본다. 유교는 자연이 통일되고 서로 연결되어 있으며 서로 스며들면서 소우주와 대우주를 연결하는 것으로 여긴다. 이 상호 연결성은 원시유교의 가장 중요한 전통인 주역周易, 계절, 방향, 색깔, 덕德에 대한 한漢나라의 해석 속에 이미 존재했다.

자연주의와 전체론은 기독교에서 말하는 소위 창조주 신과 같은 존재는 없다는 입장을 견지하면서 우주를 하나의 자기 발생적(self-generating)이고 유기체적인 과정으로 본다.1) 전통적으로 유교는 기원에 대한 이론이나 인격적인 신개념에 대해서는 별로 관심이 없었고, 자기 발생적이며 상호 연결적인 우주에 관심을 갖고 있었다. 두웨이밍은 이러한 상호 연결적인 성격을 존재의 연속성이라고 했다.2) 이는 연속적 과정과 변화(변혁) 속에서 무생물

---

1) Frederick F. Mote, *Intellectual Foundation of China*(New York: Alfred A. Knopf, 1971), pp.17~18.
2) 이 책에 수록된 杜維明의 논문 "The Continuity of Being: Chinese Visions of Nature(「존재의 연속성: 자연에 대한 중국의 이해」)"를 보라. 이 논문은 1985년에 출판된 그의 저서 *Confucian*

과 생물 그리고 인간 삶의 형태를 연결하는 거대한 존재의 사슬이다. 유교에서는 이 연결이 바로 하나의 실재이다. 왜냐하면 모든 생명이 기氣, 즉 질료적 에너지 혹은 우주의 정신-물리적인 요소(psycho-physical element)로 구성되었기 때문이다. 기氣가 우주를 연합하며 인간과 자연세계의 심오한 상호성을 창조한다.

이제 유교적 우주론의 두 번째 특징인 역동적 생기론에 대해 살펴보자. 기氣, 즉 질료적 에너지는 우주 안에서 변화와 변혁의 연속적 과정의 토대가 되는 생명의 실체 혹은 본체이다. 생생生生(생산과 재생산)이라는 용어는 유교와 신유교의 경전에서 연속되는 창조성과 자연의 재생 혹은 소생을 예증하기 위해 사용된다. 더욱이 생기론은 변화가 광물, 채소, 동물, 인간과 같은 생명체계의 망網의 연속과 상호작용의 토대가 된다고 주장한다. 그리고 생기론은, 인간의 행위는 반드시 변화와 조화되어야 하고 변화가 생명의 창조적 과정에서 가장 분명한 표현이라고 주장한다. 요약해서 말하면 인간은 "인간이 우주의 끊임없는 역동성을 본으로 삼고 살도록 강요한다."[3] 이렇게 전체론, 생기론과 변화와 조화라는 개념으로 유교사상을 해석하는 것은 유교의 통합적 도덕성의 형이상학적 토대를 제공한다. 신유교 사상가들의 리理와 기氣의 관계에 대한 격론은 바로 변화의 한가운데서 연속성과 질서를 명확히 표현하려고 했던 그들의 학문적 노력으로 볼 수 있다. 이 리理는 조화를 이루도록 하나의 수단을 제공하는 변화와 흐름 한가운데 있는 양식

Thought: Selfhood as Creative Transformation(『유가사상: 창조적으로 변화된 자아』)(Albany: State University of New York Press, 1985)에 포함되어 있다.

3) Tu Wei-ming, Confucian Thought: Selfhood as Creative Transformation, p.39. 杜維明은 A Concordance to Yi-ching(Harvard Yenching Institute Sinological Index Series Supplement no.10, [reprint]Taipei: Chinese Materials and Research Aids Service Center, Inc., 1966), 1/1을 참조하라고 한다.

(pattern)이다.

자기수양의 윤리

자기수양은 '창조적인 변화(혹 변혁)'[4]를 수반한다. 인간은 바로 이 창조적인 변화를 통하여 천지天地와 더불어 삼자관계를 이룬다. 이 역동적 삼자관계는 인간이 모든 실재와 상호 연결되어 있고 인간이 인간의 궁극적 목표인 자기수양을 달성하기 위해 행동한다는 가설의 근거가 된다. 그러므로 인간은 만물과 창조적으로 연결됨으로써 우주의 변혁적 양상에 온전히 참여할 수 있다. 그 결과 인간은 인간 중심적 세계관이 아닌 '인간 우주적 세계관'(anthropocosmic worldview)을 갖게 된다. 두웨이밍은 인간이 대우주 속에 위치하고 있는 하나의 소우주라는 사실을 강조하기 위해 '인간 우주적 세계관'이라는 용어를 사용한다.[5] 그는 인간이 자연을 정복하고 조정하는 것이 아니라 우주와 상관적 공명共鳴을 가져야 한다는 점을 강조한다. 인간은 이 역동적 삼자관계 속에서 도덕적 본성을 수양하면서 변화와 변혁의 우주적 과정 속으로 들어간다. 우주가 이 유동과 생식(다산)의 복잡한 패턴을 분명하게 드러내는 것과 같이, 인간은 이 유동과 생식 속에서 덕의 씨앗들을 양육하고 지속되는 변혁의 과정 속에서 인간 질서에 참여한다. 한漢의 유가들과 송宋의 신유학자들은 우주적 과정 속에 인간의 자연적 대응물이 있다고 상세하게 설명하였다. 예를 들면 주희朱熹(1130~1200)는 천도天道로서 하늘이 가지고 있

---

4) 杜維明의 *Confucian Thought: Selfhood as Creative Transformation*에 실린 논문을 보라.
5) 杜維明은 '인간 우주적 세계관'이라는 용어를 *Confucian Thought: Selfhood as Creative Transformation*과 *Centrality and Commonality: An Essay on Confucian Religiousness*(Albany: State University of New York Press, 1989)에서 반복하여 사용한다.

는 덕德, 즉 원元, 형亨, 이利, 정貞의 네 가지 덕에 상응하는 것이 바로 인간의 사덕四德, 즉 인仁, 의義, 예禮, 지智라고 주장했다. 우주적이고 인간적인 덕목들은 우주 안에서 생겨나는 변혁의 역동적 과정의 일부이다. 한漢 유가는 이 덕이 계절, 방향 그리고 색깔과 조화된다고 주장했다.

그 다음에 인간이 천지天地와 더불어 삼자관계를 형성한다는 인간 우주적 세계관 그리고 인간이 자신의 자기수양과 관습을 통하여 사물의 변화와 성장에 영향을 끼친다는 철학은 원시유교, 특히 순자荀子(B.C.E.310~213)에게서 시작되었다. 그리고 인간 우주적 세계관은 11세기의 장재張載(1020~1077)의 『서명西銘』에서 가장 분명하게 나타난다. 『서명』은 천지와 인간의 관계를 부모와 자녀의 관계로 기술하면서 우주의 자녀인 인간에게 우주를 돌보고 존속시켜야 할 책임이 있다고 주장한다.

이상의 논의를 다음과 같이 요약할 수 있다. 유교는 최근 활발하게 논의되는 생태계 문제에 있어서 우주론, 윤리와 인간의 관계에 대하여 풍부한 자료들을 제공할 수 있다. 유교의 유기체적인 전체론과 역동적인 생기론은 복잡하게 얽힌 생명 망網의 본래적(고유한) 가치에 대하여 우리의 인식을 새롭게 한다. 그리고 우리로 하여금 모든 형태의 생명의 상호 연결성에 대해 인식하게 하고 감사하게 한다. 함께 공유하는 기氣의 정신-물리적 속성은 인간과 다른 세계, 예를 들면 광물, 식물 사이의 상호성을 이룩하는 데 토대가 된다. 이와 같은 맥락에서 자기수양과 덕의 함양을 강조하는 유교 전통은 천지인天地人의 삼자관계에서 자신을 완성하는 인간과 자연세계를 조화롭게 하는 광범한 틀을 제공한다. 그러나 이러한 점들은 바람직한 생태 윤리와 포괄적인 생태적 세계관 창조에 있어서 유교가 공헌할 수 있는 많은 목록 중 일부에 지나지 않는다. 이 책에 실린 논문들은 인간과 지地의 관계를 다시 고려하게 하는 유교 전통의 광범한 지적 자료들을 제공한다. 이 책을 통해 우리는 생태계와 연관된 유교 전통을 연구하는 첫 발을 내딛는다.

개관

이 책은 과거와 현재의 유교 그리고 미래의 유교가 지금 활발하게 진행되고 있는 생태계 논의에 무엇을 공헌할 수 있는가를 논증하기 위하여 다양한 주제를 다섯 개의 장에서 다룬다. 제1장은 미국의 저명한 유교 사상가 두웨이밍과 드 배리의 두 논문으로, 이것들은 생태계의 위기를 계몽주의의 가치와 연결하여 분석한다. 제2장은 생태계 논의에 대한 유교적 세계관, 윤리와 철학적 재개념화의 관점들을 개괄적으로 소개한다. 제3장은 비판과 재구성에 필요한 개념적 자료들의 목록을 제시한다. 이 자료들은 오랜 역사를 갖고 있는 동아시아의 문화적 모체로부터 나온 것들이다. 제4장은 오늘날 활발하게 진행되는 지구촌의 생태계 논의에 어떻게 유교가 독특한 목소리로 공헌할 수 있는가에 관한 일련의 철학적 숙고이다. 제5장은 유교가 어떻게 특정적 현대 생태계의 논쟁과 비판을 다룰 수 있는가에 관해 논의한다.

이 책은 세계 종교와 생태계 시리즈를 소개하는 서문으로 시작한다. 시리즈 편집자들은 서문에서, 유교는 현대의 환경 혹은 생태계의 심각한 문제를 다루는 세계 종교 중 하나라는 점을 지적한다. 세계 종교는 역사적으로 위기와 변화에 대해 계속해서 도전해 왔다. 그러나 우리가 직면하고 있는 현대의 생태계 위기는 아주 심각하다. 두웨이밍이 경고하는 대로 인류가 과연 이렇게 심각한 생태계의 위기에서 살아남을 수 있는 종種인지를 심각하게 물어야 한다. 더욱이 인류가 당면한 생태계의 위기를 해결하기 위한 장기 대책들은 그것이 무엇이든지 인간과 자연의 관계를 새롭게 인식하고 인간 가치를 재구성, 재인식하는 데 기초를 두어야 할 것이다. 그러므로 인간 가치를 공유한 문화적 저장소인 종교는 개인과 공동체가 생태계 위기의 논쟁점들을 하나의 근본적이고 도덕적인 원리 및 태도의 문제와 연결하여 전달할 수 있는 방법을 찾아내야 한다.

'유학사상과 생태학'이라는 제목의 이 책은 현재 활발하게 진행되고 있는 생태계 논쟁에서 유교가 어떻게 공헌할 것인가에 초점을 두고 있다. 다섯 개의 장에 실린 논문들은 생태계의 위기를 역사, 종교 간의 대화 그리고 기대(희망)와 실천의 세 가지 양태로 설명한다. 첫째, 이 책에 실린 논문들은 역사적 관점에서 유교의 질문에 접근한다. 동아시아 유교가 어떻게 자연, 사회윤리, 그리고 우주론의 견해를 발전시켜왔는가를 설명함에 있어서 이러한 역사적 접근 방식은 현대인들이 당면하고 있는 생태계의 위기를 해결하는 데 대답할 수 있다. 둘째, 종교 간의 대화 방식으로 접근하는 논문들은 유교 역사를 다른 철학적이고 종교적인 전통들과 연계시킨다. 가장 대표적인 유교와 계몽주의에 근거한 근대성과의 대화이다. 셋째, 기대(희망)와 실천이라는 관점에서 접근하는 논문들은 경제 산업적 발전으로부터 생태계적 변혁의 매개자로서의 여성의 역할까지를 통해 유교가 오늘날 어떻게 구체적으로 생태계의 문제들을 다루고 있는지 보여 준다.

제1장은 두웨이밍의 계몽주의 정신 비판으로 시작된다. 두웨이밍은 근대 계몽주의 프로젝트가 우리가 당면하고 있는 생태계의 위기를 다루기 위해서 반드시 집고 넘어가야 할 지배적 인간 이데올로기이며, 이 계몽주의보다 더 설득력 있는 인간 이데올로기는 없다고 주장한다. 근대 계몽주의를

토대로 근대 세계가 발전하였고, 근대 세계는 결국 근대성이라는 램프로부터 생태계적 재앙이라는 요정을 끄집어냈다는 사실을 지적한다. 서구사회에서 자유, 평등, 우애의 추구는 결과적으로 환태평양 지역과 다른 지역에 무제한적인 산업화와 도시 확대 현상을 가져왔다.

드 배리는 뿌리내림(rootedness)과 지방화(localization)의 필요성을 강조하는 두웨이밍의 논증에 다음과 같이 응답한다. 드 배리에 의하면, 계몽주의의 심각한 문제들 중에 하나는 바로 인간이 우주 안에 뿌리내리고 있다고 안일하게 생각하는 것인데, 바로 이러한 생각이 근대화가 가져온 여러 상해傷害 중 하나이다. 결과적으로 인간은 자신이 속한 세계 및 인류와 연결되었다는 의식을 상실하게 되었다. 드 배리는 수많은 서구의 사상가가 바로 이러한 공동체와 우주적인 연대성 상실에 대해 탄식하고 있다는 점을 지적하면서, 자신의 주장을 뒷받침하기 위해 전원시인에서 생태주의 운동가로 변신한 웬델 베리(Wendell Berry)의 시를 인용한다. 웬델 베리는 유교의 경전들을 읽으면서 많은 도전을 받았다. 드 배리는 논문 결론에서 웬델 베리와 두웨이밍은 인간이 자기수양·수신으로 시작해서 자신이 살아가는 세계에 적절한 질서를 주거나 또는 나라를 다스리는 차원에까지 이르러야 함을 강조하는 『대학大學』의 가르침을 따르고 있다고 주장한다. 여기서 세계에 적절한 질서를 주는 것이나 나라를 다스리는 것은, 자신이 처한 자연의 생태 지역과 가족을 보호해야 한다는 사실을 깨닫는 일부터 시작해서 더 광범한 우주와 함께 조화를 이루며 살아가는 길을 찾는 것을 의미한다.

제2장에서는 로드니 테일러, P. J. 아이반호, 그리고 마이클 칼튼이 생태계의 위기에 대한 유교의 대답을 종교와 환경을 연결하여 더 폭넓은 범위 안에서 다룬다. 테일러는 두웨이밍과 오카다 다케히코(岡田武彦)와 같은 유학

자들이 우주 안에서 인간의 위치를 어떻게 보고 있는지에 관해 논의하면서, 유학사상은 하나의 현대 환경 철학으로 중요한 자료를 가진다고 결론 내린다. 테일러는 역사적으로 유교는 철저히 인본주의적이라고 인식되어 왔는데 그것은 잘못이라고 주장하면서, 그 예로 인간은 우주의 한 부분에 지나지 않는다는 장재張載의 사상을 소개하며 잘못된 인식을 바로 잡는다. 테일러는 과거 역사 속의 유교 그리고 서구 철학자들과 신학자들과의 대화의 파트너로서 유교의 공헌을 논한다. 아이반호는 초기 유교 사상가들의 자연에 관한 숙고를 현대 환경철학 이론으로 연장시킨다. 아이반호는 순자의 사상을 근대 철학의 분석적 측면과 연결한다. 여기서 우리는 유교가 어떻게 원시 우주적 실재 속에 깊이 새겨졌는지 보게 된다. 아이반호는 어떻게 순자가 자연의 조정(일치)이라는 개념으로부터 영향을 받았는지 그리고 인간이 더 광범한 생명의 망 안에서 자신의 역할이 무엇인지를 알아야 하는지에 대해 설명한다. 아이반호는 인간의 역할이 천지인天地人 삼재三才의 상호작용이라는 유교의 우주론 속에 분명하게 기술되어 있다고 주장한다.

칼튼은 관심을 유교 전통의 역사적 풍요로움으로부터 21세기를 위한 유교의 재개념화로 옮긴다. 칼튼은 현대 유교 철학이 유교 역사적 전통에 토대를 두면서 우리가 당면하고 있는 환경생태계의 위기를 극복하기 위한 철학이 되기 위해서 어떤 모습이어야 하는지를 제시한다. 칼튼은 우리가 리理, 기氣, 자기수양과 같은 신유교의 주요 개념들을 통해서 어떻게 이 중요한 작업을 해낼 수 있는지 그리고 어떻게 우리가 처한 상황에 적용할 수 있는지에 관한 방법들을 제시한다. 그는 인간과 자연계와의 관계를 건설적으로 재구성하기 위해서 리理, 기氣에 관한 재성찰이 필요하다고 주장한다.

제3장은 중국, 한국 그리고 일본의 다양한 유교 자료를 다룬다. 두웨이

밍은 존재의 연속(the continuity of being)이라는 자신의 논증을 유교의 고전적 진술로부터 시작한다. 그는 존재의 연속성을 미래의 유교생태 이론의 기초로 제시한다. 일체를 포함하는 총괄적(포함적) 인본주의(inclusive humanism)인 유교의 인간 우주적 본성에 대한 두웨이밍의 전망은 우주를 재생시키는 순환(흐름) 속에 뿌리를 내리고 있다.

조셉 아들러는 신유교를 창시한 사상가 중 하나인 주돈이周敦頤(1017~ 1073)의 사상을 소개한다. 아들러는 주돈이의 본성本性과 인성人性 이해에 기초가 되는 양陽의 우주론적 비유에 주목한다. 아들러는, 주돈이가 유교의 사회윤리가 어떻게 자연계를 포함하는 윤리 차원으로 확대되어야 하는지를 분명하게 보여 주었다고 주장한다. 주돈이의 주장처럼 신유교 사상가들은 모두 생명체를 돌보고 배려하는 마음을 갖고 있었다. 예를 들면 주돈이는 자기 서재 밖에 있는 풀을 꺾는 것조차도 걱정하였다.

도시오 구와코는 송宋의 신유교를 종합한 주희朱憙(1130~1200)에 대해 논의한다. 그에 의하면, 주희의 천재성은 당시 학자들의 일관성 없는 학문적 성찰을 취해서 하나의 일관성 있는 철학으로 엮었다는 사실에 있다. 주희가 갖고 있던 주요 관심사 중 하나는 인仁이 단지 인간뿐 아니라 살아 있는 모든 존재와 자연의 상호관계에도 적용된다는 점을 증명하는 것이었다.

노영찬과 메리 에블린 터커의 논문들은 기氣 개념을 생태계와 연결한다. 기氣는 동아시아 전 지역에서 주요하게 사용되는 철학적 용어이며 자연과 우주론 연구에 가장 중요한 자료이다. 노영찬은 조선시대 신유교의 가장 중요한 철학자 중 하나인 율곡 이이(1536~1584)를 소개한다. 노영찬에 의하면, 이이에게 있어서 기氣는 모든 존재자를 연결하는 우주적 연결고리이다. 기氣는 생태계의 근거로 작동하며 인간과 다른 모든 존재를 위한 하나의 장을 허용한다. 실제로 우리가 이이의 주장을 진지하게 받아들인다면, 오늘날 인간이 장차 닥칠 위험을 무릅쓰면서까지 경시하는 자연, 즉 상호 연결된 자연의 망網을 보살펴야 할 것이다.

터커의 논문은 중국의 신유교 학자들의 기氣 개념을 연구 소개한다. 그녀는 신유교 사상가인 가이바라 에키켄이 어떻게 기 이론에 근거해서 생태적 철학을 발전시켰는지 논한다. 터커는 노영찬과 마찬가지로 기氣의 성찰이 단순히 동아시아 유교 발전 이해에만 중요한 것이 아니라 세계적인 상황에서 인간과 자연을 이해하는 하나의 방식을 제공할 수 있다고 주장한다.

제4장은 현대 생태계 논쟁들에 대한 철학적 성찰들이다. 청중잉(成中英)은 우주론, 생태론, 그리고 윤리를 하나로 엮는 작업을 시도한다. 그는 포괄적 인본주의의 근저에 흐르는 유교사상의 핵심은 『주역周易』과 관계있는 유형들에 근거한다고 주장한다. 청중잉은 만일 우리가 『주역』과 관계있는 유형들과 과정적 철학의 가치론을 복원할 수만 있다면 계몽주의 이후 서양철학을 지배해 온 이분법적이고 논쟁적인 사고 유형을 바꿀 수 있다고 주장한다. 이러한 맥락에서 존 버스롱은 생태계 위기라는 문제를 갖고 고민하는 현대 신유학자들이 어떻게 선진 유가 또는 원시 유가의 비유를 사용할 수 있는지에 대해 관심을 집중한다. 그는 현대 신유교의 대표적 학자인 머우쭝싼(牟宗三)의 사상에 기초하여 어떻게 인심人心에 기초한 도덕적 형이상학이 현대인의 올바른 자연 이해에 길잡이가 될 수 있는가를 제시한다. 로버트 네빌은 '태도'(posture)와 '적응'(orientation)의 개념이 유교생태론의 핵심이 될 수 있다고 주장한다. 네빌은 의례나 관습과 연결된 인간의 태도가 인간 자신을 효과적이고 상호적으로 인간과 자연을 포함한 보다 광범한 세계와 연결한다고 주장한다. 현대 세계가 당면하고 있는 중대한 논점 중 하나는 인간이

『중용·中庸』이 제시하는 조화로운(균형 있는) 행동 또는 구조를 찾아내는 것이다. 바로 그것이 인간 세계의 번영 속에 자연의 고유한 가치를 계속 보존할 수 있게 한다.

제5장은 리후이리(李慧利), 세이코 고토, 줄리아 칭, 로버트 웰러, 피터 볼의 논문들이다. 이 논문들은 관심을 이론으로부터 실제로 옮긴다. 리후이리가 주장하는 바와 같이 페미니스트들은 유교 전통의 풍부한 자료에 대해서 여전히 의구심을 갖고 있다. 그들은 유교가 구조적으로 치유 불가능할 만큼 가부장적이라고 주장한다. 리후이리는 이론과 실제 사이의 불가피한 모순들을 지적한다. 그녀는 도교와 유교의 많은 문헌이 자연과 인간의 연합을 강조하고 있음에도, 도교와 유교의 지대한 영향을 받고 있는 동아시아 지역 역시 세계의 다른 지역과 마찬가지로 극도로 산업화되어 있고 오염되어 있다고 주장한다. 리후이리는 우리가 천天의 개념에 더 주목한다면 보다 더 건설적인 방식(적극적인 방식)으로 에코페미니스트들의 비판을 적절하게 고려하게 된다고 주장한다.

고토와 칭은, 문화적 교류는 단지 개념을 교환하는 것으로 이루어지지 않는다고 주장한다. 고토는 일본의 고이시카와 고라쿠엔 공원(小石川後樂園) 그리고 칭은 독일의 뵐리츠 공원(Wörlitzer Park)에 대한 연구를 제시한다. 고토와 칭은 유교가 조경 원예에 미친 영향을 열거하면서, 유교가 중국과 동아시아 지역을 넘어서 심지어는 서구까지 전개된 광범한 문화적이고 심미적인 모태임을 강조한다.

로버트와 피터는 우리가 당면하고 있는 생태계 위기의 문제를 다음과 같이 묻는다. 어떻게 현대 중국에서 건전한 생태적 관점과 정책이 시행 가능한가? 그들은 중국의 우주론이 '자연은 맥이 뛰는(진동하는) 조화'라는 말로 가장 잘 설명되는 우주공명이론에 근거하고 있다고 주장한다. 그들은 또한 전통적으로 역曆과 점占으로 대표되는 대중문화를 연구한다. 저자들은 현대 대만 사람들이 생태계의 위기를 다룸에 있어서 종종 친족관계와 우주공명의 용어를 사용한다는 점을 지적한다. 중국인들이 건전한 생태계 정책을 수립하기 위하여 어떤 관념 형태를 사용하든지 그 관념 형태의 근저를 흐르는 동기와 설명은 분명하게 전통적 자료에 의지하고 있다.6)

이 책에 실려 있는 논문들은 아시아와 온 세계가 당면하고 있는 환경 파괴 문제에 적절하게 대응할 수 있는 자료들을 도출할 수 있는 살아 있는 유교 전통을 보여 준다. 물론 유교만이 이러한 임무를 갖고 있는 것은 아니다. 최근 세계의 주요 종교 전통들이 무차별적 개발과 그 결과가 수반하는 공해의 문제들을 심각하게 다루고 있다. 더욱이 세계 주요 종교들은 비록 그것들이 자연에 대한 보다 바람직한 자세와 정책을 구성할 수 있는 더 풍부한 자료들을 갖고 있을지 모르지만, 과거에는 세계 종교들이 자연에 대한 자세와 정책을 적절하게 구성하지 못했다는 점을 깨닫고 있다. 앞으로 지속적 연구와 논의가 절실히 필요하다는 점을 강조하면서 이 책은 풍요한 개념적 자료와 유효한 환경 정책 사이의 간격을 줄이기 위한 첫 발판에 지나지 않는다.

---

6) E. N. Anderson은 *Ecologies of the Heart*(Oxford: Oxford University Press, 1996)에서 풍수(흙점)나 중국의학 등과 같은 전통적 자료의 생태적 역할에 관해 논하고 있다.

제1부
비판의 본질

계몽주의 정신을 넘어서

두웨이밍

계몽주의 정신은 인류 역사상 가장 역동적이고 변혁적이며 지배적인 이데올로기로, 근대 서구 탄생의 기초가 되었다.[1] 다음에서 언급하는 근대의 주요한 특징들은 이 계몽주의 정신에 기인하거나 혹은 계몽주의 정신과 얽혀 있다고 말할 수 있다.—과학기술문명, 산업자본주의, 시장경제, 민주정치체계, 매스 커뮤니케이션, 연구대학, 시민 그리고 군사 관료정치, 전문직업기관. 더욱이 우리가 소위 근대정신이라고 중시하는 가치들, 즉 자유, 평등, 인권, 개인의 존엄성, 개인의 사생활 존중, 인간을 위한, 인간에 의한, 인간의 정부 그리고 법의 체계적 집행과 같은 가치들은 구조적으로 혹은

---

[1] 내가 구두로 설명했던 내용들을 논문으로 발표할 수 있도록 도와준 Mary Evelyn Tucker와 John Berthrong에게 감사한다. 이 책에 실린 "Beyond the Enlightenment Mentality(「계몽주의 정신을 넘어서」)"라는 논문은 Mary Evelyn Tucker와 John A. Grim이 편집한 *Worldviews and Ecology: Religion, Philosophy, and the Environment*(Maryknoll, N.Y.: Orbis Books, 1994), pp.19~28에 게재되었다. "Global Community as Lived Reality: Exploring Spiritual Resources for Social Development"라는 논문은 *Social Policy and Social Progress: A Review Published by the United Nations, Special Issue on the Social Summit, Copenhagen, 6-12 March 1995*(New York: United Nations Publications, 1996), pp.39~51에 게재되었다. "Beyond the Enlightenment Mentality: A Confucian Perspective on Ethics, Migration, and Global Stewardship"이라는 논문은 *International Migration Review 30*(spring 1996), pp.58~75에 실렸다.

유전적으로 이 계몽주의 정신과 분리될 수 없다. 18세기 이후의 세계는 근대 서구가 인류에게 제공한 가치와 이익 속에서 번영해 왔다. 그것들은 우리의 삶을 더욱 활동적이고 의미 있게 하였다. 인간은 도구적 합리성을 통하여 이 세계가 당면하고 있는 주요 문제들을 해결할 수 있다고 확신했고, 인간 공동체를 위하여 경제적 의미의 진보가 필요하며 바람직하다는 점에 대해 아무런 의심의 여지없이 받아들였다.

우리는 이 계몽주의 정신에 아주 익숙하게 길들여졌기 때문에 계몽주의의 일반적인 이데올로기들이 합리적이라고 가정한다. 이는 자본주의와 사회주의 모두 근대 사고방식에 근거가 되는 과격한 인간중심주의에 동의한다는 사실에서 더욱 분명해진다. 인간은 단지 만물의 척도일 뿐 아니라 경제적 번성, 정치적 안정, 사회적 발전을 위한 유일한 힘(권력)의 근원이다. 일부 뛰어난 근대 서구 학자들이 진보, 이성 그리고 개인주의에 기초한 이 계몽주의 정신에 도전해 왔지만, 계몽주의는 여전히 온 세계의 지적 영적 지도자들에게 영감을 주고 있다. 그러므로 인간 조건이 있을 법하다는 주제에 동의하지 않는 생태학을 포함하여 그 어떤 국제적인 프로젝트를 생각한다는 것, 세계가 당면하고 있는 문제들을 해결하기 위하여 합리적 수단을 사용해야 한다는 주제에 동의하지 않는 것, 그리고 하나의 개인으로서 인간의 존엄성은 마땅히 존중되어야 한다는 주제에 동의하지 않는다는 것은 전혀 불가능하다.

인간 각성으로서의 계몽주의, 전 세계적 변환을 위한 인간 잠재력의 발견으로서의 계몽주의, 만물의 주인 그리고 만물의 척도가 되려는 인간 욕구의 실현으로서의 계몽주의는 현대 세계의 정치 문화에서 가장 영향력 있는 도덕적(윤리적) 담화이다. 고도로 산업화된 국가들뿐 아니라 개발도상국의 소수 지배자들과 문화적 엘리트들 역시 이와 같은 가정을 당연한 것으로 받아들였다.

그러나 계몽주의 정신을 올바르게 이해하기 위해서 우리는 근대 서구의 어두운 면도 살펴야 한다. 끝없는 공업기술발전을 상징하는 '해방된 프로메테우스'(unbound Prometheus)라는 말은 산업혁명 초기에 인간 천재성이 이룩한 찬란한 업적을 의미한다. 낭만주의 운동의 적극적인 저항과 인간학자들의 예리한 비판에 아랑곳하지 않고 탐구하며 알고 정복하여 결국에는 굴복시키는 파우스트적 추진력에 기초한 계몽주의는 현대 서구의 지배적 이데올로기로 존속되어 왔다. 동아시아 국가들 역시 아무런 의심하지 않고 이 이데올로기를 국가 발전에 꼭 필요한 이론적 원리로 받아들이고 있다.

그러나 계몽주의 정신을 현실적으로 평가해 보면, 우리는 소위 '이성의 시대'라는 이미지와 전혀 일치하지 않는, 현대 서구의 일그러진 다른 모습들을 보게 된다. 현대 서구의 패권(지배) 강화라는 상황 속에서 진보는 불평등, 이성, 자기 이익, 개인 욕망 등을 수반할 수도 있다. 자동차와 집을 소유하고 정당한 임금 받으면서 개인, 표현, 종교, 여행의 자유를 누리는 소위 '아메리칸 드림'은 세계적 관점에서 볼 때 현대인들이 받아들일 수 없는 표어가 되어 버렸다. 실제로 이 아메리칸 드림은 대다수 미국인들도 '성취할 수 없는 단지 하나의 꿈이 되고 말았다'고 생각한다.

사회의 붕괴와 생태계 파괴에 대하여 걱정하는 사람들이 모인 공동체의 시급한 과제는 현대 서구의 소수 지배자들과 문화적인 엘리트들로 하여금 공동 영적 모험에 참여하여 그들이 지금까지 아무런 의심 없이 받아들이고 중시해 온 계몽주의의 유산에 대하여 재숙고하도록 해야 하는 것이다. 우리는 다음과 같은 모순을 인식한다. 삶을 지원하는 체계를 위협해 온 부정적 결과의 관점에서 아무런 비판 없이 계몽주의 이데올로기가 갖고 있는 중심적 논리를 받아들일 수 없으며, 비록 그 이데올로기가 인간의 지적 자기 정의, 현재와 미래에 애매모호함(불확실함)을 가져온다고 하더라도 결코 그 이데올로기들이 산출한 적합성을 거부해서는 안 된다는 것이다. 이것은 결코 쉬운 문제가 아니다. 우리는 '이것이냐' 혹 '저것이냐'라는 양자택일적 방식으로 이 문제를 해결할 수 없다.

그렇다고 해서 계몽주의 정신과 근본적으로 다르거나 혹은 계몽주의 정신과 무관한 윤리 또는 가치체계를 세운다는 것은 비현실적이다. 만일 우리가 이러한 시도를 한다면 사람들은 우리를 비웃거나 혹평할 것이다. 우리는 계몽주의의 영역을 넓혀 주고 도덕적 감수성을 강화시켜 주며 또한 그것이 가진 태생적 한계를 창조적으로 변화시킬 수 있는, 그래서 계몽주의가 진정으로 인간을 위한 하나의 세계관이 될 수 있도록 도와주는 영적 자료들을 탐구해야 할 것이다.

이 공동 영적 모험의 성공 여부는 계몽주의 프로젝트들이 소위 공동체라는 개념을 갖고 있지 않다는 사실을 인식하는 데 달려 있다. 공동체라는 개념과 기능적으로 동등한 의미를 갖고 있는 프랑스 혁명의 주요 세 가지 덕목 중 하나인 우애友愛는 근대 서구의 경제, 정치, 사회 사상 속에서는 별로 주목받지 못했다. 불평등을 관대하게 용납하는 의지, 자기 이익 혹은 사리사욕이 갖고 있는 막강한 힘에 대한 믿음, 철저한 자기중심주의에 대한 과대한 확신이 진보, 이성, 그리고 개인주의라는 깨끗한 원천源泉에 마치 독을 풀어 놓은 것과 같은 결과를 초래하였다.

따라서 이러한 위기에 직면한 서구의 지식인들은, 이제 인류는 하나의 지구촌을 형성해야 하고 우리들이 일상생활 속에서 경험하는 단절되고 파기된 세계와 하나의 種으로서의 인간에게 바람직하다고 상상해 온 세계를 어떻게 해서든지 연결해야 한다고 주장하게 되었다.

이제 우리는 자기 이익 혹은 사리사욕의 원리를 "내가 원치 않는 바를 남에게 시키지 말라"[2]라는 신황금률(a new Golden Rule)로 대치해야 한다. 그리고 부정문으로 되어 있는 신황금률을 다음의 긍정문으로 바꾸어야 한다. "내가 이루고자 할 때, 남도 이루게 하는 것이다."[3] 사려 깊은 반추적 마음의 공공적이고 비판적인 자각에 기초한 공동체가 갖고 있는 포용성은 철학적 이상이며 윤리적 종교적 목표이다.

우리는 이 단순한 전망이 오늘을 살아가는 인간의 삶의 방식을 알려 주는 문화적 복합체 속에 기초한다는 사실을 보장하기 위하여 다음의 세 가지 영적 전통을 고려해야 한다. 첫 번째 전통은 그리스 철학, 유대교, 그리고 기독교로 대표되는 근대 서구의 윤리적 종교적인 전통이다. 우리는 이 전통이 계몽주의 정신의 출현에 모태가 되었다는 사실에 주목하면서, 서구의 대표적인 가치들의 새로운 영역을 창출하기 위하여 이 전통과 근대 서구의 발흥의 관계를 재점검해야 한다. 이제 우리는 서구의 정신세계를 지배해 온 배타적이고 이원론적인 사고, 즉 물질−정신, 몸−영혼, 성스러움−비속함, 인간−자연, 창조주−피조물로 나누는 도식을 초월하여, 대지의 성스러움, 존재의 연속성, 인간 공동체와 자연의 상호 호혜적 관계, 인간과 천天의 상호 관계성을 강조하는 궁극적 가치들이 가진 특징들을 현대 철학, 종교 그리고 신학의 차원에서 새롭게 조명해야 한다.

계몽주의 정신은 합리성을 강조하는 그리스 철학, 땅을 정복하는 성서

---

2) 『論語』, 12:2.
3) 『論語』, 16:28.

의 인간 이미지, 그리고 소위 프로테스탄트 윤리에 기초하여 발전되었다. 그럼에도 불구하고 근대 서구사회의 발흥은 헬레니즘의 시민개념, 유대교의 언약개념, 그리고 기독교의 성도의 교제라는 개념이 갖고 있는 공동체 정신을 철저하게 손상시켰다. 또한 이 전통들은 계몽주의 특유의 철저한 인간중심주의를 비판하였다. 인간을 오직 자기 권리만 챙기는 존재, 사리사욕에 의해 동기가 유발되는 존재, 합리적이고 경제적인 동물로 이해하는 계몽주의의 인간 이해에 대해서 철저하게 비판하는 소위 공산윤리의 대두는, 도덕적이고 자기 성찰적 차원에서 현재 북미의 상황을 아리스토텔레스, 『신약성서』의 사도바울, 『구약성서』의 아브라함 또는 공화주의 윤리의 관점에 맞춰 진지하게 성찰할 것을 우리에게 요구한다. 이런 맥락에서 하버마스(Jürgen Habermas)가 합리적 담화의 영역을 확대시키기 위하여 '의사소통의 합리성'(communicative rationality)4)을 주장한 것은 계몽주의 전통을 풍요롭게 하려는 새롭고 중요한 지적 노력이라 할 수 있다.

두 번째 전통은 비서구의 차축시대 문명들(axial-age civilizations), 즉 남아시아와 동남아시아의 힌두교, 자이나교, 불교 그리고 동아시아의 유교, 도교, 이슬람교를 포함한다. 이슬람교는 역사적으로 르네상스에 공헌한 사실 때문에 근대 서구의 핵심 지적 유산들 중의 하나로 존중되어 왔다. 그러므로 요즘에 북미와 서구 유럽의 매스 미디어들이 이슬람교를 별개로 취급하는 행태는 옳지 못하다. 이러한 행태는 근대 서구의 자기 이해뿐 아니라 자기 이익까지도 철저하게 훼손시킨다. 이슬람교와 위에서 언급한 다른 비서구의 윤리적 종교적 전통은 우리가 갖고 있는 세계관, 의례 의식, 사회 제도,

---

4) Jürgen Habermas, "What is Universal Pragmatics?", *Communication and the Evolution of Society* (Thomas McCarthy[trans.], Boston: Beacon Press, 1979), pp.1~68.

교육의 스타일, 그리고 인간 상호 관계성의 양식에 아주 중요하고 실용적인 자료들을 공급한다. 이것들은 앞에서 언급한 서구 유럽과 북미에서 오랫동안 지속되어 온 계몽주의 정신에 대한 대안으로 우리가 추구하는 새로운 삶의 방식의 개발에 지대한 도움을 준다. 유교문화의 영향을 받은 동아시아는 계몽주의의 영향을 받은 서구 근대보다 훨씬 덜 적대적이고 덜 개인주의적이며 덜 이기적인 근대 문명을 발전시킬 수 있었다. 동아시아 지역은 정부의 주도적 지도력을 중시하는 시장경제, 능력주의를 중시하는 민주적 정치조직, 그룹(혹 공동체)을 중시하는 개인적 창조성이 함께 공존한 덕택으로 정치 경제적으로 세계에서 가장 역동적인 지역으로 발전하였다. 유교 윤리가 동아시아 지역의 산업화에 결정적으로 기여했다는 점이 힌두교, 자이나교, 불교, 그리고 이슬람교 역시 현대 산업화의 기초를 제공할 수 있다는 가능성을 제공하였다.

유교에 지대한 영향을 받은 아시아 국가들(일본, 한국, 북한, 중국, 홍콩, 대만, 싱가포르, 베트남)의 서구화는 이 나라들의 영적 조망을 영원히 바꾸어 놓았다. 그러나 이 아시아 국가들의 토착적이고 영적인 자원(대승불교, 도교, 일본의 神道, 샤머니즘, 토속 종교)은 다시 소생 부흥하여 새로운 혼합 종교의 형태로 오늘에 이르고 있다. 근대 서구의 제국주의와 식민주의의 강압으로 인하여 지난 1세기 동안 말로 다할 수 없는 치욕을 당했던 동아시아의 발전은 문자 그대로 계몽주의의 기능적 합리성을 상징한다는 점을 기억해야 한다. 확실히 일본과 소위 4마리 용(四龍: 한국, 대만, 홍콩, 싱가포르)의 정신 구조의 특징은 중상주의重商主義, 상업주의, 그리고 국제적 경쟁이다. 중국 역시 경제 발전을 위해 노골적으로 이 노선을 채택하였고, 1979년에 시작된 개혁개방 이후 다른 아시아 국가들과 똑같은 정신 구조를 드러냈다. 우리는 이 아시아 국가들이 인본주의적이며 자원이 고갈되지 않고 유지되는 공동체를 더 잘 발전시킬 수 있는 가능성을 결코 확대 과장해도 안 되고 훼손 폄하해도 안 된다.

세 번째 전통은 아메리칸 원주민, 하와이족, 마오리족, 그리고 다수의 부족들이 신앙하는 토착적이고 종교적인 전통이다. 신체적 강인함과 심미적 탁월함을 소유한 부족들은 신석기시대 이후로 인간의 삶이 소멸되지 않고 지속되어 왔다는 사실과 그들은 인간 번영이 결코 마음(정신)의 산물이 아니라 이 시대에 우리가 체험하는 실재라는 점을 분명하게 보여 준다.

원시 토착적 종교 전통은 우리가 뿌리내리고 있음(rootedness)을 깊이 체험해야 한다고 강조한다. 이 전통은 지각하는 방식, 사고하는 양태, 살아가는 방식·태도 그리고 세계관을 상징하는 구체적 장소(환경) 속에 깊이 새겨져 있다. 계몽주의 정신이 동반한 의도하지 않았던 재난의 상황 속에서 살아가는 우리 현대인들은 원시 토착적 종교 전통으로부터 많은 것을 배워야 한다. 토착 원주민들이 구체적 장소 속에 깊이 새겨져 있다는 사실은, 그들이 처한 환경과 친밀하게 살아가고 있으며 그들이 살아가는 주거 환경과 자연이 다르지 않다는 점에서 분명하게 드러난다. 이러한 실존 모델은, 인간 중심적 세계와 우주 간에는 상호 의존과 상호 호혜성이 절대적으로 필요하며 또한 바람직하다는 점을 암묵적으로 제시한다. 우리는 이 실존 모델로부터 새로운 지각방식, 사고방식, 태도, 세계관을 배울 수 있다. 우리가 이 원시 토착적 종교 전통을 신앙하는 사람의 관점에서 계몽주의 정신과 계몽주의가 만든 근대정신을 재성찰할 때, 우리는 새롭게 많은 것을 보게 될 것이다.

토착적 종교 신앙인들의 삶의 방식에 있는 또 다른 중요한 양식은 인간들을 일상적 상호작용 속에서 강하게 묶어 주는 예절(의례)이다. 긴밀한 가족 관계, 다른 사람과 나누는 의미심장한 대화, 주위 자연과 문화 환경에 대한 깊은 감사, 조상들과의 긴밀한 연결 등은 종족, 인종, 언어, 땅, 그리고 신앙 속에 근거하고 있는 공동체를 시사한다. 원시적(생물적) 연결들이 바로 토착 종교인들의 존재와 행태를 구성한다. 휴스턴 스미스(Huston Smith)에 따르면, 토착 종교 신앙인들은 자연을 지배하기보다는 자연에 참여하는 삶, 현상학적으로는 경험주의자들의 입장보다는 심리학적 입장을 따르는 삶, 자연을 정복하기보다는 오히려 초월을 강조하는 삶의 세계관, 인간 경험에 있어서 고립보다는 성취의 삶을 중시하였다. 우리가 중시하는 현대의 사고 양식(지식을 지혜의 차원이 아니라 힘으로 간주하고, 영혼을 심각하게 손상시키는 물질적 진보와 풍요를 계속해서 추구하며, 생명체계를 파괴하는 것을 뻔히 알면서도 인간 본위적 입장에서 계속 자연을 조작하고 파괴하는 것)이 과연 논리적으로 옳은가를 성찰함에 있어서 토착 종교 신앙인들의 관점은 우리에게 새로운 영감을 제공한다.

그렇다고 해서 나는 이러한 '원초적 의식'에 대해 우리가 향수적 감정을 가져야 한다거나 또는 낭만적으로 집착해야 한다고 주장하는 것은 결코 아니다. 나는 이렇게 원초적 의식을 강조하는 것이 소위 인식의 정치에 의해 지배되는 근대성의 문화적 구성임을 분명하게 인식하고 있다. 오히려 나는 계몽주의 정신의 수혜자이며 동시에 피해자인 우리가 위에서 언급한 세 가지 영적 전통들을 기초로 해서 계몽주의 정신을 보강하고 변화시키며 재구성하여 에큐메니컬(ecumenical) 정신을 갖고 있는 지구촌 공동체를 건설해야 한다고 주장한다. 실제로 프랑스 혁명 이후 2세기 동안, 프랑스 혁명 정신 속에 담겨 있는 세 가지 위대한 계몽주의 가치 중에서 우애가 가장 덜 주목을 받아왔다. 최근에 공동체라는 복잡한 문제를 새롭게 언급하는 것은 극명하게 모순되는 두 가지 징후가 우리가 살아가는 21세기 전반기에 나타나고 있다는 점을 보여 준다. 첫 번째 징후는 정보시대에 분명하게 실재하는 하나의 현실과 상상적 공동체로서의 지구촌이고, 두 번째 징후는 가정에서부터 시작해서 국가에 이르는 모든 단계에 나타나는 인간 공동체의 분열과 재구성이다.

계몽주의 정신의 핵심 자체를 근거로 해서 네 번째 영적 전통을 발전시켜야 한다고 주장하는 것은 결코 무리가 아니다. 혼자서 고군분투하는 것이 아니라 공동으로 행위 하는 훈련된 성찰이 종교 지도자들과 윤리학자들이 계획하는 '창조적 지대'(creative zone)를 향한 첫 걸음이다. 페미니스트의 전통에 대한 비판, 환경에 대한 지대한 관심, 그리고 종교 다원주의가 이 새로운 협력적 자기 인식의 예증이다. 우리가 합리성, 자유, 평등, 인권, 그리고 분배 정의에 대한 계몽주의의 헌신을 해체하거나 혹은 단념하지 않고서 계몽주의 정신을 극복하기 원한다면, 우리는 하나의 전조로서의 근대성과 하나의 과정으로서의 근대화에 대하여 철저하게 재검증해야 한다.

이 재검증해야 한다는 것의 기저를 이루고 있는 것은 근대적 전통이라는 흥미로운 문제이다. 삶에 양립할 수 없는 형태, 즉 전통과 근대성이라는 두 가지 사고는 막스 베버(Max Weber)가 정의한 '합리화'(rationalization)의 결과를 인지하는 근대성과 '마음의 습관'(habits of the hearts, Alexis de Tocqueville이 사용한 용어)인 전통, 오래 지속되는 사고의 방식 또는 문화적 자기 이해의 중요한 특징 사이의 연속적 상호작용에 대한 끊임없는 연구로 대체해야 한다. 근대적 전통은 단지 근대 의식 속에 피동적으로 가라앉아 있는 역사적 침전물이 아니다. 또 기능적 용어로 말해서 발전이라는 단선적 궤도(unilinear trajectory)에 의해 침식되는 요인도 아니다. 그것은 도리어 사회 속에서 특정 근대성을 때로는 속박하고 때로는 강화하는 힘이다. 그러므로 우리가 근대화의 과정을 논의 속에서 제외시키는 것은 개념적으로 아주 단순하고 방법론적으로 오류를 범하는 결과를 초래한다. 실제로 근대적 전통을 조사하는 것은 근대화를 서구화와 같게 하는 필수적 과정이라기보다 고도로 차별화된 문화적 현상으로 인지하는 것이다.

탈콧 파슨스(Talcott Parsons)는 시장경제, 민주적 정책, 개인주의가 근대성과 분리될 수 없는 세 가지 요인들이라고 주장하였는데, 어쩌면 그의 주장이 타당한지도 모른다.5) 냉전 이후의 시대는 시장화, 민주화 그리고 개인주의라는 특징을 갖는 지구촌 공동체 형성에 독특하고 새로운 세계 질서를 만들고 있다. 사회주의의 몰락은 계획된 경제보다는 시장경제, 전체주의 정책보다는 민주적 정책, 그리고 집단적 삶보다는 개인주의적 삶의 스타일이라는 미래의 고조를 상징한다. 다국적 기업, 정보 초고속도로, 기술 주도적 과학, 매스 커뮤니케이션, 그리고 과대 소비로 특징되는 진보된 자본주의에서만 가능한 인간 진보의 단계인 미래의 종말을 믿든지 믿지 않든지 상관없이, 우리는 다양한 네트워크를 통해서 지구를 하나의 연결된 의견 교환의 공동체로 변화시키는 세계화가 갖고 있는 힘(능력)을 비판적으로 인지해야 한다. 그 결과 아무리 멀더라도 전자우편 등으로의 의사소통을 막지 못하게 되었다. 그러나 가까이 있다고 해서 반드시 자주 대화를 한다는 것을 의미하지 않는다. 우리는 수천만 리 떨어져 있는 사람들과는 빈번하게 대화하면서도 종종 우리와 가까운 이웃, 동료, 친척과는 대화하지 않는다.

진정한 의미에서 가정의 의미가 아니라 하나의 현실적 실재로서의 지구촌의 도래는 결코 인간 번영을 의미하지 않는다. 고전적 유교가 조화를 이상으로 추구했던 것과는 달리 지구촌은 격심한 차이, 극심한 차별화, 강력

---

5) Talcott Parsons, "Evolutionary Universals in Sociology", *Sociological Theory and Modern Society*(New York: The Free Press, 1967), pp.490~520.

한 구분, 철저한 차별을 보여 주고 있다. 생태계, 경제, 상업, 무역, 그리고 전자 시스템 차원에서 하나로 상호 연결된 세계가 오늘날 우리가 경험하는 대로 부와 영향력 그리고 힘에 의해 이렇게 철저하게 분열된 적은 없었다. 이제 우리는 상상하고 기대하던 지구촌의 도래를 축하해야 할 이유를 찾지 못한다.

인류 역사상 부자와 가난한자, 지배자와 피지배자, 자기 목소리를 내는 자와 자기 목소리를 내지 못하는 자, 사회 중심에 속한 자와 속하지 못한 자, 정보를 가진 자와 갖지 못한 자, 그리고 연결된 자와 소외된 자 간의 차이가 이렇게 현저하게 두드러진 적은 없었다. 부자, 지배자, 자기 목소리를 내는 자, 정보를 가진 자, 그리고 연결된 자들과 같이 특혜를 받는 자들은 변화하는 시대 속에서 현격한 차이를 만들어 내는 다수의 네트워크를 형성한다. 실제로 특혜를 받은 자들이 사회 지배계급으로 자리를 잡는 데 있어서 인종적 경계, 문화적 다원성, 종교적 배타성 혹은 국가적 주권 등과 같은 것들은 별로 중요하지 않다. 다른 한편으로 동일한 지역에 살지만 사회적으로 철저하게 다른 계층의 삶을 사는 거주자들은 근본적으로 다른 정보, 아이디어, 유형 자산(예를 들면 돈), 비유형적 자산(예를 들면 특권)을 갖고 살아갈 수도 있다. 동일한 선거구 속에 사는 사람들 역시 서로 상반되는 정치적 이데올로기, 사회적 관습, 세계관을 갖고 살 수도 있다. 또한 그들은 극명하게 다른 방식으로 인간 실존의 근본적 범주(예를 들면 시간과 공간)를 경험할 수도 있다. 우리들은 (개인, 가족, 사회, 그리고 국가 차원에서) 가진 자들과 갖지 못한 자들 간의 대비가 얼마나 심각한지를 견실한 자료들을 통해서 분명하게 알 수 있다. 대중 매체를 통해 전파되는 무책임한 소비주의는 사람들로 하여금 상대적 박탈감을 갖게 만든다. 심지어 북미, 스칸디나비아 국가들, 서유럽의 국가들, 일본, 아시아의 4마리 용과 같이 경제적으로 선진화된 국가들의 국민 역시 계속해서 불만, 걱정, 좌절을 갖고 살아간다.

우리가 과학, 기술, 통신, 무역, 자본, 오락산업, 관광, 이민 그리고 질병 등과 같은 제2차 세계대전 이후 국제 경제에 막대한 영향을 끼쳐 온 추세만을 중시한다면, 우리가 소유하고 있는 귀중한 역사적인 유산들과 문화적인 실천을 완전히 무시하는 이 새로운 국제적 영향력이 우리 삶의 조건을 구성한다는 잘못된 편견을 갖게 된다. 우리는, 세계화가 곧 동질화를 의미하는 것이 아니며, 또한 근대화가 국제사회에 있어서 경제적, 정치적, 사회적, 문화적, 종교적 갈등을 감소할 뿐 아니라 증폭시킨다는 점을 깊이 인식해야 한다. 우리가 살아가는 이 시대의 정신을 올바르게 이해하기 위해서 우리는 원초적 유대(primordial ties, 민족, 언어, 성, 땅, 계층, 신앙)가 내적-방어적-문화적인 자기 정체성과 외적-공세적-종교적인 배타성 형성에 지대한 영향을 준다는 점을 깨달아야 한다. 세계화를 주장하는 사람들은 근본적인 유대성 강조의 흐름을, 거역할 수 없는 세계화의 추세를 거스르는 단순하고 철저하게 잘못된 편협한 반작용이라고 비난한다. 그러나 보스니아, 아프리카, 스리랑카, 그리고 인도에서 발생하는 현상들은 결코 세계화에 반대하는 분열이 아니다. 우리는 미국사회의 인종, 캐나다의 언어, 그리고 소위 3대 유일신 종교 즉 기독교, 유대교, 이슬람교를 신봉하는 국가들의 근본주의가 갖고 있는 폭발적인 잠재력을 보면서, 인간의 뿌리를 추구하는 것이 세계적인 현상이라는 사실을 반드시 깨달아야 한다.

세계 공동체는 오늘날 국제화(세계화)와 지방화(공유화)라는 두 가지 갈등적이고 모순적 요인에 직면하고 있다. 국제화(세계화)라는 정신에 기초하여 설립된 유엔은 뿌리내리고 있음(위에서 언급한 근본적 유대성의 문제)의 문제를 처리해야 한다. 과학기술, 매스 커뮤니케이션, 무역, 관광, 자본, 이민, 질병 등은 전례 없이 빠른 속도로 세계화되지만, 밖으로 드러나지 않고 숨겨진 그리고 밖으로 표출된 공공의 (혹 종족의) 정서는 합리성, 개인 자유, 계획적 자기 이익, 물질적 진보 그리고 권리 의식과 같은 계몽주의 가치들에 의해 결코 쉽게 변형되지 않는다. 우리는 인간 상호 연결성이 갖고 있는 탄력성과 폭발적인 힘을 위에서 언급한 계몽주의 가치들이 아닌 절충, 분배적 정의, 연민, 정중함, 의무 의식, 인간의 존엄성, 내재적 가치, 그리고 자기수양이라는 윤리적인 측면으로 보다 더 잘 이해할 수 있다.

유교에서 말하는 인간은 단순히 이성적 존재, 정치적 동물, 도구 사용자나 언어 조정자가 아니다. 유교는 인간을 단순하게 환원적 모델로 정의하는 것을 단호하게 거부하였다. 유교는 인간을 다음의 다섯 가지로 정의한다.

1. 인간은 감각적 존재이다. 인간은 다른 사람들뿐 아니라 동물, 식물, 나무, 산, 그리고 강을 포함한 자연 전체와 내적으로 공명共鳴한다.
2. 인간은 사회적 존재이다. 혼자 고립된 인간은 다른 동물들과 비교되지 않는 아주 약한 존재이지만 사회를 구성하는 인간은 자신의 생존뿐 아니라 번영을 추구할 수 있는 내적인 힘을 갖고 있는 강한 존재이다. 상호작용의 다양한 네트워크들로 대표되는 인간 상호 연결성은 인간의 번영과 인간의 존속을 위해 필수적이다. 인간의 사회성이 인간을 정의한다.
3. 인간은 정치적 존재이다. 인간 상호 연결성이 생물학적 본성과 사회적 필요성에 의하여 제도, 지위, 권위로 차별화된다는 의미에서 인간은 정치적이다. 유교는 '기계적'의 반대 개념인 유기체적(organic)이라는

의미의 연대성을 강조하며, 인위적 제도, 지위, 권위의 유동성 속에서 인간은 서로 다른 위치에서 다른 역할을 한다고 주장한다. 유교는 이러한 방식으로 인간사회 속에서 분배적 정의의 우선성과 공정성을 실천한다.

4. 인간은 공동의 기억, 문화적 기억, 문화적 전통, 의례적 실천 그리고 마음의 습관(habits of the hearts)을 공유하는 사회적 존재이다.

5. 인간은 단순히 자기중심적 존재가 아니다. 인간은 천명天命에 끊임없이 응답하고, 천명에 의하여 항상 영감을 받으며, 궁극적 관심을 갖고 최고의 대망을 품고 사는 형이상학적 존재이다.

유교의 도는 진정한 인간이 되는 방식(길)을 배우는 것이다. 유교에서 진정한 인간이 되는 것을 배운다는 것은 부단하게 그리고 끊임없이 자기 자신을 공공적 행위와 천명에 대한 대화적 응답이라는 두 가지 차원에서 창조적으로 변혁시키는 것이다. 인간이 되는 것을 배운다는 것은 자기 자신, 공동체, 자연, 그리고 초월자라는 네 가지 분리될 수 없는 요소를 포함한다. 물론 인간은 자기 자신을 위해 배운다. 그런데 여기서 개인은 고립된 존재(하나의 섬과 같은)가 아니라 오히려 관계성의 중심에 있는 연결된 개인(흐르는 물과 같은)을 말한다. 관계성의 중추로서의 자아는 폐쇄되고 정지된 존재가 아니라 오히려 개방된 역동적인 존재이다. 그러므로 유교의 인간프로젝트는 자아와 공동체 간의 상호관계, 하나의 종種으로서 인간과 자연 간의 조화, 인간과 천天 간의 끊임없는 대화를 최고의 가치로 여긴다.[6]

---

6) Thomé H. Fang, "The Spirit of Life", *The Chinese View of Life: The Philosophy of Comprehensive Harmony*(Taipei: Linking Publishing, 1980), pp.71~93.

유교는 지금 여기에서 살아가는 구체적 인간으로부터 그들의 철학적 인간학을 시작하기 때문에, 인간의 상황이 '뿌리 깊이 내리고 있고' '마음속에 깊이 새겨져 있다'는 점을 중시한다. 그러므로 유교 프로젝트만이 갖고 있는 고유한, 우리가 말하는 원초적 유대(민족, 언어, 성, 땅, 계층, 그리고 근본적인 영적 태도)는 그것들이 문화적 다양성을 축하한다는 점 때문에 중요하다. (이것을 유해한 상대주의와 혼돈해서는 안 된다.) 유교인은 그들의 여정을 몸과 마음 혹은 자연과 숙명을 배우는 것으로 이해한다. 이 땅에 살고 있는 특정 개인은 특별한 조건 속에 깊이 새겨졌다는 숙명을 갖고 있다. 당연히 인간은 특별한 존재이다. 그러나 우리 모두는 자기를 수양하고, 계발하며, 실현시킬 수 있는 가능성을 내재적으로 갖고 있다. 비록 인간의 조건 속에 숙명적이며 또한 깊이 새겨져 있다는 한계를 갖고 있지만, 인간은 진정한 인간이 됨을 배우는 과정 속에서 자기 변혁을 이루는 무한한 가능성을 하늘로부터 부여 받았다. 그러므로 인간은 본질적으로 자유롭다. 인간관계의 중추로서 인간이 갖는 책임 속에 새겨져 있는 인간의 자유가 인간의 가치를 창조한다. 오직 그것만이 존경 받을 가치가 있고 존경을 요구한다.

벤저민 슈워츠(Benjamin Schwartz)는 『고대 중국사상의 세계』(*The World of Thought in Ancient China*)의 결론에서 오경五經의 정신을 논하면서 신유교의 핵심적 이슈에 대해 다음과 같이 언급한다.

결국 공자와 맹자가 그랬던 것처럼 우리는 근본적인 문제를 인간의 감성/지성에서 찾아야 한다. 오직 인간의 감성/지성이 인간을 진실하게 만든다. 그리고 인간은 자신이 진실해진 뒤에 인간사회 구조 안에서 이 초월적 능력을 도를 실현하는 차원으로 확대하여 사용한다. 이것이 사서四書가 전달하는 말이다. 더 깊은 차원에서 보면 사서四書 역시 당시 윤리적인 도교와 신비주의적인 불교의 도전을 받고 살아가던 사람들에게 그들이 이러한 초월적 윤리적 능력이 있다는 믿음에 대한 존재론적 근거를 시사하고 있다.[7]

중국의 황제시대, 근대 이전의 베트남, 한국의 조선시대, 일본의 도쿠가와 시대의 유교 지식인들은 신유교 프로젝트의 존재론적 근거를 감성(heart)과 지성(mind) 공부(훈련)에 둠으로써 가족 위, 국가 아래라는 하나의 문화적 공간을 창조하였다. 바로 이러한 이유 때문에 유교 사대부들은 단순히 세상에 적응만 하는 것이 아니라 집을 떠나지 않고서도 공공 업무 그리고 지방, 지역, 국가의 정치에도 참여할 수 있었다. 막스 베버가 유교의 기본적인 행동 유형에 대해서 내린 결론은 타당하지 못하다. 유교 사대부들은 적극적으로 사회에 참여하였는데, 그들을 지탱시켜 준 영적 자원은 자신의 이익을 추구하지 않고 자신을 수양하며 선한 삶을 살도록 교육시키고 역사 속에서 친구들을 사귀며 성인들에게 열심히 배우고 문화적 규범을 만들며 천명天命을 해석하고 도道를 전수하며 세계를 윤리적 공동체로 변화시켰다.

(자본주의와 사회주의라는) 배타적 이분법 대신에 열강들에 의해 강요된 새로운 세계 질서라는 문제에 직면하여 살아가는 우리들은 '역사의 종말'(the end of history)[8], '문명의 충돌'(the clash of civilization)[9], '태평양 시대'(the Pacific century) 등의 용어로 이 시대를 일반화하려는 마음을 쉽게 갖는다. '인간이

---

7) Benjamin I. Schwartz, *The World of Thought in Ancient China*(Cambridge, Mass.: Belknap Press of Harvard University Press, 1985), p.406.

8) Francis Fukuyama의 표현을 잘못 이해하는 것 같다. 그는 냉전시대의 종말 후 자본주의 시대의 번창이 결국 세계적 사고의 균질화를 야기했다고 주장했다. 그는 최근에 동아시아 전통의 지적 자료로부터 'trust'라는 개념을 찾아내어 공유하는 정신을 강조하면서 서구가 결코 담론을 독점할 수 없다고 주장한다.

9) Samuel P. Huntington, "The Clash of Civilizations?", *Foreign Affairs* 72, no.3(summer 1993), pp.22~49.

되는 것을 배운다'는 명제는 다음과 같은 심각한 질문들을 포함한다. 우리들은 고립된 존재인가 아니면 관계성의 중심에 있는가? 개인의 성숙-성장에 도덕적 자기 인식이 필수적인가? 사회 구성원들이 책임과 의무의식을 갖지 않는 상황 속에서 과연 사회가 존속될 수 있고 번성할 수 있는가? 우리가 속해 있는 다원적 사회는 공유된 가치 그리고 인간 이해에 대하여 공동의 토대를 가져야 하는가? 우리가 살아가는 이 지구가 훼손되기 쉽고 인간이라는 종種이 점점 심각한 멸종위기에 처해 간다는 사실을 영적인 차원에서 묻고 있는가?[10]

중국은 아편전쟁(1840~1842) 이후로 수많은 대학살을 경험했다. 1949년 이전에는 제국주의가 많은 문제를 일으킨 주요한 요소였으나, 중화인민공화국이 출범한 이후 불규칙한 지도력과 불완전한 정책들 또한 공동으로 책임을 져야 했다. 비록 수백만의 중국인이 죽었지만 중국 주변의 국가들은 이러한 비극적 실상으로부터 거의 아무런 영향을 받지 않았다. 중국은 1979년 이후 국제 경제체계 속에서 빠질 수 없는 중요한 한 부분이 되었다. 국제 무역이 중국 경제의 30% 이상을 차지한다. 최근 홍콩과 천주泉州, 복건福建과 대만, 산동山東과 대한민국 사이의 통상 무역이 급격히 부상하고 있으며 또한 일본, 유럽, 미국, 홍콩, 대만의 투자자들이 중국에 막대한 투자를 하고 있다. 홍콩의 중국 귀속 문제, 대만 해협의 갈등, 화교사회의 경제 문화적 교류, 화교사회와 중국 본토와의 교류, 동아시아 지역 내의 커뮤니케이션, 동남아시아 국가들의 정치 경제적 연합, 아시아-태평양 지역의 발흥은 점점 위축되고 있는 지구촌 공동체에 지대한 영향을 미칠 것이다.

---

10) 필자는 이 중대한 문제를 하버드대학교의 필수과목 중 하나인 도덕적 추론(moral reasoning) 분야에서 "Confucian Humanism: Self-Cultivation and the Moral Community"라는 제목으로 강의한다.

유교 담화에 생명력을 부여하기 위해서 유교는 공공적이고 비판적인 자기의식을 가져야 한다. 우리는 역사의 종말을 목격하는 것이 아니라 지구촌의 새로운 역사 시작에 참여하고 있다. 그리고 비교 문화적 관점에서 볼 때이 새로운 시작은 문명의 충돌이 아니라 대화로 시작해야 한다. 인종, 언어, 땅, 종교에 뿌리를 두고 있는 문명들의 갈등은 특별히 대화를 필요로 한다. 우리는 윤리적이고 영적인 차원들을 강조하면서 인간 번영을 추구하는 새로운 대안적 모델을 추구해야 한다.

우리는 오래전에 도구적 합리성과 사적 이익들에 의해 형성된 정신세계를 극복했어야 했다. 정복의 정책들(정치)은 사라져 가고 커뮤니케이션, 개인 정보망, 타협, 상호작용, 협력의 시대가 열리고 있다. 사회 연대성, 자선 정책들, 우주적 평화정신에 의해 고취된 동아시아 지식인들이 논리 정연하게 책임 윤리를 전개하든 혹 전개하지 않든 간에 세계 곳곳으로 이주하여 살아가는 중국인, 일본인, 한국인, 그리고 베트남인들이 책임 윤리를 정립한다는 사실은 세계적 청지기 정신(global stewardship)에 놀라운 영향을 끼친다.

우리는 유교가 추구하는 인간 번영이라는 개념을 개인의 존엄성에 근거하여 자아, 가족, 공동체, 사회, 국가, 세계 즉 같은 동심同心을 갖고 점점 외연이 확대되어 가는 원圓으로 설명할 수 있다. 우리는 역설적으로 이기주의와 자기 본위를 극복하면서 동시에 개방되어 있고 창조적으로 변화하는 자아로서, 충실히 개인의 정체성을 추구해야 한다. 그리고 우리는 가족들의 밀착을 중시하지만 진정한 가족들의 밀착을 이루기 위해서 가족지상주의를 극복해야 한다. 또한 우리는 공공의 연대성을 받아들이지만 동시에 진정으로 연대성을 이루기 위해서 편협성을 초월해야 하며, 사회적 통합에 의해 자극을 받을 수 있지만 동시에 인종중심주의와 배타적 문화주의를 극복해

야 한다. 우리는 국가적 통일성을 추구하지만 동시에 공격적인 국수주의를
극복하여 진정한 애국자가 되어야 하고, 인간 번영에 의해 고취되지만 동시
에 인간중심주의에 사로잡히지 않도록 노력해야 한다. 왜냐하면 참된 인본
주의는 인간 중심적이 아니라 인간-우주 중심적(anthropocosmic)이기 때문이다.
1995년 3월에 개최된 이슬람-유교 대화 심포지엄에서 당시 말레이시아의
총리 안와르 이브라힘(Anwar Ibrahim)은 휴스턴 스미스의 『세계의 종교들』(*The
World's Religions*)이란 저서의 한 문장을 인용하였다. 그것은 유교의 자기 초월의
정신을 잘 보여 주고 있다.

> 사람의 감정이입의 관점을 자기 자신으로부터 가족으로 옮기면, 우리는 이기주
> 의를 초월한다. 관점을 자신의 가족으로부터 공동체로 옮기면, 우리는 가족지상
> 주의를 초월한다. 관점을 공동체로부터 국가로 옮기면, 우리는 편협성을 초월하
> 고, 관점을 공동체로부터 모든 인류로 옮기면, 우리는 국수주의적 애국주의를
> 초월한다.[11]

우리는 유교의 자기 초월 정신에 다음의 것들을 추가할 수 있다. 천인합
일天人合一은 계몽주의 정신이 갖고 있는 노골적 인간중심주의 형태인 세속
적 인본주의를 초월한다. 실제로 우리는 인간-우주 중심적 정신 속에서 자
아와 공동체 간의 커뮤니케이션, 하나의 종種으로서의 인간과 자연 간의 조
화, 인간과 하늘 간의 상호관계(성)를 발견한다. 진정한 인간이 되는 것을 공

---

11) 이 인용문은 Anwar Ibrahim이 1995년 3월 13일에 말라야대학교가 지원한 '이슬람과 유교: 문명
의 대화'(Islam and Confucianism: A Civilizational Dialogue)라는 국제대회에서 행한 연설의 초반
부이다. 내가 주장하는 '인간 우주적'(anthropocosmic)이라는 의미를 따르기 위해서는 반드시
'인간중심주의'(anthropocentrism)를 초월해야 한다. Houston Smith의 주장은 내가 전개한 유교
휴머니즘에서의 자기초월성에 기초하고 있음을 밝힌다. Huston Smith, *The World's Religions*
(San Francisco: Harper San Francisco, 1991), p.182·193·195를 참조하라.

부하는 통합적이며 포괄적인 전망이 새로운 지구촌의 세계 윤리에 출발점
이 된다.

왕수인(왕양명)은 인간중심주의와는 완전히 다르고 신유교의 감정과 마음
공부에 구체화되어 있는 인간-우주 중심적 전망을 『대학문大學問』(Inquiry on
the Great Learning)의 서문에서 다음과 같이 설명하였다.

> 대인은 천지만물을 한 몸(一體)으로 여긴다. 그는 세계를 한 가족으로 그리고 국
> 가를 한 사람으로 여긴다.…… 대인이 천지만물을 한 몸으로 여기는 것은 그가
> 의도적으로 그렇게 하는 것이 아니라 그렇게 하는 것이 그 마음속의 인간본성에
> 자연스럽기 때문이다. 결코 대인만 천지만물과 한 몸을 이루지 않는다. 소인의
> 마음도 대인의 마음과 다르지 않다. 오직 소인 자신이 자신의 마음을 작게 할
> 뿐이다. 그러므로 소인은 우물 속으로 떨어지기 직전에 처한 어린아이를 볼 때,
> 위급함과 동정심을 갖지 않을 수 없다. 이것은 그의 인성 혹은 인仁이 아이와 한
> 몸이 되었기 때문이다. 아이는 인간과 동류同類이다. 소인은 살육당하기 직전의
> 조수들이 울부짖는 소리를 듣거나 놀란 모습을 볼 때, 조수가 당하는 고통을 도
> 저히 견디지 못하는 감정을 갖게 된다. 이것은 소인의 인성 혹은 인仁이 조수와
> 한 몸이 되었기 때문이다. 조수는 지각知覺이 있다. 소인은 초목이 잘리고 꺾인
> 것을 볼 때, 슬픔을 갖지 않을 수 없다. 이것은 소인의 인성 혹은 인仁이 초목과
> 한 몸이 되었기 때문이다. 초목은 생의生意가 있다. 게다가 소인은 심지어 돌이
> 조각나고 깨지는 것을 볼 때에도 슬픈 감정을 갖는다. 이것은 소인의 인성 혹은
> 인仁이 돌과 한 몸이 되었기 때문이다. 이는 소인의 마음조차도 만물과 일체가
> 되는 인성 혹은 인仁을 갖고 있다는 것을 의미한다. 이러한 마음은 하늘이 그에게
> 부여해 준 본성에 근거하고 있으며 본래 판단력이 있고 명백하며 혼탁하지 않다.
> 바로 이러한 이유 때문에 우리는 그 마음을 '명덕明德'이라고 부른다.12)

---

12) Wing-tsit Chan(trans.), A Source Book in Chinese Philosophy(Princeton: Princeton University Press,
1963), pp.659~660.

유교학자들에게 있어서 자기 자신을 완전하게 실현한다는 것은 책임 있는 가장이 되고 능률적 사회 봉사자나 양심적 정치가가 되는 것만으로는 충분하지 않다. 사회적, 정치적으로 많은 업적을 성취했다고 해도, 그 자신을 하늘(天)과 연결하지 않고서는 진정으로 완전하게 자신의 인성 혹은 인仁을 실현할 수 없다. 유교가 추구하는 최고의 덕은 천인합일인데, 이는 인성을 인류학뿐 아니라 우주론으로도 정의한다. 『중용中庸』은 인성이 '천지와 삼위일체를 형성할 때' 가장 확실하게 표현된다고 주장한다.13)

그러나 하늘은 스스로 말하지 않는다. 그리고 비록 하늘은 무소부재하고 전지전능하지만 하늘 자체의 도道로 인간을 위대하게 만들 수 없다. 인간이 천명을 이해한다는 것은 인간이 의義와 원리原理를 온전하게 이해한다는 것을 의미한다. 이기주의, 가족지상주의, 편협성, 민족 중심주의 그리고 맹목적 국수주의를 초월하는 인간의 능력은 인간중심주의로 확장되어야 한다. 인간이 하늘의 동반자가 되기 위해서는 인간의 감정-지성 안에 있는 의와 원리가 찬란하게 빛날 수 있도록 조용한 계몽과 끊임없이 접촉해야 한다. 인간이 인간이라는 종의 한계를 초월할 수 없다면, 만물의 척도라고 주장하는 배타적이고 세속적 인본주의를 초래할 수밖에 없게 된다. 이와 대조적으로 유교의 인본주의는 포용적이다. 즉 인간-우주 중심적 전망에 담겨 있다. 인성은 (모든 것을 포함하는 충만 안에서) 천지 만물과 한 몸을 이룬다. 결국 자아실현은 궁극적 변혁이다. 그리고 그 변혁의 과정이 인간들로 하여금 가족, 공동체, 국가, 세계 그리고 우주를 인간의 감성 안에서

---

13) 『中庸(Doctrine of Mean)』 22장. 杜維明은 이 개념을 유교의 도덕적 형이상학의 입장에서 논하고 있다. Tu Wei-ming, *Centrality and Commonality: An Essay on Chung-yung*(Honolulu: The University Press of Hawaii, 1976), pp.100~141.

구체화할 수 있게 한다.

    유교의 인간-우주 중심적 세계관이 갖고 있는 생태론적 암시들은 명확하게 표현되어야 한다. 한편으로 유교에서 말하는 하늘, 땅, 그리고 인간의 삼자관계는 풍부한 철학적 자원들을 갖고 있으며, 또 다른 한편으로 그것은 더 포괄적으로 생태학적 윤리학을 발전시킬 수 있는 광범한 도덕적 자원을 갖고 있다. 그것들은 문헌적 참조, 의식의 실천, 사회적 규범과 정치 정책이다. 유교는 고대로부터 자연과 조화를 이루는 일 그리고 자연의 고유한 영역과 한계를 받아들이는 일에 지대한 관심을 갖고 있었다. 이 관심은 개인과 우주적이라고 간주되는 덕을 함양하는 다양한 형태 속에 그 자체로 표현되어 있다. 또한 이 관심은 자아실현의 과정을 묘사하는 데 사용되는 생물학적 상상을 포함한다. 개인과 우주와의 심오하고 다양한 조화를 실현하는 것이 유교가 추구하는 제1의 목표이다. 개인과 우주의 조화는 생생한 영적 의미를 갖고 있는 통찰력이며 동시에 오늘날 우리가 당면하고 있는 생태론적 위기를 해결할 수 있는 실제적 중요성을 갖고 있다. 이 책은 인간을 자연 세계의 순환과 한계 안에 다시 자리매김하여 유교 전통의 풍요로운 자원을 실현하기 위한 하나의 계획을 입안한다.

'사고는 세계적으로, 행동은 지역적으로'
그리고 두 가지 주장의 논쟁적 근거

윌리엄 시어도어 드 배리

두웨이밍의 논문 「살아 있는 실재로서의 지구 공동체: 사회적 발전을 위한 영적 자료들의 탐구」("Global Community as Lived Reality: Exploring Spiritual Resources for Social Development")는 우리가 당면하고 있는 사회적이고 생태론적인 문제들에 관한 아래의 진술로 시작된다. "프랑스 혁명 이후 지난 2세기 동안 그리고 제2차 세계대전 이후 지난 40년 간 인류는 자연과 지구 공동체를 파괴해 왔으며, 그 결과 오늘날 아주 중대한 위기에 처해 살아간다."[1] 나는 이 심각성에 동감한다. 그리고 두웨이밍이 지적하고 있는 문제들에 전적으로 동의하기 때문에 그가 제기하는 근본적 문제들을 여기서 재언급하지 않는다.

두웨이밍은 계몽주의와 프랑스 혁명을 논쟁의 출발점으로 삼고 계몽주의 정신의 특성을 '자유, 평등, 인권, 개인의 존엄성, 개인의 사생활 존중,

---

1) Tu Wei-ming, "Global Community as Lived Reality: Exploring Spiritual Resources for Social Development", *Social Policy and Social Progress* 1(New York: Secretariat of the United Nations, 1995), p.40. 이 논문의 일부는 杜維明의 논문 "Beyond the Enlightenment Mentality(「계몽주의 정신을 넘어서」)"에 게재되어 있다.

인간을 위한, 인간에 의한, 인간의 정부' 등과 같은 가치들로 기술하면서, 이것들은 구조적으로나 유전적으로 계몽주의 정신과 분리될 수 없다고 주장한다. 그는 소위 도구적 합리성, 진보, 이성 그리고 개인주의에 대한 신앙에 대해 의문을 제기한다.

'유전적'인 면과 연관하여 볼 때 위에서 말한 가치들은 유대－기독교 전통, 고대 그리스 로마 문명, 지중해 세계의 중상주의 경제와 문화, 중세 기독교계의 경전 법률과 같은 계몽주의 이전의 전통 속에도 뿌리내리고 있다고 생각한다.

두웨이밍이 언급한 가치들은 계몽주의의 영향을 받아 근대적 특징을 지닌 것으로 공식화되었다. 그러나 그가 시도한 것처럼 그 근원(뿌리)에 대해 우리가 논한다면 이 가치들이 어떻게 역사적으로 진화해 왔는지를 고려해야 할 것이다.

예를 들어 진보라는 개념에 대해 생각해 보자. '무제한적'이라고 해석되는 진보라는 개념은 하나의 계몽주의 산물이다. 그러나 역사를 미래를 위한 삶, 축적되며 약속의 성취로 인도하는 것으로 해석하는 것은 유대－기독교적 전통의 핵심이다. 이는 약속된 구세주라는 개념 속에 또한 뿌리를 두고 있다. 이러한 해석은 히브리 백성들이 약속된 땅으로 향하는 『출애굽기』나 「오디세이」(Odyssey), 버질(Virgil)의 서사시로 대표되는 「아이네이드」(Aeneid)의 그리스 로마 서사시에 잘 나타나 있으며 모험을 즐기는 지중해 연안 백성을 묘사하고 있는 율리시스(Ulysses)와 아이네아스(Aeneas)의 여행에도 잘 나타난다. (지중해와 흑해 연안에 그리스 식민지를 건설하고, 로마법과 토목 기술에 기초한 로마 문명을 다른 유럽 지역으로 전승하면서 로마제국을 확장한 것으로 대표되는) 탐험과 영토 확장이라는 이 장기간에 걸친 역사적 운동들은 유럽에 에너지와 정신을 불어넣었다. 더욱이 이것들은 계몽주의 정신의 낙관주의와 야망, 또 유럽이 17~19세기에 영토를 확장하는 데 크게 기여했다. 실제로 서구 제국주의라는 말은 로마제국이라는 단어로부터 유래한다.

진보라는 개념이 좋든 나쁘든 어떻게 발전해왔는지는 아주 애매모호하고 도저히 헤아릴 수 없을 정도로 신비롭다. 그러나 한 가지 분명한 것이 있다. 이 운동들은 결과적으로 아시아 지역과 21세기의 과거, 현재, 미래에 대한 새로운 견해를 가져왔다. 두웨이밍은 계몽주의 정신의 특징에 대해서 다음과 같이 설명한다.

> 그러나 계몽주의 정신을 올바르게 이해하기 위해서 우리는 근대 서구의 어두운 면도 살펴야 한다. 끝없는 공업기술발전을 상징하는 '해방된 프로메테우스'라는 말은 산업혁명 초기에 인간 천재성이 이룩한 찬란한 업적을 의미한다. 낭만주의 운동의 적극적인 저항과 인간학자들의 예리한 비판에 아랑곳하지 않고 탐구하며 알고 정복하여 결국에는 굴복시키는 파우스트적 추진력에 기초한 계몽주의는 현대 서구의 지배적 이데올로기로 존속되어 왔다. 동아시아 국가들 역시 아무런 의심하지 않고 이 이데올로기를 국가 발전에 꼭 필요한 이론적 원리로 받아들이고 있다.[2]

나는 이성의 시대(Age of Reason)가 부조리하고 빙퉁그러졌으며 불행한 결과를 초래했고 본래 의도하지 않은 결과들을 세상에 가져왔다는 두웨이밍의 주장에 전적으로 동의한다. 그러나 만일 우리가 두웨이밍이 주장하는 것처럼 뿌리로 돌아가려고 한다면, 우리의 신앙과 지성에 도전하는 다수의 역사

---

2) Tu Wei-ming, "Global Community as Lived Reality: Exploring Spiritual Resources for Social Development", *Social Policy and Social Progress* 1(New York: Secretariat of the United Nations, 1995), p.41.

적 애매모호함을 피할 도리가 없게 될 것이다.

두웨이밍은 우리가 계몽주의 프로젝트에 대해 폭넓은 관점을 갖기 위해서 영적 자료들을 탐구해야 할 필요를 논하면서 계몽주의 프로젝트는 지구촌 공동체는 말할 것도 없이 공동체 개념을 분명하게 결여하고 있다고 주장한다.[3] 그런데 나는 계몽주의 프로젝트를 비판하는 기준이 무엇인지 알 수 없다. 분명한 것은 18세기 말에서 19세기 초에 계몽주의의 발생(발흥)이 중대한 공산사회의 활동이었다는 사실이다. 이는 미국 동부 해안지역에서(펜실베니아의 메노파교도, 퀘이커교도, 셰이커교도, 에프러타 공동체 그리고 노스캐롤라이나의 살렘) 유토피아 공동체를 시도했던 사실에서도 분명히 드러난다. 또한 사회주의, 공산주의, 무정부주의 운동들은 한결같이 자치적이고 협동적인 공동체를 추구했다. 류스페이(劉師培)와 리다자오(李大釗)의 저작에서 보는 것처럼 중국과 일본의 초기 공산주의 운동들 역시 공동체를 추구했다. 더욱이 두웨이밍은 계몽주의 프로젝트가 프랑스 혁명의 세 가지 덕목 중 하나인 우애를 결여하고 있다고 탄식하는데, 이는 사회주의 운동이 중시했던 '동지애'(comradeship)를 간과한 것이다. 사회주의가 추구했던 동지애는 사람들이 그것의 무의미성을 깨닫기 전까지 세계 절반이 넘는 지역에서 100여 년 넘게 지속되었다.—동지애는 사회주의 정당 혹은 소위 프롤레타리아 계급이라는 사실도 한 번 사람들의 적 또는 우파로 찍힌 사람에게는 별로 도움이 되지 못했다. 그런 상황 속에 처한 사람은 동지나 형제는 고사하고 단지 한 명의 친구만 있어도 좋다고 생각할 것이다. 바로 이것이 위대한 사회주의 혁명이 추구했던 동지애라는 이상과 서구 개인주의 및 도구적 이성주의가 갖는 공생적

---

3) Tu Wei-ming, "Global Community as Lived Reality: Exploring Spiritual Resources for Social Development", *Social Policy and Social Progress* 1(New York: Secretariat of the United Nations, 1995), p.42.

관계성이 결과적으로 어떻게 되었는가를 보여 주는 하나의 예이다. 세계 혁명은 결국 산업화─기술 혁명이다. 그러나 그것이 결코 인류가 갖고 있는 문제들을 치료하는 해결책이 될 수 없다.

이제 두웨이밍이 주장하는 핵심 포인트, 뿌리내리고 있음과 지방화라는 주제를 생각해 보자. 이 뿌리내림과 지방화라는 주제는 멀게는 18세기 후반에서 19세기 초반의 낭만주의, 가깝게는 '사고는 세계적으로, 행동은 지역적으로'라는 표어와 연결되어 있다. 이 표어를 '인간이 연결되어 있고 공동으로 책임진다'라는 측면에서 새롭게 조명하려고 한다. 나는 이것을 우리가 실제적으로 사용할 수 있는 안내(혹은 제안)라고 해석한다.

먼저 당시 공리주의에 적합하고 편리한 수단을 제공했던 불교의 이상주의의 영향으로 말미암아 근시안적이고 정치적인 기회주의와 공리주의에 빠져 버린 중국의 문화 및 도덕의 근원 회복에 심혈을 기울였던 위대한 신유학자 주희朱熹(1130~1200)에 대해 살펴보자. 주희의 주장은 두웨이밍이 자신의 논문 결론에서 언급한 것과 같은 맥락이라고 할 수 있다.

> 유교가 갖고 있는 집합적(단체적)이고 진취적인 정신으로서의 자기 변혁에 대한 믿음이 한편으로는 지역주의(향토주의), 토착문화주의, 부족주의, 다른 한편으로는 세계화주의, 세계문화주의, 국제주의를 함께 연대적으로 다룰 수 있게 한다. '인간 삶의 궁극적 의미는 매일 우리의 실제 삶 속에서 반드시 이루어져야 한다'는 유교의 주장이 우리에게 자기수양과 가정생활이 바로 자기실현의 뿌리가 된다는 사실을 받아들이도록 한다.[4]

---

4) Tu Wei-ming, "Global Community as Lived Reality: Exploring Spiritual Resources for Social Development", *Social Policy and Social Progress* 1(New York: Secretariat of the United Nations, 1995), p.50.

주희는 두웨이밍이 갖고 있는 관점으로부터 출발한다. (물론 그것은 공자와 맹자의 관점이다.) 그러나 주희의 위대한 점은 공자와 맹자보다 약 1500년 후에 활약하면서 공자와 맹자가 겪지 않은 어려운 여건들에 직면하여 중국의 중앙집권 왕조들이 갖고 있는 문제를 다루며 역사를 조정하려고 시도했다는 점이다. 주희는 가정에서 자기수양으로 출발하는 것은 타당하지 않다고 생각했다. (비록 주희 자신은 자기 가정에서 수양하는 일에 지대한 노력을 하였지만.) 또한 자아와 가정을 세계, 우주, 철학적 전망이라는 틀에 넣은 것 역시 타당하지 않다고 생각했다. (비록 주희는 이를 위해 지대한 노력을 하였지만.) 주희는 한편에 자신(자아)과 가정, 다른 한편에 국가라는 두 가지 조직된 하부 조직의 공동체를 추구하였다.

주희는 가정과 국가를 연결하는 데 필요한 중요한 다섯 가지 공동체 조직이나 과정에 관해 연구와 논의를 하였고, 명쾌하게 글을 썼다. 첫째는 상호 원조, 격려, 교화를 위한 광범한 협력적 공동체이다. 둘째는 씨앗과 음식 알곡을 분배하고 저장하는 구휼 곡물창고에 관한 것이다. 셋째는 농업기술의 향상과 발전에 관한 것이다. 넷째는 향토 학교(공동체 학교)를 잘 유지하여 부유층이나 자신들이 소유한 사립학교들을 유지시킬 수 있는 특권층뿐만 아니라 모든 사람이 공교육을 받을 수 있는 기회를 주는 것이다. 다섯째는 교육받은 사람들이 공공의 논점과 학문을 토론하는 데 필요한 학원(서원)에 관한 것이다. 주희는 위에서 언급한 방책들이 공공선을 추구하는 데 필요하다고 주장했고, 주희가 언급한 자기수양은 각 개인으로 하여금 그들이 공공선을 희생시키면서 또한 다른 사람들에게는 공정하지 않게 자신의 사사로운 이익을 추구하고 있지는 않은지 검증해야 한다는 점에 기초하고 있다.

이렇게 공동체의 하부 조직을 강조한 주희의 사상은 중국뿐 아니라 한국과 일본을 비롯한 동아시아 지역에 널리 알려졌다. 철학자로서 주희가 갖고 있던 명성과 특권 때문에 많은 학자들은 주희가 제시하고 강조한 방책들을 승인하였다. 통치자들과 왕조들은 계속해서 주희의 방책들을 승인하였지만 실제로 그러한 방책들이 괄목할 만한 결과를 가져오지는 못했다. 그렇게 된 가장 근본적인 이유는 바로 상부의 관료계층과 하부의 이익 그룹들이 끊임없는 투쟁을 하는 과정에서 공동체의 하부 조직 기관들이 훼손되고 쇠퇴하였기 때문이다.

거대한 사업, 합병, 쇼핑센터, 다국적 기업이 소위 좌파 또는 우파라는 패권적 이데올로기와 상관없이 지방경제와 지방문화를 보존하려는 모든 노력을 거의 궁지에 몰아넣거나 질식시키는 증세가 오늘날 중국을 지배하고 있으며 미국에서도 역시 이러한 증세가 나타나고 있다.

두웨이밍은 자신의 논문 결론 부분에서 오늘날 전 세계에서 활동하고 있는 비정부기구들(NGOs)이 기하급수적으로 증가하는 추세를 환영하고 있다. 나 역시 비정부기구를 전폭적으로 지지하고 있으며, 이런 맥락에서 오래전에 인권을 위한 공동투쟁 또는 노력은 미국의 외교 정책이나 외교 협상에 의해서가 아니라 유엔과 연결된 비정부기구들의 장기적인 노력에 의해서만 결실을 맺을 수 있다고 주장했다. 그러나 나는 두웨이밍이 오늘날 세계에서 활동하고 있는 비정부기구에 대해 놀랄 만큼 신뢰하는 모습을 보면서 크게 당황했다. 두웨이밍은 이렇게 말했다.

리우데자네이루(Rio), 이집트, 코펜하겐, 북경에서 보는 바와 같이 비정부기구의 역동성은 마치 강력한 조류와 같이 국제적 현상으로 펼쳐지는 참여민주주의라는 크고 분명한 메시지를 보낸다. 참여민주주의를 막으려는 그 어떤 노력, 즉

구조적, 이데올로기적 혹은 단계적인 노력들은 오히려 비정부기구의 역동성에 의해 압도당하게 될 것이다.5)

주희는 비정부기구의 노력과 결실에 대해 두웨이밍보다는 덜 낙관적이었던 것 같다. 주희는 두웨이밍이 말하는 '하나의 공동의 계획으로 인간이 자기 자신을 변혁시킬 수 있다는 믿음'에 대해서는 동의할 수 있을 것이다. 그러나 주희는 자신의 역사적 지식과 개인의 사적 이해관계 및 공적 이익 사이에서, 정당한 자기 중시와 이기심 사이에서, 늘 불확실하게 균형을 잡고 있는 인간 심성의 불확실성, 즉 인간이 잘못되기 쉽고 연약하다는 사실을 철저하게 인식하고 있었기 때문에 그의 믿음은 약화될 수밖에 없었다.

오래전에 나는 고인이 된 윌리엄 형(William Hung)과 함께 인간의 잘못되기 쉬움과 연약함 그리고 불확실성에 대해 논의했던 것을 기억한다. 형 교수는 정통으로 교육받은 학자로서 주희가 「중용장구서」에서 말하려고 했던 것을 분명히 알고 있었다. 여기서 우리는 인간본성, 죄에 대한 유교와 기독교의 입장을 생각했다. 형 교수는, 맹자의 입장을 따르고 인간본성의 선함을 신봉하는 유교인들이 본래적으로 인간본성과 죄에 관해 낙관적으로 생각하는 반면에 기독교인들은 인간본성에 관해 비관적으로 생각하고 인간이 죄인이라는 견해에 선취되어 있다고 주장하였다. 형 교수는 주희가 인간 심성의 불확실성을 '도심道心'과 연관시켰으며, 또한 인간의 잘못되기 쉬움을 날카롭게 통찰한 주희의 의식은 균형이 잡힌 것일 뿐 아니라 인간의 도덕관념의 필수적 구성요소임을 강조하였다. 형 교수는 전통적으로 사서四書를 읽으며

---

5) Tu Wei-ming, "Global Community as Lived Reality: Exploring Spiritual Resources for Social Development", *Social Policy and Social Progress* 1(New York: Secretariat of the United Nations, 1995).

교육받은 마지막 세대에 속하는 학자로, 사서의 정신을 지니고 있었다. 아마도 형 교수 이후로 탕쥔이(唐君毅)와 같은 학자를 제외하고서는 자신의 사상을 사서의 정신으로 표현할 수 있는 학자를 찾기 어려울 것이다. 주희가 인간 심성의 불확실성을 강조함은 『중용』의 가르침에 대한 하나의 부속물로, 자기 자신을 늘 경계하고 하늘이 명하고 정한 경계를 범하지 않도록 늘 조심하라는 『중용』의 가르침을 상기시키면서 인간은 종교적 경외와 불안을 필요로 한다는 사실을 강조한 것이다.

『중용』은 인간본성에 관해 균형 있는 견해를 제시한다. 두웨이밍은 『중용』을 인간의 자기 변혁의 가능성을 강조하는 고전이라고 부르는데, 동시에 『중용』은 오류에 감염되기 쉬운 인간성이나 인간의 한계를 강조한다. 이러한 『중용』의 가르침은 미국인이자 유교인이고 기독교인이며 농부 시인인 웬델 베리(Wendell Berry)의 사상을 생각하게 한다. 그는 『불안한 미국』(The Unsettling of America)이라는 아주 감동적이며 예언자적인 저서에서, 인간이 무제한적인 경제 개발과 진보라는 미래적 전망을 위해 자연환경을 파괴할 권리가 있다는 잘못된 생각을 갖고 미국뿐 아니라 온 세계에서 자연환경을 파괴하는 현 시점에, 그것이 동반하는 광범한 경제적, 사회적, 문화적 문제들을 중점적으로 다룬다.

주희가 말하는 우주는 하나의 질서를 갖고 있는 생의 과정으로, 그 안에서 도심道心이 더 큰 생의 과정과 조화될 수 있도록 인간의 창조적 활동성의 방향을 제공해 준다. 이와 마찬가지로 베리는 인간을 모든 제약으로부터 완전히 해방된 존재로 여기는 근대 인간관에 대해 비판한다. 그리고 인간이 천사와 동물 사이에서 아주 미묘하게 균형을 잡고 존재한다는 전통적 기독교의 입장을 상기시킨다. 하지만 인간은 기독교의 입장에 만족하지 못하고 결국 신의 주권을 탈취하여 세상의 모든 만물을 지배하였다. 베리는 이렇게 말한다.

> 그러나 주권에 대한 인간의 경험은 주권을 그것보다 더 우월한 것들에 대해서는 무시하고 오로지 그 주권보다 열등한 것들의 용어로써 배타적으로 정의할 때 아주 위험해진다고 암시한다. 다시 말하면 주권이라는 것은 반드시 균형적으로 정의될 때에만 정당한 의미를 갖게 된다. 그러므로 인간이 동물보다는 높고 천사들보다는 낮은 자리, 즉 자연보다는 높고 신성보다는 낮은 위치에 있다고 생각하였던 것이다. 따라서 우리는 인간이 사물들의 질서 속에 위치한다고 인정하고 이해할 때, 인간의 특권은 제한되어 있고 어떤 정해진 책임들에 의해서 보호받고 있다는 점을 알게 된다. 인간은 이러한 한계를 위반하여 초래하는 결과가 오직 사악한 것임을 알게 된다. 인간은 교만함 혹은 타락으로 인하여 죄로 물들지 않고서는 결코 인간의 조건이나 상황으로부터 벗어날 수 없다.

소위 근대세계의 성장은 고전적 의미에서 우주 질서를 파괴시킨 원인과 동시에 결과가 되었다. 근대가 남긴 치명적 오점은 인간의 주권을 사물의 질서 속에서 신 혹은 동물의 위치에 놓지 않은 것이 아니라 인간의 의지를 인간 의지 자체와 우주를 지배하는 절대적 주권의 자리에 놓았다는 것이다.

이렇게 전全 존재의 연쇄사슬을 강탈하고 인간 그 자체를 피조물과 창조자로 간주한 인간이 목적한 것은 예견된 것으로, 바로 지상 천국을 만드는 것이다. 이 지상 천국 프로젝트는 더 이상 전설에만 나오는 것이 아니다. 실낙원은 어떤 탐험가나 항해가에 의해 발견될 수 있다. 이 새로운 지상 천국은 인간의 지식과 산업에 의해 창안되고 기계에 의해서 건설되었다. 기계는 창조의 질서 속에 있는 인간이 자기 위치로부터 탈출하는데 필요한 수단적 작인 그리고 인간이 지상 천국을 만들려고 하는 야망을 이루는 데 필요한 하나의 도구로서가 아니라 그보다 더 강한 상징적 의미를 갖고 있다. 고대 세계는 인간을 탄생, 성장, 죽음, 부패라는 자연적 순환을 의미하는 목가적인 또는 농업적인 상징으로 묘사하였다. 그러나 근대 세계는 인간을 기계의 상징으로 묘사하였다. 인간을 창조의 책임을 갖고 있는 존재로 여기고 창조 그 자체와 창조에 대한 인간의 개념 모두를 기계화해 버렸다.……

그러나 인간이 세계를 전적으로 통제한다는 것은 불가능한 일이다.…… 그러므로 인간들이 살아가는 현대 도시에 전례가 없던 조직들과 무질서들이 동시에 함께 공존한다. 이 둘은 공생의 관계를 갖고 있기 때문에 서로를 유지해 준다. 우리는 이 공생의 관계를 소위 전문가들이 통제하는 정부, 교육, 산업, 의약품, 농업 등의 분야에서 쉽게 찾아볼 수 있다.

왜냐하면 전문가라는 개념과 완전 통제라는 개념 역시 공생적 관계이기에 이 두 개념 중 그 어느 것도 타자 없이 존재할 수 없기 때문이다. 전문가는 하나의 가능성에 자신의 모든 것을 건다. 그 하나를 제외한 다른 모든 가능성을 포기하므로 전문가는 그 안에서 자신이 절대적으로 완전하게 통제하는 엄격한 그리고 배타적인 경계를 분명히 한다.

그러나 전문가는 그러한 경계 자체가 심오하게 분열적이거나 파괴적이라는 사실을 상상하지도 못한다. 첫 번째 분열은 바로 그 전문가의 마음속에 있다. 전문가는 자신이 상상하고 열망하는 능력 한도 안에서만 통제할 수 있기 때문에 다른 모든 가능성에 대해서는 적대자가 된다. 두 번째 분열은 지극히 작고 고도로 단순화된 영역 안에서 선택되었기에 전문가는 다른 모든 가능성을 포기하고 자신이 포기한 모든 가능성을 통제 불능의 상태로 내버려 둔다.[6]

웬델 베리는 중국학을 연구하는 학자가 아니다. 그는 유교의 경전들을 에즈라 파운드(Ezra Pound)의 번역을 통해 알게 되었다. 에즈라 파운드는 일본과 중국의 예술을 전공하는 미국인 어니스트 페놀로사(Ernest Fenellosa)를 통해 동양철학과 종교를 전문적으로 연구하게 되었는데, 이 과정 속에서 페놀로사와 파운드는 14세기부터 19세기에 걸쳐 모든 아시아인이 교육하였던, 19세기 일본인들에게 유교 입문이었던 유교의 사서를 공부하였다. 어쩌면 페

---

6) Wendell Berry, *The Unsettling of America*(San Francisco: Sierra Club, 1996), pp.55~56 · 70~71.

놀로사, 파운드, 베리가 이 사서, 특히 『대학』과 『중용』 해석에 있어서 주희가 끼친 영향이 얼마나 지대한지에 관해서는 모를 수도 있을 것이다. 나는 웬델 베리와 두웨이밍 이 두 학자가 공통적으로 근대의 위기라는 문제에 대한 대답을 유교 경전인 『대학』에서 찾는다는 사실에 놀란다. 그들은 자아에 대해 각각 다른 언어를 사용한다. 베리가 자기수양(self-discipline) 혹은 인격형성(character formation)이라는 언어를 사용하는 반면에 두웨이밍은 자기변혁(self-transformation)이라는 언어를 사용한다.7) 비록 이들이 자아에 대해 다른 언어를 사용하고 있다고는 하지만, 자아가 가정, 공동체, 국가 그리고 더 광범한 세계로 연결된다고 강조하는 점에서는 놀라울 정도로 같은 입장을 취하고 있다.

어떤 면에서는 웬델 베리의 접근 방식이 더 현실적이라고 할 수 있다. 그는 농부의 입장에서 무엇보다 먼저 산업화로 파괴된 농경의 문제점들을 다루고, 이것이 인류와 인간 공동체에 가져온 악영향과 같은 논점들을 논한다. 그는 문제의 근본을 다룬다. 베리의 저서 『불안한 미국』은 바로 뿌리가 뽑혀버린 거주 공동체 그리고 농경의 파괴로 인해 뿌리가 뽑혀버린 미국의 문화 등과 같은 중요한 이슈들을 다루고 있다. 이렇게 유교에 기초한 베리의 주장을 중국과 연관해 생각하면 더욱 설득력이 있다. (웬델 베리와 두웨이밍 모두 중국과는 연결시키지 않는다.) 전통적으로 중국과 유교 문화는 대지(땅)와 대지에 거주하는 것, 즉 뿌리내린 공동체를 다룬다. 그러므로 유교에서 자기수양이라는 개념을 자연적, 유기체적인 과정에 근거하여 비유와 상징들로 설명하는 것은 농부인 베리에게 아주 자연스러운 것이다. 또한

---

7) Wendell Berry, *The Unsettling of America*(San Francisco: Sierra Club, 1996), p.16 · 26.

우리들은 전 문화에 관한 베리의 비판이 유교 문헌들의 정신과 유사함을 쉽게 알 수 있다.

나는 웬델 베리의 미국 상황에 대한 비판이 아주 심오하고 광범한 영역에 걸쳐 있음을 잘 알고 있다. 나는 과연 베리가 시도한 것처럼 이렇게 철저하게 실질적으로 현실감 있게 문제를 풀어 가는 중국인 유교학자가 있는지 묻게 된다. 서구 세계가 농경을 산업화하고 자연을 파괴한 것과 똑같이 마오쩌둥과 덩샤오핑은 중국에 피해를 입혔다. 하나의 인간으로 미국인이자 유교인인 웬델 베리가 서구 세계를 깨우는 예언자인 것처럼 또한 그는 이 시대에 중국을 위한 유교인 예언자이기도 하다.

웬델 베리는 자신의 초기 논문에서 에즈라 파운드의 논리를 따라 유교의 중요한 덕목 중에 하나인 신信의 상형 의미는 바로 사람이 자신이 한 말을 그대로 지키는 것을 의미한다고 주장하였다. 예언자가 하는 일이 바로 그런 것이다. 예언자는 자신이 한 말 그대로 산다. 그리고 나는 유교와 생태계에 관해 배우기를 원하는 모든 사람에게 웬델 베리의 예언자적 성찰을 강하게 권한다. 웬델 베리는 자신이 무엇을 주장하고 있는지를 분명히 알고 있으며, 농부이자 학자로서 자신의 경험에 근거하여 논리를 전개하고 있다. 웬델 베리의 후기 저작인 『가정 경제학』(*Home Economics*)[8])과 같이, 『불안한 미국』은 유교의 근본적 논리 즉 가정과 가족이 중심이 되어야 하고 현대인의 가정(단순하게 가정과 가족이 아니라 우리의 노력의 기초가 되는 곳으로서의 가정)의 회복에 역점을 두지 않고서는 생태계에 대해서 아무런 희망을 가질 수 없다고 주장한다.

---

8) San Francisco: North Point Press, 1987.

우리가 진정으로 폭넓은 세계에서 살기 원한다면 생태적 문제들은 오직 국제적인 차원에서만 해결될 수 있기에, 우리가 살아가는 지역과 한 나라 혹은 국제적 관계 사이의 하부 조직을 중시해야 한다. 그러나 가정(지역) 없이는 우리는 아무런 하부 조직을 가질 수 없고 그것에 기초를 두는 상부 조직 역시 가질 수 없다. 이것이 웬델 베리가 주장하는 메시지이며 또한 우리가 유교와 중국의 역사로부터 배우는 교훈이다.

제2부

응답의 배경

세계와 교제함: 유교 생태학의 뿌리와 가지

로드니 L. 테일러

미국의 자연주의자이며 자연환경보존운동의 창시자인 존 뮤어(John Muir)는 1875년에 월간지 *Overland Monthly*, 그 후 그의 저서 *Steep Trails*에 실린 에세이 「야생 양털」("Wild Wool")에서, 오늘날 우리가 논의하는 생태학적 혹은 생태 환경적 세계관과 그 안에 자리매김하고 있는 인간의 위치에 대해 분명하게 언급하였다.

현대 문명이 가르친 그 어떤 신조도 우리로 하여금 문화와 광야의 관계에 대해 올바르게 이해하지 못하도록 가로막을 수 없다. 또한 인간은 우리를 가로 막는 그 어떤 방해물도 모두 극복할 수 있다. 현대 문명이 가르치는 신조들은 이 세계가 인간의 목적을 위해 사용된다는 관점에서 광야를 본다. 하지만 우리는, 광야는 새롭고 가치 있는 것이라고 계속해서 생각한다. 이러한 가르침을 외면하고 어둠 속에서 인간이 갖고 있는 헛된 거대한 자부심은 아무런 도전도 받지 않고 지속되었다.

나는 지금까지 그 어떤 동물도 자신을 위한 만큼 다른 동물들을 위해 만들어졌다는 것을 뒷받침해주는 증거를 본적이 없다. 자연 역시 그러한 것을 이기적 고립이라고 명시하지 않는다. 실제로 창조 안에서 모든 미분자는 다른 사물들을 알고

있으며 밀접한 관계에 있다고 말할 수 있다.[1]

뮤어는 분명하게 지구상에 존재하는 생명체들을 단순히 하나의 종이 다른 종들을 지배하고 파괴하는 그러한 관점이 아니라 아주 복잡하면서 전체적으로 상호 연결되어 있다는 관점에서 봐야 한다고 주장한 첫 번째 미국 사상가 중의 하나이다. 「야생 양털」은 광야에 관한 미국의 이상주의자들의 관점을 분명하게 보여 주고 있으며[2] 또한 오늘날 우리가 논의하는 심원한 생태학에 근접한 것이라 할 수 있다.

이 논문은 야생의 양으로부터 생산되는 양털이 가정에서 기른 양으로부터 생산되는 그 어떤 양털보다도 그 질이 훨씬 우수하다고 주장한다. 이 주장에 근거해서 뮤어는 야생 동물이 가정에서 인간의 목적과 요구를 충족하기 위해 양육된 그 어떤 동물보다도 훨씬 더 우수하다고 말한다. 위에서 언급한 인용문 역시 바로 이 점을 강조하고 있다. 자연세계는 인간의 목적과 요구를 충족시키는 것이 아니라 그 자체로 의미와 위치를 갖는다. 뮤어는 인간이 자연을 그 자체로 보지 않고 단지 자신의 목적과 요구를 충족시키는 정도로, 즉 인간 세계의 연장 차원에서 보는 그러한 잘못된 인식을 바꿀 때에 결국 인간이 세계의 사물 안에서 어디에 위치하고 있는지, 인간 자신을 보는 관점을 바꿀 수 있다고 주장한다.

지구가 우주의 중심에 있다고 주장하는 천동설은 실제로 태양이 태양계의 중심에 있다고 주장하는 지동설에 의해 대체되었다. 그런데 태양중심설

---

1) John Muir, *Steep Trails: California, Utah, Nevada, Washington, Oregon, The Grand Canyon*(Boston and New York: Houghton Mifflin, 1918), pp.18~19.
2) Michael P. Cohen, *The Pathless Way: John Muir and American Wilderness*(Madison: University of Wisconsin Press, 1984), p.178. 이 책은 "Wild Wool(「야생 양털」)" 논문의 중요성과 미국 이상주의와의 연계성을 이해하는 데 중요한 단서를 제공한다.

에 기초한 인간중심주의가 인간들로 하여금 인간이 다른 생명체들보다 월등하고 우월한 위치에 있다는 잘못된 사고를 하도록 조장했다. 뮤어는 바로 이 인간중심주의를 버려야 하며, 또한 그것은 살아 있는 모든 것의 생명을 존중하는 것에 기초한 윤리를 인정하는 새로운 세계관에 의해 대체되어야 한다고 주장한다.

19세기 말에서 20세기 초에는 함께 뜻을 공유하는 소수의 집단만이 이러한 뮤어의 입장을 옹호하고 주장하였으나, 뮤어의 입장은 사라지지 않았고 점점 많은 사람들이 그의 주장에 동조하였다. 알도 레오폴드(Aldo Leopold)는 미국 초기 자연보존주의 운동의 고전 문헌인 『모래 군의 열두 달』(*A Sand County Almanac*)에서 이렇게 주장했다.

> 자연환경보호운동은 땅에 대한 아브라함의 전통을 따르는 사고와 양립하지 않기 때문에 더 발전할 수 없었다. 우리는 땅을 하나의 상품으로 인식하기 때문에 땅을 오용한다. 우리가 땅을 인간이 속해 살아가는 하나의 공동체로 인식할 때 땅을 사랑하고 존경하게 된다.…… 땅을 공동체로 인식하는 것은 생태학의 기본 개념이지만 땅이 사랑받아야 하고 존경받아야 한다고 인식함은 윤리학의 연장 선상에 있다.[3]

뮤어와 마찬가지로 레오폴드는, 인간은 다른 동물들과 대지 그 자체로부터 분리된 하나의 독특한 부류가 아니라 이 세계 생태계의 한 부분이라는 점을 강조한다. 땅을 하나의 상품으로 인식하지 않고 하나의 공유하는 공동체로 인식해야 한다고 주장하는 레오폴드의 논리는 지구를 사랑하고 존경

---

3) Aldo Leopold, *A Sand County Almanac and Sketches Here and There*(London: Oxford University Press, ca. 1949 · 1974), p.viii.

하는 특징을 갖고 있는 환경윤리 발전의 기초가 된다. 그는 대지의 이용·잘못된 이용, 그리고 환경의 오용 등의 논리가 유대-기독교적인 종교적 전통으로부터 발생한 대지를 정복하려는 원리와 직결되어 있다고 주장하면서 이에 반대한다.

레오폴드는 환경윤리의 변화는 철학적이고 종교적인 견해와 밀접하게 연결되어 있다고 주장하며, 일반적으로 종교와 철학이 환경윤리의 중요한 논점들을 진지하게 다루지 못하고 있다고 비탄해 한다.

> 인간의 지적 강조, 충실함, 그리고 확신이 내적으로 먼저 변할 때에 윤리적으로 획기적인 변화가 이루어진다. 자연보존운동이 위에서 언급한 행위들에 근본적으로 영향을 주지 못하고 있다는 사실은 철학과 종교가 아직 그러한 것들에 영향을 주지 못하고 있다는 점에서 분명하게 드러난다. 자연보존운동을 수월하게 하기 위해서 우리는 일상적으로 자연보존운동을 해야 한다.4)

뮤어와 마찬가지로 레오폴드는 인간의 복지를 위해서 자연을 개발하고 착취하는 것을 정당화하는 인간 중심적 세계관에 기초한 정복의 윤리에 환멸을 느낀다. 이러한 인간중심주의가 무의식중에 종교와 철학 사상에 깊이 뿌리 박혀 있어 환경주의적 관심이라고는 거의 찾아보기 힘들었던 1940년대에 레오폴드는 저작활동을 하고 있었다. 또한 당시 사람들은 오늘날 우리가 당면하고 있는 생태적 위기에 대해 거의 관심이 없었고 극소수의 사람들만이 생태적 위기가 도래할 것을 알고 있었다. 오늘날 우리가 잘 알고 있듯이, 철학이나 종교가 자연보호운동에 영향을 주지 못한다고 한 레오폴드의 주

---

4) Aldo Leopold, *A Sand County Almanac and Sketches Here and There*(London: Oxford University Press, ca. 1949·1974), pp.209~210.

장은 더 이상 설득력이 없다. 환경철학은 이미 철학의 한 분야로 자리를 잡았다. 또 생태학은 사회과학 분야에서 소위 학문의 제휴적 연구방식(inter-disciplinary approach)으로 자리를 잡았다. 이와 더불어 종교학은 그간 종교적 전통이 역사적으로 환경의 문제들을 중시하지 않았다는 사실을 인식하고 인류가 당면하고 있는 생태계 위기의 문제를 진지하게 다루기 시작했다.

신학 분야에서도 생태적 위기와 환경에 대한 책임에 관하여 활발하게 논의하고 있다. 어떤 전통은 환경과 그 안에서 인간의 위치에 대해 관심을 갖고 있고, 어떤 전통은 땅에서 살아가는 모든 생명체들의 복잡한 상호 연계성에 관심을 갖고 있다. 그리고 이 일부 전통은 여전히 인간을 독특한 부류로 간주하여 유기체의 세계로부터 분리된 별개의 존재로 해석하고, 일부 신학자들은 인간이라는 종種이 별개라고 주장하는 신학적 입장들을 재고찰해야 한다고 주장한다.

오직 각 개인이 갖고 있는 심오한 종교적, 철학적인 관심이 변화될 때에만, 개인과 광범한 유기체적 세계를 어떻게 연결시키고 대응할 것인가 하는 방식 역시 변화될 수 있다. 이 변화가 지금 환경철학 분야에서만이 아니라 인류가 당면하고 있는 생태 위기의 문제를 진지하게 고민하는 종교 전통에서도 일어나고 있다. 환경문제가 진지하게 다루어진다는 것은 좋은 소식이다. 그런데 생태 위기의 문제에 대한 진지한 관심들이 자연의 사용, 오용, 그리고 착취의 역사적 배경에서 이루어진다는 것은 나쁜 소식이다. 혹시 이 시점에서 우리가 환경문제에 관심을 갖는 것이 이미 늦었는가, 너무 미미한 것은 아닌가 하는 생각은 무의미하다. 우리가 인간이라는 종뿐 아니라 우주 전체에 관심을 갖고 있다는 것 자체가 희망이다.

아시아 종교의 전통과 환경

전성기를 맞이한 환경철학은 종교학과의 연계에 지대한 관심을 갖고 있다. 나는 여기서 동양의 종교와 철학이 환경문제를 어떻게 다루는지, 역사적 환경 의식의 문제에 어떻게 공헌할 수 있는지를 논의한다. J. 베어드 캘리콧(J. Baird Callicott)과 로저 T. 에임즈(Roger T. Ames)가 최근에 편집한 『아시아 전통 사상 속에서의 자연』(Nature in Asian Traditions of Thought)이라는 책은 우리가 논의하는 주제를 명확하게 다루고 있다. 캘리콧과 에임즈는 자신들의 관점을 이렇게 서술하고 있다.

> 환경 위기는 대기오염, 자연에 대한 심미적 관심의 퇴화, 인구 밀도의 과밀, 공급원의 고갈, 생태적 파괴, 최근에 주목을 받고 있는 많은 종의 갑작스러운 절멸 등과 같은 복잡한 문제들을 포함한다. 이러한 환경 위기 문제들의 기원은 서구이다.…… 그리고 그것들은 자연의 본성에 대해 근본적으로 잘못 이해함과 자연을 도적 관점으로 고려하지 않음으로 인해 나타나는 증상들이다.[5]

캘리콧과 에임즈는 앞서 언급한 뮤어와 레오폴드의 입장에 동조하면서, 우리는 의식적으로 자연의 문제를 종교적이든 철학적이든 도덕적 담론에 반드시 포함시켜야 한다고 주장했다. 캘리콧과 에임즈는 동양의 종교적이고 철학적인 전통의 관점들을 현재의 환경문제 논의에 포함시켜 더 넓히려는 목적을 갖고 있다. 이제 우리사회에서 단지 서구의 종교적이고 철학적인 전통의 관점들만이 미국의 관점이라고 주장하는 것은 거의 불가능하다. 우

---

5) J. Baird Callicott and Roger T. Ames(eds.), *Nature in Asian Traditions of Thought: Essays in Environmental Philosophy*(Albany: State University of New York Press, 1989), p.3.

리는 인구 구조가 빠르게 변화하는 사회 속에서 살아간다. 그리고 우리사회는 아직 우리가 올바르게 이해하지 못하는 세계관이나 충분한 자료를 갖고 있지 못한 세계관에 대한 정보들을 필요로 한다. 미국적 관점이나 서구적 관점을 표현하기 위해서 우리는 주제에 관련된 자료들을 모두 포함해야 한다. 우리가 서구를 논하면서 오직 유대-기독교적 관점 또는 아브라함의 관점만을 논한다는 것은 더 이상 설득력이 없다.

캘리콧과 에임즈는 또한 이 책에서 지금까지 생각해 온 관점과 다르기 때문에 새로운 것을 받아들이지 않는 사람들의 논리를 시정하려고 한다. 현재 인류가 당면하고 있는 생태계의 위기를 불러온 주범이 바로 서구의 종교적이고 철학적인 전통이라고 비판하는 대부분의 환경 관련 보고서들은 환경문제에 관해 지적 자료를 공급해 주는 다른 패러다임을 찾아내려고 노력해 왔다. 우리는 환경문제를 논할 때 단지 어떤 하나의 관점을 취하기보다는 가능한 많은 관점들을 고려해야 한다. 캘리콧과 에임즈는 단지 동양의 패러다임들을 취하려 하는 것이 아니라 환경문제에 관한 동양의 종교와 철학의 입장을 경청하려는 것이다.

하나의 대안적 사고방식의 창을 통해서 세계를 보는 것은 어쩌면 자기 자신이 갖고 있는 사고방식의 창을 노출시키는 것이 될 수 있다. 동양의 사고가 서구인들로 하여금 자연을 이해하고 자연을 귀하게 여기도록 도울 수 있는 분명한 하나의 방법은 (동양사상의 전제와 가정을 노출시킴으로) 자연의 본성과 우리 인간과 자연이 맺고 있는 관계를 보여 주는 것이다. 또한 동양사상의 전제와 가정은 이런 방식이 아니고서는 드러나지 않는 서구의 세계관을 지배하는 혹은 서구의 세계관 깊숙이 자리 잡고 있는 자연에 대한 지식들을 노출시키도록 도와준다.[6]

---

6) J. Baird Callicott and Roger T. Ames(eds.), *Nature in Asian Traidtions of Thought: Essays in*

환경문제들을 다룸에 있어 동양의 패러다임과 공명하고 있는 많은 현대의 사상가들과 작가들은 캘리콧과 에임즈의 주장이 20세기 서구에서 특히 과학의 패러다임이 절대적으로 변화되어야 한다는 사고에 기초해서 소위 세계관이 변하고 있다는 사실을 잘 설명하고 있다고 생각한다. 캘리콧과 에임즈는 동양의 종교 철학 전통이 이 새로운 패러다임들을 잘 표현할 수 있다며 다음과 같이 주장한다.

> 최근에 새롭게 떠오르는 서구의 세계관은 비이원론적, 비환원적, 통전적, 조직적, 전체적이며, 독립적이라기보다는 관계적이며, 기계적이라기보다는 유기체적이다.…… 간단히 말해서 동양의 사고 양태는 상호 보완적이라서 최근 서구에서 새롭게 논의되는 역사적 변증법적 개념에서의 자연관을 존중하고 자연에 대한 개념들을 더욱 폭넓게 한다.[7]

지금까지 환경에 관한 이슈들과 관련하여 동양의 철학적이고 종교적인 패러다임을 다룬 보고서들은 주로 힌두교, 불교, 도교에 관심을 두었고 어느 정도 성공했다고 평가할 수 있다. 그러나 자연 그리고 자연과 인간의 관계를 연구하는 작업이 위에서 언급한 종교적 전통에 한정되었을 뿐 아니라 때로는 연구 그 자체가 변명 정도에 지나지 않았다는 사실은 우리를 슬프게 만든다. 이제 유교에 대해서 연구해야 할 시점이 되었다. 지난 몇 천 년 동안 중국, 한국 그리고 일본을 지배했던 유교 전통에 대해서는 지극히 미미할 정도의 연구만이 진행되어 왔다. 유교는 인간과 대지의 관계를 재숙고하

Environmental Philosophy(Albany: State University of New York Press, 1989), p.16.

7) J. Baird Callicott and Roger T. Ames(eds,), *Nature in Asian Traidtions of Thought: Essays in Environmental Philosophy*(Albany: State University of New York Press, 1989), p.17.

도록 도와주고 또한 대지와 유기체적 조직들 간의 상호작용을 이해하는 새
로운 모델을 제공한다.

존재의 연속과 유교생태론

　이 논문이 나오기 전에 두웨이밍, 메리 에블린 터커, 그리고 오카다 다
케히코와 같은 유교학자들은 유교생태론의 논점들에 관해 논했다. 이들 유
교학자들은 초기의 유교나 고대의 유교보다는 후기의 유교, 즉 신유교에 초
점을 두었다. 고대 유교 전통은 비록 살아 있는 모든 생물의 상호 연관성을
강조하지만 개인과 개인 자신의 관계, 개인과 다른 인간들과의 관계에 초점
을 두었다면,[8] 신유교의 문헌은 개인과 우주 간의 관계에 대해 언급한다.
두웨이밍은 자아와 우주 간의 상호 연결성의 주제를 선택하여 「존재의 연속
성: 자연에 대한 중국의 이해」("The Continuity of Being: Chinese Visions of Nature")라는
논문에서 유교생태론의 가능성을 전개하였다.[9] 두웨이밍은, 유교에서 말하
는 우주는 바로 유기체적 과정과 자생적으로 자기 스스로를 발전시키는 생
명력이라고 주장한다. 이 생명력은 연속성, 총체성, 그리고 역동성이다.[10]
　두웨이밍은 인간이 생명의 과정으로부터 분리된 것이 아니라 오히려 그

---

8) 자연과 동물에 대한 고전적 유교의 관점에 대해서는 아래의 자료를 참조하라. R. L. Taylor,
　"Of Animals and Men: The Confucian Perspective", *Animal Sacrifices: Religious Perspectives on the
　Use of Animals in Science*(Tom Regan[ed.], Philadelphia: Temple University Press, 1986), pp.237~264.
9) Tu Wei-ming, "The Continuity of Being: Chinese Visions of Nature", *Confucian Thought: Selfhood
　as Creative Transformation*(Albany: State University of New York Press, 1985), pp.35~50. 위의 논문
　은 이 책의 논문으로 재인쇄되었다.
10) Tu Wei-ming, "The Continuity of Being: Chinese Visions of Nature", *Confucian Thought: Selfhood
　as Creative Transformation*(Albany: State University of New York Press, 1985), p.38.

과정의 한 부분이라는 점을 강조하는 것이 유교의 핵심이며, 중국사상은 모든 존재를 통합하고 인간과 우주 안의 모든 존재를 연결시키는 조화에 근거한다고 주장한다. 그러므로 유교는 인간과 우주의 관계에 대한 독특한 입장을 견지한다. 이러한 유교적 관점에서 볼 때 인간은 우주의 지고한 도덕성이 구체화된 도덕적이고 책임적인 존재이다. 두웨이밍은 이 도덕성을 '도덕적 생태학'이라고 부른다.[11] 도덕적 생태학은 우주에서 세계와 인간 사이의 상호작용이 필수적이라는 점을 암시한다. 인간은 우주 자체의 최고 도덕성을 반영하는 구체화된 존재 혹은 인간의 행위 속에서 일상적으로 분명하게 나타나지 않는다 할지라도 적어도 도덕성이 무엇인가를 반영하는 존재이다. 두웨이밍은, "인간은 자연과 피를 나누고 있다는 것은 맞는 말이다. 하지만 인간은 마땅히 그러한 가치에 합당한 존재가 될 수 있도록 자기 자신을 만들어 가야 한다"[12]고 말한다. 도덕적 자기수양의 가능성이 개인에게서 실현될 때에 도덕적 생태학은 현실화된다.

메리 에블린 터커 역시 신유교의 생태학적 측면을 강조했다. 터커는 자연적 우주론과 유교적 우주론의 기초인 자기수양의 윤리 혹은 영적 수양을 강조하였다. 터커는 「자연을 경외함에 적합한 중국 신유교」("The Relevance of Chinese Neo-Confucian for the Reverence of Nature")[13]라는 제목의 논문에서 유교의 유기체적 전체론과 역동적 생기론이 통합적이고 내적으로 연결, 관통하는 우주론을 창조했다고 주장했다.[14]

---

11) Tu Wei-ming, "The Continuity of Being: Chinese Visions of Nature", *Confucian Thought: Selfhood as Creative Transformation*(Albany: State University of New York Press, 1985), p.43.
12) Tu Wei-ming, "The Continuity of Being: Chinese Visions of Nature", *Confucian Thought: Selfhood as Creative Transformation*(Albany: State University of New York Press, 1985), p.47.
13) Mary Evelyn Tucker, "The Relevance of Chinese Neo-Confucianism for the Reverence of Nature", *Environmental History Review* 15, no.2(summer 1991), pp.55~67.

터커는 또한 자기수양 혹은 영적 수양을 유교 전통의 생태학적 측면으로 여긴다. 터커는 자기수양을 개인의 도덕적 성격 발전에 초점을 맞추고 있으며 유교의 용어로 말하면 개인이 하늘과 땅과 하나가 됨, 즉 개인을 하늘과 땅에 연결시킨다. 유교인에게 자기수양의 행위는 만물과 그 자신이 하나가 될 때 완성된다. 터커는 두웨이밍의 용어를 빌려서 자기수양의 과정은 바로 인간 중심적 세계관으로부터 인간-우주 중심적 세계관으로의 이동이라고 주장한다.[15]

두웨이밍은 「고전 유교사상에서 인간의 가치」("The Value of the Human in Classical Confucian Thought")[16]라는 제목의 글에서 다음과 같이 인간 중심적 세계관으로부터 인간-우주 중심적 세계관의 이동에 대해 설명하였다.

유가 인본주의는 인간중심주의와 철저하게 다르다. 왜냐하면 유교의 인본주의는 인간의 의지를 자연에 강제로 강요하는 것이 아니라 인간과 하늘의 통일 혹은 일치를 주장하기 때문이다. 인간이 지식을 추구하고 확장시켜 대지를 정복한다는 가정 위에서 출발하는 인간중심주의는 지식의 추구를 자기수양에 필요한 단지 하나의 부분으로 간주하는 유교의 관점과는 철저하게 다르다.[17]

자기수양은 유교 전통의 광범한 생태학적 영역과 직접적으로 연결되어 있다. 두웨이밍은 이 점을 가장 분명하게 관찰하고 있다.

---

14) Mary Evelyn Tucker, "The Relevance of Chinese Neo-Confucianism for the Reverence of Nature", *Environmental History Review* 15, no.2(summer 1991), p.62.

15) Mary Evelyn Tucker, "The Relevance of Chinese Neo-Confucianism for the Reverence of Nature", *Environmental History Review* 15, no.2(summer 1991), p.65.

16) Tu Wei-ming, "The Value of the Human in Classical Confucian Thought", *Confucian Thought: Selfhood as Creative Transformation*(Albany: State University of New York Press, 1985), p.67~80.

17) Tu Wei-ming, "The Value of the Human in Classical Confucian Thought", *Confucian Thought: Selfhood as Creative Transformation*(Albany: State University of New York Press, 1985), p.75.

자연과 관련하여 인간을 변혁한다는 것은 기본적 삶을 유지하기 위해서 환경을 적절하게 유용하면서 자신이 처한 자연환경 속에서 조화로운 삶을 사는 것을 배우는 통합적 노력을 의미한다. 우리는 유교가 지향하는 도덕적 자기 발전에 대한 관심과 공존할 수 없는 자연 훼손을 거부한다.[18]

터커와 두웨이밍은 생태계에 대한 이슈들과 직결된 신유교의 형이상학적 토대를 제안한다. 만물과 하나를 이룬다는 원리는 유교적 관점에서 생태학적 이슈들을 이해하는 데 큰 도움이 된다. 또한 이들은 자기수양의 원리를 결코 유교 전통의 생태학적 관점들로부터 분리시키지 말아야 한다고 주장하며, 인간을 인간중심주의가 아니라 인간-우주중심주의 관점에서 보면서 인성의 발전을 인간과 인간의 관계뿐 아니라 인간과 다른 살아 있는 만물들과의 관계에서 고찰한다.

오카다 다케히코와 유교생태론

이 시대의 주요한 유교철학자인 오카다 다케히코 역시 유교의 자연관과 생태계의 논점들에 대해 연구를 하고 있다. 나와 오카다 다케히코의 인터뷰는 본인의 저서인 『유교의 명상: 오카다 다케히코와 정좌 전통』(*The Confucian Way of Contemplation: Okada Takehiko and the Tradition of Quiet-Sitting*)[19]에 기록되어 있는데, 여기에 오카다 다케히코의 생태학적 논점에 대한 입장이 잘 나타나 있다.

---

18) Tu Wei-ming, "The Value of the Human in Classical Confucian Thought", *Confucian Thought: Selfhood as Creative Transformation*(Albany: State University of New York Press, 1985).

19) Rodney L. Taylor, *The Confucian Way of Contemplation: Okada Takehiko and the Tradition of Quiet-Sitting*(Columbia: University of South Carolina Press, 1988).

오카다는 지금까지 유교적 전통이 수립해 온 환경에 대한 입장보다는 유교의 전통 전체에 대한 지식에 관심을 쏟는다.

우리는 유교 전통을 다룰 때에, 다른 역사적 종교 전통과 달리 현재 인류가 당면한 생태계 위기라는 문제에 대한 유교의 입장은 이것이라고 분명하게 진술하거나 혹은 그러한 입장을 선언하는 것이 아니라 대신 하나의 자료를 가능성으로 제시할 수 있다. 생태학과 환경철학은 기술적 분야에 속하고 또한 역사적으로 유교 전통 이후에 등장한 분야이기 때문에 우리는 단지 유교라는 역사적 전통이 생태계 혹은 환경문제에 대해 어떤 공헌을 할 수 있었나라고 가정할 수밖에 없다는 말이다.

다른 역사적 전통은 현대화되었고 그 전통의 신학적 담론은 당연히 환경문제들을 포함하고 있다. 소수의 학자들이 유교 전통을 토대로 21세기 인류가 당면하고 있는 문제들 중에서 유교가 다루어야 할 이슈들을 정해 연구하고 있다. 유교 전통은 역사적으로 볼 때 현대가 당면하고 있는 환경문제를 다루지 않았다. 만일 우리가 21세기 유교가 다루어야 할 이슈들을 정하기 원한다면 유교적 환경 철학을 정립하고 있거나 혹은 현대가 당면하고 있는 문제들에 대하여 유교적 관점에서 그 문제들을 다루는 오카다와 같은 유교학자의 사상을 연구해야 할 것이다.

오카다는 유교 전통이 세계가 당면하고 있는 절박한 생태계의 위기를 해결할 수 있는 하나의 대답을 줄 수 있다고 본다. 그는 이 생태계의 위기라는 문제가 인간이 창조한 현대 기술문명사회에 아주 뿌리 깊이 박혀 있다고 보면서, 현대사회는 과학적 세계관에 기초해 만들어졌으며 기술의 발전을 근거로 한다고 주장한다. 오카다는 최근 과학 공동체 안에서도 새로운 형태의 사고, 즉 인간을 자연과 함께 공동체 안에 자리매김하는 움직임이 일어나고 있다고 주장한다.

　오카다는 과학의 발전과 그것이 지구상의 인류에게 가져올 가공할 만한 위협에 대해 기술하면서 생태계 논의를 시작한다. 오카다는, 과학 공동체는 무엇보다 먼저 살아 있는 생명을 진정하게 경외해야 한다고 주장한다. 생명에 대한 경외가 과학의 주요한 부분이 되어야 한다고 주장하는 오카다의 논리가 환경 생태계에 대한 근본적 유교 입장이다. 오카다는 다음과 같이 주장한다.

　　나는 과학이 발전해 온 그 과정에 대해 우려한다. 과학은 이제 인류의 존재를 위협할 정도까지 발전했다.…… 만일 우리가 과학이 인간 공동체의 요구에 진정으로 응답하기 원한다면 모든 사람(과학자들과 비과학자들 모두)으로 하여금 인간 생명의 존귀함을 깨닫도록 해야 한다. 인간 생명이 존귀하다 함은 나 자신의 생명뿐 아니라 타인의 생명 역시 존귀함을 깨닫는 것을 의미한다. 한 세계에서 함께 사는 인간들에게 생명에 대한 상호 존중은 필수 요구조건이다. 나는 유교 전통이 바로 이 생명 경외라는 관점에 중요한 근거를 제공한다고 생각한다. 그 근거는 개인이 타인과 함께 공동체(하나를 이룸) 속에서 살아간다고 하는 것이다. 간단히 말하면 개인은 타인과의 동아리 안에서 살아간다. 함께 살기 위해서 개인은 사회의 규칙을 따라야 한다. 유교 윤리의 기초는 타인의 마음을 헤아리는 것이다. 우리는 이 원리를 확대해서 자연에까지 적용할 수 있다.[20]

　오카다는 인간 생명에 중점을 둔다. 그는 인간 생명이 유교 세계관의 중심이라고 주장한 후에, 그것을 우주 만물의 생명의 상황 속에 포함시킨

---

20) Rodney L. Taylor, *The Confucian Way of Contemplation: Okada Takehiko and the Tradition of Quiet-Sitting*(Columbia: University of South Carolina Press, 1988), p.199. 본인이 수정하여 이 논문에 인용했다.

다. 그의 입장은 단지 동물들에 대한 진술이 아니라 유교생태학의 가능성에 대한 진술인 것이다.

테일러: 과연 어느 정도까지 유교 철학이 단지 인간 생명뿐 아니라 만물의 생명 경외를 주장하는지 궁금하다. 간단히 말해서 유교가 단지 인간이 아니라 모든 형태의 살아 있는 생명에 대해 윤리적 책임이 있는가?

오카다: 나는 그렇다고 생각한다. 그리고 이러한 이상은 동물과 식물을 포함한 만물 생명경외의 차원으로 확장되어야 한다. 타인과 하나가 된다(한 몸이 된다)는 유교의 주장은 생명이 있는 만물 공동체로 확장되어야 한다.…… 인간은 누구나 다 타인이 고통당하는 것을 보면 괴로워하면서 측은지심을 갖는다. 그리고 살아 있는 모든 생명에 대해서도 이 측은지심을 가져야 한다.

테일러: 유교의 관점에서 보면 인간은 도덕적으로 자기반성과 자기의식을 할 수 있다. 인간이 다른 동물들과 다른 점은 인간이 도덕적으로 자기의식과 의사 결정을 할 수 있다는 것이다. 인간이 다른 형태의 생명에 대한 관리와 보존을 위해서 얼마나 윤리적 책임이 있는가 하는 문제는 인간이 얼마나 개인적으로 도덕적 의사 결정을 할 수 있는가에 달려 있나?

오카다: 인간이 타인과 하나가 된다(한 몸이 된다)는 유교의 이상은 다른 형태의 생명체에게로 확장되어야 하기 때문에, 인간은 다른 형태의 생명체에 대한 윤리적 책임이 있다. 인간이라면 누구나 타인이 고통당하는 것을 보고 괴로워한다는 측은지심의 이상은 동물에게도 확대되어야 한다.[21]

---

21) Rodney L. Taylor, *The Confucian Way of Contemplation: Okada Takehiko and the Tradition of Quiet-Sitting*(Columbia: University of South Carolina Press, 1988), p.201. 본인이 수정하여 이 논문에 인용했다.

두웨이밍, 메리 에블린 터커, 오카다 다케히코는 모두 유교생태학을 구성함에 있어서 유사한 원리들을 강조하고 있다. 이들이 추구하는 유교생태학은 두웨이밍이 강조한 '존재의 연속'에 기초한 우주론으로 구성된다. 유교는 우주가 하나의 몸이라고 생각하는 일원론적 구조를 갖고 있다. 오카다는 중국 송나라를 대표하는 두 명의 사상가, 정호(1032~1085)와 정이(1033~1107)의 우주론이 유교의 대표적 우주론이라고 주장한다. 정호는 "인간이 다른 만물과 한 몸을 이룬다"[22]고 주장했으며 정이는 "인간은 천지 만물을 자기 몸으로 여긴다"[23]고 주장했다. 터커는 이를 통합적, 역동적, 생동적인 우주론이라고 표현했다. 우주는 윤리적인 방향을 향하여 가게 되었고 인간은 윤리적 의식을 갖고 있다. 그러므로 인간은 배움과 자기수양뿐 아니라 생명이 있는 모든 만물의 보존에 대한 책임을 갖고 있다. 송나라의 장재(1020~1073)가 주장한 바와 같이 인간은 천지만물과 한 몸을 이룬다.

하늘은 아버지이고 땅은 어머니이다. 나는 여기서 미미한 존재로 그 가운데에 살아 있다.
그러므로 나는 천지의 기운을 내 몸으로 여기고 또한 천지를 주재하는 이치를 내 본성으로 여긴다.
모든 사람이 내 형제이고 만물이 내 동반자이다.[24]

초기 유교 사상가인 맹자의 사상에 중심이었던 윤리적 격률, 즉 타인이

---

22) Wm. Theodore de Bary, Wing-tsit Chan and Burton Watson(comp.), *Sources of Chinese Tradition*(New York: Columbia University Press, 1960), p.559.

23) Wm. Theodore de Bary, Wing-tsit Chan and Burton Watson(comp.), *Sources of Chinese Tradition*(New York: Columbia University Press, 1960), p.530.

24) Wm. Theodore de Bary, Wing-tsit Chan and Burton Watson(comp.), *Sources of Chinese Tradition*(New York: Columbia University Press, 1960), p.524.

고통당하는 것을 보면 측은지심을 갖게 된다는 원리는 현대 유교철학자 오카다의 사상에 지대한 영향을 주었다.[25] 유교는 바로 이 윤리적 격률을 바탕으로 개인, 타인, 세계를 풍성한 생명을 갖는 유기체적 통일체로 본다. 이런 점에서 유교, 특히 신유교는 두웨이밍이 도덕적 생태학이라고 표현하고 있는 생태학적 사고의 주요한 자료가 된다.

유교생태학: 방법론적 연구

　　이상에서 우리는 유교사상이 환경철학의 주요한 자료가 될 수 있다는 사실을 알게 되었다. 그러나 20세기 후반에 우리가 당면하고 있는 문제들을 해결하기 위해 직접 유교의 자료들을 적용하기 이전에, 우리는 유교사상의 역사적 상황과 우리가 당면한 현대의 위기 사이의 관계를 조심스럽게 살펴야 할 것이다. 신유교를 환경철학의 자료로 이용하기 위해서는 여러 가지 문제들을 고려해야 한다. 우리가 개념들의 역사를 생각할 때, 특정 역사적 상황에서 탄생한 개념들이 우리가 당면하고 있는 하나의 현대 문제를 해결하는 데 적합하다고 생각하는 것 이상의 의미를 갖고 있다는 사실을 고려해야 한다.

　　환경윤리 분야에서 주목을 받고 있는 홈즈 롤스톤(Holmes Rolston)은 우리가 역사적 개념들을 현대의 문제에 적용하기 위해서는 심각한 고려를 해야 한다고 주장했다. 롤스톤은 「동양이 서양으로 하여금 자연을 존중할 수 있도록 도울 수 있는가?」("Can the East Help the West to Value Nature?")[26]라는 제목의 논문

---

25) 『孟子』, 2A.6.

에서, 동양 종교의 근본적 입장과 현대 생태계가 당면하고 있는 문제들에 대해 근원적 책임을 갖고 있는 서양의 철학, 과학, 종교 전통의 입장은 분명하게 다르다고 주장한다. 롤스톤은 과연 서로 다른 요소를 갖고 있는 두 가지 전통이 의미 있는 대화를 할 수 있는지를 심각하게 고려한다. 그는 "과학 이전의 자연에 대한 동양의 이해가 과연 과학 이후의 자연에 대한 서양의 이해에 도움이 되는가?"27)라고 묻는다.

그는 역사 종교적인 전통과 현대 과학이 과연 의미 있는 대화를 할 수 있는지 외에도, '개념들'(ideas)은 행동을 가져오지 않는다고 주장한다. 그는 동양의 문화적 상황에서 비롯된 역사 종교적 개념들이 현대 서양이 당면하고 있는 환경문제에 의미 있는 대답을 줄 수 있는지에 대해 심각하게 묻고 있다. 롤스톤은 단순히 동양의 종교적 세계관과 서양의 과학적 세계관이 상관관계에 있다고 주장하는 것 이상의 무엇이 있어야 한다고 생각한다. '자연 존중'은 반드시 행동으로 연결되어야 한다고 주장한다. 역사적 자료들은 '개념의 차원'에서 벗어나 현대 인류가 처해 있는 상황에 직접 효과를 나타낼 수 있는 행동을 위한 지침을 제공해야 한다.

지금까지 우리는 세계관의 근저를 형성하고 있는 유교생태학의 '개념들'에 관해 논의하였다. 이 개념들은 그 내용과 목적에 있어서 지난 과거에는 다른 역할을 하였다. 이 개념들의 발전에 근거한 전통은 이제 다른 역사적 환경에 처해 있다. 이는 그 전통이 소멸되었다고 말하는 것이 아니라 그 전통이 새로운 관심을 유발하고 있다고 말하는 것이다. 그러나 이는 또한 과

---

26) Holmes Rolston Ⅲ, "Can the East Help the West to Value Nature?", *Philosophy East and West* 37, no.2(April 1987), pp.172~190.

27) Holmes Rolston Ⅲ, "Can the East Help the West to Value Nature?", *Philosophy East and West* 37, no.2(April 1987), p.174.

연 유교의 개념들에 근거한 전통이 우리가 당면하고 있는 현대의 문제들을 해결하기 위한 유교적 행동을 이끌어 낼 수 있는지를 묻는 것이기도 하다. 왜냐하면 유교는 문화적 리더십을 제공할 수 있는 광범한 문화적 기반을 갖고 있지 않기 때문이다. 유교는 하나의 역사적 자료일 뿐 현대의 문화적 상황이 될 수는 없다. 이러한 이유 때문에 오카다는 유교의 미래를 논하면서 유교는 이제 새로운 이름 혹은 명칭을 넘어서야 한다고 주장하였다. 또 오카다는, 생명 존중의 전통을 갖고 있는 유교의 논제는 유교 이후의 세계에서도 의미가 있다고 하였다.[28]

혹자는 그것이 유교의 개념이든 유교 이후의 개념이든 자연을 존중하는 행위들을 분명하게 함축하고 있다고 주장한다. 왜냐하면 하나의 통합적이며 온전한 우주가 비통합적이며 비온전한 우주보다 더 설득력 있는 생태론을 산출하기 때문이다. 캘리콧과 에임즈는 이 문제로 고민하면서, 생태론은 사람들이 그들 자신이 세계와 어떻게 관계성을 갖고 있는지 혹은 그 관계 속에 분명한 모순이 있는지에 의해 지대한 영향을 받는다고 주장하였다.[29] 그들은 전자의 입장을 취하면서, 인간과 세계와의 관계에 모순이 있을 수 있지만 사람들의 생각과 행동에는 분명한 상관관계가 있다고 한다.

롤스톤은 하나의 특정 철학적 구조가 행동을 수반하는 처방을 제공하지 않는다면 그것이 생태론의 기초로 다른 철학적 구조들보다 더 적합할 수 없다고 주장한다. 우리는 세계와 그 안에서의 인간의 위치에 대해 아주 고상한 사상을 가질 수 있다. 그러나 그러한 세계관이 우리들로 하여금 행동하게 하지 못한다면 그 사상들은 별로 가치가 없다.

---

28) Taylor, *The Confucian Way of Contemplation*, p.212.
29) Callicott and Ames, *Nature in Asian Traditions of Thought*, p.285.

롤스톤에게 가장 중요한 핵심은, 우리가 하나의 특정 세계관에 의존해서 자연에 대해 생각한다는 차원에 머물지 않고 하나의 특정 세계관이 우리가 자연에 대해 어떻게 행동하는가를 결정한다는 사실이다. 예를 들어 동물을 생각해 보자. 진화적 생명 형태에 근거하여 모든 생명은 상호 의존적이며 또한 카르마(karma)와 재생(rebirth)의 신앙에 기초한 세계관을 갖고 있는 사람은 과연 동물 존중이라는 이슈에 있어서 다른 사람들과 다른 입장을 갖고 있는가?

다시 말하면, '카르마와 재생을 믿는 신앙이 자연적 진화를 인정하면서 카르마와 재생은 인정하지 않는 신앙보다 더 동물 존중을 하도록 하는가?'라고 묻는 것이다. 처음부터 특정 생물의 종이나 생명의 가치를 부정하는 자연주의적 모델이 있는가? 생태 세계의 존중은 생명의 연합을 중시하는 것만큼이나 생명의 다양성을 중시하는 것으로부터 비롯된다.

우리는 롤스톤이 주장하는 대로 단 하나의 철학적 세계관의 서술이 생태론의 발전에 기여하는 것이 아니라는 점을 분명히 깨달아야 한다. 서술과 존중하는 행위는 반드시 연결되어야 한다. 만일 이 연결이 존중하는 행위로 즉각 나타나지 않는다면 하나의 철학적 패러다임에 기초가 되는 세계관이 생태론의 발전에 기여할 수 있는지는 불확실할 수밖에 없다. 다시 말하면 세계관의 기술적 능력은 단지 규범적 행위가 필요하다고 강조하는 것만으로 끝날 수 있다.

롤스톤은 중국 철학적 구성과 자연에 관한 양극적 상보성을 논하면서 중국 철학과 과학 사이의 상보성의 서술이 어떻게 인간으로 하여금 자연을 중시하는 행위를 하도록 하는 하나의 처방전이 될 수 있는지에 대해 진지하게 다룬다.[30] 롤스톤은 그가 제시하고 있는 동양 종교의 담론(담화)과 현대 과학의 모델들은 서로 유사한 점이 있지만 개념으로부터 구체적 실천으로 이끄는 구체적인 움직임은 없다고 암시한다. 우리는 종교의 담론이 서술하고 있는 '근사한 개념들'(great ideas)에 대해 논할 수 있다. 그러나 그것들은 단지 개념들에 지나지 않는다. 동양 종교의 담론과 서구의 설정 사이의 상관관계는 불확실할 수밖에 없기 때문에 동양 종교의 개념들이 서구인들로 하여금 자연을 중시하도록 도울 길은 거의 없다. 롤스톤은, 캘리콧과 에임즈의 동양 개념의 가치는 서구의 문제들을 해결해 주는 만병통치약이라기보다는 오히려 자기성찰을 위한 토대라는 주장에 별로 관심이 없다.[31]

자연 존중은 단순히 자연의 본질과 실재의 본질에 관한 하나의 제안이 아니다. 자연 존중은 하나의 행동 양식이다. 이런 점에서 롤스톤과 나는 같은 입장이라고 할 수 있다. 그런데 롤스톤이 동양의 역사적이고 종교적인 개념들과 근대의 과학적 담론들의 상관관계를 비판하면서 소위 '동양의 개념들'(Eastern ideas)이라고 한계를 둔 것은 분명히 잘못되었다. 동양의 개념들이라는 것은 결코 단순한, 철학적 의미에서의 그것들이 아니다. 그것들은 그 내용에 있어서 종교적이며 실천 혹은 행동과 분리되어 있지 않다. 서술과 처방은 같은 곳으로부터 나온다.

롤스톤은 '동양의 개념들'을 추상적 개념으로 서술한다. 왜냐하면 서구 철학은 사고하는 행위나 사고에 주된 관심을 갖고 있었지 행위 그 자체에는 별로 관심이 없었기 때문이다. 서구 철학 개념을 추구하는 롤스톤은 어떻게 서술에서 처방으로 가야하는가에 대해서는 의문을 갖고 있으면서도 서술과 처방이 연속성을 갖고 있다는 사실은 인식하지 못했다. 종교는 사상이며 동

---

30) Rolston, "Can the East Help the West to Value Nature?", p.177.
31) Callicott and Ames, *Nature in Asian Traditions of Thought*, p.16.

시에 실천 혹은 행동이다. 종교는 '무엇에 관한 사상'이며 동시에 '궁극적 목적을 위한 운동'이다.[32] 철학은 단지 사고이기에 서술이다. 그러나 종교는 서술이며 처방이다. 그러므로 종교적 전통을 예증하는 것은 곧 서술과 처방을 하는 것이다. 생태적 세계관을 서술하는 종교적 전통의 능력은 곧 자연 존중에 관여하는 행동을 서술하는 것이다. 이러한 관점에서 유교는 어떠한가? 나는 여기에서 유교의 종교성에 관해서 논하지 않고[33] 유교가 제공하는 자연 존중을 위한 분명한 행동 지침에 관해 논하려고 한다.

생태환경 보존을 위한 유교의 처방

과연 유교는 우주를 생태론적 관심의 근저에서 발견되는 하나의 통일적 형이상학 구조, 즉 하나의 몸으로 간주하는 서술에 근거해서 수립한 분명한 처방을 갖고 있는가? 이 질문에 대한 대답은 분명하다. 유교 전통은 우리가 생태론에 대해서 가르칠 수 있고 연구할 수 있는 일련의 참조문헌들을 갖고 있다. 그러면 과연 생태론과 연관된 유교 문헌들은 어떤 특징들을 갖고 있는가?

---

32) 유교에 적용하고 있는 종교 정의에 대해서는 다음의 책들을 보라. R. L. Taylor, *The Religious Dimensions of Confucianism*(Albany: State University of New York Press, 1990). 그는 Frederick Streng과 Joachim Wach의 저술에 근거하여 유교를 종교적으로 정의한다. Frederick Streng, *Understanding Religious Life*, 3rd ed.(Belmont, Calif.: Wadsworth, 1985); Joachim Wach, *The Comparative Study of Religion*(New York: Columbia University Press, 1961).

33) 필자는 이 주제를 지난 25년 동안 다루어 왔다. 최근의 논문은 다음과 같다. R. L. Taylor, "The Religious Character of the Confucian Tradition", *Philosophy East and West* 48, no.1(January 1998), pp.80~107; R. L. Taylor, *The Illustrated Encyclopedia of Chinese Confucianism*(New York: Rosen Publishing Group, forthcoming).

장자의 『서명』은 널리 알려진 유교의 문헌이다.[34] 그런데 과연 우리는 장자의 『서명』을 생태론적 사고와 행위의 근거를 제공할 수 있는 잠재력을 갖고 있는 참고문헌으로 간주하는가? 『서명』은 단지 만물의 내적 연결성만을 진술하지 않는다. 그것은 그러한 내적 연결성을 인지하는 방식으로 행동하라고 촉구한다. 천지의 기운과 천지를 주재하는 이치가 우주의 본성이라고 기술하면서 만인을 우리의 형제자매로 여기고 사물들의 본성을 이해하는 것을 근거로 만물을 우리의 동반자로 여기라고 가르친다. '만물이 우리의 동반자'라는 가르침에 근거해서 우리로 하여금 그렇게 행동할 것을 촉구하는 장자의 『서명』은 유교생태론의 가장 근본적 개념이고 윤리적 행동을 위한 유교의 처방이 될 수 있다.

주돈이(1017~1073)의 경우를 보자. 그는 자신과 하나의 본성을 공유하는 자기 집 앞에 있는 잔디를 깎지 말라고 했다.[35] 그는 자신의 감정과 잔디의 감정이 동일하다고 인식하였기에 잔디를 깎지 못하도록 했다. 이는 나무와 동물의 감정들로 연장된다. 이 세계를 하나의 통일된 몸으로 여기는 종교적 관점은 우리에게 단지 다른 사람들만이 아니라 생명을 갖고 있는 만물을 존경하고 보호하는 행동을 하라고 촉구한다.

왕수인(왕양명, 1472~1529) 또한 만물이 우주 안에서 한 몸으로 연결되었다는 진술이 바로 인간의 도덕적 행동을 촉구한다고 주장했다.

그러므로 그는 우물 속으로 떨어지기 직전에 처한 어린아이를 볼 때, 위급함과 동정심을 갖지 않을 수 없다. 이것은 그의 인성이 아이와 한 몸이 되었기 때문이

---

34) Wm. Theodore de Bary, Wing-tsit Chan and Burton Watson(comp.), *Sources of Chinese Tradition*, p.524.
35) Wing-tsit Chan(trans.), *Reflections on Things at Hand: The Neo-Confucian Anthology Compiled by Chu Hsi and Lü Tsu-ch'ien*(New York: Columbia University Press, 1967), pp.302~303.

다. 아이는 인간과 동류同類이다. 그는 살육당하기 직전의 조수들이 울부짖는 소리를 듣거나 놀란 모습을 볼 때, 조수가 당하는 고통을 도저히 견디지 못하는 감정을 갖게 된다. 이것은 그의 인성이 조수와 한 몸이 되었기 때문이다. 조수는 지각知覺이 있다. 그는 초목이 잘리고 꺾인 것을 볼 때, 슬픔을 갖지 않을 수 없다. 이것은 그의 인성이 초목과 한 몸이 되었기 때문이다.[36]

왕수인은 위 인용문에서 생명 있는 만물은 구체적이고 특정적인 감정이 있다는 점을 강조하고 있다. 즉 인간이 측은지심을 통해 고통당하는 생명 있는 것들과 연결하여 행동하는 방식을 표현하고 있다. 그는 다음 인용문에서 만물이 한 몸이라는 철학적 표현에 감정을 연결하고 있다.

왕, 신하, 남편, 아내, 친구로부터 산, 강, 영적 감정, 새, 동물, 식물에 이르기까지 이들 모두는 나와 한 몸을 이루며 나 자신의 인간성을 실현하기 위해 진정으로 사랑받아야 한다. 그리고 나서야 나 자신의 깨끗한 인격이 명백하게 드러나고, 나는 하늘, 땅, 만물과 한 몸을 이룬다.[37]

일본 도쿠가와 시대의 가이바라 에키켄(1630~1714) 역시 모든 생명체들은 궁극적으로 친족관계를 갖고 있다는 도덕적 인식이 서술에서 처방으로 전이한다는 맥락의 글들을 썼다. 가이바라의 철학은 우주 만물이 하나의 똑같은 기氣로 되어 있다는 우주의 통합적 본성 그리고 우주가 한 몸이라는 장재의 철학에 기초하고 있다. 터커가 주장한 대로 가이바라는 하늘과 땅을 아버지와 어머니로 여긴다. 하늘과 땅의 아들과 딸인 인간은 하늘과 땅의 본

---

36) Wang Yang-ming, *Instructions for Practical Living and Other Neo-Confucian Writings*(Wing-tsit Chan[trans.], New York: Columbia University Press, 1963), p.272.
37) Wang Yang-ming, *Instructions for Practical Living and Other Neo-Confucian Writings*(Wing-tsit Chan[trans.], New York: Columbia University Press, 1963), p.273.

성을 공유한다. 이 본성이 바로 인간성 그 자체이다.

가이바라는 인간이 창조 체계 속에서 독특한 위상을 갖고 있으며 그 결과 특정적 책임을 갖고 있다고 주장한다. 가이바라는 인간의 독특한 위상에 대해서 다음과 같이 진술한다.

현자들은 역서에서 하늘과 땅이 만물의 부모이며 인간은 우주의 영이라고 가르쳤다. 이것은 만물을 낳는 근원으로서의 하늘과 땅이 위대한 부모라는 것을 의미한다. 인간은 태어나면서 하늘과 땅으로부터 최고로 순수한 기氣를 받기 때문에 다른 만물들을 뛰어넘고 그들의 마음은 밝게 빛난다.……
하늘과 땅은 만물을 낳고 양육한다. 그러나 하늘과 땅은 인간을 양육함에 있어서 새, 동물, 나무 그리고 식물을 양육하는 것과 다르게 다룬다. 그러므로 만물 중에서 오직 인간만이 우주의 자녀들이다. 인간은 하늘을 아버지로 땅을 어머니로 모시고 있으며 그들의 극진한 애정을 받는다. 바로 이것 때문에 하늘과 땅을 섬기는 것이 인간의 도道이다.38)

가이바라는 만물은 한 몸으로 연결되어 있으며 인간은 하늘과 땅의 아들과 딸이라는 특별한 위상을 갖고 있다는 점에 근거해서 인간은 자기수양의 핵심적 부분으로 하늘과 땅에 감사한 마음을 가져야 한다고 주장했다. 그러므로 생명 있는 모든 것에 동정심을 갖는 것이 바로 하늘과 땅에 감사하고 의존하는 것의 하나의 표현이다. 가이바라는 다음과 같이 말한다.

인仁의 실천은 먼저 부모, 형제자매의 사랑으로 시작한다.…… 그 다음에 우리는 친척, 신하, 친구 그리고 모든 사람을 사랑해야 한다. 그 다음에 우리는 새, 동물,

---

38) Mary Evelyn Tucker, *Moral and Spiritual Cultivation in Japanese Neo-Confucianism: The Life and Thought of Kaibara Ekken*, 1630~1714(Albany: State University of New York Press, 1989), p.136.

곤충, 그리고 물고기를 함부로 죽이지 말고 사랑해야 한다. 마지막으로 우리는 풀과 나무를 함부로 베지 말고 사랑해야 한다. 이 순서대로 사람들과 생명 있는 것들을 사랑해야 한다.…… 따라서 새, 동물, 풀과 나무조차도 모두 자연에 의해 만들어졌다(창조되었다). 만약 인간이 이들을 함부로 훼손시킨다면 자연에 불효 不孝하는 것임을 깨달아야 한다.39)

가이바라는 위 인용문에 기초해서 유교생태론이 다루어야 할 문제를 설정한다. 그것은 우리가 앞에서 살펴본 다른 사상가들의 논술들과 유사하다. 이 논술들은 한결같이 만물이 공통적으로 갖고 있는 본성을 강조한다. 만물이 우리의 동반자이고 우주와 한 몸을 이룬다. 하지만 인간은 만물의 질서 속에서 독특한 위상을 갖고 있다. 바로 인간의 독특한 위상 때문에 인간만의 책임과 의무가 있다. 인간이 갖고 있는 의무들은 인仁의 실현을 강조하는데, 인仁은 생명 있는 모든 것으로 확장된다.

유교 전통은 초기부터 무엇보다도 인간관계의 우선성을 강조했다. 그런 점에서 유교 전통이 특별한 도덕적 관계를 분명히 한 것은 결코 우연이 아니다. 그런데 오륜은 동식물 혹은 자연에 관해 언급하지 않는다. 이런 점에서 유교 전통은 세계의 어떤 중요한 문학 종교 전통들과 다르지 않다. 이 전통들은 무엇보다 먼저 인간에 초점을 둔다. 결국 이것들은 인간 종교이다. 인간에 초점을 둔다면 우리는 종교 전통이 어떻게 인간을 우주 안에 자리매김하느냐, 인간이 만물과의 상호 연결성을 어떻게 분명히 할 것이냐 등의 문제들을 물어야 한다. 오직 후자의 질문이 과연 하나의 종교 전통이 생태론적 기초를 제공할 수 있는지, 그 척도를 가늠할 수 있게 한다.

---

39) Mary Evelyn Tucker, *Moral and Spiritual Cultivation in Japanese Neo-Confucianism: The Life and Thought of Kaibara Ekken*, 1630~1714(Albany: State University of New York Press, 1989), p.186.

유교는 인간 중심적 전통으로 인간에게 주어진 독특한 위상에 초점을 둔다. 하지만 인간과 만물과의 상호연결성이라는 틀 안에서 인간을 보기 때문에 인간 중심적(anthropocentric)이라기보다는 인간-우주 중심적(anthropocosmic)이다. 인간됨을 배움, 인간의 자기실현, 그리고 인간관계들이 유교의 핵심이다. 하지만 인仁이 실현되면서 인仁은 우주 중심에서 발견된다. 그러므로 인간이 인간을 넘어선 여기(here)가 생태론적 뿌리가 놓여 있는 장이다. 인성 人性의 문제를 충분히 다루어야 한다. 인성은 모든 생명을 포용하는 차원으로 확장된다. 궁극적으로 유교 전통이 말하는 인성은 생태론이다. 왜냐하면 장재의 말대로 인간이 온 세계 만물과 동반자이기 때문이다.[40]

---

40) Wm. Theodore de Bary, Wing-tsit Chan and Burton Watson(comp.), *Sources of Chinese Tradition*, p.524.

원시유교와 환경윤리*

필립 J. 아이반호

서론

이 논문은 유교 전통이 현재 환경윤리 논의에 하나의 자원으로 어떻게 공헌할 수 있는가를 논의한다. 제1장은 네 가지 일반적 환경윤리 이론에 대한 논의로, 현대 철학적 견해들을 기술한다. 제2장은 두 가지 개념 즉 '단일성'(oneness)과 '인간중심주의'(anthropocentrism)에 대한 논의로, 현대 환경윤리 논의와 이 논문의 핵심이 된다. 또한 유교 사상가들을 분석하면서 이 두 가지 개념을 분명하게 진술한다. 제3장은 초기 유교 사상가들, 즉 공자, 맹자, 순자의 가르침에서 환경윤리의 예증을 찾는데, 그들의 가르침은 제1장에서 기술한 네 가지 이론과 제2장에서 논의한 두 가지 개념에 연결되어 있다. 나는, 공자와 맹자는 현대에 적합한 환경윤리를 제공하지 못하지만 그들의 주

---

* 본인은 이 논문에 대해 논평과 제안을 해 준 Shari Ruei-Hua Epstein과 Bryan W. Van Norden에게 감사를 드린다. 또한 1996년 5월 30일부터 6월 1일까지 Harvard에서 열린 유교와 생태계 학회에서 논평을 해 준 참석자들에게도 고마운 마음을 전한다. 특히 본인을 이 학회에 초대해 준 Mary Evelyn Tucker와 John Berthrong에게 감사를 드린다.

장은 윤리 이론을 정립하는 데 도움이 되는 자료들을 제공하고, 순자의 저술은 명확하게 정립된 환경윤리를 제시하며 현대의 철학적 작업에 아주 귀중하다고 주장한다. 또한 순자의 생태론적 견해들이 갖고 있는 문제점들을 지적하고 순자의 입장이 어떻게 강화되고 보완될 수 있는지 진술한다. 결론에서는 이 논문의 논점들을 재점검한다.

네 가지 유형의 환경 이론

첫 번째 현대 환경 이론은 가이아 가설(Gaia hypothesis)에 기초한 다양한 견해들을 기술한다. 가이아(Gaia)는 고대 그리스 신화에 나오는 대지의 여신으로 타이탄(Titans)의 어머니이다. 1960년대 후반에 영국의 대기학자 제임스 E. 러브록(James E. Lovelock)이 최초로 가이아 가설을 제시하였다.[1] 러브록은, 지구의 평균 온도와 바다의 염분 또는 알칼리성과 같은 현상들은 고정된 것이 아니라 움직이는 포인트 주위를 이동한다고 주장했다. 이 현상들은 대지의 공기, 물, 토양 그리고 생명체(the biota)의 연합적 상호작용에 의해 조절되고, 우리가 다른 유기체들에서 보는 것과 같은 종류의 자기조절능력이다. 학자들은 이 현상을 생명이 있는 유기체가 가진 주요한 특징이라고 주장한다. 이 견해에 따르면 생명체의 모든 부분은 다른 어떤 기계적 체계보다 더 활기 있는 유기체처럼 작동하는 광범하고 복잡한 체계의 일부이다.

---

1) 가이아 이론에 대해서는 다음의 저서들을 참조하라. James E. Lovelock, *Gaia: A New Look at Life on Earth*(Oxford: Oxford University Press, 1979); James E. Lovelock, *The Ages of Gaia: A Biography of Our Living Earth*[reprint]New York: W. W. Norton, 1995).

러브록은, 때로는 가이아 가설이 지구의 체계를 생각하는 데 유용한 대상이라고 주장하고, 때로는 지구 그 자체가 단 하나의 살아 있는 유기체라고 강하게 주장한다. 후자가 러브록의 주요한 입장이다. 왜냐하면 그는 땅위에 생명체는 지속적으로 진화하며 가이아는 지속적으로 변화한다고 믿기 때문이다. 그 어떤 종種, 가이아의 그 어떤 특정적 부분 중에서 그것의 건강(완전함)을 위해 원칙적으로 버려야 할 것은 하나도 없다. 가이아는 이상적인 조건을 유지하기 위해서 자기의 어느 부분을 파괴하고 또 버리기도 한다. 어쩌면 인간은 퇴화상태로부터 완전히 파괴되어 없어지는, 위험한 지경에 이르는 되는 것으로부터 생명의 조건들을 유지하는 가이아에 의해 제거되는 상태에 있는지 모른다. 가이아는 인간과 함께 혹은 인간 없이도 갈 수 있다. 러브록은 생명의 조건을 유지하기 위해 더 많은 노력을 하는 어떤 종이 갖고 있는 가치에 대해 별로 관심이 없다. 또한 이러한 그의 입장은 다음에서 내가 논의하려고 하는 심층 생태학자들의 입장과 구별된다.

러브록의 영향을 받은 후대 학자들은 가이아 이론을 더 발전시킨다. 그들은, 모든 생명체는 지각을 갖고 의도적으로 행동하는 더 큰 우주적 유기체의 한 부분이라고 주장한다. 어떤 학자들은 가이아를 신과 동일시하기도 하고, 또 어떤 학자들은 인간이 하나의 종으로서 생명체로부터 생겨났기 때문에 그리고 교대로 생명체로부터 자양분을 섭취한 긴 역사를 갖고 있으며 결국 생명체(biota)로 돌아가기 때문에 비록 불분명하지만 우리는 그것과 '일체'(one)라고 강하게 주장한다.2) 이 '단일성'(oneness)이라는 표현은 우리가 지

---

2) Joanna Macy는 "Gaia Meditations"에서 이렇게 말한다. "당신의 다음 죽음을 생각하라. 당신의 몸과 뼈를 순환과정에 묻으라. 포기하라. 장차 당신은 살이 통통한 벌레가 될 것이다. 그 벌레를 사랑하라. 당신 존재를 생명의 샘을 통해 깨끗이 하라." Lawrence E. Joseph, *Gaia: The Growth of an Idea*(New York: St. Martin's Press, 1990), p.243. 여신으로서의 Gaia 논의에 대해서

구의 생명체와 하나(one)라는 표현보다 훨씬 더 강한 주장이다. 내 팔이 내 몸의 다른 부분들과 '일체'라는 의미에서 우리는 지구의 중요한 구성 요소 중의 일부이며 또한 그 구성 요소를 공유한다.

두 번째 이론은 심층 생태주의3)로, 인간과 다른 자연 즉 생물과 무생물 사이에 단일성(oneness)이 있다고 주장한다. 하지만 심층 생태주의자들은 가이 아 가설이 주장하는 만큼 그렇게 강하게 단일성을 주장하지는 않는다. 그들 은 환경체계를 단일한 몸체로 여기는 경향이 있다. 그러나 이 환경체계는 자연 안에서의 하부 존재물들로(sub-entities), 이들의 상호 영향이 자연세계의 역동성을 야기한다.

심층 생태주의자들 혹은 나의 가장 중요한 윤리적 주장은, 바로 각 유기 체와 환경체계는 동등한 가치를 갖고 있기에 누구나 다 현재 존재하는 그대 로 보호받아야 하고 보존돼야 한다는 것이다. 현재 인간의 행동 방식이 다 른 유기체와 환경체계를 거의 회복 불가능할 정도로 훼손시키고, 과도한 인 구 팽창이 그것들의 생태 주거환경을 파괴한다는 점을 심각하게 받아들인 심층 생태주의자들은 이러한 인간의 행동 방식을 철저하게 고치고 인류의 수를 감소시켜야 한다고 주장한다. 심층 생태주의자들은 인간이 불안정한 단계와 지구에 치명적인 해(infestation)를 끼치는 지경에 이르게 되었다고 본 다.4)

는 위의 책 pp.66~77 · 223~247을 보라.

3) 심층 생태론에 관해서는 다음의 자료들을 참조하라. Arne Naess, "The Shallow and the Deep, Long-Range Ecology Movement: A Summary", *Inquiry* 16(1973), pp.95~100; Arne Naess, *Ecology, Community and Lifestyle: Outline of an Ecosophy*(translated and revised by David Rothenberg, Cambridge University Press, 1989).

4) 다른 種들이 불안정한 비율에 도달한 것을 보면서 우리는 인구 팽창과 인간 행동 방식이 반드시 규제되어야 한다고 믿는다.

세 번째 이론은 대지의 윤리인데, 주어진 생태환경 속에서 살아가는 모든 종種이 서로에게 끼치는 공헌의 진가를 인정하고 모든 종이 갖고 있는 심오한 가치를 중시한다. 이 윤리학자들은 종 혹은 환경체계가 원칙적 평등성을 갖고 있다고 주장하지 않는다. 그러므로 바로 전에 기술한 심층 생태주의자들이 당면한 문제들을 피할 수 있다. 알도 레오폴드(Aldo Leopold)와 같은 학자는 환경보존운동에 헌신했는데,5) 이들은 종이 사라져 가는 것을 애석해 하면서 자연의 모든 양상은 상호 의존한다고 주장한다. 그러나 그들은 균형이나 조화의 원리에 기초한다. 더욱이 그들은 인간이 자신들의 쾌락과 개인적 개발, 생계유지를 위해 자연을 이용하기도 하고 돌보기도 한다고 주장한다. 대부분의 심층 생태주의자들은 자연을 이와 같이 이용하는 것을 천박한 개발의 예로 볼 것이다. 또한 그들은 인간이 자연의 이용자와 돌보는 자라는 개념을 온정주의적으로 이해할 것이다. 이것은 생명 중심적인 사고에 반대되는 인간 중심적 사고이다.

네 번째 이론은 사회 생태주의로, 인간의 생태적 근시성을 성별, 인종 그리고 계층 등과 같은 사회적으로 구성된 범주로써 설명한다. 왜곡되고 변형된 범주들은 우리로 하여금 자연에 관해 잘못된 신조들을 갖게 만든다. 예를 들면 첫째, 에코페미니스트들은 사회적으로 구성된 가부장적 사회의 본질이 생태계 파괴의 직접적 요인이라고 주장한다.6) 가부장제도는 모든 다른 것을 객관화시키는 일련의 신조, 태도, 그리고 행동 습성을 주입시키고 강요하며 남성들의 만족을 위해 착취한다. 가부장적 사회는 사회 속에서

---

5) Aldo Leopold, *A Sand County Almanac: With Essays on Conservation from Round River*([reprint]New York: Sierra Club/Ballantine Books, 1970).
6) Greta Gaard(ed.), *Ecofeminism: Women, Animals, Nature*(Philadelphia: Temple University Press, 1993).

남성이 여성을 이기적이고 사적인 목적을 위해 이용하는 방식으로 자연을 대한다. 결과적으로 그러한 사회 속에서 활동하는 남성들은 여성들을 강간하고 착취하는 방식대로 자연을 강간하고 착취한다. 에코페미니스트들은 다른 형태의 사회 생태주의자들이 주장하는 것과 같이 여성과 자연을 억압하고 착취할 뿐 아니라 남성들을 그 자신들로부터, 그들이 살고 있는 세계로부터 철저하게 고립시키게 만든다고 주장한다. 결과적으로 가부장적 사회는 남성들이 여성들을 강간하고 착취하는 방식으로 자연을 강간하고 착취하도록 격려한다는 것이다. 둘째, 자연적 특권이라는 것에 근거한 역겨운 인종우월주의이다. 특정 인종이 천부의 권리로써 하등적 삶의 형태들을 이용하는 고등적 삶의 형태를 누린다는 논리를 전개한다.[7] 셋째, 재산에 대한 자본주의적 견해가 다른 생명체와 비인간 세계를 대하는 태도와 생각을 결정하며, 우리의 자유대로 그것들을 사용하고 폐기할 수 있는 인간의 소유물로 보게 한다.[8] 사회생태론자들은 위에서 언급한 세 가지 입장 중에 어느 하나를 갖고 있다면 그것이 어떤 것이든 상관없이 인간의 자연에 대한 일그러진 견해가 다른 생명체와 사물을 철저하게 착취하도록 인도하고 또한 그러한 힘을 갖고 있는 사람을 철저하게 고립시킨다고 본다.

이상에서 살펴본 네 가지 유형의 이론들은 비록 강조점은 다르지만, 현대인들의 자연에 대한 이해가 너무도 인간중심주의적이어서 오직 인간의 이익만을 중시한다는 데 동의한다.[9] 사회생태론자들은 인간의 자연 이해가

---

7) Robert D. Bullard, *Confronting Environmental Racism: Voices from the Grassroots*(Boston: South End Press, 1993).
8) Murray Bookchin, *The Ecology of Freedom: The Emergence and Dissolution of Hierarchy*(Palo Alto, Calif.: Cheshire Books, 1982). Bookchin은 환경을 존중하지 않는 모든 종류의 위계질서, 특히 자본주의를 신랄하게 비판한다.
9) 인간중심주의에 대한 논의에 관해서는 아래의 논문들을 참조하라. 사물들을 인간의 관점에

편협한 틀 안에서 가부장제도, 인종우월주의 또는 계층 편애에 영향을 받는 다고 주장한다. 네 가지 유형들은 인간이 자연에 대해 더 정확하고 분명한 견해를 가질 수 있다고 동의한다. 그리고 이 목적을 이루기 위해서 인식론 적 판단 장애물들을 제거할 것과 그 장애물들이 이 세계의 실재적 특징들에 의해 제거되어야 함을 이해할 것을 요구한다.

단일성과 인간중심주의

'일체'가 되는 방식이 하나 이상이라는 것은 분명하다. 첫째, 내가 같은 팀에 소속되거나 집단에 속한다는 의미에서 내가 어떤 조직 혹은 그룹과 하나가 될 수 있다. 예를 들면, 나는 미시간대학교 교수로 이 대학교의 구성 원이다. 그리고 이런 의미에서 나는 미시간대학교와 일체이다. 그러나 미시 간대학교는 내가 구성원이 되기 이전에 이미 존재했고 내가 죽어 사라진 후에도 여전히 존재할 것이다. 이와 같은 방식으로 인간은 자연과 '일체'라 고 생각할 수 있다. 자연은 인류가 현재의 모습으로 진화되기 이전부터 존 재했고 인류가 사멸한 후에도 오랫동안 존재할 것이다.

이런 약한 의미의 '단일성'에서도 나는 내가 미시간대학교의 구성원이라 는 점을 인식한다. 또한 나는 오하이오대학교(심지어 하버드대학교)보다 미시간 대학교의 복리에 더 큰 관심을 갖는다. 나는 이 대학교들이 다 잘되기를 바

서 보는 견해와 오직 인간의 이익만이 가치 있는 것으로 보는 견해의 차이에 관해서는 다음 의 논문을 참조하라. Bernard Williams, "Must a Concern for the Environment Be Centred on Human Beings?", *Reflecting on Nature: Readings in Environmental Philosophy*(Lori Gruen and Dale Jamieson [eds,], New York: Oxford University Press, 1994), pp.46~52.

라지만 내가 소속된 미시간대학교에 더 지대하고 직접적인 관심을 갖는다. 아마도 우리는 이런 방식으로 인간 그리고 인간과 자연과의 관계에 대해서 생각해야 할 것이다.

둘째, 하나의 생명체 혹은 사물이 주어진 생태계의 부분이 된다는 의미에서 보다 강한 의미의 단일성을 생각할 수 있다. 예를 들면 나일 강에 서식하는 악어는 나일 강 생태계의 일부이다. 나일 강의 악어는 직·간접적인 아주 복잡한 방식으로 나일 강 생태계와 상호작용하고 영향을 준다는 점에서, 위에서 언급한 단일성보다 훨씬 더 강한 의미를 갖고 있다. 미시간대학교는 철학과 교수들이나 아시아 전공 없이도 얼마든지 운용될 수 있다. 그러나 나일 강이 악어 없이도 계속 지탱될 수 있는지는 분명하지 않다. 그렇게 중요하며 막강한 약탈자인 악어의 손실은 아마도 나일 강 생태계에 지대한 영향을 미칠 것이다.

셋째, 단일성의 의미는 유기적이고 생태론적인 견해들에 관해 언급할 때 사용되는 의미이다. 예를 들면 내 팔이 내 몸의 다른 부분들과 하나가 된다는 것처럼 인간과 지구의 생명이 하나의 단일한 유기적 조직체를 구성한다고 주장하는 것이다. 만일 당신이 내 팔을 잘라 낸다면 그것은 직·간접적으로 내 몸 다른 부분에 영향을 미칠 것이다. 그리고 즉시 응급조치를 하지 않으면 나는 죽을 수도 있다. 내 팔을 잘라 내는 것은 악어를 나일 강으로부터 없애는 것과 같을 수도 있다. 우리는 마치 부모가 죽은 자녀를 생각하면서 "마치 내 팔이 잘려 나간 것 같다"고 말하는 것처럼 종종 은유적으로 손실을 표현한다. 나일 강으로부터 악어를 없애는 것은 나일 강 생태계에 막대한 영향을 끼칠 것이다. 그러나 그 영향은 결코 내 팔을 내 몸으로부터 잘라 낸 것과 같을 수 없다. 전자는 분명히 나일 강 생태계에 지대한 영향을 끼치고 파괴할 것이나, 후자보다 훨씬 그 영향이 덜 할 것이다. 왜냐하면 직접적이고 광범하게 미치는 그 영향이 결코 후자에 비할 수 없기 때문이다. 하나의 몸(one-body) 또는 유기체적 견해가 '하나의 생태계라는 견해'(one-ecosystem view)와 밀접하지만 그것보다 훨씬 더 강한 의미를 갖고 있다.

넷째, 단일성의 의미는 가이아 가설에서 찾을 수 있다. 가이아 가설은 인간이 자연의 일부이고 동시에 생물계의 중요한 구성 요소라고 주장한다. 어떤 학자들은 인간이 광범한 행성 체계의 일부분(광범한 척도의 생태론적 견해), 그리고 이 체계가 하나의 단일한 몸(한 몸이라는 견해)일 뿐 아니라 행성 지구의 다른 모든 것과 심오한 의미에서 공존한다고 주장한다. 인간과 세계는 불가분리적으로 뒤얽혀 있어서 상호 유동체적으로 통과한다.10)

마지막으로 가장 강한 의미의 단일성은, 영화 배트맨의 브루스 웨인과 배트맨이 하나인 것처럼, 두 가지가 하나라는 의미에서 찾을 수 있다. 많은 학자들은 인간과 자연이 강하고 논리적인 의미에서 하나라고 주장한다. 화엄 불교도들과 대다수 신유교인들은 이러한 견해를 주장한다. 전자는 인간이 모두 불성이라고 주장하며 후자는 만물이 본성 혹은 원리를 공유한다고 주장한다. 이들의 주장은 가이아 가설보다 더 강하다. 인간과 세계가 불가분리적으로 뒤얽혀 있고 인간이 중대한 구성요소일 뿐 아니라, 인간은 동일한 본성을 갖고 있다.11)

---

10) 주2)의 Joanna Macy의 인용문을 참조하라.
11) 불교도들과 신유학자들은 그들의 독특한 윤리적 견해를 주장하기 위해서 세계와 연관된 인간 존재에 대한 개념(한 몸)을 사용한다.(예를 들면 불쌍하게 여김 또는 깊은 동정심) 다음의 저서들을 참고하라. Francis H. Cook, *Hua-Yen Buddhism: The Jewel Net of Indra*(University Park: Pennsylvania State University Press, 1977); Philip J. Ivanhoe, *Ethics in the Confucian Tradition: The Thought of Mencius and Wang Yang-ming*(Atlanta, Ga.: Scholar's Press, 1990), pp.15~25. 어떤 심층 생태론자들 역시 단일성(oneness) 개념을 강하게 주장한다. 예를 들면 급진적 환경주의자인 John Seed는 이렇게 주장한다. "이러한 관점의 변화는 어머니 대지를 위한 행동들을 따

이제 두 번째 개념인 인간중심주의(anthropocentrism)에 대해 살펴보자. 다시 말하지만 나는 이 개념이 어떤 면에서는 매우 유익하지만 너무나 불분명해서 가치를 갖지 못한다고 생각한다. 한 가지 분명한 것은 문헌에서 인간중심주의는 나쁜 것으로 평가된다는 사실이다. 인간중심주의는 동의 받지 못하거나 인정받지 못하다는 것을 의미한다. 본인은 세 가지, 즉 인식론적, 형이상학적, 그리고 윤리적 인간중심주의에 대해 논술하면서 인식론적 인간중심주의는 결코 나쁜 것이 아니라고 주장한다.

첫 번째, 가장 단순한 형태의 인식론적 인간중심주의는 인간이 사물을 인간의 관점에서 본다는 견해이다. 인간은 인간적인 방식으로 전개된 특정 개념들을 사용하고 인간의 개념적 기능들에 의존하여 세계를 이해한다. 인간은 박쥐가 하는 반향정위(echolocation)를 하지 못한다. 인간에게는 그러한 기능이 없으므로 그러한 경험을 하지 못하며, 하다못해 그러한 감각도 느끼지 못한다. 토마스 나겔(Thomas Nagel)이 주장한 것처럼 인간은 박쥐로 존재하는 것이 어떤 것인지 알지 못한다.[12] 그러나 인간이 갖고 있는 이 한계는 그 자체로 결코 선하거나 악하지 않다. 한 가지 분명한 것은, 인간은 박쥐와 같은 생물이 체험하는 주관적 경험들을 완전히 느낄 수 없지만 인간이 생각할 수 있는 것 이상으로 많은 것을 공유한다는 것이다. 인간은 동일한 세상에서 살며 많은 동일한 정보를 가지고 있으면서 우리가 생각하는 것보다 훨씬 더 많은 것들을 공유한다.[13] 박쥐는 곤충 B가 아니라 곤충 A를 탐지하

른다. 나는 rain forest를 보호하는데 최근에 내가 rain forest의 한 부분이라는 사고를 하게 되었다." 위의 내용은 다음 책에서 인용하였다. Bill Devall, "Deep Ecology and Radical Environ-mentalism", *Reflecting on Nature: Readings in Environmental Philosophy*(Lori Gruen and Dale Jamieson [eds.], New York: Oxford University Press, 1994), p.120.

12) Thomas Nagel, "What Is It Like to Be a Bat", *Mortal Questions*(Cambridge: Cambridge University Press, 1979), pp.165~180.

기 위해서 일정한 속도로 오른쪽을 향해 반향정위를 사용할 수 있다. 그러나 만일 어둡지 않다면 나는 박쥐의 움직임을 다 볼 수 있고 동일한 정보를 취할 수 있다. 그리고 만일 내가 전파탐지기 화면을 읽을 수 있다면 박쥐가 그 정보를 갖는 것과 시각적으로 이 곤충들을 감지하는 것 사이의 한 방식에서 정보를 취할 수 있다.

어떤 사람들은 인간이 다른 생물체가 하는 것과 같은 방식으로 사물들을 체험할 수 없기 때문에 인간은 다른 생명체들이 무엇을 필요로 하는가를 이해하는 데 완전히 실패한다고 생각한다. 어쩌면 이러한 생각은 어떠한 주관적 상태에서는 그럴 수 있을 것이다. 그러나 대부분의 경우에는 그렇지 않다. 나는 개가 하는 행동을 이해하기 위해서 개와 같이 냄새를 맡아야 할 필요는 없다. 나는 스컹크의 냄새를 피하기 위해서 충분히 미리 냄새를 맡거나 부엌에서 나는 좋은 음식 냄새를 맡거나 혹은 헤어진 연인의 향수 냄새를 기억한다. 개의 경험과 내 자신의 경험이 갖고 있는 유사성이 개가 냄새 맡기를 좋아한다는 이성적 판단을 하게끔 인도한다. (장자는, 비록 자신이 고기는 아니지만, 고기가 좋아하는 것을 이해할 수 있다고 말했다. 어쩌면 내가 말하는 것이 장자가 말하려는 것이 아닐까 생각한다.)[14]

나는 인간들이 필요로 하는 것보다 다른 생물체(식물들까지 포함)들이 필요로 하는 것을 더 신빙성 있게 이해할 수 있다. 나는 내가 기르는 식물들이 좋은 토양, 물 그리고 태양을 필요로 하며, 파피루스 식물은 아스파라거스

---

13) 필자는 다음의 두 책에 기초해서 이렇게 주장한다. Fred Dretske, *Knowledge and the Flow of Information*(Cambridge, Mass.: MIT Press, 1981); Fred Dretske, *Naturalizing the Mind*(Cambridge, Mass.: MIT Press, 1995). 이 예들은 Nagel의 입장에 대한 Dretske의 견해이다.

14) Burton Watson(trans.), *The Complete Works of Chuang Tzu*(New York: Columbia University Press, 1968), pp.188~189.

양치류보다 더 많은 태양을 필요로 한다는 사실을 알고 있다. 나는 그 식물들이 필요로 하는 것이 다르다는 사실도 알고 있을 뿐 아니라 식물들이 필요로 하는 것에 대해 관심을 갖고 그것들을 만족시키기 위해 노력한다. 나는 원하는 것을 내게 말하는 사람들과 함께 있을 때보다 식물들과 함께 함께 있을 때 더욱 편안하다. 인식론적 인간중심주의는 장애물이지만, 다른 생명체들과 사물들을 돌보지 못하고 이해하지 못하게 막는 장벽은 아니다. 인식론적 인간중심주의 그 자체는 선하지도 악하지도 않다.

두 번째 인간중심주의는 형이상학적 인간중심주의이다. 어떤 사람들은 여러 가지 이유에서 인간이 본래 자연의 지배자라고 주장한다. 형이상학적 인간중심주의의 형태 중 하나는 인간이 다른 생명체들과 별개로 그것들보다 상위에 있는 하나의 별개, 우수한, 그리고 독보적인 존재라고 주장하는 것이다. 이 견해보다 더 솔직한 입장은 자연이 인간이 원하는 대로 이용되는 대상으로 존재한다고 보는 것이다.

이러한 전통적 형태의 형이상학적 인간중심주의는 과학적 신빙성을 결여한다. 많은 학자들은 바로 이 견해가 우리로 하여금 생태환경에 대해 잘못된 관념을 갖도록 인도했다고 비난한다. 그런데 이러한 비판은 예를 들면 도구주의의 입장과 같이 자연을 물질로만 보는 견해에도 동등하게 적용된다는 사실을 기억해야 한다. 다음에 우리가 고려하는 인간중심주의는 덜 완고한 형이상학적 인간중심주의이다. 이는 훨씬 더 설득력이 있으며 그래서 반대의 여지가 적다.

세 번째 인간중심주의는 윤리, 특히 사물이 가치를 소유하고 있다고 주장하는 가치론을 포함한다. 아마도 이것이 생태환경윤리에서 가장 관심을 갖고 있는 형태의 인간중심주의일 것이다. 이는 사물들이 귀중하다고 보는 견해 즉 윤리적 견해를 말한다. 예를 들면 어떤 형태의 윤리적 쾌락주의는 그것이 인간의 복지를 중시하는 의미에서만 인간 중심적일 수 있다. 그러나 어떤 사람은 윤리적 쾌락주의자이면서 또한 다른 생명체들도 중시할 수 있다. 여전히 윤리적으로 식물이나 비유기체에 대해서도 인간중심주의적 태도를 가질 수 있으나, 이러한 입장은 아주 약한 의미의 인간중심주의이다. 강한 의미에서 윤리적 인간중심주의는 오직 인간의 복지만을 중시한다. 예를 들면 위에서 언급한 전통적 형태의 형이상학적 인간중심주의는 절대적이고 윤리적인 인간중심주의를 정당화하기 위해서 사용되어 왔다. 그러한 견해에 따르면 오직 인간의 필요와 욕구만이 가치가 있고 그 밖의 모든 것들은 인간을 위해 존재한다. 우리는 다음에서 이러한 입장보다 훨씬 약한 견해들을 살피도록 하겠다.

원시유교의 환경 생태에 관한 가르침

우리는 『논어』와 『맹자』에서 후대 유학자들의 환경 이해에 영향을 준 중요한 주제와 개념을 발견하는데, 그것들은 현대의 환경윤리 수립에 적합한 가치를 갖고 있다. 아마도 우리는 원시유교의 자연 이해에 대한 핵심을 '인간-자연의 유사함'(human-nature analogues)[15]에서 찾을 수 있을 것이다. 내가 사용하는 인간-자연의 유사함이라는 표현은 어떤 자연 현상들을 윤리적으

---

15) 필자의 논문을 참조하라. Philip J. Ivanhoe, "Human Beings and Nature in Traditional Chinese Thought", *A Companion to World Philosophies*(Eliot Deutsch and Ron Bontekoe[eds.], Cambridge, Mass.: Blackwell, 1997), pp.155~164.

로 선한 사람 혹은 인간의 특정적 탁월성의 상징으로 여긴다는 것을 의미한다. 예를 들면 공자는 『논어』 2편 1절에서 덕으로 다스리는 왕, 즉 왕도정치를 북극성에 비유하면서 다른 별들이 북극성을 한결같이 좇는다고 하였고, 『논어』 6편 23절에서 지자知者는 물을 좋아하고 인자仁者는 산을 좋아한다고 하였다. 또한 『논어』 9편 17절에서는 쉬지 않고 흐르는 물을 영속하는 도道 혹은 도를 이루기 위해 필요한 확고하고 중단하지 않는 인간의 노력의 상징으로 보았다. 우리는 위에서 예로 든 『논어』의 문장들을 통해서 자연은 인간에게 중요한 도덕의 대상을 보여 준다는 공자의 신념을 분명하게 알 수 있다. 그리고 동시에 위 문장들은 공자가 자연을 심미적 즐거움을 주는 하나의 자원으로 보고 있다는 점을 분명하게 보여 준다. 나는 이것을 다른 논문에서 '형이상학적 위안'(metaphysical comfort)[16]이라는 용어로 서술하였다. 공자와 다른 초기 유교 사상가들은 자연에 익숙했고 자연 속에서 윤리적 영감, 즐거움, 위안을 발견했다. 두웨이밍이 미르체아 엘리아데(Mircea Eliade)로부터 빌려 사용하는 '인간-우주 중심적'이라는 용어를 내가 잘 이해하고 있는지 모르지만 지금까지 서술한 것과 '인간-우주 중심적'이라는 표현은 근본적으로 일치한다고 생각한다.[17]

우리는 위에서 기술한 특징들을 『맹자』에서 발견한다. 『맹자』의 '우산牛山의 나무' 비유는 가장 중요한 문헌이다. 헐벗은 산의 이미지는 도덕적 성향을 논하지 않고서는 인간본성을 추론할 수 없다는 점을 보여 준다. 왜냐

---

16) 필자의 다음의 글들을 참조하라. Philip J. Ivanhoe, "Nature, Awe and the Sublime", *Midwest Studies in Philosophy* vol.21—*Philosophy of Religion*(Peter A. French, Theodore E. Uehling, Jr. and Howard K. Wettstein[eds.], Notre Dame, Ind: University of Notre Dame Press, 1997), pp.98~117.

17) '인간-우주 중심적'이라는 용어에 대해서는 Tu Wei-ming, *Centrality and Commonality: An Essay on Confucian Religiousness*(Albany: State University of New York Press, 1989), pp.102~107을 보라.

하면 우리는 도덕적 성향을 전혀 드러내지 않는 사람들을 만나기 때문이다. 한때 울창했던 우산牛山의 나무들을 조직적으로 잘라내듯 인간의 본성 역시 찍혀 말살될 수 있다. 또한 이 비유는 인간의 도덕적 사단四端(인간의 본성에서 우러나오는 네 가지 마음씨)과 산의 식물을 예증한다. 비록 그것들은 아주 가혹하게 취급을 받지만 지속적으로 성장해서 새싹이 나고 꽃봉오리를 맺는다.[18]

『맹자』 3편 4절에서는 홍수가 나서 범람하고 초목이 멋대로 무성하며 오곡은 여물지 않고 새와 짐승이 사람에게 달려드는 때에 3인(舜, 禹, 益)의 현자 영웅들이 조화로운 질서로 세계를 다스렸다고 기록하고 있다.[19] 불을 놓아 새와 짐승을 쫓고 홍수를 통제하며 땅을 경작했다는 『구약성서』「창세기」의 창조기사와 전혀 다른 『맹자』가 기록한 유교의 신화에 의하면, 이 세계는 무로부터 창조된 것이 아니며 인간에게 세계를 지배할 권리를 부여하지도 않았다. 오히려 인간은 세계의 다른 사물 중 하나로 신이 아니라 현자 영웅들이 나타나 문명화된 사회를 이루기 전까지 위험하고 질서가 없는 세계에서 고군분투하는 하나의 생명체였다. 위 인용문에서 맹자는 세계가 질서를 갖기 위해서 이 현자들을 기다려야 한다고 강하게 암시한다.[20]

인간 그리고 인간과 자연과의 관계에 관한 초기 유교 사상가들의 가르침은 우리에게 중요한 암시를 준다. 하나는 앞에서 언급한 바와 같이 인간은 '인간-우주 중심적' 우주에서 살아간다는 것이다. '인간-우주 중심적'

---

18) 이 문장의 주석은 애매모호하다. 즉 벌거벗은 산이 오랫동안 벌채된 채로 방치되어서 더 이상 재생할 능력이 없다고 말하는 것인지 아닌지가 분명하지 않다. 비유적으로 사람들이 도덕적으로 황폐해져서 도덕적으로 소생할 가능성이 없다고 해석할 수 있다. 이러한 해석들에 관해서는 Bryan W. Van Norden, "Kwong-loi Shun on Moral Reasons in Mencius", *Journal of Chinese Philosophy* 18(1991), pp.358~359를 참조하라.

19) 『孟子』, 3A,4; D. C. Lau(trans,)(London: Penguin Books, 1970), p.102.

20) 이 점에서 맹자는 세계 만물이 그들에게 맞는 적절한 자리를 갖기 위해서 현자를 기다려야 한다고 주장한 순자의 의견에 동의한다.

우주는 윤리적인 덕을 예증하며 심미적인 즐거움과 형이상학적인 위안 그리고 생명의 자양분을 제공한다는 것이다. 또 다른 암시는, 현자들이 혼돈에 빠진 우주로부터 질서를 회복하는 방식에 관한 것이다. 그것은 단순히 인위적으로 인간이 만든 질서를 정리되지 않고 무법인 자연에 강제로 강요하는 것이 아니다. 마지막 인용에서 맹자가 말한 바와 같이, 현자 영웅인 요 임금이 위대한 것은 단순히 홍수를 제어한 것 때문이 아니라 홍수를 제어한 방식 때문이다. 요 임금은 물의 본성에 반대하는 방식으로 제어하지 않았다.[21] 현자들은 도를 형성함에 있어서 결코 자신들이 고안해 낸 질서를 억지로 강요하지 않았으며 경전을 통해 계시하지도 않았고 예언자를 통해 말하지도 않았다. 현자들은 그들이 창안해 내는 만큼 발견하였다. 그들은 자연에서 발견한 (우리도 자연에서 발견할 수 있는) 현상과 양태의 조화를 이루기 위해 인식하고 작업했다.

이러한 초기 유교의 일반적 특징들은 순자에 이르러 가장 완전하게 발전하였다. 나는 다른 저서에서 순자에게서 명백한 환경윤리를 발견한다고 주장하면서 이것을 '행복한 균형'(happy symmetry)이라고 명하였다.[22] 순자는, 고대 현자들이 서술한 삶의 형태는 바로 그들의 필요, 욕구를 자연의 현상과 양태와 조화시키는 것이라고 주장했다. "자기를 수양한 사람은 하늘, 땅과 삼자를 이룬다"는 순자의 주장은 바로 이것을 의미한다. 그리고 이것은 사려가 깊은 것 이상을 의미한다. 순자는 인간을 만족시키는 선의 근원들을 보존해야 한다고 주장하는 것이 아니다. 바로 도가 인간으로 하여금 우주

---

21) 『孟子』, 4B.26; D. C. Lau(trans.)(London: Penguin Books, 1970), p.133.
22) Philip J. Ivanhoe, "A Happy Symmetry: Xunzi's Ethical Thought", *Journal of the American Academy of Religion* 59, no.2(summer 1991), pp.309~322.

안에서 적절한 위상을 갖고 적절한 운명을 실현하도록 해야 한다고 주장하는 것이다.

순자는 가치를 도道의 부분인 동물, 식물, 그리고 무생물과 조화시키기 때문에, 그의 윤리를 강한 의미에서 인간 중심적이라고 할 수 없다. 그러나 순자는 다른 생물과 무생물의 복지에 관해 서술할 때 그것들이 인간과 어떻게 연결되는가, 즉 인간의 이해타산의 용어로 서술하는 경향성이 있다. 이는 현자들이 세상에 나타나기 전까지 세상의 모든 것은 본래적으로 불완전할 수밖에 없다는 그의 주장에서 분명하게 나타난다. 순자는 "우주의 모든 생물과 모든 인간은 그들이 적합한 위치를 갖기 이전에 반드시 현자를 기다려야 한다"고 주장한다.23) 이 점에서 순자는, 이 세계는 질서와 균형을 갖기 이전에 현자들의 지혜와 노력을 필요로 한다고 주장하는 맹자의 입장과 같다. 내가 서술한 바와 같이 맹자와 순자의 논리는 약한 의미에서 윤리적으로 인간 중심적이라고 할 수 있다.

순자의 윤리적 인간중심주의는 그의 더 그럴듯하고 덜 파괴적인 형이상학적 인간중심주의에 기인한다. 순자는 무로부터의 창조를 믿지 않으며 인간이 세계를 초월해 존재하는 신의 형상대로 창조되었다고도 믿지 않는다. 그러나 그는 인간이 다른 생물체들보다 상위에 있으며, 생물체와 구별되는 방식으로 공동체를 형성하고, 사회적 역할, 규범, 그리고 의무를 인식할 수 있는 지적 능력을 갖고 있다고 주장한다. 순자가 말하는 대로 인간은 기氣, 생명, 그리고 지능을 소유할 뿐 아니라 도덕적 원리 즉 적절한 역할과 규범

---

23) Burton Watson(trans.), *Hsün Tzu: Basic Writings*(New York: Columbia University Press, 1963), p.103. p.44의 "천지가 현자를 낳고 현자는 천지에 질서를 준다"라는 문장을 참고하라. 행복한 균형이라는 개념에 대해서는 필자의 논문 "A Happy Symmetry", p.316을 보라.

을 갖고 있는데, 이것이 인간을 "세상에서 가장 숭고한 생물로 만든다"[24]고 주장한다. 그리고 이것이 인간으로 하여금 예를 들면 인간보다 더 강하고 빠른, 인간보다 물리적으로 우수한 소와 말과 같은 다른 생물체들을 정복하고 이용하도록 만든다.

순자는 우리가 『구약성서』「창세기」에서 발견하는 것보다 더 그럴듯하고 보다 약한 형태의 형이상학적 인간중심주의를 제시한다. 순자는, 인간은 자신들이 사회를 조직할 능력을 갖고 있기 때문에 자신보다 물리적으로 더 우월한 동물들을 정복할 수 있다고 하며, 어떻게 사물들이 세상에 존재하게 되었는지를 설명한다. 더욱이 순자의 형이상학적 인간중심주의는 덜 교만하고 덜 파괴적이다. 그것은 인간에게 세계 안에서 우월한 위상을 부여하지만 ① 인간은 다른 생물체 그리고 사물과 상호 의존적이고 그러한 본래적 가치를 갖고 있으며 ② 정당하게 자연을 다루어야 하는 분명한 한계를 갖고 있고 ③ 특권뿐 아니라 책임을 갖고 있다는 점을 분명히 한다. 이런 면을 종합해 보면, 비록 전적으로 그런 것은 아니지만, 순자의 견해는 앞에서 살펴본 대지의 윤리 입장과 유사하다.

우리는 세계가 질서와 조화를 갖기 이전에 반드시 현자들을 기다려야 한다는 순자의 주장을 더 관대하게 해석할 수 있다. 즉 막강하고 통제되지 않으며 제한되지 않은 필요와 욕구를 갖고 있는 인간들이 살아가는, 문명화되기 이전의 그들의 실존 상황 속에서 세계는 결코 현자들의 지혜와 노력 없이는 질서 있고 조화로울 수 없다고 해석할 수 있다. 이 해석은 자연세계

---

24) 참고하라. Burton Watson(trans.), *Hsün Tzu: Basic Writings*(New York: Columbia University Press, 1963), p.45. Watson은 '의무 의식'으로 번역한다. 필자는 Eric Hutton의 "On the Meaning of *Yi* for Xunzi"라는 논문에서 사용한 대로 '적절한 역할과 규범'으로 번역한다.

의 본래 비질서성이 아니라 인간의 비질서적 그리고 파괴적인 경향성에 중점을 둔다. (물론 순자는 이것에 중점을 두었다.) 이 해석은 분명히 순자의 사상에 의해 영감을 받은 것이다.

어떤 학자들은 인간이 없는 세계는 전혀 가치가 없다는 논리를 순자와 연결하는 것에 반대할 것이다. 그러나 나는 적어도 이 주장에 대한 하나의 해석에 동조한다. 어떤 학자들이 주장하는 것과 대조적으로 인간의 관점들로부터 완전히 분리된 윤리적 혹은 심미적인 가치가 있다고 주장하는 것은 별로 설득력이 없다.[25] 물론 인간 없이도 다른 생명체는 여전히 이해관계를 갖고 있을 것이나, 인간 없이도 윤리적이나 심미적인 가치들이 존재한다고 생각하는 것은 상상하기 어렵다. 어쨌든 나는 이러한 견해가, 오직 인간에 의해서 질서를 갖게 된 자연의 어느 부분만이 인간에게 가치가 있다는 주장을 뒷받침한다고 생각하지 않는다.

다른 학자들이 주장한 바와 같이 정보를 갖고 숙고하는 인간은 본래 그들이 직접 만지고 변형시킨 것들과 상관없이 자연을 평가하는 경향이 있다. 자연의 이러한 측면을 인지하지 못하는 사람들은 그것의 가치를 깨닫지 못한다. 마치 그들은 찬란한 석양의 아름다움을 감지하지 못하는 색맹인 사람

---

25) 이러한 주장이 논쟁의 여지가 없는 것은 아니다. 예를 들면 G. E. Moore는 Henry Sidgwick에게 응답하면서 이렇게 주장했다. 그 누구라도 비록 아름다운 것을 보고 향유하며 경험하면서 살 수 없었다고 해도 아주 추한 것보다는 아주 아름다운 것을 세계 속으로 가져오려고 할 것이다. 필자는 인간이 어떤 땅을 원초적 삼림으로 남겨 두어 인간에게 분배되지 않도록 하는 것과 마찬가지로 이러한 선택을 할 수 있다고 생각한다. 그러나 필자는 가치로부터 독립된 정신을 수립한다는 Moore의 의견에 반대한다. 세계 속에서 어떤 것을 아름답게 하며 가치 있게 하고 다른 것들을 천하게 하는 것은 인간의 특별한 필요, 요구 그리고 능력에 의존한다. Moore의 입장에 관해서는 *Principia Ethica*(Cambridge: Cambridge University Press, 1903), pp.83~84를 보라. 필자의 주장에 관해서는 David Wiggins, "Truth, Invention and the Meaning of Life", 그리고 John McDowell, "Values and Secondary Qualities"를 보라. 이 두 논문은 다음의 책에 실려 있다. Geoffrey Sayre-McCord, *Essays on Moral Realism*(Ithaca, N.Y.: Cornell University Press, 1988).

들과 같다. 그런데 우리는 순자의 사상에서 광야가 갖고 있는 가치의 중시를 찾기 어렵다.[26]

광야를 중시하는 것은 위에서 소개한 세 번째 이론인 대지의 윤리의 핵심이다. 왜 우리가 대지를 보존·보호해야 하는지에 관한 다양한 이론들이 있다.[27] 이 중에 가장 설득력 있는 이론은 사려 깊음, 심미적 향유, 그리고 경이와 겸손과 같은 인식론적 덕목들(epistemological virtues)의 수양을 포함하는 것이다. 순자가 이러한 요인들을 문제없이 포용한 점은 놀라운 일이다.

그리고 이와 유사한 주장을 우리는 『도덕경』에 기록된 '베어지지 않는 나무'에서 찾아볼 수 있는데, 도교 사상가들은 이 개념을 무의식이나 자발성(spontaneity), 소위 '자연 그대로'(so of itself)라는 개념을 주창하고 사회와 사회화를 비판하는 데 사용한다. 그러므로 도교 전통은 순자의 입장을 수정하고 강화시킬 수 있는 다른 토착적 자료를 제공한다.

순자는 인간이 자연에 직면하여 갖는 경탄이나 경외감과 같은 감정들을 아름답게 그리고 정교하게 만들어진 도道를 향하는, 묘한 감격을 주는 찬가 속에서 표현하고 있다.[28] 그러나 엄밀히 보면 우리는 순자가 이 감정들을 야생 자연의 공허함, 능력, 아름다움이 아니라, 도道의 광활한 척도, 세세함, 그리고 효험을 명상함으로부터 체험한다는 사실을 알게 된다.[29] 순자는 만물을 이용하고 만물을 위해 공급하며 또한 만물을 우주적 조화로 이끄는

---

26) 필자가 말하는 광야는 인간이 손대지 않거나 적어도 인간의 기술 창안에 의해 변형되지 않은 자연을 의미한다.

27) Holmes Rolston Ⅲ, "The Wilderness Idea Reaffirmed", *The Environmental Professional* 13, no.4(March 1992), pp.370~377.

28) Watson, *Hsün Tzu: Basic Writings*, pp.44~45·94. 순자의 입장에 대해서는 필자의 "A Happy Symmetry"를 보라.

29) 필자는 이러한 입장이 순자의 일반적 견해라고 이해한다. 순자(그리고 순자 이전의 공자)는 자연이 아니라 인간사회가 가치의 중심이며 가치의 궁극적 원천이라고 주장했다.

도道의 경이로운 균형에 경탄한다. 여기서 언급되는 감격과 경이로운 상상은 길들여지고 이용된 자연이지 본래 그러하고 야생적인 자연이 아니다. 우리는 쉬지 않고 흐르는 물을 보면서 감탄한 공자의 입장과 야생적으로 격동하는 여량呂梁의 폭포30)를 보며 감격했던 장자의 입장을 비교한다면 분명하게 그 차이를 알 수 있을 것이다. 『장자』에서 우리는, 물의 흐름에 몸을 맡겨 급류를 타는 노인의 이야기에서 도교의 이상을 분명하게 찾을 수 있다.

결론

이상에서 우리는 인간 그리고 인간과 자연과의 관계에 대한 유교의 입장을 살피고, 간략하게나마 도교의 입장도 살펴보았다. 이 두 입장은 우리에게 도움을 줄 뿐 아니라 더 나아가서 영감을 준다. 나는 유교와 도교의 입장이 단순히 우리에게 지식의 정보를 제공하는 것 이상의 도움을 주며, 유교와 도교의 개념들이 우리로 하여금 사물들이 어떻게 존재하는지 분명히 볼 수 있도록 하고 현대 환경생태 이론에 주요한 자료가 될 수 있다고 확신한다. 나는 위에서 논의한 강한 의미의 단일성을 요구하는 견해들에 대해서 의구심을 갖고 있는데, 그 이유는 이러한 견해들이 어떻게 사물이 존재하는지에 관해 설득력 있게 설명하지 못하기 때문이다. 그 견해들은 마치 최초로 달에서 지구의 사진을 찍은 그런 것처럼 우리에게 아주 심오한 영감을 주며 어떤 면으로 도움을 줄 수도 있다. 그러나 그 견해들 자체로는 결코 환경생태 이론을 위한 현대의 철학적 기초가 될 수 없다. 그것들은 현대인

---

30) Watson, *The Complete Works of Chuang Tzu*, pp.204~205.

들이 받아들이기 어려운 형이상학적 주장에 근거하고 있다.

　나는 네 가지 다른 형태의 환경생태윤리의 이론들과 단일성, 현대의 환경윤리 논의에 핵심적 역할을 하는 인간중심주의에 관해 논의했다. 그리고 세 명의 초기 유교 사상가들의 입장을 서술하였는데, 특히 순자의 환경윤리를 집중적으로 조명했다. 나는 공자, 맹자, 순자의 견해가 현재 진행되고 있는 유교의 환경윤리 논의에 큰 도움을 줄 것을 기대한다. 다음의 두 가지 방식으로 도움이 될 수 있을 것이다. 첫째, 초기 유교 사상가들의 견해에 대한 분석을 더욱 중대시키는 것이다. 둘째, 유교의 견해를 분석하여 현대 환경생태철학과 관련된 분야와 상호 교류하면서 비교를 촉진하는 것이다.

신유교 전통의 확장: 21세기를 위한 질문과 재개념화

마이클 C. 칼튼

들어가는 말

20세기 이전의 유학자들은 그들의 삶과 시대의 요구 및 문제를 전달하기 위해서 유교의 고전, 주자, 퇴계, 율곡 그리고 유교의 전통 모두를 자료로 사용하였다.[1] 근대성의 도래 이후 이 자료들은 더 이상 중요한 핵심적 자료로 평가받지 못하게 되었지만, 현재 새로운 사고, 즉 동아시아의 지적 역사, 철학 혹은 비교종교학의 영역에서 다루는 중요한 자료들이 되었다. 위대한 유교 전통 유산들 또한 근대 동아시아 사회의 역동적이며 독특한 문화 형성에 지대한 공헌을 하였다. 그런데 이것은 과거의 풍요로움에 함께하는 남아 있는 활력이다. 이것은 과거의 탁월함을 보존하고 과거에 대해 가르치며 현재를 풍요하게 만든다는 의미에서 보수적이다. 그러나 보존주의는 도전하지 않고 자극을 주지 못하여 시대의 인재들에게 매력이 되지 못한다. 또한 새로운 질문과 문제에 충분한 대답을 주지도 못한다.

---

1) 이 논문은 1994년 제8회 세계 한국학 학회에서 발표한 것을 보완한 것이다.

21세기는 이전보다도 우리의 품행의 의미를 생각하는 데 필요한 의미 있는 자료와 인간의 행동, 정책, 결정에 지침이 되는 자료들을 요구한다. 나는 비교종교학과 비교철학을 가르치는 선생으로, 유교가 지난 세기에 걸쳐 현 세계의 상황에 아주 독특하고 적합한 자료를 제공해 왔다고 확신한다. 유교 전통은 자기수양을 위해서 반드시 알려져야 하고 확장되어야 한다. 이렇게 하는 목적은 세계인을 유교인으로 만들고 유교 전통을 찬미하기 위해서가 아니다. 그 고귀한 전통이 현대인들이 필요로 하는 도움을 주기 때문이다.

이 논문은 지난 6년 동안 대학에서 여러 학문 분야가 연관된 학부과정을 가르친 경험에서부터 시작되었다. 이 과정은 전통적이고 학문적인 분야의 경계에 얽매이지 않고 내가 나의 관심과 주요한 논점을 자유롭게 선택할 수 있도록 하였다. 나는 비교종교학을 전공하였기 때문에, 사람들이 세계와 자신의 존재를 이해하기 위하여 갖고 있는 가장 근본적인 추정, 즉 세계관에 관심을 갖고 있었다. 나는 미국인이기에 현대 미국을 참고로 하여 지난 몇 년 동안 서구 세계관의 근본적인 추정이 직면하고 있는 도전과 변화를 다루는 과목들을 가르쳐 왔다.

나의 서재 책꽂이에는 힌두교, 불교, 유교, 그리고 내 강좌 '신과 신물리학'(God and the new physics)을 위한 양자물리학과 우주론에 관한 책들이 있다. 그 옆에는 환경윤리 과목을 위한 환경, 생물학, 생태론에 관한 책, '근대 세계의 종말'(The End of the Modern World)이라는 과목의 교재로 사회사상, 경제사상 그리고 정치사상 분야의 책이 나열되어 있다.

어떤 사람들은 아마 위에서 언급한 도서 목록들을 보면서 지난 20여 년 동안 현대 신유교 전통을 연구한 학자의 도서목록치고는 너무 이상하다고 생각할 것이다. 그러나 나는 이러한 바탕 위에서 신유교를 연구하고 있다. 현대 신유교를 연구하는 학자들은 최근에 전혀 예기치 않았던 새로운 현상들을 접하고 있는데, 그것은 현대 신유교 전통이 현대의 기본적인 추정 속에 숨겨져 있는 암시를 드러내면서 새로운 유망한 접근 방식을 제시한다는 것이다.

나는 이런 점에 있어서 나의 신유교 배경을 사용해 왔다. 동시에 현대 신유학자들이 구체화한 이 심오한 사고 유형의 개념들, 예를 들면 리理와 기氣, 인성, 본성, 도道 혹은 오류 등과 같은 핵심적 개념들을 내가 직접적으로 사용할 수 없다는 점을 절실히 깨달으면서, 과연 내가 유교와 동아시아의 전통을 다루는 과목을 가르칠 수 있나 하는 생각을 하게 되었다. 왠지 모르게 이러한 성찰은 나에게 현대인들이 당면한 논점들에 관해 사고하고 가르치는 데 필요한 독특한 재산이 되었지만, 그것들은 여전히 전근대적이므로 이 개념들은 현대의 담론으로 쉽게 시작될 수 없다.

만일 유교 전통이 새롭게 자각한 동아시아 사상가들에 의해 진지하게 고려되고 서구의 면밀히 조사하는 사고방식에 의해 발견되어지거나 활용된다면, 그것들은 분명히 변혁되고 갱신된 개념적 용어로서 과거에는 알려지지 않은 이해와 사고 조류로 영광을 받게 될 것이다. 바로 그러한 현상이 중국의 한나라(B.C.E.206~C.E.220)에서 나타났는데, 공자는 음양과 오행의 우주론적 사고를 새롭게 통합된 중국의 시야에 적합한 하나의 거대하고 통합적인 이상으로 만들었다. 그리고 송나라(960~1279)는 오랫동안 불교에 익숙했던 사고방식에서 인간 마음의 수양에 관한 새로운 심미적 이론들을 받아들여 불교의 깨달음을 현자가 되는 것으로 대체하고 그것을 영적 탐구의 목표로 삼았다. 이 신유교는 새로운 이론적 구성 체제인 리理와 기氣의 형이상학에 근거해서 발전했고, 새로운 전통은 그들의 사고와 자기수양을 위해 사용되었다.

이것은 내가 무턱대고 모든 것이 다 근대적이므로 유교 역시 근대적일 수 있다고 주장하는 것이 아니다. 계몽사상에서부터 비롯된 서구의 근대성은 마땅히 도전받아야 하고 변화되어야 하며 재구성되어야 한다. 신유교적 사고는 현대 문화 속에서 현실적으로 대화의 상대가 될 수 있어야 한다. 특히 인간과 사회에 관해 가장 심오하게 사고하는 전통이며 우주론적이고 자연주의적 체계인 신유교는 현대의 우주론적, 생물학적, 진화론적, 생태론적 사고에 지대한 공헌을 할 수 있다. 분명히 우리 현대인들은 고대인들보다 자연세계의 실제적 과정에 대해 충분한 정보를 갖고 있다. 그러므로 현대인들에게 유용한 정보를 제공할 수 있는 신유교의 주요 개념들을 재숙고하지 않는 것은 그 개념들을 지식 역사의 박물관에 쌓아 두는 것과 같다.

그러나 나는 아직 포스트모던 신유교 개념들이 어떤 것일지 잘 모른다. 이 논문, 그러니까 이 실험적인 논문에서는 첫째, 전통적 유교 개념이 현대적 이해와 상호작용 할 때 어떻게 될 것인가?, 둘째, 현대적 이해는 전통적 유교 개념으로부터 어떤 혜택들을 받을 수 있는가를 살핀다. 이 논문은 시험적이며 탐구적이다. 앞으로 다른 학자들이 이 전통적 유교 개념들을 다른 대안으로 그리고 보다 더 나은 방식으로 다루기 바란다.

리와 기

신유학자들은 우주(존재하는 만물)를 태극太極, 도道 그리고 리理와 기氣의 용어로 설명하고, 현대 사상가들은 우주를 시공, 특이성, 유전코드, 그리고 진화로 설명한다. 이 두 가지 체계는 조화를 이룰 수 있다. 이 두 가지 개념 체계가 모든 연속되는 과정을 포함한다는 것을 가정한다면, 이 체계들은 균형을 이룰 수 있다. 그러나 가치를 갖고 있지 않은 과학기술에 속하는 현대적 개념들은 교묘한 간섭과 통제를 가정하지만 인간의 삶을 규범적으로 인도하지 못한다. 다른 한편으로 신유교 개념들은 인간의 행동과 자기수양을 위한 지침, 기초로 여겨졌다. 만일 신유교 개념들이 변혁을 가져오면서도 본래 유교적 특징을 유지할 수 있다면, 현대적 의미에서 과학적으로 인지된 리理와 기氣의 철학은 자연세계의 과정들이 어떻게 환경과 인간을 위한 삶의 방식을 묘사하는지 우리에게 알려 줄 수 있다.

기氣

신유교 전통에 따르면, 기氣는 우주의 재료이다. 아인슈타인의 질량－에너지 동등성, 즉 물질과 에너지는 $E=mc^2$이라는 공식의 특수 상대성 이론을 무시하고 현대적 방식으로 기氣를 진지하게 생각한다는 것은 불가능하다. 기와 현대의 에너지 개념은 다양한 방식으로 현대적 개념에 도움을 줄 수 있다. 가장 직접적인 것 중 하나는 삶을 유물론적으로 환원시켜 버리는 근대사상의 문제점을 교정할 수 있는 것이다. 서구 전통이 가진 중대한 문제는 에너지를 근본적으로 의식이 없고 생명이 없는 유물론적, 기계적 배경, 물질 그 자체로 이해하는 것이다. 따라서 과학자들이 삶의 과정과 의식을 에너지 형태로 분석할 때, 사람들은 이것이 유물론적으로 환원시키는 것이며 위험한 발상이라고 생각하였다. 이와 대조적으로 유교 전통은 기氣를 역동적이며 자연적인 재료일 뿐 아니라 몸과 마음의 생명력으로 여긴다. 기氣

배경에 반대하는 에너지는 생명이 우주의 에너지로부터 자연스럽게 출현하는 것으로 당연하게 이해하며, 인간의 사고와 감정 역시 신경망 이론과 전자기 현상 등으로 연구가 가능하다고 본다. 결론적으로 기氣는 그리스 사상으로부터 서구사상이 이어받은, 점점 제 기능을 못하고 있는 치명적 결함인 영혼/물질 이분법적 개념이 동반한 많은 문제에 방향을 제공한다.

그러나 현대의 사상가들은 이렇게 유교의 지혜가 주는 선물을 아무런 대가도 치르지 않고 그저 받아들일 수 없다. (氣는 현대 사상가들에게 무엇인가를 제공하기 위해서 반드시 현실적으로 재조명되어야 한다.) 기氣는 혼탁과 청결, 혹은 조악함과 정교함 등의 유행에 뒤진 언어로 이해되었다. 기氣의 이러한 특징들을 버리는 것이 신유교 전통의 틀 안에서 조직적으로 재숙고할 수 있는 가능성을 여는 것이 된다. 왜냐하면 기氣의 혼탁과 청결이라는 용어로 다른 종류의 생명체들 특히 인간의 도덕적, 지적 결함을 설명했기 때문이다. 기氣의 상대적 청결 또는 혼탁은 인간 마음의 일그러짐을 설명하는 데, 그리고 인간의 자기수양의 이론에 있어서 지극히 중요한 역할을 하였다. 그런데 우리가 이러한 기氣의 특징들을 버리는 것은 기氣 개념이 갖고 있는 철학적 개념, 그리고 영적으로 중요한 의미까지 다 버리게 되는 엄청난 결과를 초래한다.

현대 서구의 세속적 사고는 인간 행위의 일그러짐을 설명함에 있어서 신유교 이전 전통이 갖고 있는 한계들을 공통적으로 공유한다. 이 두 가지 전통 모두 근본적인 인간의 문제에 대해 상대적으로 우연한 사회적 혹은 심리적 설명 이상을 제공하지 못한다. 신유교는 기의 과정 속에서 문제의 요인들을 기술함으로써, 인간의 불완전함 그리고 자기수양을 설명하는 중대한 공헌을 하였다. 주희朱熹를 따르는 현대 사상가들은 '인간에게 무엇이 잘못되었는가?'를 알기 위해서 변혁적 에너지의 우주의 과정들을 조사할 수도 있다. 지금까지 혼탁과 청결의 정도라는 용어로 서술해 온 전통적 설명은 이제 물리학, 생물학 그리고 사회적, 경제적, 정치적 체계들과 관련된 새로운 체계 이론들과 연결하여 복잡성의 정도라는 현대의 개념으로 설명되어야 한다. 에너지는 원자와 분자 속에서, 유기체와 생명 체계 속에서 합성된다. 유기체들은 복잡한 생태계 속에서 연합 발전하고, 마침내 가장 복잡한 형태로 인간사회가 생겨난다. 어쩌면 주희는 현대의 신유교의 입장에서 이 증가하는 복잡성의 진화적 과정을 적합하고 자연적인 응답과 일관성을 왜곡 또는 분리시키는 요인을 설명하는 데 사용할 수도 있었을 것이다. 이 문제를 인간 상황 속에서 생각해 보자.

리理

물리학이든 생물학이든, 경제학이든 정치학이든, 모든 종류의 에너지 과정 또한 정렬되어 있다는 것을 알 수 있다. 여기서 우리는 신유교의 이원론적-일원론(dualistic-monism) 체계가 태극, 도道 혹은 리理와 같은 개념들 속에 담겨져 있음을 알 수 있다. 이들은 우주의 구조적이고 규범적이며 정형화한 측면을 나타내는 변종의 용어이다. 사물들은 반드시 존재해야 할 뿐 아니라, 그것들은 존재하고 어떤 방식으로 행동해야 한다. 통전적 단계에서 모든 특정한 하부패턴을 포함하는 하나의 패턴이 있는데, 그것이 바로 태극이다. 만물을 꿰뚫고 흐르며 지배하는 이 패턴을 도道라고 전통적으로 불러왔다. 그리고 각 개별자들은 완전한 패턴 속에서 각자의 도를 갖고 있는데, 그것은 하나의 몸 안에 존재하는 유기체적 분화와 같은 것이다. 리理는 신유교가 즐겨 사용하는 용어로, 도와 상호 교환적으로 사용되기는 하지만 유교의 핵심인 도덕 원리2)에 관한 담론에 더 적합하다.

20세기 후반에 일어난 주요 변화 중에 하나는 전체를 부분으로 해석하려는 경향성, 즉 기계론적 환원주의로부터 새로운 통전적 사고로의 전환이다. 이 전환은 체계 이론에 의해 주도되었다. 컴퓨터와 인공두뇌학, 정보와 체계, 생태론과 경제학과 같은 분야를 이제 구조, 패턴 또는 체계가 지배한다. 이들 근저에 흐르는 사고의 패턴은 신유교 철학을 전공한 사람들에게 아주 익숙한 것이다. 예를 들면 혼돈 이론과 복잡성 이론은 체계가 그것들 자체를 조직화(체계화)한다는 예상치 못한 방법을 발견하고 연구했다. 그래서 지금 심원한 내적 패턴을 따르는 동아시아의 자연 'self-so' 개념과 매우 유사한 서구의 '자기조직'(self-organization) 개념은 이제 기계론적 개념들을 대체하여 우주와 생명기원에 대해 설명한다. 이와 마찬가지로 생물학과 생명과학 분야에서도 부분으로부터 전체로의 전이에 기초하여 발전한 전통적 인과관계론적 사고는 이제 전체로부터 부분들로, 유기체로부터 세포로, 생태계로부터 참여자로, 지구로부터 하부체계로의 인과관계로 바뀌었다.

최근에 이렇게 사고의 양태가 통전적인 방향으로 전환되었는데 이는 심오하고 시종일관된 철학적 해석을 요구한다. 반면에 현대 신유교 전통은 이러한 사고의 양태에 타의 추종을 불허하는 경험을 제공한다. 현대사상은 우주, 세계, 물리적 체계, 생명계, 생태계, 그리고 사회 체계들을 여러 단계와 방식의 에너지로 이해하는 추세에 있다. 이는 단지 패턴만이 아니고, 단지

---

2) 이러한 견해에서 도덕적 원리란 단순히 서구 전통이 말하는 '자연'으로부터 분리된 독특한 차원을 말하는 것이 아니라 단순하게 패턴(양태)을 표현하는 것이다. 그것으로부터 봄에 생명이 충만하게 생겨나는 패턴과 동일한 理는 인간본성 안에서 생명을 부여하는 특징으로서 인간의 감정과 다른 사람들에 대한 동정심으로 표현된다.

에너지만이 아니며, 단지 복잡함만이 아니고, 단지 하나만이 아니다. 주희의 이원론적 일원론[3]은 이러한 형태의 사고가 가진 역동성, 긴장감을 내함한다. 실제로 패턴/체계로부터 하부로 향하는 인과관계를 설명할 때 갖게되는 어려움은 전통적 신유교의 끝없는 리와 기 논쟁을 설명할 때 갖게 되는 어려움과 아주 유사하다.

신유교 전통에서 도道 또는 리理와 같은 개념들은 사회 속에서의 삶을 위한 규범적 내용들을 수반하기 때문에 아주 중요하다. 이것이 유교의 중요한 관심이다. 반면에 현대 세계는 이것이 거의 불가능한 일이라는 것을 발견하였다. 서구는 더 통전적이 되었는지 모르겠지만, 그것은 가치판단적인 체계로부터 도덕적 의미를 유추하는 것도, 만일 체계가 가치판단적이지 않다면 어떻게 가치가 달성됐는지를 이해하는 것도 아니다. 분명한 것은 신유교의 리理 개념이 우리에게 새로운 안목을 제공할 수 있다는 점이다.

전통의 신유교는 순수하고 완벽한 리理를 하늘이 부여한 규범[4]과 동일시함으로써 우주적 패턴 속에서 도덕적 개념을 확립했다. 그러나 현대 상황에서 이것은 개연성을 갖지 못한다. 왜냐하면 현대 사상가들은 자연의 패턴에 대해 그렇게 가정하지 않기 때문이다. 전통적 사고는 리理가 하늘이 부여한 규범이라고 자연스럽게 받아들였고, 현대 신유교의 리理는 하나의 새롭고 더 어려운 방식에서 규범적 개념을 얻는다. 진정으로 인간이 인간이 되

---

3) 여기서 상호 보완적 역할들 그리고 절대적 상호 의존성과 상호 분리불가성인 리와 기의 두 가지 기본적 개념들을 말하고 있지만, 이 두 가지 개념은 상호 보완적이고 절대적 상호 의존적이며 상호 분리시킬 수 없기 때문에 체계 자체는 심원한 의미에서 일원적이다. 이 체계를 더 이원적으로 혹은 일원적으로 보는지는 각 사상가에 달려 있다.

4) 신유교에서 말하는 天 개념은 단순히 궁극적이고 규범적인 作因이다. 기원전 4세기에 이르러 이 作因이라는 개념은 인격적 최고 존재라는 개념으로부터 비인격적, 내재적 규범 또는 道라는 개념으로 발전되기 시작했다.

는 것을 추구하는 신유교는 자연세계와 우주 속의 이상적 인간속성을 전적으로 신뢰한다. 인간이 자연세계와 우주에 전적으로 속해 있다고 보는 이 견해가 과연 무엇을 의미하는지를 신유교는 현대인들에게 설명해야 할 새로운 책임을 갖고 있다. 다윈(Darwin)의 진화론이 최초로 이러한 도전을 하였고, 지금은 생태윤리 분야가 도전을 하고 있다. 실로 이 도전에 응답하는 것이 탈전통적 신유교 사상가들이 감당해야 할 가장 중요한 철학적 임무라고 생각한다.

이러한 임무를 감당하기 위해서 새로운 리理 혹은 도道 개념은 진화과정의 이해에 의해 심오하게 알려질 수 있다. 그러나 리理 혹은 도道 그리고 진화과정의 근본 원리인 다윈의 자연선택 이론 사이에는 아주 중요한 융합이 있기 때문에 이 임무는 그렇게 어렵지 않다. 진화 과정에서 중요한 선택 기준인 자연선택은 생태계를 형성하고 조정하는 강한 규범적 패턴이다. 그러므로 적자생존이라고 명명된 자연선택은 순수한 힘 관계의 비도덕적 상호작용으로 해석되며, 신유교가 추구하는 개념과는 정반대에 있다고 할 수 있다. 체계에 대한 심오한 이해는 초기의 개념들을 광범하게 수정하였다. 현대의 적자생존은 더 이상 최고로 강한 것 그리고 최고로 비열한 것들만이 잔인한 경쟁에서 생존한다는 것을 의미하지 않는다. 오히려 체계 안에서 다른 존재하는 모든 것과 진정으로 적합하게 존재하는가라는 문제를 의미한다. 적합성의 책략들은 다양하다. 여기서 적합성(fit)이 힘(power)이나 체력보다 더 근본적인 기준이다. 심지어 약탈자와 먹이 간의 공생은 필수적이며, 생명을 취함은 반드시 궁극적으로 생명을 내주는 것이어야 한다. 가장 잘 생존하는 기생충은 그들의 숙주를 파괴하기보다는 오히려 그것들에게 이익을 준다.

진화는 체계 속에서 변화와 복합성의 새로운 요소의 출현을 창조적으로 수용하는 무수한 방식의 적합성을 포함한다. 모든 생명은 다른 모든 생명과 생명체계를 지원하는 물리적 체계와 응답적 관계를 맺는 망(web) 안에 존재한다. 그러한 형태의 상호 의존은 생명체의 조직적 진화에만 국한되는 것이 아니라 '문화' 혹은 '사회'라고 불리는 인간이 만든 생태계도 포함한다. 다양한 수준에서 패턴의 상호 의존적 관계들을 포함하는 현존하는 패턴은 규범적 힘을 갖고 있다. 이 형태의 본질은 물론 실용적이다. 무엇보다도 진화는 더욱 복잡하고 생명을 주고 유지시키는 작업으로 얽힌 체계를 동화하는 과정이다. 이렇게 진화과정으로서의 리理의 의미를 설명할 수 있다.

신유교의 "리는 하나이지만 다양하게 드러난다"라는 논제는 새로운 형이상학에 유교의 윤리적 의미를 부여한 장재張載의 『서명』에 대한 정이程頤의 해석에서 비롯되었다. 이와 같이 우주적/생명진화에 윤리적 의미를 부여할 수 있다. 그러한 리理가 각 창조물들은 그것들만의 분리된 독특한 본성을 갖고 있다는 서구의 전통적 개념보다는 진화적 상황을 설명하는 데 훨씬 더 적합하다. 진화하는 생명의 상호 의존적 과정은 무엇보다도 분화 그리고 각 사물은 사물들만의 독특한 분화과정을 갖는다는 점을 분명하게 보여 준다. 인간윤리는 궁극적으로 이런 패턴(체계)을 갖는 관계들의 모든 연결망을 고려하는 포용적 생태윤리로 고안되어야 한다.

윤리

서구의 도덕 철학자들은 위에서 서술한 규범적 리理의 실용적 토대에 주목하면서, 우리가 어떻게 도덕적 의무라는 개념을 "무엇이 잘되고 무엇이 잘되지 않는가?"라는 실용적 질문으로부터 이끌어 낼 수 있는지를 물을 것이다. 서구 철학은 일반적으로 도덕성을 이성 그리고 자유 의지와 같은 속성을 갖는 철저하게 인간의 특징적인 영역으로 간주해 왔다. 칸트는 상황적/조건적 의무를 실용적 차원에서 숙고하지 않고 도덕적 의무를 정언명령으로 서술함으로써 이 전통을 강조했다. 칸트의 정언명령은 도덕적 선/악이 다른 종류의 선/악의 영역으로부터 분리되어 있다고 가정하게끔 만들었다. 비유신론적 세계관을 갖고 있는 유교는 어쨌든 본사실로부터 도덕적 의무로, 존재로부터 의무로 전환하는 그러한 분리를 추구하지 않는다. 서구 철학자들은 이러한 유교의 경향성에 대해 지대한 의문을 갖는다. 유교에서 인간의 도덕성은 가장 주요한 문제였다. 그러나 그들은 어떤 금수 혹은 자연의 사계절의 순환에서도 도덕성이 부분적으로 현시됨을 경험하였다.

이 두 접근 방식이 가진 윤리적 혹은 도덕적인 질문들은 근본적 틀을 숙고하게 만든다. 서구 사상가들은 자유를 선과 악 중에서 하나를 선택하는 문제로 여긴 반면에, 유학자들은 자유를 주어진 상황에 적합하게 응답하는 것으로 여겼다. 자유와 선택의 실행으로 여기는 사람들에게 적절한 행위를 제한하는 가장 분명한 조건은 다른 인간들의 문제 그리고 그들 자신의 자유 실행이다. 이것은 인간에 의해 배타적으로 실천될 뿐 아니라 도덕적 의무를 다른 인간들과 연관시키는 도덕성의 범위를 완결한다. 유교는 전적으로 인간관계, 그리고 인간이 어떻게 타인에게 적절히 반응하고 타인을 취급할 것인가라는 문제를 집중적으로 다루었다. 그러나 원칙적으로 적절한 반응이라는 것은 그 어떤 상황에도 적용할 수 있는 것이다. 이런 점에서 두 전통 모두 인간중심주의적이지만, 유교의 틀은 조직적으로 인간에게만 적용하는 것에 한계를 분명히 한다. 바로 이러한 이유로 인해 리理를 우주의 진화과정에 적용시키는 것이 용이하다. 리理는 본질적으로 인간중심주의적이 아니다.

현대세계에서, 그리고 미래를 준비하면서 이 틀과 그것들의 다른 점이 아주 중요하다. 21세기 초, 동서남북의 인류는 전례 없는 도전에 직면하고 있다. 조직, 습관, 그리고 산업화 사회의 삶의 방식들은 생명을 가진 종들을 파괴하고, 토양을 침식하며, 물을 오염시키고, 들이마실 수 없도록 공기를 오염시킨다. 생태론자들은 인간의 파괴적 행위로 인해 환경이 더 이상 지속될 수 없는 지경에 이르렀다고 생각하지만 대다수 사람들은 이 문제들을 심각하게 깨닫지 못하고 있다. 이러한 문제들은 어떻게 인간이 타인을 취급하느냐 하는 것 이상으로 인간의 적절한 행위를 다루는 윤리적 문제들이다. 우리 삶의 관점과 행위는 우리가 인간 상호 간의 '도덕적' 관심들을 무시하면서 '오로지 실용성만'을 고집할 때 철저히 일그러진다. 바로 이것이 인간중심주의의 치명적인 결함이다.

상대적으로 단순하게 보이는 유교의 적당한 반응이라는 개념은 권리와 의무 혹은 사회 계약에 기초한 도덕적 명령이나 책무와 같은 철저하게 인간적 개념들보다 도덕적으로 훨씬 더 강하다. 리理는 삶의 나침반이며 삶의 행위와 방식의 규범들로 삶을 적당하게 극대화시킨다. 이러한 리理에 대한 탐구는 다양한 문화 혹은 사회 속의 인간관계들의 행위에 융통성 있는 통찰력을 제공할 수 있다. 동시에 그것은 인간이 지구상의 모든 생명 체계와 갖는 적당한 관계의 문제를 숙고하고 새로운 대답을 갖도록 도와준다. 리理는 인간을 포함할 뿐 아니라 인간영역을 초월한다는 점을 기억해야 한다. 리는 궁극적으로 온 지구에 적당한 것, 즉 적합성을 요구한다. 이러한 견해는 종종 무력하게 이상적이라고 지탄받는다. 그러나 우리는 리理를 신중하게 조사할 때 리가 객관적이고 견실한 실용주의적 실재론이라는 것을 알게 된다. 그리고 그것은 20세기 말 인간의 삶에 가정되는 영역과 규모에 적합한 유일한 정신이다.

생명과 의식의 출현 그리고 인간의 자리

본인은 위에서 서술한 조직적 윤리는 인간이 패턴을 갖고 있는 전 자연세계의 일부라는 리理 개념에 근거하고 있다. 그러나 그것이 윤리적 의미를 갖기 위해서는 인간이 이 패턴에 어떻게 그리고 어느 자리에 적합한지를 고려하는 것이 중요하다. 근대 이전의 인간중심주의적 사고의 세계에서 신유교는 인간에게 최고로 순수한 기氣가 주어졌고, 인간이 하늘로부터 리理를 충만하게 부여받았다는 형이상학적 이론에 기초해서 인간의 우월성을 가정하는 것만으로 충분했다. 이것은 어떠한 방식으로 인간이 존재하는 모든 것(모든 양태)과 융통성 있고 반응적으로 관계하는지를 아주 잘 설명한다. 그러나 우리는 생의 광범한 진화의 양태 속에서 이 능력들이 의미하는 것과 암시하는 것을 진지하게 검증해야 한다. 인간이 가장 위대한 진화된 존재라고 가정하면서 인간에게 영광의 면류관을 씌우는 것은 우리가 당면하고 있는 오늘의 현실을 무시하고 또한 우리를 잘못 인도할 수 있다.

생명의 출현의 문제는 기이한 애매모호성으로 가득 차 있다. 생명이 있는 것/생명이 없는 것의 이론을 재점검할 때 한 가지 분명한 점을 발견한다. 비록 직관적으로 생명이 있고 혹은 없다고 느끼지만 그 누구도 생명이 있는 것과 생명이 없는 것을 나누는 경계선을 정확하게 그을 수 없다는 것이다.

이것에 대한 과학적 대답은 없다.

이러한 상황 특히 후대의 철학의 발전에 대해 아는 것 없이, 우리는 동아시아의 기氣 개념에 상응하는 서구의 고전적 개념을 찾아야 하는데, 그것은 그리스어로 pneuma, 라틴어로 spiritus이다. pneuma와 spiritus는 본래 바람, 공기, 숨, 생명의 숨, 생명력, 감정의 힘 등과 연관되어 있다. 기氣의 기본적인 의미는 김 또는 수증기와 관련되어 있는데, 거의 정확하게 동일한 관계로 발전했다고 할 수 있다. 그러나 서구에서의 '영'(spirit)이라는 개념은 결국 '물질'(matter)의 반대 또는 대비적 개념이 되어 버렸지만 반면에 기氣는 구체화되고 활기를 주는 구성요소로 리理와 한 짝이 되었다. 동양과 서양의 주도적 사상가들은 서구 사상의 물질(matter)을 기와 직관적으로 동일한 것으로 간주해 왔다. 실제로 서구사상의 '영'이 의미하는 것은 동아시아 유교의 물질 개념이 되었다.

서구의 전통적 사상에서 물질적 재료(matter)는 살아 움직이기 위해서 생기, 즉 생명의 원동력 혹은 영혼을 필요로 했다. 그에 맞춰 생명이 없는 물질적 재료로부터 진화의 문제는 인간의 영혼이 생명이 없는 것으로부터 진화되었다는 점이 받아들이기 어려운 문제가 되었다. 이와 대조적으로 유교는, 생명은 오직 기氣에 의하여서만 생겨날 수 있다고 보았으며 과연 생명이 없는 것이 존재할 수 있는가라는 문제를 다루었다.

생명의 출현과 진화는 조직의 복합성(理)을 향한 기氣의 추력推力이다. 유기체와 생태계의 복잡한 패턴은 선재한다기보다는 새로 태어나는 것이다. 과정은 상대적으로 단순한 차원의 자기 구성적 체계에서 시작하여 체계 안에서 적합한 배열들로 변형되어 지속적으로 증가하는 복합성으로 나아간다. 리理는 지속적으로 리理 자체를 생겨나게 하고, 출현한 패턴을 또 다른 패턴으로 인도한다.

본인이 앞에서 말한 바와 같이 생명이라 불리는 특정적 패턴의 경계들을 나누는 것은 거의 불가능하다. 우리는 어떤 사물이 '생명을 창조하는 것'을 나선형의 패턴에서 인식할 수 있다. 사물들은 다른 것의 관점에서 실존을 유지하기 위해 활동을 시작한다. 아미노산은 원생동물을 필요로 하지 않지만 원생동물은 아미노산을 필요로 한다. 그러므로 생명은 질적으로 새로운 단계의 연관성에 의해 분별된다.

이 연관성의 새로운 형태는 어떤 의미에서 사물이 다른 사물들 속에서 '현존'하는 하나의 방식이다. 원시 생명은 세포막을 통해 단순하게 흡수된 영양소, 아미노산으로부터 출현한다. 그러나 이 체계가 생겨나자마자 즉시 단세포 생명체들은 어떤 영양소를 기대한다. 본인은 '필요'의 도래 속에 내재하는 부재중에도 현존하는 특성이 우리가 인식하는 바로, 훨씬 더 복합적 차원의 의식의 근원이라고 볼 수 있다고 주장한다.

다른 말로 하면, 가장 초보 형태의 의식은 생명체가 함께 살기 시작하면서부터 생겨나는 것처럼 보인다. 하나의 유기체가 지속적으로 변화되는 생명 공동체에 적응하는(적자생존), 즉 생명을 갖기 위한 전략들은 식물로부터 초식동물, 육식동물로 진행되면서 더욱 복잡해진다. 필요한 영양소를 선택하는 구조적 의식은 새롭고 더욱 활동적인 차원을 취한다. 통제된 유동성의 출현은 더 익숙한 형태의 의식의 방향에서 결정적인 수단이다.

이러한 구성 체제 속에서 의식은 종합적인 과정 안의 하나의 특정적 전략, 즉 근본적으로 적응의 문제로 여겨진다. 의식의 영역들이 증가함에 따라 적응의 유연성과 복합성 역시 증가한다. 또한 생명체들이 인접 환경에만 의존하지 않도록 하는 유동성과 감각이 생겨난다. 그리고 더 폭넓은 환경에 의존하게 된다. 풀잎은 얼마 안 되는 소량의 토양 속에서 자라지만 매는 다양한 생명체들과 상호작용하면서 장거리를 날아간다. 매는 더 광범하게 그리고 유연하게 상호 의존한다. 그러나 이러한 의존으로서의 자유는 환상일 수 있다.

특정한 진화의 전략으로서의 의식은 선택적 전략들이라는 상황 속에서 가장 분명한 의미를 갖게 된다. 만일 우리가 지능을 문제 해결이라는 것으로 간주한다면, 우리는 지능을 유전적 지능과 경험적 지능의 두 가지 기본적 형태로 구별할 수 있다. 감각력이 있는 것들, 경험적이 아닌 유전적 특징과 유동적 생명 형태를 갖고 있는 것들은 문제를 해결하기 위해 전략들을 세운다. 예를 들면 최소한도로 개체화 되어 있으며 적응성이 있는 곤충 대부분은 수명은 짧지만 대량으로 번식한다. 이 곤충들은 의식을 갖고 경험적 배움을 통해 진보하는 대신에 고도의 복합적, 분화된 체계 속에서 주위 환경에 적응하며 변화하는 능력을 갖게 된다. 이러한 지능 형태는 선택적, 경험적으로 진화된 지능의 최고 왕관을 쓰고 있는 인간의 살충 화학 전쟁 그리고 반바이러스 작업 수행에 사용될 수 있다.

경험과 즉시적 융통성에 기초하고 있는 생명 형태들은 대체로 장수하며 적은 수의 새끼를 낳는다. 경험(경험은 지식이 된다)을 축적하고 사용하는 능력 속에서의 성장은 중요한 장점이다. 여기서 우리는 뇌 크기의 중요성을 인식하게 된다. 뇌는 융통성 있는 적응성을 향상시키고 광범한 경험의 영역들을 저장하는 기억력을 증가시킨다. 인간이 가장 대표적 예다. 기억력을 수용하고 경험을 처리할 수 있는 커다란 뇌를 갖고 있는 인간은 성장하는 뇌로 인해 어머니를 죽이지 않기 위해서 일찍 태어난다. (다른 포유동물보다 6~8개월 조산한다.) 그리고 인간의 뇌는 태어난 후에도 태어날 때보다 4배로

클 때까지 계속 자란다. 또한 인간은 조산에 대응하기 위해 다른 동물보다 더 장기간 부모에게 의존한다. 유교인들이 사회관계 특히 부모와 자녀의 관계를 인간의 가장 중요한 특징이라고 주장한 것은 이러한 진화의 입장에서 볼 때 아주 타당하다.

인간은 개인적 경험을 축적하는 생물적 능력을 발전시켰을 뿐 아니라 오랫동안 공동체 속에서 경험을 나누고 축적하는 데 사용한 언어를 발견했다. 저술은 축적된 정보들을 다른 세대에게 전달하는 중요한 수단이다. 그리고 현재 지구공동체는 전자적으로 연결되어 있으며 컴퓨터 저장 뱅크는 축적된 정보들과 지식들을 또 다른 형태로 수용한다. 이러한 변화는 이전 세대에는 볼 수 없을 정도로 아주 강하고 빠르게 진행되고 있으며 또한 이러한 변화가 갖고 있는 잠재력과 암시들에 대해서 지금 무엇이라고 단정적으로 말하기는 아주 어렵다.

이러한 과정은 오로지 인간사회에서만 발생했으며, 과정의 각 단계에서 인간관계는 중요한 방식들로 변화되었다. 어떤 것들은 인간의 사회적 영역에서 이해되고 숙고된다. 그러나 그러한 성찰들은 더 광범한 영역에서 이루어져야 한다. 경험을 최대화시키는 모든 과정은 생명의 복잡한 진화에서 적응하는 전략들 중의 하나로 시작된다. 그리고 이것은 다른 많은 생명체에 의해 다양하게 공유된다. 우리는 벡터(vector)를 전적으로 자연적인 방향으로 밀어냈다. 그런데 웬일인지 이 과정 역시 자기를 둘러싸게 되고 독특한 인간의 방식 속에서 자연과 구별되게 되었다. 경험은 사려 깊은 지식이 되었고 언어(저술과 컴퓨터를 포함한)는 인간이 세계에 적응하는 문제를 세계가 인간의 필요와 욕구를 적응하는 것으로 변화시키는 능력을 지식에 주었다.─자연과 문화는 서로 다른 범주들이 되었다. 다시 말해서 다른 생명체들 역시 생명 전략을 사용하지만 생명 전략을 최고로 발전시킨 것은 바로 인간이다.

동시에 이 과정의 자연스러움은 위험성을 갖고 있다. 시도, 조사, 적응하는 노력으로서의 진화 전략은 성공하지 못할 수 있고 혹 성공하더라도 오히려 약화될 수도 있다. 인간 중심적 세계에서 우리 종은 상대적 영속성을 갖고 있다고 단순 가정될 수 있다. 진화되는 우주 속에서 지속적으로 존재하는 것 그 자체가 다른 생명체들은 당연한 것으로 여길 수 없는 하나의 성취인 것이다. 초기 유가들이 리理의 충만함을 소유한 인간은 다른 어떤 생명체들보다 만물과의 관계에서 더 우주적으로 적응한다고 주장하였는데, 이미 그들은 이 진화 패턴이 초래할 현실적 결과들을 고려하고 있었던 것이다. 그러나 인간을 다른 모든 생명체보다 중시하는 인간 중심적 관습이 지금 우리가 직면하고 있는 긴급한 문제들을 성찰하지 못하도록 막았다. 오늘날 사람들은 인간이 자랑으로 여기는 것들이 오히려 인간을 위기로 몰아넣는다는 인식을 하고 있다. 우리는 이러한 의식을 해석하고 이해해야 한다.

인간의 문제

지금까지 우리가 살펴본 진화과정이 어떻게 현재에 분명하게 되었는가라는 질문은 대단히 어려운 질문이다. 이에 우리는 우주 진화 과정의 리理의 자기 구성적, 생성적, 분화적 그리고 상호 조화의 구조적 패턴이라고 정의했다. 이러한 패턴 속에서 모든 것은 다른 모든 것에 의하여 생겨나기 때문에 (예를 들면 소행성과 충돌 같은) 외부로부터 충격적 간섭이 없으면 사물들은 잘 진행되어야 한다고 생각한다. 도道 혹은 리理의 경우처럼 우리는 순수하고 완전한 조화를 상상하면서 무엇인가 부조화를 이루고 있는 것에 대해 설명하는 데 어려움을 갖게 된다. 특별히 인간 경험이 그렇다. 대부분의 자연적 세계는 대체로 균형을 유지하는 것 같다. 그러면 어떻게 자연 패턴의 일부인 인간에게 있어서는 그러한 균형이 유지되지 않는가?

어떤 전통들은 이 문제를 인간을 자연적 체계로부터 분리시키고 인간에게 그들이 해결해야 할 독특한 문제들(도덕적 선과 악, 죄로 충만함)과 힘(자유의지)을 부여하는 것으로 해결하려고 했다. 하지만 우리가 많은 문제를 직면하고 있는 지금과 같은 때에, 전 지구 체계와 맺고 있는 인간관계들이 문제가 되는 때에, 인간과 전 지구를 구조적으로 분리시키고 나누는 것에 반대하는 유교 전통은 우리가 필요로 하는 지혜를 제공할 수 있다. 그러나 인간이 자연과 근본적 연속성을 갖고 있다고 가정하는 것으로는 무엇이 잘못되었는지 기술하기 어렵다. 만일 인간 본성이 만물을 포함하며 규범적 패턴의 일부라고 한다면 인간을 악하다고 규정하는 것은 부적절하다. 다른 한편으로 인간이 선하다고 규정하는 것은 예를 들면 맹자의 사회적 규제에 대한 호소에서 보는 바와 같이 인간의 악을 설명하는 데 부적절하다. 여전히 한계를 갖고 있기는 하지만 맹자의 주장보다 분명한 신유학자들의 논리는 기氣의 혼탁 개념으로 인간 본성을 조직적으로 설명하였다. 특히 기의 상대적 혼탁은 차별화되며 다양한 종을 생명의 패턴 속으로 적응시킨다. 그러나 오직 인간의 경우에 있어서만 이 차별화의 기능이 적절한 반응의 왜곡으로 변형된다. 인간이 가진 독특한 도덕적 문제는 인간이 단일한 모든 것을 포용하는 자연체계라는 용어로 테두리를 두른 것과 비례하는 문제이다.

본인은 지금까지 이 문제를 풀기 위해 고심했던 전통적 신유학자들을 찾지 못했다. 기껏해야 우리는 오직 인간만이 자기수양 능력을 갖고 있다고 언급한 참조문헌들을 접할 수 있다. 이것은, 인간이 아닌 다른 생명체들의 반응 영역은 그것들의 심리 물리적 기氣에 의해 봉쇄되어 있기에 하늘이 부여한 근본적 본성을 완전하게 함에 있어서 아주 제한적이라는 점을 암시한다. 보다 순수함 혹은 기氣의 명료함을 부여 받은 인간은 만물에게 패턴을 주는 리理의 충만함에 반응한다. 만물에 반응할 수 있는 능력을 부여 받은 우리는 그것을 인간의 고상한/교만한 체질을 활용함에 있어서 미치지 못할 수 있다. 이런 관점에서 자기수양은 비교적 상위의 정신물리적 자질의 양상이며 긴급하게 요구되는 필요성이다.

인간 상황에 대한 이러한 설명들은 전통적 인간 중심적 사고가 가정하는 인간의 지위에 관한 암시를 준다. 그러나 이러한 전망 속에는 인간 현상의 자연성을 지원하는 존재 공동체의 근본적 연속성에 대한 추정이 담겨 있다. 더욱이 의식을 반응의 다른 영역들의 용어로 평가하는 것은 명백한 차이를 다룬다. 그리고 그것은 독특한 영적 능력의 소유라는 용어로 평가하는 것보다 훨씬 더 확실하다. 불투명한 기氣라는 개념이 인간 반응의 불확실한 적합성을 설명하는 데 도움이 되지 못할 수도 있다. 하지만 전체적인 틀은 현대적 진화 과정의 이해에 의해 제공된 방책을 통해 우리가 쉽게 접근할 수 있는 하나의 질문 방식을 제공한다.

진화는 복잡하고 적합한 전략들을 발전시키는 과정이다. 진화 전략들은 다른 물리적 세계의 리듬과 조화를 이루어야 하는 필요성에 의해 조정된다. 이 지구상에서 생명은 약 3.5억 년 전에 시작되었으며 그중 약 3억 년 동안 단세포 남조류가 지구의 생명체를 대표하였다. 유전자의 변화에 의한 진화는 사실은 아주 느린 과정이다. 보다 빠른 진화과정은 유핵세포의 출현 후 유성생식을 통한 유전자의 연합과 혼합으로 약 5억 년 전에 시작되었다. 그 과정은 아주 빨리 진행되었고 약 5억 년 동안 무려 4억 종을 생산해 냈다. 우리가 살아가는 이 시대에 활동하고 있는 단명의 박테리아는 인간이 사용할 수 있는 항생물질(약)로 돌연변이 하기 위해 이 유전적 전략을 사용할 수 있다. 그리고 이와 같은 방식으로 곤충들은 인간이 사용할 수 있는 농약으로 돌연변이 할 수 있다. 하지만 이와 같은 장치를 화학전쟁에 사용할 수는 없다. 왜냐하면 인간은 오래 살며 적절한 수준에서 생산하기 때문이다. 그래서 원인猿人을 약 10만 년 전에 출현한 현생인류現生人類로부터 분리시키는 데 3백 만 년 이상이 걸렸다.

인간의 장수 그리고 저출산이 문제가 아니다. 그것들은 다른 적응 전략에 의해 보충된다. 인간은 모든 진화된 전략 중에서 가장 신속하고 유연한 전략인 경험으로부터의 학습을 통해 화학전쟁 또는 다른 위험한 전략에 적응할 수 있다. 인간은 이 전략에 의존하기 때문에, 종종 우리는 인간이 당면하는 모든 문제를 경험으로부터 충분하게 배우는 데 있어서 갖는 어려움으로 간주하려는 경향이 있다. 우리는 인간이 너무 느리게 학습한다고 생각한다. 그러나 하나의 적응 전략으로서 인간의 학습은 다른 자연의 변화성쇠 과정보다 훨씬 더 신속하다. 새로운 세대를 요구하는 다른 유전적 변화와 달리 이 전략은 살아가는 개인의 시시각각의 경험의 틀 속에서 작동한다. 그러나 광범한 자연의 패턴 속에서 인간이 (기억, 학습, 언어, 저술, 컴퓨터 등등) 능력을 갖고 경험에 즉각적으로 대응할 때에는 전체 체계로 하여금 새롭게 생겨나는 우성 리듬과 조화를 이루도록 압박한다. 하지만 조화를 이룬다는 것은 불가능하다.

이제 분류적 적응이라는 개념에 대해 생각하자. 지구계는 생산과 흡수의 자연적 비율을 갖고 있다. 생산, 흡수와 조화를 이루는 존재는 오염되지 않은 강 또는 오염된 강과 지하수, 들이마실 수 있는 공기 또는 오염된 공기, 생명을 부여하는 비 또는 산성비 간의 다름이다. 생명 형태들 역시 지구계의 시계 혹은 멸종된 생존과 조화를 이루어야 하는 다양한 유전, 생식, 생물적 리듬을 갖고 있다. 경험에 근거한 적응은 훨씬 더 신속한 시간의 틀로 지각력을 갖고 있는 생명체들로 하여금 현재 순간의 변덕스러움에 성공적으로 적응하도록 조정한다. 인간은 이 최대로 신속한 틀 안에 분화되었고 동화되었으며 직면하는 즉시적 상황들에 대처하는 데 숙달되었다. 그 과정 속에서 인간의 반응을 자연의 느린 과정들로부터 분리시킨다. 그래서 인간은 이 지구상에서 가장 신속한 생명체, 지구가 흡수하거나 유지할 수 있는 것보다 훨씬 더 많이 생산하는 생명체, 생명 형태들이 적응할 수 있는 것보다 훨씬 더 신속하게 전 생태계와 환경을 변화시키는 생명체가 되었다. 그리고 인간은 인구 밀도가 높고, 늘 시간이 없다고 느끼는 생활 속에서 사건들로 가득 차고 경험들로 꽉 찬 삶을 다루는 데 자신의 능력을 사용하는 생명체가 되었다.

다양한 조직적 단계들에서의 활동적 변화와 흐름의 시간적 리듬들을 성공적으로 조화시키는 문제는 구조적이다. 그것은 본래적으로 선하지도 악하지도 않다. 그러나 그것은 다양한 단계에서 선과 악의 다양한 현상의 발생을 배제하지 않는다. 경험은 증가된 기억과 언어의 발전으로 인해 축적된 학습의 과정으로 변화되고 전략의 새로운 가능성을 제공한다. 인간들이 만들어 낸 세계 문화는 자연세계를 압도하게 되었다. 인간의 행위는 비록 자연세계와 반드시 조화를 이루어야 하지만 더 이상 자연 체계에 의해 직접적으로 형성되지 않는다. 그리고 만일 그러한 조화가 있다면 그것은 반드시 인간의 지식, 훈련 그리고 자기수양(전략과 같은)을 통해, 또는 조직적으로 적응하지 못하는 것들을 바로 교정하는 자연 재해를 통해 달성되어야 한다.

자기수양

자기수양은 신유교 전통의 핵심이며, 유교 전통은 이 분야에 많은 공헌을 할 수 있다. 현대에서 가장 주요한 유혹은 적절한 예의범절을 갖추기 위해서 기술적 전문지식이 필수적이라고 생각하는 것이다. 그리고 이것은 포스트모던 사회에서도 여전히 드러난다. 그러나 기술의 숙달은 이 지구상의 삶을 더 바쁘고 복잡하게 만들었다. 본인은 신유교의 방식인 자기수양에서 그 대안을 찾으려고 한다.

재조정된 친환경적 틀은 인간사회에 중점을 두었던 유교의 관점을 바꾸어 놓았다. 그러나 자기수양이라는 유교의 영속적인 핵심적 논제는 결코 바뀌지 않았다. 인간의 상호 관계적 실존의 네트워크 속에서 비적합성의 효과는 여전히 지대하다. 전통적으로 비적합하다 혹은 일그러졌다는 표현은 이기심과 연관되어 있다. 이제 인간사회의 한계를 인간사회와 전 자연세계 간의 적응 생존이라는 차원을 넘어서 시간적 리듬들의 맞물림이 주요한 생명 부여 혹은 적합성으로써 나타나는 것을 보기로 하자. 그러나 사회적 관계 속에서의 이기주의의 경우처럼, 심리적 서술의 차원에서도 역시 이기주의는 욕구의 기능과 적합한 훈련의 문제이다.

욕구 그 자체는 나쁜 것이 아니다. 그것은 적응과 생존을 위한 경험에 근거한 책략이다. 경험은 욕구와 욕구에 의해 조정되는 행위의 지침이라는 의미를 갖고 있다. 하지만 이것은 교묘한 조작과 인간의 학습에 있어서 경험을 중시하는 생존의 진화과정이 인간의 욕구라는 것을 전례 없이 중요한 핵심으로 만들어 버렸음을 의미한다. 욕구가 기술적으로 능력을 갖게 된 현대세계에서 자기수양은 욕구의 본래적 측면, 즉 자연스럽게 즉시적 혹은 상대적으로 일시적 평가기준을 조화시키는 더 광범한 임무를 갖게 되었다. 즉시적이고 개인적인 자기만족을 더 큰 목적 그리고 가족과 사회를 위해 억누른다는 생각은 대체되지 않고 더욱 확대되었다. 우리는 전통적 의미에서 자기 정체성이 갖고 있는 인간 중심적 한계를 초월해야 한다. 우리의 욕구를 다른 생명체의 리듬과 대지의 과정에 맞게 조정하는 것은 지난 수천 년 동안 유교가 중요한 임무로 여겨온 것과 관점이 다를 뿐 그 종류가 다르지 않다.

신유교가 자기수양을 위해 고안해 낸 수단들은 가장 복잡하고 강력하며 자기수양의 목적을 위해 가장 적합하다. 전통적 의미에서 궁리窮理는 사물의 복합적 관계적 실체와 그 실체에 적당한 행위를 이해하는 임무를 의미한다. 즉 아들, 아버지, 남편 혹은 아내, 형제 또는 왕의 신하라는 것이 무엇을 의미하는가를 숙고하는 것이다. 그리고 나에게 어떻게 나타나는가? 오늘 그리고 내일 나는 어떻게 행동해야 하는가? 이 질문들은 아주 타당하고 심오하며, 이 문제들을 숙고하는 것이 자기 변혁과 성장의 하나의 수단이다.

그런데 이러한 전통적 고려들을 넘어서서 포스트모던의 궁리는 인간의 사회적 관계성의 패턴뿐 아니라 더 광범한 생명들 그리고 대지와의 관계 속에 깊이 새겨져 있는 것과 직접적으로 연관이 있다. 단순한 사실, 즉 인간의 관계적 실제와 자연적 과정의 시간적 속도 역시 우리들의 진지한 성찰을 요구하며 우리의 삶을 근원적으로 변혁시킬 수 있는 힘을 갖고 있다. 지구상에 인구는 얼마인가? 지금보다 2% 증가된 인구를 갖기 위해서 몇 년이 걸리는가? 지구상에 경작되지 않은 그러나 개간할 수 있는 땅은 얼마나 되는가? 해마다 얼마나 많은 경작된 땅을 잃고 있는가? 산림벌채, 물 사용량, 강물 범람의 속도는? 얼마나 많은 종류, 얼마나 많은 용량의 화학제품들을 생산하는가? 그리고 그것들은 어디에 사용되는가? 만일 매일 100개의 종들을 몰살시킨다면(하버드대학교 생물학자 Edward O Wilson의 추정에 의하면) 지구상에 존재하는 생명체의 25%를 없애 버리는 데 몇 년이 걸리는가? 박테리아, 식물, 곤충, 그리고 동물(인간 포함)은 생명의 뒤얽힌 망 속에서 어떻게 상호 의존하는가? 이것들이 바로 우리가 진지하게 물어야 할 궁리에 관한 질문들의 일부이다. 만일 이 질문들이 우리들이 현재 갖고 있는 다른 즉시적 관심들을 뒤로 제치지 않는다면, 이것은 우리가 진지하게 성찰하지 않고 있다는 것을 의미한다. 우리는 이 궁리를 하지 않고 있다. 심층적이고 성찰적 궁리보다 더 중요한 것은 없다. 과거 유교가 효孝에 대해 성찰한 것처럼, 우리가 지식으로 그리고 책을 통해 피상적으로 알고 있는 것들을 우리의 마음과 뼛속에 새겨야 한다.

현대 신유교는 바쁜 일상생활에 푹 빠져 사는 우리들에게 피정避靜이 필요하다는 점을 알고 있었다. 그들은 고요한 밤이 갖고 있는 치유의 특성에 관한 맹자의 숙고에 기초하여 정좌靜坐를 발전시켰다. 고요함은 현대인들이 추구하는 삶의 스타일이 아니다. 그러나 이 내적 고요함 없이는 자기 변혁의 과정을 배우는 데 요구되는 심오한 성찰을 할 수 없다. 인간 생물학과 심리학 역시 새로운 정보와 경험을 받아들이는 속도와 한계를 갖고 있다. 심지어 3억 년의 진화과정을 거친 최고의 융통적 수용 체계인 인간의 마음조차도 정보, 활동, 그리고 획득으로 꽉 채워진 시간에 의해 질식되는 징후를 보인다. 정좌나 이와 유사한 수련은 종종 현대 삶의 속도와 요구에 마비된 대응성을 회복시키는 공간을 열어준다.

경험으로부터 학습과 기술로 인도된 진화의 도정은 현대 기술 문화의 속도 속에서 그 절정에 이르렀다. 우리는 학습과 실천, 성찰과 수양, 활동과 고요함의 균형을 강조한 전통적 신유교의 가르침을 절실하게 필요로 한다. 자기수양이라는 과정의 양면은 서로를 형성하고 향상시킨다. 궁리는 생명을 지원하는 방식으로 인간의 욕구를 사회, 생태계, 그리고 대지에 적절하게 맞추어야 한다는 점을 분명하게 드러낸다. 고요함은 이러한 것들을 성찰하며 조사하는 데 필요한 조건이며 적응이다. 우리가 이러한 자기수양에 관심을 갖지 않고서는 21세기 우리가 가야 할 행로를 분명하게 볼 수 없으며 또한 갈 수도 없다.

결론

이 논문은 진정으로 살아 있는 철학적/종교적 전통을 사고하게 하는 하나의 장場이다. 사고의 대상들은 다양하다. 본인은 세계, 사회 그리고 자신이 직면하는 실제적 질문들을 진지하게 살펴야 하며, 또한 개념적 틀에 질서를 부여하는 것들에 대해서도 진지하게 성찰해야 한다고 생각한다. 불교인들, 기독교인들 또는 유교인들은 특별히 자기 종교의 교리와 사고의 양태를 통찰해야 한다. 그러나 진짜 핵심은 삶과 세계를 이해하고 그에 맞춰 처신하는 것이다.

본인은 이 논문에서 무엇보다 먼저 신유교 전통을 사용하는 사람은 그것을 연구 대상이 아니라 사고하는 하나의 장으로 여겨야 한다고 주장했다.

본인은 지난 수년 동안 무의식적으로 이렇게 연구해 왔고 본인이 그러한 사실을 인식하지 못하는 가운데 사상을 형성해 왔다. 그러나 본인은 이 논문을 쓰기 전까지 의식적으로, 그리고 일부러 현대 신유교의 입장에서 본인의 사상을 서술하지 않았다. 본인은 일반적이고 통전적이며 체계적인 적응의 차원을 넘어서 개념 그 자체가 우주, 대지 그리고 생명 과정에 관한 현대의 지적 개념들과 상호작용 할 때 생명을 갖게 되는지에 관심을 두었다.

리理와 기氣 그리고 의식, 마음과 관련된 유교의 이해는 큰 어려움 없이 현대 세계에 적용되는 것 같다. 본인은 개인적으로 이 개념들이 현대 세계에 어떻게 새롭고 중요한 관점을 제공하는가에 관심을 갖고 있다. 즉 그 개념들은 새로운 아이디어, 연결, 혹은 익숙한 성찰의 영역에서 분명하게 설명하기 위해 사용되는가? 본인은 자연 환경 안에서 규범적 개념 내용의 기초, 도덕성의 의미 도출, 그리고 정신과 몸으로 나누는 이분법 사고의 문제점 해결에 지대한 관심을 갖고 있다. 또한 진화 체계 속에서 인간의 위치와 특별성의 용어로 인간 문제를 실제적으로 서술하는 일에 관심을 갖고 있다.

본인은 결코 리理와 기氣를 현대 세계와 연결하는 나의 방식이 최선이라고 착각하는 환상을 갖고 있지 않다. 앞으로 몇 년 동안 본인의 방식에 대해 비판과 토론이 계속되기를 기대한다. 이 논문에서 본인이 주장한 관점은 신유교 전통이 현대 세계 속에 적합한 사고의 출발점이 될 수 있다는 것이다. 이 논문에서 서술한 개념들은 특정적인 현대 신유교의 개념들이 아니라 체계 이론, 양자물리학, 우주론, 신다윈주의 그리고 생태론적 개념들이었다. 이 자료들과 현대 신유교 전통의 자료들을 규범적 영역, 인간의 의식, 그리고 자기수양의 필요성과 적용을 서술하기 위해 사용하였다. 본인이 이 논문에서 서술한 세계를 보는 시각, 세계 속에서 인간의 위치 등이 결코 새로운

현대 신유교의 입장은 아닐지라도, 본인은 이 전통이 21세기가 직면하는 문
제와 필요에 적합한 하나의 전형적 신유교적 사고방식이라고 인정받기를
바란다.

제3부
중국, 한국, 일본의 개념적 자료들

존재의 연속성: 자연에 대한 중국의 이해

두웨이밍

존재의 연속, 즉 중국의 존재론의 근본적 특징에 대한 중국인들의 신앙은 철학, 종교, 현상학, 미학, 그리고 윤리학 등의 분야에 광범하게 퍼져 있다. 프레드릭 W. 모트(Frederick W. Mote)는 다음과 같이 설명한다.

> 사람들이 이해하기 어려운 점은 바로 중국인들은 그가 옛날 사람이든 또는 현대인이든, 원시인이든 혹은 근대화된 사람이든 상관없이 창조신화를 갖고 있지 않다는 점이다. 그들은 세계와 인간이 창조되지 않았으며, 창조주, 신, 궁극적 원인 혹은 외적 의지 없이 자기 스스로 생성하는 우주의 중심적 특징이라고 여긴다.[1]

이러한 주장은 중국학을 연구하는 학자들 사이에 논쟁을 불러 일으켰다. 모트는 중국사상의 독특한 특징을 확인했다. 그의 말에 따르면, "진정한 중국의 우주생성론은 유기체적 과정 즉 우주의 부분들 모두가 하나의 유기체적 전체에 속하고, 그 부분들은 자발적으로 자기-생성적 생명과정의 부분으로 상호작용 한다"는 것이다.[2]

---

1) Frederick W. Mote, *Intellectual Foundations of China*(New York: Alfred A. Knopf, 1071), pp.17~18.

중국의 우주생성론의 특징을 유기체적 과정으로 서술한 모트의 입장은 분명히 통찰력이 있음에도 불구하고 여전히 논쟁의 여지를 갖고 있다. 예를 들면 중국 문화 역사에 있어서 창조신화를 찾기 어렵다는 사실은 모든 존재 양상이 유기체적으로 연결되어 있다는 현실에 대한 더 근본적인 가정에 근거한다. 고대 중국 사상가들은 세계 창조에 관심을 갖고 있었다. 그들 중에 특히 도교 사상가들은 창조자와 우주를 존재하게 하는 과정에 지대한 관심을 갖고 있었다.3) 비록 기록된 자료들이 토착적 창조신화를 재구성할 수 있을 정도의 정보를 가지고 있지는 않지만, 분명히 토착적 창조신화가 존재했다고 생각하게끔 한다.4) 문제는 창조신화의 유무가 아니라 우주에 대한 근원적 가정이다. 우주가 창조자와 연계되었는지 아니면 연계되지 않았는지가 중요한 문제이다. 우주가 빅뱅(Big Bang)에 의해 존재하게 되었다고 가정해 보자. 고대 중국 사상가들은 이 이론을 반대하지 않을 것이다. 고대 중국 사상가들이 받아들이지 못하는 것은 인간의 이해를 넘어서 인간을 그 뜻대로 움직이는 어떤 외부의 지혜가 있다는 가정이다. 물론 이것이 중국인들만의 특징은 아니다. 현대인, 원시인 혹은 근대인, 전 근대인들을 포함한 수많은 사람들은 무無로부터 만물을 창조하는 신神 개념에 불쾌해 한다. 중국 신화론은 유대-기독교 전통이 주장하는 그러한 신 개념을 갖고 있지 않다. 그러나 중국인들은 존재의 연속을 자명한 진실로 믿는다.5)

---

2) Frederick W. Mote, *Intellectual Foundations of China*(New York: Alfred A. Knopf, 1071), p.19.

3) N. J. Girardot, *Myth and Meaning in Early Taoism*(Berkeley: University of California Press, 1983), pp.275~310.

4) William G. Boltz, "Kung Kung and the Flood: Reverse Euphemerism in the *Yao Tien*", *T'oung Pao* 67(1981), pp.141~153을 참조하라. Boltz 교수가 Kung Kung 신화를 재구성하려는 노력 속에서 우리는 토착적 창조신화의 가능성을 찾을 수 있다.

5) 杜維明, 「試談中國哲學中的三個基調("A preliminary discussion on the three basic motifs in Chinese philosophy")」, 『中國哲學史研究(*Studies on the history of Chinese philosophy*)』(Peking:

이 근본 개념이 만물을 포용하는 소위 자발적으로 자기를 생성하는 생명과정이라는 개념을 가능케 한다. 엄밀히 말하면, 중국인들은 창조된 우주 밖에 존재하는 신 개념을 갖고 있지 않기 때문에 도리 없이 유기적 과정으로서의 우주탄생 이론을 가질 수밖에 없었던 것이 아니다. 오히려 그들이 우주를 지속적 창조성의 전개과정으로 간주하기 때문에 그런 것이다. 중국인들은 신의 손 또는 신의 뜻에 의해 무로부터 창조되었다는 개념들, 그리고 다른 모든 기계론적, 목적론적, 유신론적 우주론들을 받아들이지 않는다.6) 창조신화의 부재가 아니라 존재의 연속성에 대한 중국인들의 믿음이 그들로 하여금 자연을 '만물을 포용하는 비인격적 우주 기능의 조화'로 이해하게 만들었다.7)

칼 융(Karl Jung)은 중국인들의 세계관을 '확실한 심리물리학적 구조'8)로 정의했다. 그 의미에서 보면 중국인들의 세계관은 조셉 니담(Joseph Needham)의 말대로 '운명을 정하는 신 없이 의지의 질서적인 조화들'9)이라고 정의할 수 있다. 니담은 중국인이 이해하는 유기체적 과정은 정지된 상태의 물질과 같은 것이 아니라 역동적 에너지로 구성된다고 말한다. 실제로 이분법적으로 영혼과 물질을 나누는 그러한 방식은 심리적인 구조에 적용할 수 없다. 우주를 구성하는 근본적 재료는 영적인 것만도 또는 물질적인 것만도 아니다.

Society for the Study of the History of Chinese Philosophy) 2(March, 1981), pp.19~21.

6) Mote, *Intellectual Foundations of China*, p.20.

7) Mote, *Intellectual Foundations of China*, p.20.

8) Jung's foreword to the *ching(Book of Changes)*(translated into English by Cary F. Baynes from the German translation of Richard Wilhelm, Bollingen Series, 19, Princeton: Princeton University Press, 1967), p.xxiv.

9) Needham은 이렇게 말했다. "그것은 질서를 준 사람 없이 질서를 갖게 된 조화이다. 마치 그것은 시골 춤꾼들의 움직임이 그런 것처럼 자발적이지만, 패턴을 갖고 있다는 의미에서 질서를 갖고 있다." 다음의 책을 참조하라. Joseph Needham and Wang Ling, *Science and Civilisation in China*, 2(Cambridge: Cambridge University Press, 1969), p.287.

오히려 양자이다. 이 역동적 에너지를 비구체적 영혼 혹은 순수한 물질로 간주해서는 안 된다.[10] 천룽제(陳榮捷)는 자신의 『중국철학 자료집』(Source Book in Chinese Philosophy)에서 중국철학은 에너지와 물질을 구별하지 않는다고 주장했다. 그는 또한 H. H. 덥(H. H. Dub)이 중국 토착적 용어 기氣를 '물질 - 에너지'(matter-energy)로 표현한 것은 근본적으로 타당하지만 부자연스럽고 형용사적 형태를 결여한다고 주장했다.[11] 비록 천룽제는 기氣를 '물질적 힘'(material force)으로 번역했지만, 11세기 신유교의 도래 이전에 기氣는 본래 '정신생리학(psychophysiological) 에너지'를 의미했기 때문에 '역동적 에너지'(vital energy) 또는 '역동적 힘'(vital power)으로 번역되어야 한다고 주장한다.[12]

중국사상의 형이상학적 가설이 영혼과 물질로 분리하는 서구 데카르트의 이분법적 사고와 철저하게 다르기 때문에, 현대 서구 철학은 중국의 기氣 개념을 이해하기 어려운 것이다. 어쨌든 중국인의 사고방식을 정신과 몸을 이분법적으로 분리하고 주체와 객체로 분리하는 데카르트 이전의 순수한 종류 정도로 취급하는 것은 잘못된 것이다. 분석적으로 보면 중국 사상가들은 영혼을 물질로부터 분명하게 구별하였다. 그들은 결코 영혼을 물질로 환원시킬 수 없으며, 영혼이 물질보다 더 영속적 가치를 갖고 있다는 점을 알고 있다. 물론 예외는 있다. 그러나 중국철학 전통에서 소위 이 유물론적 사상가들을 찾아보기는 어렵다. 최근 중국에서는 유물론적 사상가들의 족보를 재구성하려던 시도가 어렵게 끝나고 말았다.[13] 실제로 장재張載(1020~

---

10) 영혼과 물질로 나누는 이분법적 사고는 중국사상의 특징이 아니다. 杜維明의 「試談中國哲學」, pp.21~22를 보라.

11) Wing-tsit Chan(trans. and comp.), *A Source Book in Chinese Philosophy*(Princeton: Princeton University Press, 1963), p.784.

12) Wing-tsit Chan(trans. and comp.), *A Source Book in Chinese Philosophy*(Princeton: Princeton University Press, 1963), p.784.

1077)와 왕부지王夫之(1619~1692)를 중국의 유물론적 사상가로 분류하는 것은 기氣가 물질이라고 해석하는 잘못된 가정에 근거한 것이다. 이 두 사상가들은 사변적 사상에 대한 하나의 비판으로 기氣를 사용했고, 기氣는 단지 물질이 아니라 골고루 퍼져 있는 영성인 역동적 에너지였다.14)

기氣를 우주의 기능과 기본적 구조를 개념화하는 하나의 방식으로 간주하는 중국철학 정신은 영과 물질을 분석적으로 나누려고 하는 시도가 있음에도 불구하고 여전히 그 둘을 비차별적 전체로 다루는 사고 양태를 의도적으로 견지한다. 분석적이며 명확함의 손실은 오히려 상상적 풍요로움으로 보상받는다. 이러한 기 개념의 풍요로운 애매모호성이 철학자들로 하여금 데카르트의 이분법적 사고로 인해 인간들이 생각할 수 없다고 여기는 존재의 영역에 대해서까지 탐구하게 한다. 물론 다른 양태들의 기氣 이론은 즉 꾸밈없는 대상, 가공되지 않은 혹은 객관적 사실 등과 같은 개념들을 발생시킬 수 없다. 또한 기 이론은 그것에 관심이 없는 과학자들의 연구, 분석, 조작, 조정 대상이 되는 세계, 꾸밈없는 대상, 가공되지 않은 혹은 객관적 사실들을 만들어 낼 수 없다. 세계는 결코 꾸밈없고 가공되지 않은 것이 아니며 또한 객관적이지도 않다. 요약하면 기氣는 경험 과학의 철학적 배경을 제공하기에는 부적절한 것 같다. 하지만 기氣 이론은 비교, 암시 그리고 제시를 통해 앎의 은유적 양태, 실재의 다차원적 본질을 다루는 인식론적 시도를 제공한다.

---

13) 이러한 중국의 일반적 해석 상황과 아주 다른 예외에 관해서는 다음의 책을 보라. 張岱年, Chung-kuo che-hsüeh fa-wei(*Exploring some of the delicate issues in Chinese philosophy*)(T'ai-yuan, Shansi: People's Publishing Co., 1981), pp.11~38 · 275~306.

14) 의학적 관점에서 이러한 견해에 대한 토론은 다음의 책을 보라. Manfred Porkert, *The Theoretical Foundations of Chinese Medicine: Systems of Correspondence*(Cambridge, Mass.: MIT Press, 1974)를 참조하라.

그것은 중국인들로 하여금 우주를 하나의 유기적 과정으로 인식하도록 인도하든, 중국인의 인식론을 소개하는 즉 존재 연속성에 대한 존재론적 견해이든, 매우 흥미로운 문제이다. 여기서 우리의 관심은 무차별의 기 개념이 하나의 통합된 우주론의 기초가 될 수 있는가 하는 것이다. 예를 들면 전혀 지능을 갖고 있지 않은 사물인 바위 그리고 지고한 영성을 현시하는 하늘, 양자 모두 기로 되어 있다. 비록 여기서 우리가 양자의 관계에 대해 깊은 논의를 할 수는 없지만, 중국인들이 실재를 인식하는 방식 그리고 실재를 느끼는 감각은 진지하게 탐구해야 한다.

자발적인 자기 생성적 삶의 과정은 연속성, 총체성, 그리고 역동성의 세 가지 근본적 주제들을 포함한다.[15] 바위로부터 하늘에 이르기까지 모든 존재 양상은 우리가 태화太化[16]라고 부르는 연속성의 필수적 부분들이다. 이 연속성에 속하지 않는 것은 하나도 없으며 존재의 사슬은 결코 파기되지 않는다. 우주 안에 존재하는 모든 사물 속에서 연결고리를 찾을 수 있다. 우리는 다른 연결고리를 찾기 위해 성찰을 해야 할지도 모르지만, 그 연결고리들은 발견되기 위해서 거기에 존재하고 있다. 이것은 결코 상상의 산물이 아니라 그 위에 우주와 우리의 생명세계가 구축된 견고한 기초이다. 정신적 물질적인 것을 공유하는 질료인 기氣는 도처에 존재한다. 기氣는 장재 철학에서 모든 존재하는 사물의 재료가 되는 '태허太虛'까지 채운다.[17] 모든 존재 양상 속에 지속적으로 현존하는 기氣가 만물들로 하여금 함께 충만하도록 만든다. 그 어떤 것도, 심지어 전능한 창조주조차 이 과정에 속하지

---

15) 杜維明, 「試談中國哲學」, pp.19~24.
16) 이것에 대한 예증적 논의는 *Commentaries on the Book of Changes*에서 발견된다. Chan, *Source Book in Chinese Philosophy*, p.264.
17) 張載, 『正蒙(*Correcting Youthful Ignorance*)』, *Source Book in Chinese Philosophy*(Chan), pp.501~514.

않는 것은 없다.

총체적 개념은 연속성으로부터 도출된다. 만일 세계가 태화에 속하지 않고 그것보다 더 높은 지능적 존재에 의해 창조되었다고 한다면 세계는 전체론을 설명할 수 없다. 또한 만일 세계가 단순히 플라톤의 이데아의 부분적 혹은 일그러진 현현顯現이라고 한다면 세계는 결코 본래 실재의 성공을 달성할 수 없다. 이와 대조적으로, 만일 만물이 무로부터 창조된 것이 아니라 지속적인 변혁이라면 현재의 모습으로 존재하는 세계는 우주적 과정의 진정한 현시이다. 실제적으로 만일 이데아가 유기적 과정을 통하여 자기 자체의 실현을 수반한다면, 세계는 모든 면에서 이데아의 실체가 있는 전형인 것이다. 물론 전통적 중국 사상가들은 철학적 용어로 설명하지 않고, 그들의 사상을 다른 개념적 도구들을 통해 표현하였다. 그들은 물리학적이기보다는 생물학적으로 우주를 이해하였다. 그들은 영원한 그리고 정지된 구조에는 관심이 없었고, 성장과 변화의 역동적 과정에 관심을 갖고 있었다. 우주가 하나의 연속체이며 그 우주 안에 존재하는 모든 부분이 내적으로 연결되었다고 말하는 것은 곧 우주가 하나의 유기적 단일체이며 각 복잡한 단계마다 전체적으로 통합된다고 말하는 것이다.

연속성과 총체성은, 유기적 통일성이라는 개념이 결코 세계가 닫힌 혹은 종결된 체계가 아니라는 점을 분명하게 하기 위해서 중국 우주론의 세 번째 주제인 역동성과 함께 숙고되어야 한다. 중국 사상가들은 인간 문화가 무력증에 빠져서 종국에는 정체될 것을 절실하게 깨닫는 반면에 천행天行을 건健으로 인식하며 그것이 우주 과정의 끊임없는 역동성의 모델로 인간들을 교육한다고 인식한다.[18] 그들은 자발적인 자기 생성적 삶의 과정 안에 내적 연결성 그리고 상호 의존성뿐 아니라 무한 발전 가능성이 있다고 상상한다.

많은 역사가들은, 예를 들면 사계절의 반복과 같은 순환적 변화에 대한 중국의 전통적 이해는 근대 서구의 과정이해와 양립할 수 없다고 주장한다. 확실히 역사에 대한 중국의 전통적 이해는 예를 들면 마르크스주의가 생산의 방식을 역사적 필연의 하나의 형태라고 주장하는 것과 같은 단선적 발전(unilinear development)이라는 개념을 갖고 있지 않다. 하지만 이것은 중국 역사를 일상적으로 반복된 질서 속에서 생겨나는 사건들을 단순히 나열하는 차원으로 간주하는 오해의 소지가 있다.[19] 중국의 역사편찬은 순환하는 세계관이 아니다. 중국의 세계관은 순환하는 것도 나선형도 아니다. 그것은 변혁적이다. 어떤 주어진 시간에 생기는 특정 변혁은 비결정적이지만, 수많은 인간 그리고 비인간 요소들이 그 변혁의 방향과 형태 결정에 포함된다.

모트가 중국의 고유한 우주생성론이라고 주장한 유기적 생명과정은 열려 있는 체계이다. 시간적으로 시작도 없고 끝도 없다. 우주는 지속적으로 확장되고 대변혁은 쉬지 않고 계속된다. 이런 면에서 단선적 발전의 개념은 일방적이다. 왜냐하면 그것은 가능성의 전체 범위를 설명하지 못하기 때문이다. 그리고 순환하는 것도 나선형도 다양한 우주적 변혁을 충분히 설명하지 못한다. 우주는 정적이지 않고 활동적이며 닫혀 있지 않고 열려 있기 때문에 그 어떤 기하학적 디자인도 우주의 복잡한 형태를 그려낼 수 없다.

본인은 앞에서 모트가 '만물을 포용하는 비인격적 우주 기능의 조화'를 중국인의 자연관으로 본 것에 동의했고, 바로 이 이상이 중국인들로 하여금

---

18) 『周易』의 참조문헌은 다음의 책을 보라. *A Concordance to Yi Ching*(Harvard Yenching Institute Sinological Index Series, Supplement no.10, [reprint]Taipei: Chinese Materials and Research Aids Service Center, Inc., 1966), 1/1.

19) 왕조가 순환한다는 이유로 중국 역사를 비발전적이라고 해석할 수도 있다. Edwin O. Reischauer and John K. Fairbank, *East Asia: The Great Tradition*(Boston: Houghton Mifflin Co., 1960), pp.114~118.

존재의 연속에 전념하게 만들었다고 주장했다. 중국 우주론의 세 가지 근본적 개념들(총체성, 역동성, 연속성)을 논의했다. 이제 모트의 성찰이 암시하는 것들에 대해 생각해 보자. 만물을 포용하는 조화라는 모트의 주장은 두 가지 상호연결적 의미를 내포한다. 첫째, 자연은 만물을 포용하는 그 어떤 것도 배제하지 않는 자발적인 자기 생성적 삶의 과정이다. 영어로 nature라고 번역하는 도교의 자연(self-so)[20]개념은 바로 이 정신을 간직하고 있다. 자연이 만물을 포용한다고 말하는 것은 비차별적 그리고 비판단적 언명으로 존재의 모든 양태가 현재 모습 그대로 그들 자체를 나타낸다는 것을 의미한다. 이는 오직 경쟁, 지배, 그리고 공격적 성향이 철저히 변혁될 때에만 가능하다. 둘째, 그러므로 만물을 포용하는 조화는 또한 내적 공명이 우주 안의 사물들의 질서에 근저하고 있다는 점을 의미한다. 마치 바다의 파도와 같이 갈등과 긴장이 있음에도 불구하고 자연의 심층 구조는 언제나 고요하다. 자연으로 가장 잘 표현되는 대변혁은 부조화가 아닌 조화 그리고 일탈이 아닌 집중의 결과이다.

이러한 자연에 대한 통찰은 찰스 다윈(Charles Darwin)이 주장한 자연의 규칙이라는 개념과 정반대되는 평화와 사랑에 대한 낭만적 주장이라고 볼 수도 있다. 하지만 중국 사상가들은 만물을 포용하는 조화를 본래의 순수함으로 이해하지 않았고 또한 그것을 미래에 달성되는 이상주의자들의 유토피아로 이해하지도 않았다. 그들은 인간들이 불러온 재앙과 자연의 재앙을 포함한 파괴적인 힘으로 얼룩져 있는 우리들이 의례(儀禮)의 발전(Evolution of the Rites)[21]

---

20) 『莊子』 7장. Harvard-Yenching Index on the 『莊子』, 색인20/7/11을 보라.
21) Wm. Theodore de Bary, Wing-tsit Chan and Burton Watson(comp.), *Sources of Chinese Tradition*(New York: Columbia University Press, 1960), pp.191~192.

이 권장하는 대동大同이라는 개념과 동떨어진 세계 속에서 살고 있다는 점을 분명하게 인식하고 있었다. 그들은 또한 역사가 서로 죽이는 전쟁, 억압, 불평등 그리고 수많은 형태의 잔인함에 의해 어지럽혀진다는 점을 인식하고 있다. 중국 사상가들로 하여금 조화를 유기적 과정의 특징으로 인식하게 하는 것은 결코 순수한 낭만주의가 아니다. 그들은 그것이 우주에 대한 정확한 기술이며, 그것이 어떻게 작동하는가에 대한 기술이라고 믿었다.

우리가 본래 피와 생기라는 의미를 갖고 있는 기氣를 역동적 힘(vital force)으로 번역하는 이점 중 하나는 생명의 과정에 대해 강조할 수 있다는 것이다. 중국 사상가들이 이해하는 자연은 전시된 역동적 힘이다. 그것은 연속적, 총체적 그리고 역동적이다. 그러나 자연의 역동적인 피와 생기를 이해하기 위해 노력하던 중에 중국 사상가들은 그것의 영속적 패턴(enduring pattern)이 비연합이 아닌 연합, 비통합이 아닌 통합, 그리고 분리가 아닌 종합이라는 사실을 발견했다. 자연의 영속적 흐름은 수많은 역동적 힘의 집중과 조화라는 특징을 갖고 있다. 이런 의미에서 유기적 과정은 조화로운 것으로 생각된다.

장재는 널리 알려진 형이상학적 논술인 『정몽正蒙』에서 우주를 '태화太和'라고 정의한다.

태화는 도道라고 한다. 태화는 부양浮揚과 침몰 그리고 상승과 추락의 모든 과정의 근저를 이루는 본성을 받아들인다. 그것은 용해 혹은 연합과 혼합, 극복과 극복된 그리고 확장과 수축의 본래적 과정이다. 이 과정들의 처음 시작은 엷고, 희박하며, 모호하고, 부드러우며, 단순하다. 그러나 이 과정들의 끝은 광대하고, 탁월하며, 강하고, 견고하다. 그것은 변화의 지식으로 시작하는 건乾(하늘)이며 단순함을 모델로 하는 곤坤(땅)이다. 그것은 분산되고 차별화되며 물리적 힘인 기氣가 될 수 있고, 그것은 순수하고, 관통하며 영(神)이 될 수 있는 그 어떤 형태도 갖고 있지 않다. 온 우주가 연합과정 속에 있지 않는 한 그리고 모든 방향 속에서 움직이는 질주하는 힘이 아닌 한, 그것은 태화라고 할 수 없다.[22]

장재의 통찰에 따르면, 자연은 실재하는 형태들을 취하는 역동적인 힘의 연합과 혼합의 산물이다. 산, 강, 바위, 나무, 동물, 그리고 인간은 모두 에너지-물체의 양상들로, 도道의 창조적 변화가 지속적으로 현존한다는 것을 상징한다. 니담(Needham)은 중국인의 우주개념을 의지의 질서적 조화라고 정의하였는데, 이것이 전적으로 타당한 것은 아니다. 의지는 여기서 현저하게 특징을 이루지 않는다. 하늘과 땅이 그 자체로 아무런 성향을 나타내지 않으면서 변화를 완성한다는 견해는 유기적 과정의 조화적 상태가 순차적인 서로 다른 의지들에 의해 달성되지 않는다는 점을 분명하게 보여 준다.[23] 조화는 자발성을 통해 획득된다. 모트가 어떤 의미로 이것을 '비인격적 우주 기능'이라고 말했는지 그 대답을 장재의 형이상학적 논술을 통해 살펴보자.

기氣는 모든 방향 안에서 그리고 모든 방식 안에서 움직이고 흐른다. 기의 두 요소들(음과 양)은 연합하여 구체적인 것을 생기게 한다. 사물과 인간의 다양성은 그렇게 만들어진다. 그들의 끊임없는 연속 속에서 음과 양의 두 요소는 우주의 성대한 원리를 구성한다.[24]

---

22) Chan, *Source Book in Chinese Philosophy*, pp.500~501.
23) Chan, *Source Book in Chinese Philosophy*, pp.262~266. 이러한 견해가 易의 철학의 기초가 된다.
24) Chan, *Source Book in Chinese Philosophy*, p.505. 이 책은 氣를 'material force'로 번역한다. 괄호 안의 음양은 본인이 첨부한 것이다.

만물을 생산하는 기의 내적 논리 혹은 도리가 비인격적 우주적 기능을 자연주의적 묘사로 인도한다. 장재의 기氣의 형이상학에 지대한 설득력을 부여한 왕부지는 이러한 사고의 맥을 이어간다.

그것이 강이든 또는 산이든, 식물이든 또는 동물이든, 지능을 갖고 있든 또는 갖고 있지 않든, 꽃을 피우는 것이든 또는 열매를 맺는 것이든, 이 세계의 사물들은 만물에게 도움이 된다는 사실, 바로 기氣의 세계를 움직이는 힘의 자연적 영향의 결과이다. 기氣는 우주에 충만하다. 그리고 기氣는 사물들의 변화와 번성을 완전하게 공급할 정도로 공간적으로도 무제한적이다. 기氣는 공간적으로 무제한적인 것처럼, 시간 안에서 그리고 시간과 함께 작용한다. 아침부터 저녁까지, 봄부터 여름까지, 그리고 현재로부터 추적할 수 있는 과거에 이르기까지 기는 작용하고 생산한다. 결과적으로 하나의 싹이 트고 수많은 가지를 갖고 있는 나무가 된다. 그리고 하나의 알이 진화하여 배를 삼켜 버릴 정도의 물고기가 된다.…… 25)

비록 기의 세계를 움직이는 힘이라는 개념이 인격화된 신, 동물 또는 사물 등은 위대한 변혁 뒤에 존재하지 않는다는 것을 암시한다 해도, 이러한 사고의 근저에 흐르는 메시지는 우주의 비인격적 기능이 아니다. 인간이 갈망하고 바람에도 불구하고 우주적 기능의 자연성은 비인간적이 아니라 비인격적이다. 그것은 모든 존재 양상에게 공평하고 인간 중심적이 아니다. 그러므로 우리 인간은 이 비인격적 우주 기능이 비록 인간의 사적인 생각과 마음과 상관이 없다는 것을 알지만 차다거나 이질적이거나 혹은 소원하다는 것을 발견하지 않는다. 실제적으로 인간은 우주적 기능의 필수적인 부분이다. 인간은 기氣의 세계를 움직이는 힘의 산물이다. 인간은 산과 강과 같

---

25) Chan, *Source Book in Chinese Philosophy*, pp.698~699.

이 이 대변혁 속에 존재하는 합리적인 존재이다. 장재의 『서명西銘』은 단지 신앙 논설이 아니라 인간에 대한 존재론적 견해인 것이다.

> 하늘은 아버지이고 땅은 어머니이다. 나는 여기서 미미한 존재로 그 가운데에 살아 있다.
> 그러므로 나는 천지의 기운을 내 몸으로 여기고 또한 천지를 주재하는 이치를 내 본성으로 여긴다.
> 모든 사람이 내 형제이고 만물이 내 동반자이다.[26]

우리는 한 개인으로 자신을 온 우주와 연결하는 친밀함/친근감에서 장재의 심오한 도덕적 생태학을 발견한다. 인류는 우주적 과정에서 존경받는 아들이나 딸이다. 이 인간적 이상이 독특한 유교의 특징이다. 이는 한편으로 간섭하지 말 것을 주장하는 도교의 이상과 다르며, 또 다른 한편으로 집착하지 말 것을 강조하는 불교의 이상과도 다르다. 하지만 인간이 우주와 한 몸을 이룬다는 개념은 지배계층뿐 아니라 일반 사람들 모두를 포함한 중국인들에 의해 폭넓게 수용되었으며, 그것이 바로 중국인의 세계관이다.

우주와 한 몸을 이룬다는 것은 말 그대로 존재의 모든 양상이 기氣로 이루어져 있기 때문에 인간의 삶이 우주 과정을 구성하는 피와 생기의 연속적 흐름의 일부분이라는 것을 의미할 수 있다. 그러므로 인간은 본래적으로 바위, 나무, 그리고 동물과 연결되어 있다. 불연속적 종種들 간의 상호작용 그리고 상호교환이라는 개념은 중국문학 특히 중국의 유명한 소설들이 갖고 있는 특징이다. 『서유기』라는 소설 속에 나오는 원숭이는 마노로부터 변신

---

26) Chan, *Source Book in Chinese Philosophy*, p.497.

하여 존재한다.27) 『홍루몽』에 등장하는 주인공은 옥으로부터 변신하였다.28) 그리고 『백사전기』에 나오는 여주인공은 아름다운 여인으로 끝내 변화되지 못했다.29)

이 이야기들은 널리 알려진 이야기로 단지 환상이 아니라 위대한 인간 드라마로서 지난 수 세기 동안 중국의 젊은이 혹은 나이든 사람 모두를 사로잡았다. 중국인들은 옥이나 마노가 사람으로 변형될 수 있는 잠재적 영성을 갖고 있다고 아무런 어려움 없이 상상한다. 중국인들은 사랑하는 연인과 함께하기 위하여 인간의 형태를 취한 백사가 무정한 스님에 대항하여 투쟁하지 못하는 것을 보면서 자비심을 갖게 된다. 이 로맨스 스토리에서 흥미로운 것은 백사가 여인으로 변형하기 위해 필요한 능력을 갖으려고 수백 년에 걸쳐 자기수양을 한다는 점이다.

우주적 관점에서 볼 때 고정되어 있는 것은 하나도 없을 것이다. 중국의 화가 도제道濟(1641~1717)는 산이 강과 마찬가지로 흐른다고 보았다. 도제에게 있어서 산을 가장 잘 보는 것은 시간 안에 얼어붙은 바다의 파도처럼 보는 것이다.30) 이와 같은 방식으로 바위는 정지 상태의 대상이 아니라 특별한 구성인 에너지-질료의 역동적 과정이다. 자연에 대한 이러한 통찰은 우리로 하여금 바위의 다른 영성의 정도에 관해 언급할 수 있게 한다. 마노는

27) 吳承恩, 『西遊記』; Anthony C. Yü(trans. and ed.), *Journey to the West*, 4vols., 1(Chicago: University of Chicago Press, 1977-83), pp.67~78.
28) 曹雪芹, 『紅樓夢(*Dream of the Red Chamber*)』, *The Story of the Stone*, 5vols., 1(David Hawkes [trans.], Harmondsworth, England: Penguin Books, 1973-86), pp.47~49.
29) 이 이야기에 대한 논의는 다음 두 권의 책을 참조하라. Fu Hsi-hua, 『白蛇傳記(*An anthology of the White Snake story*)』(Shanghai: Shanghai Publishing Co., 1955); 潘江東, 『白蛇故事研究(*A study of the White Snake story*)』(臺灣: 學生書局出版, 1981).
30) P. Ryckmans, "Les propos sur la peinture de Shi Tao traduction et commentaire", *Arts Asiatique* 14(1966), pp.123~124.

다른 돌멩이보다 분명히 더 영적이고, 옥은 마노보다 더 영적이다. 옥은 산과 강에서 나오는 최고로 정제된 진수로서 사랑받는다.[31] 비유적으로 말하면 우리는 존재하는 모든 것의 영성의 정도에 관해 언급할 수 있다. 바위, 나무, 동물, 인간 그리고 신은 기氣의 다양한 구성에 기초한 영성의 다른 정도를 대표한다. 하지만 차별의 원리에도 불구하고 모든 존재의 양태들은 유기적으로 연결되어 있다. 그것들은 우주 변혁의 지속적 과정의 필수적 부분이다. 이것이 '만물이 내 동반자'라는 형이상학적 언명이 의미하는 것이다.

인간 존재의 독특성은 결코 창조자에 의해 미리 고안된 계획이라는 측면으로 설명할 수 없다. 다른 모든 존재와 마찬가지로 인간은 음과 양의 통합 결과이다. 주돈이周敦頤(1017~1073)는 "이기二氣(즉 음양)의 상호작용이 만물을 생성하고 변화시킨다. 만물은 생기고 또 생겨서 변화가 끝이 없다"고 말했다.[32] 엄격한 의미에서 인간은 우주 만물의 지배자가 아니다. 만일 인간이 우주의 보호자가 되려고 한다면 먼저 자기수양을 통해서 차별화되어야 한다. 인간은 자기 스스로 우주의 보호자라고 생각할 아무런 권리가 없다. 그럼에도 불구하고 인간은 중국인이 생각하는 인仁의 의미에서 아주 독특하다. 주돈이는 다음과 같이 설명한다.

오직 인간만이 최고로 뛰어남 속에서 오행을 얻는다. 그러므로 인간이 최고로 영리하다. 인간의 형체가 나타나고, 정신은 지각을 발전시킨다. 오성五性(인, 의, 예, 지, 신)이 외적 세계에 의해 생겨나고, 그것에 반응하며 행위 한다. 선악의 분별이 생기고 만사가 생겨난다.[33]

---

31) 鄧淑蘋,「山川精英—玉器的藝術("The finest essence of mountain and river—the art of jade")」, 『中國文化新論(New views on Chinese culture)』(臺灣: 聯經, 1983), section on arts, pp.253~304.

32) Chan, *Source Book in Chinese Philosophy*, p.463.

33) Chan, *Source Book in Chinese Philosophy*, p.463.

여기에서는 오행 이론에 대해서 논하지 않는다. 주돈이가 "양의 변화와 음의 결합으로 인해 화, 수, 목, 금, 토의 오기五氣가 생겨난다", "오행은 하나의 음양이다"34)라고 말했기 때문에 오행을 특정한 형태의 기氣로 볼 수 있다.

인간이 얻는 최고로 뛰어난 기는 지성뿐 아니라 감성으로도 나타난다. 인간이 우주 안에서 최고의 감각을 갖고 있는 존재라는 것이 중국사상의 독특한 특징이다. 정호程顥(1032~1085)는 『어록語錄』에서 인간의 감성에 대해 다음과 같이 설명한다.

> 의학서적은 사지마비를 인仁이 결여됨, 즉 불인不仁으로 묘사한다. 이는 참으로 뛰어난 묘사이다. 인仁을 이룬 사람은 천지만물을 한 몸으로 여긴다. 그에게 이 세상에서 그 자신이 아닌 것은 하나도 없다. 그가 만물을 자신으로 여기기 때문에 그의 인에는 그 어떤 한계도 없다. 만일 만물이 자신의 일부가 아니라면 자연적으로 그것들은 자신과 아무 상관이 없게 된다. 사지마비의 경우에는 기가 더 이상 사지를 관통할 수 없기 때문에, 사지는 더 이상 자신의 일부가 될 수 없다.35)

우주와 한 몸을 이룬다는 것은 존재의 모든 양태가 기氣로 이루어졌다는 가정에 기초하기 때문에, 만물은 우주적으로 인간과 똑같은 혈족을 공유하고 이와 같이 우리의 동반자이다. 이러한 성찰에 근거하여, 명나라의 독창적 사상가인 왕간王艮(1483~1540)은 만일 우리가 변화(化生)를 통하여 존재하게 되었다면 천지는 우리의 아버지 그리고 어머니라고 주장하였다.36) 인간은

---

34) Chan, *Source Book in Chinese Philosophy*, p.463.
35) Chan, *Source Book in Chinese Philosophy*, p.530, 11번 문장.
36) 王艮, "Yü Nan-tu chu-yu(Letter to friends of Nan-tu)", 『王心齋先生傳記(The complete works

우주 만물의 지배자가 아니라 우주의 효자 그리고 효녀이다. 효孝는 우리 주위에 존재하는 세계를 전적으로 포용하며 돌보는 심오한 감정을 의미한다.

'우주와 한 몸을 이룬다'는 말의 의미는 우리가 이 문장을 비유적으로 읽을 때에 분명해진다. 이는 몸이 만물의 기초가 되는 생명력을 주는 피와 생기로서의 기氣라는 점을 분명하게 시사한다. 인간의 독특성은 인간이 다른 바위, 나무 그리고 동물과 똑같은 정신생리학적(psycho-physiological) 재료로 이루어졌다는 것이 아니다. 인간을 독특한 존재로 만드는 것은 인간의 초월적 본성에 대한 탐구를 가능하게 하고 강요하는 인간의 의식이다. 확실히 존재의 연속성이라는 주제는 우리로 하여금 우주의 유기적 과정 밖에 존재하는 창조주를 상상하지 못하도록 한다. 그러면 인간본성과 만물의 근원인 하늘은 어떤 관계를 갖고 있는가? 우리는 하늘이 인간의 본성을 명했다는 『중용』 제1장에 기록된 존재론적 주장을 어떻게 이해하는가?[37] 천명天命은 한 번 작용하는 것인가 아니면 지속적으로 현존하는가? 왕부지는 이러한 질문들에 대해 다음과 같이 대답한다.

> 본성이란 성장의 원리를 의미한다. 그는 매일 성장하면서 매일 완성을 성취한다. 그러므로 천명은 하늘이 그가 태어날 때 단 한 번 명命을 주는 것이 아니다.…… 하늘이 사물을 생산함에 있어서 변화의 과정은 결코 중단되지 않는다.[38]

비유적인 의미에서, 우주와 한 몸을 이루기 위해 우리는 지속적으로 성장하고 정제하는 노력을 해야 한다. 우리는 감정의 범위를 넓히고 깊게 하

---

of *Wang Ken*)』(1507 edition, Harvard-Yenching Library), 4.16b

37) Chan, *Source Book in Chinese Philosophy*, p.98.

38) Chan, *Source Book in Chinese Philosophy*, p.699.

며 충만하게 돌보았기 때문에 우주를 감성 안에 구체화할 수 있다. 하지만 상징적 차원 혹은 경험적 차원에서 우주가 자동적으로 우리 안에 구체화된다는 보장은 없다. 천명天命이 우리 본성 안에 완전히 이루어지기 전까지는, 우리는 '모든 사물의 이치가 나에게 갖추어져 있다'는 기대에 부응하는 삶을 살지 못할 수 있다.[39] 다음의 인용문은 단순히 자연주의적 입장에서 해석하기를 거부하는 왕부지의 입장을 분명하게 보여 준다. "군자는 마치 아무 일도 없는 것처럼 행동한다. 그러나 그는 최선의 선택을 하기 위해서 행동하고 중용을 지키기 위해서 최선을 다한다."[40]

신유교는 사물이 자기 생각대로 행동하지 않고 자연스럽게 행동하는 것을 이기적 욕망을 따르지 않고 천리天理를 따른다고 표현한다. 이기적 욕망[41]은 천지의 변혁적 과정에 관계하는 인간 능력을 비하시키는 자기중심적 행태이다. 정호程顥는 『중용』의 주해에서 다음과 같이 말한다.

> 사물에서 가장 중요한 것은 생명의 영靈이다. 바로 이것은 최고선의 시작을 의미한다.…… 천지인은 하나이다. 왜 인간이 그 자신을 비하하는가?[42]

인간이 천지와 삼위일체를 이루는 것이 인간으로 하여금 자연에 대해 주객 이분법을 적용하지 못하도록 한다. 자연을 저기에 존재하는 외적 객체로 보는 것은 곧 인위적 장애물을 만드는 것이며 또한 그 안에서 자연을 경험하는 인간의 능력을 훼손시킨다. 역동적 힘의 내적 공명은 바로 인간

---

39) 『孟子』, 7A.4.
40) Chan, *Source Book in Chinese Philosophy*, pp.699~700.
41) 주희는 도덕 수양을 논하면서 천리가 이기적 욕망과 대치되는 개념이라고 말한다. Chan, *Source Book in Chinese Philosophy*, pp.605~606.
42) Chan, *Source Book in Chinese Philosophy*, p.539.

몸에서 가장 정제되고 미묘한 기氣인 마음이 자연 속의 만물과 공명한다는 것이다. 자극과 반응(感應)은 자연을 거대한 조화로 특징짓고 마음에 알려 준다.43) 마음은 그 자체를 환유적으로 연장시켜 자연과 연합한다. 마음이 자연을 심미적으로 향유함은 주체가 객체를 전유함도 그리고 객체에 주체를 강제함도 아니다. 그것은 변혁과 참여를 통해 자기 자신을 확대된 실재에 합체시키는 것이다. 로만 야콥슨(Roman Jakobson)의 말대로, 인간과 자연 사이에는 아무런 불화가 없기 때문에 이 창조적 과정은 '연속된다'.44)

장자는, 인간은 귀가 아니라 마음으로 들어야 한다고 강조한다.—우리의 귀가 아니라 氣로.45) 만일 우리의 마음으로 듣는 것이 감각 작용에 의해 영향 받지 않는 의식을 수반한다면 기氣로 듣는 것은 무엇을 수반하는가? 인간은 역동적인 힘의 내적 공명의 일부분이라서, 장자가 말한 천뢰天籟46)을 인간 내면의 음성으로 혹은 자연의 소리로 듣는 것인가? 결과적으로 한 개인이 경험하는 심미적 기쁨은 더 이상 그 개인의 사적인 감각이 아니라 전통적 중국 예술가들이 추구하는 '내적 감정과 외적 조망의 조화로운 혼합'인 것이다.47) 위에서 언급한 두 가지 경우에 있어서 인간은 자신을 자연으로부터 분리시키지 않고 무관심한 방식으로 조사하지 않는다. 인간은 감각

---

43) 이 주제에 관한 논의는 다음의 책을 참조하라. R. G. H. Siu, *Ch'i: A Neo-Taoist Approach to Life*(Cambridge, Mass.: MIT Press, 1974).

44) Roman Jakobson, "Two Aspects of Language and Two Types of Aphasic Disturbances", Fundamentals of Language(Roman Jakobson and Morris Halle[eds.], 's-Gravenhage: Mouton, 1956), pp.55~82. 본인은 이 참조문헌을 제공해 준 Yu-kung Kao 교수에게 감사한다.

45) 『莊子』 4장. 정확한 인용은 *Chuang tzu ying-te*(Peking: Harvard-Yenching Institute, 1947), 9/4/27을 참조하라.

46) 『莊子』 2장. *Chuang tzu ying-te*, 3/2/8.

47) Yu-Kung Kao and Kang-i Sun Chang, "Chinese 'Lyric Criticism' in the Six Dynasties", American Council of Learned Societies Conference on Theories of the Arts in China(June 1979), published as *Theories of the Arts in China*(ed. Susan Bush and Christian Murck, Princeton: Princeton University Press, 1983).

개념들과 개념적 기관들을 정지시켜서 자연을 우리의 감성 안에 구체화할 수 있도록 하고 또한 자연으로 하여금 우리 인간을 친근하게 받아들일 수 있도록 한다.

하지만 본인은 인간이 자연과 연결하여 갖고 있는 상호성과 즉시성을 심미적으로 경험하는 것은 참으로 힘든 연속적 노력을 통한 자기수양의 산물이라는 점을 반드시 짚고 간다. 인간은 최고의 지성을 갖고 있음에도 불구하고, 태화太和에 다가가는 데 아무런 특권을 갖고 있지 않다. 사회적 그리고 문화적 존재로서의 인간은 중립적 입장에서 외부로 나가 자연을 조사할 수 없다. 자연으로 회귀하는 과정은 기억하는 것뿐 아니라 잊어버림과 버림을 포함한다. 역동적 힘의 내적 공명에 참여하는 데 필요한 전제조건은 우리 자신의 내적 변혁이다. 우리들의 감정과 생각이 먼저 조화를 이루지 않는 한, 우리는 천지의 영과 흐름을 같이 하기는커녕 자연에 대비할 수 없다.[48] 인간은 자연과 동족이다. 그러나 먼저 우리들은 자연과 그런 관계를 가질 수 있는 가치 있는 존재가 되어야 한다.

---

48) 『孟子』, 7A.13.

반응과 책임: 환경윤리를 위한 주돈이와 유교의 자료들

조셉 A. 아들러

서론

환경윤리는 다음의 두 가지 주제를 다룬다. 인간본성과 인간의 운명 그리고 도덕적 책임이다. 첫 번째 주제는 예를 들어 다음과 같은 질문들을 포함한다. 자연 질서 속에서 인간의 지위는? 인간본성과 다른 동물, 식물 그리고 무생물과의 관계는? 인간본성(혹은 운명)이 비인간적 자연세계의 형성, 개발, 완전함 속에서 성취되는가 아니면 자연에 순응하고 자연에 적응하면서 성취되는가? 인간은 인간 중심적 관점과 생태 중심적 관점들 간의 조화를 파기하는가?

두 번째 주제인 도덕적 책임은 다음의 질문들을 포함한다. 인간은 지구의 운명에 대해서 (만일 책임이 있다면) 어느 정도까지 책임이 있는가? 반점이 있는 올빼미와 달팽이에 대해 책임이 있는가? 자연 생태에 대한 관심이 인간의 건강과 생명을 보호하는 것으로 단순히 신중을 요하는 일인가? 이는 생태적 관심이 자연 환경 그 자체를 위해서가 아니라 인간의 이익을 보존하기 위한 인간의 책임 문제라고 주장하는 것을 암시한다. 만약 다른 한편으로 인간이 자연 세계에 대한 책임이 있다고 생각한다면 어떻게 인간 세계 그리고 사회 세계에 대한 책임과 조화를 이룰 것인가?

본인은 이 논문에서 신유교의 '도덕적 반응'(moral responsiveness, 應)[1]이라는 개념이 자연세계에 대한 도덕적 책임과 동등한 기능을 갖고 있으며 생태 윤리의 기초가 될 수 있다고 주장한다. 그리고 주돈이周敦頤(1017~1073)[2]의 사상을 중점적으로 다루면서, 도덕적 반응 개념이 성인이 되기 위한 도덕−형이상학적의 기초인 성誠과 연결되는지를 살핀다. 환경윤리는 복잡한 문제를 포함하고 있다. 이 논문은 환경문제를 보는 두 가지 관점, 즉 인간 중심적 관점과 생태 중심적 관점 사이의 긴장을 다룬다.

반응과 책임

서구 신학과 철학에서 도덕적 책임이라는 개념은 정의(justice)와 자유의지 (free will)[3]라는 용어로 표현되었다. 책임이라는 개념을 내포하는 반응이라는 단어는 사전적으로 말하면 적합한 또는 정당한 보상이나 형벌을 의미한다.

---

1) 지금까지 번역자들은 應을 일반적으로 '반응' 혹은 '반응성'이라고 번역했다. 본인은 유가들이 應을 '도덕적 반응'이라고 인식한다는 점을 중시해서 종종 도덕적 반응이라고 번역한다.
2) 周敦頤는 신유교의 대표적인 사상가로, 程顥(1032~1085)와 程頤(1033~1107)를 가르쳤다. 그는 살아생전에 유교를 대표하는 사상가로 지목되지 못했지만 죽은 후에 朱熹(1130~1200)에 의해 소위 정통 유교(성리학)의 비조, 기원전 4세기의 맹자 이후에 나타난 최초의 유가 성인으로 추앙받았다. 주돈이의 대표적 저서는 『太極圖說(Explanation of the Supreme Polarity Diagram)』과 『通書(Penetrating the Book of Changes)』이다.
3) Arnold S. Kaufman, "Responsibility, Moral and Legal", The Encyclopedia of Philosophy(Paul Edwards [ed.], New York: Macmillan and The Free Press, 1967)를 보라.

책임 있게 행동한다는 것은 상 또는 인정을 받는 방식으로 행동하는 것을 의미한다. 판단(judgement)이라는 말은 그것이 법적, 구원론적, 도덕적 그 어떤 경우에도 주권적 정부나 국가 대표의 판단 혹은 개인의 행위에 대한 도덕적 승인이나 비승인을 의미한다.

중국 철학에서 판단이라는 비유가 주로 인격적 천天에 생기는 반면에 도덕적 책임이라는 개념은 다른 추론적 상황에서 생겨난다.[4] 원시유교에서 이를 가장 잘 나타내는 개념은 상호성(reciprocity)이다. 상호성은 사회적 배경 또는 가족관계에 반대되는 개념으로 사용된다. 상호성은 개인이 한 가족의 구성원으로 혹은 가족을 모델로 만든 광범한 사회 그룹 사이의 사회적 혹은 친족관계에 반대하는 개념으로 정의된다. 상호성이 내함하는 근본적인 비유는 판단이 아니라 친족관계(kinship)이다.[5] 상호성의 덕德을 구현하는 행위는 바로 예절이라는 용어로, 질서/원리에 맞는 행위이며 특정한 사회관계에 적절한 행위를 말한다.

이러한 상황 속에서 도덕적 책임의 기능은 두 가지를 포함한다. 첫째, 사회적 행실의 규범적 패턴과 일치하는 행위이다.[6] 둘째, 주어진 사회 환경에 대한 반응으로 연관된 주체들 간의 개인적 관계이다.

도덕적 책임이라는 개념과 기능적으로 동등하게 사용되는 상호성은 의

---

4) 중국인들의 통속종교는 판단(judgement)을 지옥의 10왕들이 행하는 역할 중 하나로 간주한다. Stephen F. Teiser, *The Scripture on the Ten Kings and the Making of Purgatory in Medieval Chinese Buddhism*(Honolulu: University of Hawaii Press, 1994).
5) 상호성의 어원은 비슷함 혹은 유사성이다.
6) 행위는 예절/예의의 원리와 조화되는 것과 마찬가지로 예절/예의의 근거가 되는 자연 원리와도 조화될 수 있다. 예를 들어 『禮記(*Book of rites*)』, 17장을 따르거나, Fung Yu-lan, *A History of Chinese Philosophy* 1(Derk Bodde[trans.], Cambridge, Mass.: Harvard University Press, 1952), pp.343~440을 보라. 하지만 행위와 자연 원리와의 관계는 더 복잡하다. 본인은 다음에서 이것에 대해 더 자세하게 논의한다.

식적 도덕 주체들 간의 관계를 전제로 한다. 그러나 비록 이 주체들이 인간이든지 영(죽은 조상이나 신 역시 살아 있는 사람과 상호성의 관계를 갖고 있다)이든지 간에 원시유교는 인간이 비인간적인 자연세계와는 상호성을 갖고 있지 않는 것으로 간주했다.

반응이라는 용어는 송나라에서 신유교 부흥운동이 시작되면서부터 자연세계와의 상호성의 연장이라는 방식으로 유교윤리의 핵심 어휘가 되었다. 그리고 그 용어는 북송 유교 철학자인 주돈이와 정호에 의해 성인이 갖추어야 할 필수적인 것이라는 의미로 사용되었다. 성인은 그의 생각, 의도, 욕구 그리고 행위가 자신 안에 있는 자연/도덕 질서에 능동적 감각을 갖고 자연스럽게 즉각 반응하는 사람이다.[7] 그러므로 성인은 다른 도덕적 주체뿐 아니라 천지 만물에 도덕적으로 반응한다. 『중용』의 "천지의 화육化育을 도울 수 있다"[8]라는 문장은 정주程朱 신유교에 의해 질서, 원리의 형이상학 그리고 마음이 자연의 내장(혹 본체)이라는 인식론으로 재정립되었다.

이 정주 신유교의 도덕적 반응이라는 개념은 왕이나 재판관이 자유롭게 행위 하는 주체에게 선고하는 정당한 보상이나 처벌을 의미하는 것이 아니라, 자기 주위의 환경에 대한 적절한 반응을 의미한다. 그러므로 무엇이 적합한가 또는 바른가 하는 것은 추상적으로 혹은 하늘이 선포한 정의의 기준에 의해서가 아니라 주체와 객체의 관계를 정의하는 실제적 환경 조건에 의해서 결정된다. 신유교의 용어로 말하면 환경윤리 논의의 틀을 제공하는

---

7) 본인은 理를 '질서'로 번역해서 자연/도덕 질서라고 표현했다. 신유교 程朱학파에서 理는 이 두 가지 개념들의 종합, 합류, 합치이기 때문이다. 天理는 자연의 질서 그리고 道理는 도덕적 질서를 의미한다. 理를 원리로 번역하는 것은 애매하다고 생각한다.

8) 『中庸』, 22; Wing-tsit Chan(trans.), *A Source Book of Chinese Philosophy*(Princeton: Princeton University Press, 1963), p.108.

것은 도덕적 책임이 아니라 도덕적 반응이다.

상호성과 도덕적 반응은 그 안에서 행위가 도덕적으로 평가되는 상황으로서 구체적인 관계들의 네트워크라는 점을 암시한다. 물론 친족관계가 유가 담론에서 인간관계의 기본 모델이다. 장재(1020~1077)는 『서명西銘』에서 인간의 친족관계가 비인간 자연세계로 확장되는 것을 다음과 같이 감동적으로 묘사했다.

> 하늘은 아버지이고 땅은 어머니이다. 나는 여기서 미미한 존재로 그 가운데에 살아 있다.
> 그러므로 나는 천지의 기운을 내 몸으로 여기고 또한 천지를 주재하는 이치를 내 본성으로 여긴다.
> 모든 사람이 내 형제이고 만물이 내 동반자이다.[9]

여기서 친족관계 개념을 생태학(ecology)이라는 단어와 비교하고 대조해보자. 에른스트 헤켈(Ernst Haeckel)은 1866년[10]에 ecology라는 용어를 그리스어 오이쿠스(oikos, 영어로 house)와 로기아(logia, 영어로 discoursing)를 합성시켜 처음 사용했다. 그러므로 생태학은 가정(household)을 연구하는 과학을 의미한다.[11] 경제(economy)라는 단어는 오이쿠스(oikos, 영어로 house)와 네메인(nemein, 영어로 manage)의 합성어이고, 오이코노모스(oikonomos)는 가족을 관리하는 사람 즉 관리자나 청

---

9) Chan, *A Source Book in Chinese Philosophy*, p.497.

10) Donald Worster, *Nature's Economy: The Roots of Ecology*(Garden City, N.Y.: Anchor Books, 1979), p.192; cited in David Kinsley, *Ecology and Religion: Ecological Spirituality in Cross-Cultural Perspective* (Englewood Cliffs, N.J.: Prentice-Hall, 1995), p.xv.

11) 바로 이러한 이유 때문에 Gary Snyder는 자신의 시와 에세이 제목을 *Earth House Hold*(New York: New Directions, 1969)라고 했다. 옥스퍼드 사전은 'œcology'를 동물과 식물의 경제에 관한 학문: 살아 있는 유기체와 유기체의 환경, 습관 그리고 삶의 형태를 다루는 생물학의 한 부류라고 정의한다.

지기를 뜻한다.12) 유대교와 기독교 신학자들이 공통적으로 사용하는 청지기 개념이 바로 환경윤리의 기초를 제공한다. 청지기 모델 속에서 가정의 주인은 하느님이고 인간은 단지 돌보는 자에 지나지 않는다.

생태학이라는 용어가 가정이라는 뜻을 포함한다는 것을 고려한다면, 가정과 자연세계와의 분명한 관계를 명시한 장재의 통찰은 환경윤리의 출발점으로 아주 타당하다. 사실 장재의 통찰은 청지기가 가족이 아니라 단지 돌보라고 지명된 자에 지나지 않는 유대 기독교의 청지기 개념보다 훨씬 더 심오한 관계를 제시한다.

어쨌든 가족관계 모델은 다음의 질문들을 수반한다. 인간과 자연세계가 함께 공유하는 공통적 본성은 무엇인가? 가족들은 인자형(유전자형, genotypic) 그리고 표현형(phenotypic)의 유전을 공유한다. 인간과 바위는 무엇을 공유하는가?

장재의 『서명』에서 언급하는 바와 같이 기氣(활동적 에너지 또는 심리적─물리적 재료)는 인간 친족관계와 자연세계를 연결하는 철학적 근거가 된다. 그리고 정호는 "인仁을 이룬 사람은 아무 차별 없이 만물과 한 몸을 이룬다"13)고 주장한다. 본인은 이것을 유기체적(organic) 수준의 공유성(commonality)이라고 명한다.14) 두웨이밍은 다음과 같이 말했다.

---

12) Oxford 사전.
13) 『河南程氏遺书』, 『二程集』(北京: 中華書局, 1981), 2A, p.15; Chan(trans.), *A Source Book in Chinese Philosophy*, p.523.
14) 본인이 사용하는 유기체적(organic)이라는 단어는 W. K. C. Guthrie, *A History of Greek Philosophy* 1(Cambridge: Cambridge University Press, 1962), p.207에서 인용했다. Guthrie는 단편들을 조절하고 도구들/매개들로써 전 존재를 활성화시키며 그 기능을 수행시키는 목적 아래에 그것을 종속시킨다. 유기체적인 것의 의미에 대해서는 형태의 상위에 있는 것을 道라 하고, 형태 아래에 (그리고 속에) 있는 것을 도구/매개(氣)라 한다는 『周易』의 유명한 구절을 참조하라. 주희의 『周易本義(*Original meaning of the Book of Changes*)』(1177; [reprint]Taipei: Hua-lien, 1978), 3, p.16a를 참고하라.

우주와 한 몸을 이룬다는 것은 말 그대로이다. 왜냐하면 존재의 모든 양태가 기로 이루어졌기 때문에 인간의 삶은 우주를 구성하는 피와 생기의 영속적 흐름의 일부분이다. 그러므로 인간은 바위, 나무 그리고 동물과 유기적으로 연결되어 있다.[15]

신유교에는 이 유기체적 공유성과 유사한 개념으로서 리理(order/principle)라는 용어로 기술된 형이상학적 연속성이 있다.[16] 이 개념은 북송의 정호·정이 형제 학파의 특징으로 후에 주희朱熹에 의해 성문화되었다. (이를 程朱학파라고 부른다.)[17]

신유교 담론의 형이상학적이고 유기체적 단계들을 연결하는 것은 성誠의 개념인데 이는 원시유교의 『중용中庸』(Centrality and Commonality)[18], 그리고 주돈이의 『통서通書』[19]에서 가장 두드러지게 나타난다. 주희는 성誠을 현실화된 질서/원리(actualized order)라고 했다.[20] 이는 구체적 사물이나 구체적 행위에서 현실화된 형이상학적 질서로 형이상학적 단계의 담화와 유기체적 단

---

15) 이 책에 수록된 Tu Wei-ming, "The Continuity of Being: Chinese Visions of Nature"를 참조하라. 이 논문은 다음의 책에 개재되었다. J. Baird Callicott and Roger T. Ames(eds.), *Nature in Asian Traditions of Thought: Essays in Environmental Philosophy*(Albany: State University of New York Press, 1989), p.74. 우리가 여기서 주목해야 할 것이 있다. 정호의 문장은 또 다른 차원을 언급한다. 왜냐하면 하나의 실체(one substance)라는 뜻으로도 사용되는 한 몸(one body)은 형이상학적 토대 혹은 원리를 의미하기 때문이다. 한 몸을 이룬다는 것은 仁을 이룬 인간이 자신의 도덕적 행위를 완전히 표현하는 것을 의미한다.

16) 理와 氣의 관계는 12세기 이후 계속해서 논쟁의 주제가 되었다.

17) 12세기 이후 道學이라는 용어는 정주학파의 가장 중요한 용어가 되었다. Hoyt Cleveland Tillman, *Confucian Discourse and Chu Hsi's Ascendancy*(Honolulu: University of Hawaii Press, 1992)를 참조하라.

18) Chan, *A Source Book in Chinese Philosophy*, pp.95~114; Tu Wei-ming, *Centrality and Commonality: An Essay on Confucian Religiousness*(Albany: State University of New York Press, 1989).

19) Chan, *A Source Book in Chinese Philosophy*, pp.465~480.

20) 주희의 『通書』 제2~4장 주해, 『周濂溪先生全集(Complete collection of Master Chou Lien-hsi)』 (張伯行[comp.], 1708), in 『正誼堂全書(Pai-pu ts'ung-shu chi-ch'eng ed.)』, 5, pp.9a~11a·17b를 참조하라. 이후 내용에서는 『周濂溪集』을 인용한다.

계의 담화를 중재한다. 이는 『통서』의 '반응적' 그리고 '관통하는, 순환하는, 포괄적인'과 밀접하게 연관되어 있다. 이 개념들이 갖고 있는 역동성은 기氣가 암시하는 유기체적 과정 그리고 리理가 암시하는 발전하고 있는 질서/원리를 반영한다. 신유교의 기능적이고 역동적인 공유성이나 가족관계를 생각하면서 도덕적 책임과 같은 뜻을 갖고 있을 뿐 아니라 인간본성의 형이상학적 터전을 진정으로 표현하는 반응적 기능을 살펴보자. 신유교에서 도덕적 반응은 목표이고 자연세계와 갖는 적절하고 건강한 관계의 토대이다.

초기 중국사상의 반응

상호성과 반응은 중국에서 문자 기록이 시작된 이후로 조화, 일치, 질서 등과 같은 개념과 함께 중국사상의 특징적 개념으로 인식되었다. 예를 들어 갑골의 기록을 보면, 상商왕과 그의 조상들(그리고 신들)과의 관계를 중국의 종교에서 산 사람과 죽은 사람 사이의 관계를 정의하는 상호성 또는 상호의존성과 동일한 것으로 이해했다. 또한 중국사상 초기의 천명天命 개념을 황실의 도덕적 성향에 대한 하늘의 반응으로 이해하였다. 반대로 "하늘에 반응한다"는 말은 하늘의 뜻에 귀를 기울이라는 뜻으로 사용되었다.21) (의식을 갖고 있는 주체들 사이의) 상호성과 (자연의 영역과 사회적 영역에서 일반적으로 사용되는) 반응은 중국사상 전통의 심오하고 통전적이며 유기체적인 특징들의 산물로 생각할 수 있다.22)

---

21) 천지가 하나라는 전통적 표현은 보다 더 근본적 통일성 아래 적용된 이원일위적 관계를 나타낸다.

반응이라는 용어를 최초로 철학적인 의미에서 사용한 학파는 추연騶衍 (B.C.E3)으로 대표되는 음양학파였다. 그 이후로 반응이라는 용어는 동중서의 『춘추번로春秋繁露』와 같은 문헌들에서 중요한 개념으로 등장한다. 『춘추번로』 57장은 "똑같은 종류의 사물들이 상호 반응하여 생겨난다"[23]고 기록한다. 여기서 종류란 음양과 오행의 범주를 의미한다. 이와 동시대의 도교사상의 주요 문헌인 『회남자淮南子』 역시 "똑같은 범주에 속하는 사물들의 상호 반응은 신비하고 매우 미묘하다"고 기록하고 있다.[24]

샤를 르 블랑(Charles Le Blanc)은 공명/반향(resonance) 혹은 자극－반응(stimulus-response) 개념이 원시도교에서 완전한 통치자 또는 성인의 특징인 무위無爲를 설명하는 『회남자』의 핵심 개념이라고 주장한다.[25] 성인은 태화와 융합되어 자연에 반응을 굳게 유지한다.[26] 그래서 성인은 사물을 보내지도 않고 일부러 받아들이지도 않으며 보존하지도 않고 그대로 반응하는 거울과 같다.[27] 우리들은 성인이 될 수 있다.

---

22) Joseph Needham, *Science and Civilisation in China* 2(Cambridge: Cambridge University Press, 1956), p.281. 여기서 통전적이라는 단어는, 첫째로 전체는 각 부분들의 합계 그 이상의 것이며, 둘째로 전체는 각 부분들에 반영된다는 의미로 사용한다.

23) 董仲舒, 『春秋繁露』(Shanghai: Ku-chi Publishers, 1989), p.75; Chan(trans.), *A Source Book in Chinese Philosophy*, p.283.

24) 『淮南子』, 6:3a. Charles Le Blanc(trans.), *Huai-nan Tzu: Philosophical Synthesis in Early Han Thought*(Hong Kong: Hong Kong University Press, 1985), p.116. 『회남자』가 노자도교사상 주요 문헌이라는 주장에 대해서는 pp.6~7 그리고 p.37을 보라. 또한 Harold D. Roth, "Psychology and Self-Cultivation in Early Taoistic Thought", *Harvard Journal of Asiatic Studies* 51, no.2(1991): pp.599~650을 보라.

25) Le Blanc, *Huai-nan Tzu*, pp.8~9. 장자에게 있어서 성인은 자신을 완전히 이룬 사람이다. 공명 개념은 이 책에 수록된 Robert Weller와 Peter Bol의 논문 "From Heaven-and-Earth to Nature"에서 논의된다.

26) 『淮南子』, 6:6a; Le Blanc(trans.), p.133.

27) 『淮南子』, 6:6b; Le Blanc(trans.), p.135. 『莊子』 제7편을 연상시킨다.

그들의 본질에 집중하고 그들의 생각을 훈련하며 모든 관심을 버리고 영을 함께 회합함으로……28)

성인이 통치할 때 그는 도를 중시하고 말하지 않지만 그의 친절함이 만백성에게 이른다. 그러나 왕과 대신들이 마음으로부터 서로 불신할 때 하늘에(태양 양쪽에) 움푹하고 불룩한 무리가 나타난다. 이것이 바로 경탄할 만한 신기神氣의 상호 영향의 증거이다.……29) 왜냐하면 음과 양이 기氣를 공유하며 서로를 움직이기 때문이다.30)

성인의 통치 아래에서, "천자天子는 최상으로 통치하고 만물을 도와 덕으로 양육하며 만물을 인仁과 공평하게 돕는다."31)

이러한 우주론, 자기수양, 그리고 윤리의 융합은 신유교 사상의 특징들, 특히 도교에 지대한 영향을 받은 주돈이에게서 분명하게 나타난다.32) (물론 주돈이는 도교사상을 자신의 유교 틀 안에 넣었다.) 르 블랑은 성인이 만물에 반응할 수 있는 능력에 대한 인식론적 기초에 관해 설명한다. 그 개념은 우리가 다루는 '환경윤리' 주제에 통찰을 제공한다.

자연과의 연속성 속에서 존재 그 자체로 인간의 마음(『회남자』에 의하면)은 우주적 과정을 알고, 그 과정이 되며, 과정을 재생하는 능력을 갖고 있다. 하늘이 부여한 계시, 성찰 혹은 명상을 통해서가 아니라 존재의 감정적이며 참여하는

---

28) 『淮南子』, 6:1b; Le Blanc(trans.), p.104.
29) 『淮南子』, 6:4a; Le Blanc(trans.), p.118.
30) 『淮南子』, 6:4b; Le Blanc(trans.), p.121.
31) 『淮南子』, 6:15a; Le Blanc(trans.), pp.180~181.
32) Le Blanc, *Huai-nan Tzu*, p.186. 인간의 몸은 다음의 3가지 근본적 실체들로 구성된다.—氣, 역동적 실재, 神. Livia Kohn, "Guarding the One: Concentrative Meditation in Taoism", *Taoist Meditation and Longevity Techniques*(Livia Kohn[ed.], Ann Arbor, Mich.: Center for Chinese Studies, 1989), p.130; Kristofer Schipper, *The Taoist Body*(Berkeley: University of California Press, 1993).

단계를 통해서 말이다. 이런 의미에서 진정한 지식은 거울에 비친 이미지와 같은 것이 아니다. 또한 거기에 존재하는 것을 진술하는 것도 아니다. 그것은 사물들의 직접적이고 즉시적인 반응이며 밀접한 관계가 있는 대응과 연합이다. 그것은 공간, 시간, 생물의 종들 그리고 개별자들로 분리된 세계 속에서 우주의 원초적 연합을 현실화하는 인과론적 형태가 아닌 존재론적 형태이다.[33]

도교(黃老)와 신유교 사상에서 인간의 마음이 '자연과 연속성을 이루는' 유기체적 토대는 기氣의 내재성이다. 신유교는 기氣에 리理의 형이상학적 공유성을 첨부한다. 유교의 성인은 자연적/도덕적 질서의 완성을 개인의 생각과 행동에 실현시킨다. 그러므로 우리는 주돈이의 사상에서 『회남자』에서 보는 것과 똑같은 본질, 그렇지만 유교의 용어로 서술된 성인과 자연세계의 '밀접한 관련성'을 보게 된다.

주돈이와 성인됨[34]

반응적(responsive)이라는 단어는 『통서』에 한 번, 『태극도설』에는 한 번도 나오지 않는다. 그러나 『통서』에서의 그 단어는 개념적 틀 속에 위치하여 우리로 하여금 그것에 대해서 계속해서 언급할 수 있도록 한다. 제4장은 이

---

33) Le Blanc, *Huai-nan Tzu*, pp.207~208.
34) 본인은 여기서 이 논문의 주제와 연관된 주돈이의 성인됨의 개념들에 관해서만 논의하며, 주돈이의 개념들을 후기 학자들의 해석들로부터 고립시키지 않기 위해서 종종 주희의 해석을 사용할 것이다. 분명한 것은 주희의 해석이 역사적으로 더 영향력이 있다는 것이며, 후대에 주희의 해석이 관료시험 준비를 위한 정통 자료가 되었다는 것이다. 주희는 주돈이의 문헌들에 대해 주해했을 뿐 아니라 자신의 제자들과 함께 진지하게 토론하였기 때문에 주희의 해석들이 더 이해하기 쉽다. 그리고 주돈이의 본문은 경구적이고 어떤 부분들은 원형이 훼손되었다.

렇게 기록한다.

4. 성聖35)

(a) '고요하여 움직임이 없는 것'36)이 성誠이다. '자극을 받고 통하는 것'37)이 신神이다. 움직이나 실존(有)과 비실존(無) 사이에서 아직 형성되지 않은 것이 기幾이다.

(b) 성誠은 본질적이므로 밝다. 신神은 반응하므로 오묘하고, 기미(幾)는 미묘하므로 모호하다.

(c) 성誠, 신神, 기미(幾)를 성인이라 한다.38)

성인의 정의를 위에서 언급한 주돈이의 성찰로부터 취한다. 성誠(참된 마음)은 『중용』이 다루는 가장 중요한 개념이다. 움직임과 고요함, 신령, 관통, 기미는 『역전』이 다루는 중요한 이론적 개념들이다.39) 그리고 우리가 위에서 본대로 반응이라는 개념은 도교 『회남자』40)의 신령, 본질, 그리고 미묘함이라는 주제들과 연결되어 있다. 종합적으로 우리는 8가지 중요한 용어들을 다루었다.

1. 성誠

---

35) 이 제목들은 주희가 붙인 것으로, 그는 주해를 목적으로 본문을 나누었다.
36) 『周易』, *Hsi tz'u*, A.10.4(『周易本義』, 3:12b).
37) 『周易』, *Hsi tz'u*, A.10.4(『周易本義』, 3:12b).
38) 『周濂溪集』, 5:17b~18a.
39) 본인은 반응성, 신령, 그리고 기미를 주희의 占 그리고 자기수양과 연관하여 설명하였다. Kidder Smith, Jr., Peter K. Bol, Joseph A. Adler and Don J. Wyatt, *Sung Dynasty Uses of the I Ching*(Princeton: Princeton University Press, 1990), pp.190~199.
40) 하지만 우리는 여기서 주돈이가 본질 혹은 精殊(ching)라는 용어를 도교에서 일반적으로 사용하는 의미 즉 응집된 형태의 역동적 기의 형태로 사용하지 않는다는 점을 짚고 넘어가야 한다. 이에 관해서는 『通書』 30장을 참조하라.

2. 신神

3. 기미(幾)

4. 동정動靜[41]

5. 관통(通)

6. 반응(應)

7. 본질(精)

8. 미묘(微)

이 용어들을 담고 있는 『통서』의 장(1.2.3.9.16.20장)들을 살펴봄으로써 우리는 그 안에서 반응의 중요성을 명료하게 하는 개념적 틀을 구성할 수 있다.

성誠은 『통서』 1~4장에서 가장 중요한 개념이다. 이것은 『중용』 22장의 주제로서, 자연세계와 도덕적 관계를 다루는 원시유가의 입장을 진술하고 있다.

오직 지극한 성誠에 이른 인간만이 자신의 본성을 다할 수 있다. 그 자신의 본성을 다할 수 있으면 모든 인간의 본성도 다할 수 있다. 모든 인간의 본성을 다할 수 있으면 만물의 본성을 다할 수 있다. 만물의 본성을 다할 수 있으면 천지의 화육化育을 도울 수 있다. 천지의 화육化育을 도울 수 있으면 천지와 삼위일체를 이룰 수 있다.[42]

두웨이밍은 성誠을 '인간 덕의 최고 현시이며, 하늘이 인간에게 부여한

---

41) 비록 이 장에서 靜이라는 단어는 나타나지 않지만 '고요하고 비활동적'이라는 용어는 분명하게 靜과 같은 의미를 갖고 있다. 그리고 16장에서 精은 動과 한 짝으로 기술된다.

42) Chan(trans.), *A Source Book in Chinese Philosophy*, pp.107~108.

본성의 진리이고 실재'라고 정의한다.43) 이것은 하늘이 인간에게 부여한 것이 인간의 본성이며, 선한 인간본성의 자연적 발전 행로가 도道라고 기술하는『중용』의 처음 문장에 기초하고 있다.44) 두웨이밍은 하늘과 연결됨을 유교 도덕성의 '초월적 닻 내림'(transcendental anchorage)45)이라는 용어로 서술하면서,『중용』 22장의 마지막 두 문장에서 말하는 '인간과 자연의 유기체적 연합에 대한 강한 믿음'46)을 암시한다. 우리는 여기서 두웨이밍이 말하는 인간이 하늘과 맺은 언약(covenant),47) 그리고 사회적 영역에서 효孝에 대응하는 하늘에 대한 경외(reverence)라는 주제를 발견한다. 언약과 경외는 "인간이 고안한 생태원리이다. 그렇지만 우주에 평화와 조화를 가져오기 위하여 하늘이 시작한 것이다."48) 경외와 효孝는 상호성의 형태들로 이원일위二元一位의 관계를 이룬다. 그러나『중용』 22장이 암시하는 이원일위관계(자신과 모든 인간, 자신과 만물)는 그 자체가 이원일위적, 개인적 모델의 대상이 되지 않는 성誠에 의해 요약된다. 확실성으로 이해되는 성誠은 상호성의 인격적 개념이며 도덕적 반응의 자연주의적 개념이다.

주희는『통서해通書解』에서 성誠을 '완전하게 실현된 것'49) 또는 '실현된 원리/질서'50)로 정의했다. 이런 의미에서 성은 도덕적 행위 속에 실현된 진

---

43) Tu Wei-ming, *Centrality and Commonality*, p.77.
44) 하늘이 인간 만물을 낳고 그 생명들에게 각기 나름대로 살아갈 수 있는 지능의 씨앗을 심어준 것을 性(선천적 본성 자체)이라 하고, 그 가능한 씨앗을 잘 가꾸고 길러 (사람의 경우) 문명세계를 이룰 수 있는 방법과 과정을 道(길, 도리, 법칙 같은 것)라 한다. 역자는『김충열 교수의 중용·대학강의』, 116쪽 번역을 인용하였다.
45) Tu Wei-ming, *Centrality and Commonality*, p.69.
46) Tu Wei-ming, *Centrality and Commonality*, p.78.
47) Tu Wei-ming, *Centrality and Commonality*, pp.98~99.
48) Tu Wei-ming, *Centrality and Commonality*, p.107.
49) 『周濂溪集』, 5:2b.
50) Tu Wei-ming, *Centrality and Commonality*, 5:9b · 5:11b 등.

실된 본성이나 사물의 근본적 본체이다. 오직 인간만이 성을 다할 수 없다. 바위는 모두 바위이지만, 모든 인간이 다 인仁을 이루는 것은 아니다.51) 두 웨이밍이 언급한 것처럼, "존재의 상태로서의 성誠은 인간본성의 궁극적 실재를 의미하고 생성의 과정으로서 그 실재를 인간의 일상 속에 구체화하는 필수적 방식이다."52) 성誠은 개인이 진실한 존재일 때 그 사람 안에 현시되고 그 사람이 도덕적으로 실현된 동인動因일 때 인간 안에 현시된다.53)

『통서』 제1장은 창조성과 변화, 천도天道의 용어로 성誠의 형이상학적 토대에 관해 설명한다. 1장은 이렇게 시작한다.

> 성誠이 성인의 토대이다. 천天의 기원적 힘은 실로 크다! 만물의 근원이 하늘에서 시작되니,54) 그것은 성의 근원이다. 천도가 변화하여 각 성명性命을 바르게 하니,55) 성은 이렇게 확립된다.

우리는 여기서 성誠의 자료 또는 실체가 바로 우주적 생성56) 과정의 지속적 변화에 기초가 되는 질서나 원리와 동일시되고 있음을 발견한다. 성誠을 실현된 질서나 원리라고 여기는 관점에서 보면 궁극적 우주 질서 천리天理는 변화, 상호 반응, 그리고 창조성의 원리이다.

제2장, 3장, 4장 그리고 9장은 반응의 개념적 기반을 포함한다. 그것들은 아래와 같이 재편성된다.

---

51) 맹자 전통의 유교에서 송대에 이르러 규범이 된 仁 개념은 인간본성의 특징이다. 인간본성은 인간됨의 원리이다. 그리고 자연적 도덕적 원리와 연속된다.
52) Tu Wei-ming, *Centrality and Commonality*, p.80.
53) 여기서 본인은 authenticity가 sincerity보다 더 적합한 표현이라고 생각한다.
54) *Chou-i*, *T'uan* commentary on hexagram 1(『周易本義』, 1:3a).
55) *Chou-i*, *T'uan* commentary on hexagram 1(『周易本義』, 1:3a).
56) *Hsi tz'u*, A.5,6(『周易本義』, 3:6a).

2. 성誠(下)[57]

(a) 성인됨은 성誠 이상 그 무엇도 아니다.

(b) 성誠은 오덕五德의 기초이며, 백행百行의 기반이다.

(c) 고요할 때는 없는 듯하고 움직일 때는 인식할 수 있는데,[58] 그것은 지극히 바르고 밝게 통한다.

(d-h) 오덕과 백행은 성誠을 다하지 못하면 악행과 혼돈에 의해 막힌다. 그러므로 성誠하면 아무 일도 없는 것이다. 그것은 쉬우나 행하기 어렵다. 과감하고 확고하다면 아무 어려움이 없다. 그러므로 (공자는 말하기를), "하루라도 자기 자신을 누르고(克己) 예로 돌아가면 천하 만물이 인仁으로 돌아갈 것이다" 라고 하였다.[59]

3. 성誠, 기미(幾), 그리고 덕德

(a) 성은 자연에 따라 행하고 인위적 행위를 필요로 하지 않는다.

(b) 기미에 선과 악이 있다.

(c-f) 덕德에 관해서는, 사랑을 인仁, 올바름을 의義, 이치에 맞는 것을 예禮, 관통함을 지智, 지키는 것을 신信이라 한다. 본성대로 하고 편안한 것을 성聖이라 하고, 되찾고 유지하는 것을 현賢이라 하며, 미묘하게 나타나는 것을 볼 수 없지만 두루 퍼져 모자람이 없음을 신神이라 한다.

4. 성聖

(a) '고요하여 움직임이 없는 것'이 성誠이다. '자극을 받고 통하는 것'이 신神이다. 움직이나 실존(有)과 비실존(無) 사이에서 아직 형성되지 않은 것이 기幾이다.

(b) 성誠은 본질적이므로 밝다. 신神은 반응하므로 오묘하고, 기미(幾)는 미묘하므로 모호하다.

(c) 성誠, 신神, 기미(幾)를 성인이라 한다.

---

57) 1장의 연속이다.
58) 본인은 無를 특징이 없어서 인식할 수 없고, 有는 특징이 있어서 인식할 수 있다고 해석한다.
59) 『論語』, 12:1. 지배자를 언급한다.

9. 사思

(a) 「홍범(洪範」에서, "생각하면 통하고 통하면 성인을 만든다"60)라고 하였다. 생
   각하지 않고 존재하는 것이 토대(本)이다. 생각이 통할 때 이것이 그 작용(用)
   이다. 한편으로는 기미(幾)의 움직임이 있고 다른 한편으로는 성誠의 움직임이
   있을 때, 아무런 생각하지 않고서도 만물에 관통하는 사람이 성인이다.61)

(b-e) 생각하지 않으면 미묘함을 통할 수 없고, 통하지 않으면 모든 만물을 통할
   수 없다. 만물을 통하는 능력은 미묘함에 통함으로부터 생겨난다. 미묘함
   에 통함은 생각으로부터 생겨난다. 그러므로 생각하는 것은 성인의 업적
   달성의 기초이며 길흉의 기미(幾)이다. 『주역』은 "군자는 기미를 보아 움직
   여 종일 기다리지 않는다.62) 또한 기미를 아는 것이 신神과 같다"63)라고 말
   한다.

주돈이는 『통서』에서 성을 주역의 우주론적 용어로만 언급하였고 원리
로는 언급하지 않았다. 그러나 주희의 성誠 해석을 『통서』에 적용함으로써
우리는 주돈이의 확실하지 않은 선언을 충실하게 할 수 있다.

행위는 자연/도덕 질서와 일치하고 조화를 이루지만 성誠은 본질적으로
움직임과 조화를 이루지 않는다.(제3, 4장) 게다가 움직임이 없을 때 감지할
수 없다.(제2장) 자극이 반응을 일으킬 때 그것은 마치 영과 같이 관통하며
감지할 수 있다.(제4장) 기미의 움직임이 계획적인 생각의 방해를 받지 않고
생기거나 발전될 때 그것은 진실한 행위로 표현된다.(제3장, 9장) 그리고 그
움직임은 자연/도덕 질서와 완전하게 조화한다.(제2장)64) 여기서 관통은 행

---

60) 『書經』의 「洪範」 부분. James Legge(trans.), *The Chinese Classics*, 2nd ed. 3(1893: [reprint]Hong
   Kong: Hong Kong University Press, 1960), p.327.
61) 『老子』 37편을 연상시킨다. "도는 언제나 無爲하지만 하지 않는 일이란 없는 것이다."
62) *Hsi tz'u*, B.5.11(『周易本義』, 3:22b).
63) *Hsi tz'u*, B.5.11(『周易本義』, 3:22b).
64) 3장과 9장에서 '無思' 그리고 '無爲'라는 용어들은 『周易』의 추가 설명에서 유래한다. 易[점

위를 언급한다. 그 행위는 경험적으로 관찰할 수 있는 상황을 넘어서 온 자연/도덕 질서에 스며들고 반응하며 자연/도덕 질서와 조화를 이룬다.

[도표 1]

	음/고요함		양/움직임
	태극太極		
4(c)	성인: 진실/성 誠	기미 幾	신령 神
(a)	고요하고 비활동적 寂然不動	자극을 받음 感而	그리고 관통함 遂通
(b)	본질적 精	미묘함 微	반응적 應
2(c)	진실/성: 고요할 때 감지할 수 없음 靜無		움직일 때 감지할 수 있음 動有
	지극히 바름 至正		밝게 통함 明達
(b)	토대 本		오덕과 백행 五常 百行
3(a)	진실/성: 비의도적 행동 誠: 無爲		
(b)		기: 선과 악 幾: 善惡	
(c)			오덕 仁義禮智信
9(a)	생각 없음 無思		생각이 관통함 思通
	토대/본체 本(體)		기능/작용 用
		기미의 행위 幾動	진정한 행위 誠動

치는 책 그리고 우주적 과정으로]은 無思 無爲하다. 정적하지만 그것이 자극받으면 하늘 아래 모든 상황을 관통한다.(Hsi tz'u, A.10.4;『周易本義』, 3:12b) 비록 주희가 주돈이를 맹자 이후 최초로 나타난 성인이라고 치켜세웠지만 일반적으로 유교학자들은 이러한 주희의 주장에 동의하지 않는다. 육상산(1139~1193)은 주희와 나눈 편지에서 주돈이의 개념들이 너무 도교적이라고 비판한다.(Tillman, Confucian Discourse and Chu Hsi's Ascendancy, chap.9를 참조하라) 실제로 주돈이의『太極圖說』은 도교 경전에 포함되어 있다.

『통서』의 주요 개념들을 『태극도설』의 주요 범주 아래 놓음으로써 그것들을 새롭게 볼 수 있다. [도표 1]에서 좌측의 숫자들은 『통서』의 장을 의미한다.

그리고 두 개의 세로 줄은 음과 양의 양극성에 해당하는 것으로(靜과 動으로 표현되었다) 주돈이에 의해 『태극도설』에서 논의되었다. 『태극도설』은 신유교의 종합으로, 도교로부터 영향 받은 우주론적 도식이다.

> 무극이 곧 태극이다. 태극이 움직여 양을 낳는다. 움직임이 극에 달하면 고요해지고 그 고요함에서 음을 낳는다. 고요함이 극에 달하면 움직임으로 되돌아간다. 한 번 움직이고 한 번 고요함이 서로 뿌리가 된다. 음과 양으로 갈리니 곧 음과 양이 성립하게 된다.[65]

여기서 고요함과 움직임의 관계는 주로 비시간적이다. 그 둘은 우주과정의 두 가지 다른 위상이다. 그러나 주돈이는 『통서』 제16장(움직임과 고요함)에서 음과 양이 서로에게 스며든다고 암시한다.

---

65) 『太極圖說』의 완역은 Chan, *A Source Book in Chinese Philosophy*, pp.463~464; Joseph A. Adler, "Zhou Dunyi: The Metaphysics and Practice of Sagehood", *Sources of Chinese Tradition* 2nd ed.(Wm. Theodore de Bary and Irene Bloom[eds.], New York: Columbia University Press)를 참조하라. 종종 太極을 영어로 'Supreme ultimate'라고 번역하는데, 본인은 이 번역이 주돈이와 주희가 의미했던 바를 분명하게 표현하지 못한다고 생각한다. 太極을 '양극'(Supreme Polarity)으로 보는 입장은 주희에게서 가장 분명하게 나타난다. 주희는 가장 근본적 원리(理)가 바로 음양의 양극이라고 주장했다. 그것은 패턴이나 원리, 상호작용의 양극이지 음양 자체, 즉 太極이 아니다. 주희는 『周易』의 "변화 속에 양극이 있다"는 문장을 다음과 같이 주석했다. "변화는 음양의 교대이다. 양극(Supreme Polarity)이 바로 이 원리(理)이다."(『周易本義』, 3:14); "음양의 교대를 道라고 한다."(『通書』, 1장); "그것이 바로 양극(Supreme Polarity)을 언급한다."(『周濂溪集』, 5:5b). 다른 말로 하면 太極은 가장 기본적인 것, 모든 것을 포함하는 자연/도덕 원리이며 이 패턴이 음양 양극성의 원리이다. 그러므로 본인은 'Supreme Polarity'를 太極으로, 그리고 'Non-Polarity'를 無極으로 번역한다.

(a-d) 움직여(動) 고요하지(靜) 않고 고요하여 움직이지 않는 것은 사물(物)이다. 움직이지만 움직이는 형태가 없고 고요하지만 고요한 형태가 없다는 것은 신령(神)이다. 움직이지만 움직이는 형태가 없고 고요하지만 고요한 형태가 없다는 것은 움직이지도 않고 고요하지도 않다는 것이 아니다. 사물은 통하지(通)66) 못한 반면에 신령은 만물에 미묘하다(妙).

(e-h) 물은 음으로 양에 근거한다. 불은 양으로 음에 근거한다. 오행은 음과 양이고, 음과 양은 태극이다. 사계절이 운행하여 만물이 끝나고 시작한다. 분화되지 않고 광대하며 다할 줄 모른다.

여기서 주돈이는 고요함과 움직임의 형이상학적 토대에 대해 언급한다. 고요함과 움직임은 상호 배타적이지 않고 내적으로 관통하는 범주들이다. 주희에게 있어서 기초가 되는 통일성이 일상적 움직임 속에서 마음에 의하여 궁극적 실재에 접근하는 근거가 된다.67)

정주학程朱學의 용어에서 [도표 1]의 두 가지 다른 좌표들은 인간 마음의 실체와 기능, 혹은 인간본성과 기질, 혹은 원리와 심리적-물리적 재료에 해당한다.68) 성誠이 이 두 가지 다른 좌표들에 나타난다는 점을 주목해야 한다. 즉 성은 고요함 4c, 2c에 그리고 움직임 9a, 2c에 나타난다. 이것은 성誠이라는 개념이 바로 그 안에서 형이상학적 실체들이 기능 속에서 충만

---

66) 예를 들면 그것들은 물리적 형태에 의해 제한된다.

67) Joseph A, Adler, "Divination and Philosophy: Chu Hsi's Understanding of the *I-ching*"(Ph,D, diss,: University of California at Santa Barbara, 1984), chap.4,

68) 비록 이것이 정주학파의 체계는 아니지만 논리적으로 아무런 문제가 없다. 가장 큰 모순은 주희의 사상 체계에서 오로지 태극 혹은 理만이 형이상학적 실재로 분류되고 음과 양은 우주론적 기능을 갖고 있다는 점이다. 또한 태극이 활동한다는 주돈이의 주장은 주희에게 문제가 된다. 왜냐하면 주희는 태극을 리로 해석하기 때문이다. 그리고 질서로서의 리는 비시간적이다. 이 문제를 주희는 태극은 움직이지 않지만 움직임의 원리를 포함한다고 주장함으로 해결한다. 물론 주돈이가 진정으로 말하려고 했던 것이 주희가 주장한 것이라면 주돈이는 아주 평이하게 "태극이 움직인다"고 말했을 것이다.

하게 실현되는 조건이라는 점을 말하는 것이다.

중앙에 있는 좌표는 자극을 받았지만 아직 반응이 나타나지 않는 기미의 변화 또는 반응에 해당한다. 본인은 변화에 대해 이미 여러 차례 언급했기 때문에 여기서는 주돈이의 기미 개념에 대한 주희의 주해를 인용하려고 한다. 주희는 『통서』 제3장에서 다음과 같이 말했다.[69]

기미는 움직임의 미묘함이다. 그것에 의해 선과 악이 분별된다. 인심人心의 미묘함에 움직이면 천리天理는 진실로 당연히 나타난다. 그러나 인욕人欲 역시 그 마음 속에 자란다.[70]

기미(움직임의 미묘함)가 선과 악이 있는 그곳 즉 움직임과 임박한 움직임 사이에 위치한다. 이것들을 분명하게 이해해야 한다. 만일 그것들이 분명하게 드러나게 되면 어찌할 수 없다.…… 미묘한 기미는 아주 중요하다.[71]

그러므로 주희에 따르면 기미의 마음이 악한 인간 욕망 혹은 인간본성의 본래적 선함이 될 수 있고, 자연 질서는 세상에서 실현될 수 있다. 그러므로 그것은 도덕적 수양에 매우 중요하다.

주희의 도덕적 반응 역시 중요하다. [도표 1]의 우측에 있는 항목들이 도덕적 행위들을 의미한다. 주희는 제4장을 주해하면서 말한다.

본래 그러하여 드러나지 않는 것은 실로 리의 본체(體)요, 선善하지만 헤아릴 수 없는 것이 실로 리理의 작용(用)이다. 고요함과 움직임, 본체와 작용의 사이 그

---

69) Smith, Bol, Adler and Wyatt, *Sung Dynasty Uses of the I Ching*, pp.190~192.
70) 『周濂溪集』, 5:10b.
71) 『周濂溪集』, 5:12b.

미묘한 틈새가 실로 리가 나타나는 단서요, 모든 일과 길흉이 드러나는 조짐이다.[72]

주돈이는 '선하지만 헤아릴 수 없는 것'이 성현의 신령한 특징이며 관통하고 반응한다고 표현했다.

이상의 논의들을 종합해 보면, 마음은 완전하게 고요하다. 그러므로 완전하게 선하다. (왜냐하면 선과 악은 기미의 움직임에서 생기기 때문이다. 3b를 보라.) 그리고 자극을 받았을 때 이 성인의 마음은 즉각적으로 어떻게 반응해야 하는가를 숙고하지 않고 외적 사물을 통하거나 이해한다. 우리는 9a에서 이와 똑같은 각본을 본다. "생각하지 않고서도 만물에 관통하는 사람이 성인이다."

그러므로 성인은 억지로 노력하지 않고 즉각적으로 그리고 외적 자극에 적절하게 반응하는 사람이다. 사물에 즉각적으로 도덕적 반응을 하는 중요성은 정주학程朱學의 도학道學 전통에서 분명하게 드러난다. 예를 들면 정호는 말했다.

천지의 변치 않는 원리는 마음이 만물에 가득하다는 것이다. 하지만 그것은 개인적 사심을 갖지 않는다. 성인의 변치 않는 원리는 그의 기질이 조화를 모든 현상과 이루는 것이다. 하지만 그는 아무런[사적, 이기적] 기질을 갖고 있지 않다. 그러므로 군자의 교육에 있어서 완전하게 넓고 공정하며 사물들이 생겨날 때 사물들에 따라 반응하는 것과 같은 것은 없다.[73]

---

72) 『周濂溪集』, 5:17b.
73) 『明道文集』(『二程集』), 1:460. Chan, *A Source Book in Chinese Philosophy*, pp.525~526과 비교하라.

도덕적 반응의 중요성은 주희에 의해 여러 번 언급되었다. 주희는 『사서집주四書集註』의 『맹자』, 7A.1, 주해에서 이렇게 말했다.

마음은 인간의 신령한 밝음이다. 인간은 그 마음으로 다양한 원리를 구체화하고 무수한 현상에 반응한다.[74]

그리고 주희는 계속해서 말한다.

성인의 배움은 전적으로 원리 탐구에 기초한다. 그리고 성인의 배움은 사물에 반응함으로 원리와 조화를 이룬다.[75]

성인은 분명한 이해뿐 아니라 도덕적 행위로 사물에 반응한다. 우리는 이를 『통서』 2b 그리고 3a-c에서 보았다. 주돈이는 마음의 고요한 실체의 반응을 오덕五德으로, 백행百行을 도덕적 행위라고 언급한다.[76] 주돈이는 제11장에서 이 도덕적 행위를 인간에게 적용하는 것처럼 비인간 세계에도 적용한다.

하늘이 양을 통해 만물을 낳고 음을 통해 만물을 완성한다. 낳는 것(生)은 인仁이고, 완성(成)하는 것은 의義이다. 그러므로 성인이 [왕좌에 앉으면] 만물을 인仁으로 양육하고 만민을 의義로 바르게 한다.

---

74) 朱熹, 『四書集註(Collected commentaries on the Four Books)』(『四部備要』 ed.), 7:1a.
75) 『朱文公文集』(『四部備要』 ed., entitled 『朱子大全』), 67:19b, Chan, A Source Book in Chinese Philosophy, p.604와 비교하라.
76) 여기서 주희의 사상 체계가 갖고 있는 모순을 발견한다. 주희에게 덕은 도덕적 행위들의 원리이기에 [도표 1]에서 좌측 좌표에 속한다. 그러나 주돈이에게 있어서 덕은 도덕적 움직임을 의미하기에 [도표 1]에서 우측 좌표에 속한다.

여기서 『중용』 22장을 다시 생각한다. "천지의 화육化育을 도울 수 있으면 천지와 삼위일체를 이룰 수 있다." 비인간 세계에 반응하는 것은 단지 자연의 흐름에 어울리는 그러한 수동적 입장도 아니고 사회 질서의 혜택을 위해 자연 질서를 인식하는 것도 아니다. 유가의 성인은 능동적으로 인仁으로써 양육함으로 자기 주위의 세계를 '변화시킨다'. 이는 사회에만 해당되는 것이 아니다. 그리고 그것은 자연세계를 인간의 목적에 맞게 조작한다는 것을 의미하지 않는다. 정호가 위에서 말한 대로 "성인의 변치 않는 원리는 그의 기질이 조화를 모든 현상과 이루는 것이다." 하지만 그는 아무런 (사적, 이기적) 기질을 갖고 있지 않다. 성인은 '사물과 조화를 이룸으로' 혹은 '생겨나는 사물에 따라 반응함으로' 자기 자신의 의지를 자연에 강요하지 않는다. 소옹(1011~1077)은 성인에 관해 이렇게 말했다.

> 성인은 만물이 갖고 있는 감정의 보편적 특징을 반영한다. 성인은 사물이 그 자체를 보는 것처럼 사물을 본다. 주관적으로 보지 않고 사물의 관점에서 본다.[77] …… 성인은 사물에 이득을 주고 자아는 잊는다.[78]

성인이 사물을 자신과 동일시하고 사물에 대해 활동적이며 양육적이고 생명을 주는 반응을 하는 것이 세계를 변화시키는 성인의 영향력을 구성한다. 주돈이의 용어로 말하면 이것이 바로 성誠을 이룬 사람의 특징이다.

---

77) 邵雍, 『觀物(Contemplating things)』 內篇 12, in 『皇極經世書(Book on supreme principles governing the world)』(『四部備要』 ed.), 6:26b. Chan(trans.), A Source Book in Chinese Philosophy, p.488.
78) 邵雍, 『心學(Learning of the mind)』, in 『皇極經世書』, 8B:27b. Chan(trans.), A Source Book in Chinese Philosophy, p.494. 본인이 일부 수정을 했다.

성誠으로서의 반응

주돈이는 성인聖人됨을 ① 성, ② 기미의 변화를 감지하는 능력, ③ 관통하는(이해하는) 신령한 능력 그리고 의도적인 생각 없이 사물에 자발적으로 반응하는 능력으로 정의했다. 이 주돈이의 정의에 주희가 성誠을 '실현된 질서'라고 해석한 것을 첨부하면 우리는 도덕적 반응이 바로 성인을 정의하는 주요한 특징이라는 것을 알게 된다. 왜냐하면 반응과 상호 통합이 자연세계의 특징이기 때문이다. 성인은 반응한다. 왜냐하면 그/그녀가 완전하게 음양의 자연적 원리, 고요함–움직임, 자극–관통 또는 자극–반응을 표현하기 때문이다. 주희는 다음과 같이 성인의 반응을 설명했다.

아무 일도 생기지 않을 때 그의 마음은 고요하기에 아무도 그 마음을 볼 수 없다. 무슨 일이 생길 때 자극을 받으면 그의 신령한 이해가 작동하여 반응한다.[79]

『통서』 제20장 '성인됨을 배움'에서 주돈이는 성인됨을 고요함과 움직임으로 연결한다.

[누군가 물었다] 성인됨을 배울 수 있습니까?
대답: 배울 수 있다
핵심이 있습니까?
대답: 그렇다.
내게 말해 주십시오.
대답: 통합되는 것이[80] 핵심이다. 통합된다는 것은 아무런 사욕을 갖지 않는 것

---

79) 『周易本義』, 3:13b.
80) 이는 근본적인 것들에 마음을 두어야 하며, 주의 깊게 그리고 공손하게 우리에게 주어진

이다. 욕심이 없어서 고요하고 텅 비어 움직임이 바르다. 고요하고 텅 비어서 밝아지고, 밝아져서 통한다. 움직임이 바르면 공정해지고, 공정해져서 넓어진다.[81] 밝고 통하며 공정하고 넓어지면 거의 성인에 가깝다.

그러므로 우리는 다음과 같이 결론을 내릴 수 있다. 신유교에서 성인은 완전하게 인간의 덕과 성취를 이룬 사람을 상징하는데, 그는 자연 환경의 변화와 조건에 조화를 이룬다. 심지어 그는 자연환경의 기미 단계에서조차도 이기적이거나 심각한 고려를 통해 방해하지 않는다. 그는 그 자신의 본래 본성의 표현, '관통하는 생각', '신령한 밝음', '진실한 행위', '사물의 양육' 등으로, 자연 환경에 자발적이며 직접적으로 반응한다. 그러므로 유교의 영성은 단지 내면성만을 다루는 것이 아니라 외부 사물의 접촉, 감성, 그리고 관통을 포함한다.[82] 사실, 신유교의 신령(神)개념은 기氣 그 자체이다. 그것은 자연 과정의 근저에 있는 연속성과 관통을 의미한다.[83] 신령한 관통은 궁극적 실재와의 진실한 접촉에 근거하고 있으며, 성인의 마음은 궁극적 실재의 표현이다.

더욱이 신유교 이론에 있어서 생태 중심적 관심과 인간 중심적 관심을 구별하는 것, 이 둘 중 하나를 선택하도록 강요하는 것은 잘못이다. 우리는 인간의 이익과 자연의 이익이 함께 기초하는 질서/원리를 발견하도록 더 깊

일의 진지함을 깨달아야 한다는 것을 의미한다.
81) 위에서 인용한 정호의 『定性書(Letter on Stabilizing the Nature)』를 참조하라.
82) 주희는 격물 혹 기물이 자아수양의 핵심이라고 말했다. 주희의 『四書集註』에 있는 『大學』 주해를 보라. 『四書集註』(『四部備要』 ed.), 『大學』, pp.4b~5a.
83) 주희에 따르면 "기는 음과 양의 두 가지 양태를 갖고 있다고 했다. 기가 서서히 전진할 때 그것은 변화이다. 기가 연합되고 깊이를 헤아릴 수 없을 때 그것은 신령이다."(『周易本義』, 3:21a) 다음의 책들을 참조하라. Smith, Bol, Adler and Wyatt, *Sung Dynasty Uses of the I Ching*, pp.190~194; Joseph A. Adler, "Varieties of Spiritual Experience: *Shen* in Neo-Confucian Discourse", *Confucian Spirituality*(Tu Wei-ming and Mary Evelyn Tucker[ed.], New York: Crossroad Press, 2004),

이 연구해야 한다. 물론 이는 우리에게 많은 도전을 주는 어려운 작업이다. 이를 위해서 우리는 유가의 세계관이 기초하고 있는 그리고 유교 신앙의 기초가 되는 신조들을 비판적으로 다루어야 한다. 즉 사물의 질서 혹은 도道의 근저에 흐르는 것이 자연 질서와 도덕적 질서를 포함한다는 주장을 비판적으로 다루어야 한다.

진실한 자아는 환경에 대한 창조적 반응으로 그 자체를 양육함으로써 명백하게 드러낸다. 성誠을 이룬 사람은 본래 타고난 본성과 도덕적 본성을 자연적/도덕적 질서에 현실화함으로써 완전하게 드러낸다. 그것은 창조성, 생명, 그리고 성장의 원리를 포함한다. 사람은 천지인 합일을 이룸으로써 자신을 완성한다. 그러므로 양육, 자연 환경에 대한 도덕적 반응은 신유교의 용어로 말하면 진실한 혹은 진정한 인간의 삶을 묘사하는 필수적인 표현이다.

주희의 환경상관 철학

도시오 구와코

서론

정호가 주돈이에게 "선생님은 왜 창문 앞에 있는 잡초를 제거하지 않으십니까?"라고 물었다. 주돈이는 "잡초가 가진 살려는 의지는 내가 가진 살려는 의지와 같다"고 대답했다. 이에 감명을 받은 정호는 "천지에 살아 있는 만물의 기질을 관찰하라"[1]고 말했다. 이 일화는 송나라의 철학자 주돈이의 주된 관심이 무엇이었는가를 분명하게 보여 준다.—잡초는 인간이 심지 않았고 천지의 움직임에 의해 자란다. 살아 있는 만물에게서 발견되는 살려는 의지는 인간의 살려는 의지와 동일시되어야 한다. 우리는 반드시 인간과 자연 간의 동질감 또는 연관성을 인식해야 한다. 다른 말로 하면, 인간의 인仁이 자연의 생명력을 반영한다. "사물에 있어서 가장 중요한 것은 바로 사물

---

1) 朱熹 · 呂祖謙, 『近思錄』, 1:22 in *Reflections on Things at Hand: The Neo-Confucian Anthology* (Wing-tsit Chan[trans.], New York: Columbia University Press, 1967), p.21. "창조적 과정에서 만물은 자라고 번성한다. 이 과정은 모든 것에 퍼져 있고, 원리는 질서를 갖고 만물을 관통한다. 그가 이것을 볼 때 그의 본래적 선한 마음은 풍성하게 자란다."(『近思錄』, in Chan, *Reflection on Things at Hand*, p.21)

이 갖고 있는 생명의 영이다. 이것은 선善의 가장 중요한 특징의 기원에 대한 기술이다. 이것이 인仁이다."2)

주돈이는 잡초의 생명 체계와 인간의 생명 체계 간에 근본적인 유사성이 있음을 인식했고, 이 유사성으로 인간이 환경적 우주와 어떻게 연결되어 있는가를 관찰하였다. 주희朱熹(1130~1200)는 우주가 천지의 조화로운 움직임에 의해 지속되는 생명체들로 충만하다고 가정하면서 이러한 철학을 하나의 일관된 체계로 통합하려고 노력했다. 이 통합 과정은 환경적 우주가 보여 주는 구조에 대해 설명할 뿐 아니라 또한 인간의 행위를 평가하는 가장 근본적 가치들을 어디에 두어야 하는가라는 어려운 문제를 탐구하도록 만들었다.

주희와 다른 철학자들이 자연과 인간 사이의 관계를 탐구하며 살아가던 상황은 물론 현재 우리가 직면하고 있는 환경 위기의 상황과 철저히 다르다. 그러나 우리도 이 환경 위기 근저에 있는 가치의 문제들을 신중하게 생각해야 한다. 우리는 자연을 위한 행위뿐 아니라 인간을 위한 행위를 적절하게 다룰 수 있는 가치와 이론을 필요로 한다. 이 논문은 주희의 철학이 어떻게 그러한 이론 수립에 공헌할 수 있는가라는 주제를 다룬다.

주돈이의 「태극도」와 『태극도설』

우리는 환경 문제의 근저에 흐르는 윤리적 문제를 다룰 때 종종 동양의 자연관을 서양의 자연관과 비교한다. 과거 전통에서의 자연은 최고 독립체

---

2) 이는 정이가 한 말로『朱子語錄』95:19a에 기록되었다. Chan, *Reflections on Things at Hand*, p.21.

의 창조라기보다는 독립적인 과정으로 이해된다. 그러므로 우리는 종종 자연이라는 단어 그 자체에 지나친 관심을 갖고 자연을 어떤 추상적 과정으로 잘못 이해한다. 그래서 본인은 '천지' 그리고 '천지와 사계절'이라는 용어를 사용한다. 왜냐하면 이 용어들은 시간과 공간의 환경적 특징을 내포하기 때문이다. 먼저 주돈이의 주요한 작품들, 「태극도」와 『태극도설』을 살펴보려고 한다. 이 내용들은 철학자들에게 지대한 영향을 주었고 새로운 철학적 사조를 만들어 냈는데, 이 새로운 철학적 사조는 인간과 자연의 상호 관계를 이해하는 첫 걸음이다.

이 작품들은 중국의 전통적 자연관과 주돈이의 원 번역으로 구성된다. 우주가 기氣라고 하는 기체의 물질로 이루어진다는 소위 음양오행론이 중국의 자연관을 대표한다. 여기서 기를 물질이라기보다는 생명력이나 생명의 에너지로 이해하는 것이 중요할 수 있겠지만, 이러한 해석은 신유교의 철학을 단순히 순수하거나 원시적인 정령신앙(animism)으로 잘못 이해하도록 만든다. 이 논문이 추구하는 목적 중에 하나는 바로 그러한 잘못된 이해를 바로 잡는 것이다.

본인은 생명적 차원보다는 물질적 차원을 강조한다. 기氣의 활동은 우주 안에서 생명의 근원이지만 적어도 『태극도설』에서는 기 자체가 그러한 생명력이라는 주장을 찾을 수 없다. 어떤 면에서는 분명히 생명력인 기氣가 열평형(thermal equilibrium)으로부터 일탈하는 양에 따라 음陰 또는 양陽으로 이해된다. 음이든 양이든 결정하는 것은 기의 에너지적 조건이다. 그러나 이 조건은 상대적이다. 열평형으로부터의 일탈이 기체로 된 물체의 흐름과 순환을 유발하고 그것들 사이의 본성을 교환하도록 한다. 『태극도설』은 기의 두 가지 특징(음과 양)과 그 기원 즉 태극太極과 무극無極에 관해 탐구한다. 이 요소들이 우주 과정의 근거가 된다. 여기서 우리는 모든 물리적 과정들이 열 분배(heat distribution)에 기초하고 있으며 그 다음에 활동(움직임과 고요함)이 출현하는 것으로 이해해야 한다. 균형의 상실은 기를 물리적이나 화학적으로 설명하는 소위 상전이相轉移(phase transitions)로 귀착시킨다. 따라서 적어도 『태극도설』에 기록된 기氣 철학을 단순한 정령신앙으로 간주하는 것은 잘못이다.3)

기氣의 움직임들은 화, 수, 목, 금, 토의 오기五氣를 일으키는 상호작용과 상전이를 가져온다. 이들은 상호작용하고 순환하며 용해시키고 응고시킨다. 그러므로 기氣 철학의 가장 중요한 면은, 자연의 기본 과정들이 소위 상전이라는 물리적 과정을 포함하고, 이 모든 것의 근본적 위상이 바로 기체라는 점이다. 본인은 여기서 신유교와 서양의 사고방식의 근본적인 차이를 발견한다. 왜냐하면 서양철학 전통은 기상(gaseous phase)이나 액상(liquid phase)이 아니라 근본적으로 사물의 고상(solid phase)에 기초하기 때문이다. 이 고상은 서구사상에서 사물과 인간의 개체화 그리고 특수화의 형이상학적 기초가 되고, 인간과 권리에 관한 모든 근대 윤리의 이론적 구성에 필수적이다.4)

---

3) 본인은 氣의 물리적 측면을 두 가지 이유에서 강조한다. 한편으로, 물리적 용어로 기술된 장재의 氣 개념은 「太極圖解」에서 가장 중요하게 발전된 개념이다. 張載, 『正蒙』, 『張載全書』(Taipei: Chung Hwa Book Company, 1976), vols.2~3을 참조하라. 다른 한편으로, 비록 본인은 氣 개념이 갖고 있는 활력적 기능을 부정하지 않지만, 이 측면만을 너무 강조한 나머지 기 자체를 생명의 기원 그리고 가치적인 것으로 여기게 되었다. 이렇게 기를 이해하는 것은 결국 리 개념을 불필요한 것으로 여기게 만든다.

4) John Locke, *Two Treatises of Government*(Peter Laslett[ed.], Cambridge: Cambridge University Press, 1960), pp.285~289. 이 책에서 Locke는 개인의 소유물에 대해 진술한다. Locke는 신이 인간에게 인간 삶에 유용하고 편리하게 사용하라고 이 세계를 주었다고 주장한다. 이를 정당화하기 위해서 Locke는, 모든 인간은 그 자신 안에 소유물을 갖고 있다고 주장한다. 몸 그리고 손은 개인의 소유물이다. 여기서 물론 소유물은 다른 사물들로부터 개체화되어 분리되어 있다. Locke는 "아무 의심할 여지없이, 비록 분수에서 쏟아져 나오는 물은 누구에게나 속하지만,

오행 이론에서 오행은 질서 속에서 생긴다.─목은 화를 일으키고, 화는 토를 일으키며, 토는 금을 일으키고, 금은 수를 일으킨다. 이 생성 관계는 극복의 관계와 대조된다.─목은 토를 극복하고, 토는 수를 극복하며, 수는 화를 극복하고, 화는 금을 극복한다. 오행의 이 두 관계 즉 일으키며 극복하는 관계는 또한 상징적 체계를 구성하는데, 환경적 우주, 인간 본성, 그리고 인간과 우주와의 관계는 이 체계에 의해 설명한다. 공간과 시간의 개념 역시 오행과 관련해서 해석된다. 그러므로 비록 다양한 체계들이 오행으로 이루어지지만, 『태극도설』은 우리에게 오행은 본래적으로 기의 두 가지 특징(음과 양)이라는 점을 인식하는 것이 중요하다고 강조한다.

주돈이는 오행 이론을 설명한 후에 만물의 생성을 남성적 원리인 건乾과 여성적 원리인 곤坤의 상호작용으로 설명한다. 이 쉬지 않고 계속되는 상호작용 과정을 생생(생산과 재생산)이라 한다. 주돈이는 이 개념을 사용하면서 물리적 용어로 우주를 묘사하고 가치 평가적 용어로 인간의 위치를 진술한다. 주돈이는 우주 현상을 기의 물리적 원리에 기초하여 진술할 때 끊임없이 생명을 생산하는 과정이라는 개념을 가지고 물리적, 객관적 설명들을 연결하는 개념을 찾아내려고 노력했다. 생명 생산의 과정은 남성적 원리와 여성적 원리의 상호작용이다. 주돈이의 이러한 생명 생산 과정에 대한 성찰이 그로 하여금 인간 본성과 인간 행위에 대해 평가할 수 있도록 하였다.

인간의 몸은 마음의 기능이 작동한 후에 구체화된다는 주돈이의 주장을 고려할 때, 우리는 그의 비이원론적 마음 개념을 분명히 알 수 있다. 마음은

항아리의 물은 오직 그만이 빼낼 수 있다"고 말했다. Locke는 항아리 안에 있는 물이 개인에 속한 물이라는 점을 암시한다. 소유개념은 개인과 개체물과의 관계를 의미한다. G. E. F Hegel, *Grundlinien der Philosophie des Rechts*(Frankfurt am Main: Suhrkamp Verlag, 1970), pp.115~157을 참조하라.

오행의 본질적이고 물리적인 특성에 의해 조절된다. 오행 속에 그 기원을 두는 다섯 가지 특징적 본성이 외부로부터 작용될 때 다양한 감정이 생기고 행위가 이행된다. 주돈이는, 인간의 만사가 인간과 인간 주변 환경의 상호 작용으로 인해 생기고 인간 마음의 이상적 상태는 외부로부터 자극을 받음에도 불구하고 평정심을 유지하는 것이라고 주장했다. 이 상태는 중용, 바름, 자비, 그리고 옳음의 원리에 의해서 성취된다. (본인은 仁을 인간성 또는 인간됨으로 번역하지 않고 자비[benevolence]로 번역한다. 仁이 본래 인간됨을 의미한다는 것을 아는 독자들은 이것을 못마땅하게 생각할 수도 있을 것이다.)5)

본인이 논문에서 추구하는 목적 중에 하나는 신유교가 중국철학에 공헌한 것을 살피는 것으로, 그것은 인仁을 인간성 또는 인간됨으로 보는 것으로부터 인간과 환경적 우주에 연결되는 가장 근본적 구조로 바꾸어 볼 수 있도록 했다. 그러므로 우리가 계속해서 인간성 혹은 인간됨이라고 번역한다면 우리는 전통적 중국의 인본주의로부터 반인간 중심주의(anti-anthropocentrism) 혹은 역 인간 중심주의(counter-anthropocentrism)로의 전환을 간과하는 것이다. 더욱이 서구 전통의 인본주의를 외적이나 초월적 실재 혹은 신으로부터 유래하는 것이 아니라 오로지 인간적 요인에 대한 고려로부터 유래한 신념과 표준의 체계로 본다면, 본인은 주희의 철학을 반인간 중심주의 그리고 반인간주의로 볼 수 있다고 주장한다.6)

---

5) 본인은 꼭 '자비'(benevolence)라고 표현해야 한다고 주장하지 않는다. 환경 우주의 仁이라고 표현하는 것이 더 적절할 수도 있다. 하지만 '천지 속의 인간성'이라는 표현은 어색할 뿐 아니라 모순적이다. '천지 속의 자비'라고 표현하는 것이 더 적절할 수도 있다. 이러한 이유 때문에 본인은 자비라는 용어를 사용한다. 더 자세한 설명은 Wing-tsit Chan(trans.), *A Source Book in Chinese Philosophy*, pp.788~789; Wing-tsit Chan, "The Evolution of the Confucian Concept of Jen", in *Neo-Confucianism, Etc.: Essays by Wing-tsit Chan*(Hanover, N.H.: Oriental Society, 1969).

본인은 인仁의 의미를 도덕성으로부터 도덕성의 형이상학적 근거로 전환시키는 것은 '생명을 생산하고 또 재생산하는 끝없는 변화의 과정'이라고 믿는다. 기氣의 쉬지 않는 움직임에 의해 모든 생명 있는 사물이 생산되고 생존한다. 천지는 이 생생生生 과정에 의해 양육되고, 모든 생명 양태를 담고 있는 환경적 공간과 시간을 구성한다. 주돈이의 정원에 있는 잡초와 인간들은 모두 이 환경적 공간에서 생산되고 양육된다는 맥락에서, 우리는 왜 주돈이가 잡초를 정원에서 뽑아버리지 않았는지 이해하게 된다. 잡초들이 가진 살려는 의지가 주돈이 자신의 살려는 의지와 같았기 때문이다.

주희의 『태극도설해』

주희의 『태극도설해太極圖說解』는 세계가 어떻게 발생했는지 그 과정에 대해 설명하지 않는다. 주희는 먼저 무극이 있고 난 후에 태극이 있게 된 것이라고 해석하는 것을 막기 위해 본문에서 "~으로부터"라는 단어를 삭제했다. 여기서 주희는 우주가 무無로부터 발전되었다는 도교사상을 철저히 배제한다. 무극, 태극, 음양 그리고 오행은 시간 속에서 우주 발전의 단계를 설명하지 않는다. 오히려 이 개념들은 다른 층層에 관해 설명한다. 이러한 해석 방법을 환경적 우주에 대한 '중층 묘사'(multiple description)라고 한다.

이러한 '중층 묘사' 속에서 주희는 예를 들면 플라톤의 형상이론에서 볼

---

6) 이러한 인본주의의 예를 아리스토텔레스에게서 찾을 수 있다. 그는 인간 행동의 본질을 이해하려고 노력했으며, 인간 마음의 요인들 즉 욕구와 신념의 용어로 인간행동평가 이론을 설명하려고 노력하였다. Aristotle, *Nicomachean Ethics*, books 1, 2, 6, 7 and 10(Oxford: Oxford Classical Texts, 1894)을 참조하라.

수 있는 실체화하는 해석적 원리에 대해 부정적이다. 주희는 생명을 생산하고 재생산하는 끊임없는 과정의 활동을 설명할 수 있는 기본적인 구조를 찾을 수 있다고 생각했다. 그러나 그는 이 구조가 활동들로부터 결코 독립되어 있거나 분리될 수 없는 것이라고 주장했다. 그러므로 주희가 설명의 원리에 대해 탐구하면서 정작 원리의 실체화하는 작업은 거부한다는 것이 왠지 부자연스럽다. 우리는 세계에 근본적 구조를 부여함으로써 그 안에서 우리의 삶이 양육되는 세계를 이해한다. 그러나 이 구조들의 원리는 근본적 구조들로부터 독립하여 어떤 분리된 영역에 존재하지 않는다.

이러한 성찰이 우리로 하여금 서구 전통이 주장하는 우주적 질서와는 아주 대조적인 예를 들면 순차적 생명의 순환과 같은 천지 사이에서 발견되는 질서에 대한 주희의 주장을 인정하게 만든다. 예를 들면 고대 그리스의 질서 개념은 수학적 규칙성 속에서, 별과 행성의 움직임 속에서 현실화된 것이다. 이러한 피타고라스와 플라톤의 견해는 서구 문명에 지대한 영향을 주었다. 수학적이고 결정론적인 물리 법칙들 역시 근대 과학의 탐구 대상이었다. 뉴턴(Newton)의 기계론에 인식론적 바탕을 제공한 칸트(Kant)는 보편적 도덕 법칙을 자유 영역의 본성으로 간주하며, 도덕 법칙을 최고의 가치를 가진 하늘에 빛나는 별들로 간주했다.7) 이 칸트의 철학 전통이 규칙과 법칙을 복합성, 중복성 그리고 변형의 특징이 있는 세계의 생명 있는 것들로부터 분리시켜 버렸다. 이와 대조적으로 신유교 전통은 상전이가 쉬지 않고 계속되는 천지간의 영역인 환경 속에서 전형적인 질서를 보는데, 이 질서는

---

7) Immanuel Kant, *Grundlegung zur Metaphysik der Sitten, in Schriften zur Ethik und Religions-philosophie, Kant Werke*, vol.4(Wiesbaden: Insel-Verlag, 1956), pp.385~463. 계몽주의 정신은 하늘의 빛나는 별들 속에 담겨 있는 보편적 법칙과 실천적 이성의 대상으로서의 보편적 법칙 속에 존재한다는 점을 주목해야 한다.

기상 현상 및 생명의 생산과 재생산을 야기한다.

게다가 이미 앞에서 언급한 바와 같이, 우리는 물질적 본질 개념에서 전통 사이에 중요한 차이가 있음을 발견한다. 기氣가 일종의 생명적 힘 또는 생명적 에너지를 갖고 있는 반면에 서구 전통은 생명 현상을 역동적 힘을 갖고 있지 않는 단순한 물질적 원리로 간주한다. 이러한 주장에 대해 아리스토텔레스(Aristoteles)는 자연의 생명을 가장 중요한 현상으로 여기고 그것들을 생물학적 원리들의 용어로 설명하려고 노력했다고 반박할 수도 있다. 하지만 그러한 탐구 방식은 고대뿐 아니라 근대시대에 천체 운동의 기초에 근거해서 비판받았다. 근대 물리학의 법칙은 비생명적인 것을 그 출발점으로 한다는 점을 기억해야 한다.

만일 우리가 기氣의 생명력만을 지나치게 강조하면 『태극도설』이 강조하고 있는 물질적 실체의 기체 상태를 간과하여 결국 신유교의 신조를 신비화해 버리는 실수를 범하게 된다. 만일 우리가 기의 생명적 힘을 생명적 힘이라고 전제하지 않고 음과 양의 상호작용 과정 속에서 형성된 것으로 인지한다면 주돈이 사상의 철학적 중요성은 그 진가를 인정받게 된다.

『태극도설』의 또 다른 특징은 인간 본성의 오성이 인간 행위와 관계되어 외적 환경에 의해 생기고 외적 환경에 반응한다고 기술하는 것이다. 여기서 선과 악의 분별이 생기고 만사가 생겨난다. 주희는 오성이 곧 다섯 가지 도덕적 원리 인, 의, 예, 지, 신이라고 주장한다. 여기서 놀랍게도 질적 본성(본질)은 윤리적 용어에 의해 특징지어진다.

이상의 논의에 근거하여 우리는 신유교가 세계에 대한 사실적 기술에 근거하여 가치를 판단할 수 있다는 천진난만하고 어쩌면 잘못된 가정에서 출발한다고 생각할 수도 있다.[8] 그러므로 신유교의 입장을 올바로 이해하기 위해서 우리는 왜 주돈이와 주희가 윤리적 용어들을 특징을 기술하는 데 사용하는지를 분명히 알아야 한다. 왜냐하면 육체와 정신의 이원론에 근거하고 있는 사람들은 신유교의 입장을 전혀 이해할 수 없기 때문이다. 어떻게 주돈이와 주희의 철학이 본성과 가치를 동시에 다룰 수 있는가? 다른 사람들이 말하는 것처럼 과연 그들은 순수하게 사실과 가치 간에 영속성이 있다고 가정하는가?

묘사와 평가

여기서 우리는 중층 묘사에서 평가의 용어를 사용하는 주돈이와 주희의 입장이 어떻게 정당화될 수 있는지에 대한 어려운 문제를 다룬다. 이 문제를 풀기 위해서 먼저 오덕의 역사를 간단히 다룬다.

주희는 공자, 증자, 자사 그리고 맹자의 입장을 따른다. 공자는 인仁과 예禮를 의義, 지智, 신信과 비교하면서 강조하였다. 증자는 공자가 말한 인仁을 자신의 본성에 진실하고 다른 사람들에게 베푸는 자비라고 이해했다. 맹자는 4덕을 조직화했고 인仁을 '남의 고통을 차마 보지 못하는 마음'이라고 설명했다. 여기서 우리는 인仁을 인간성으로 대치할 수 있다. 그러나 공자나 맹자는 인仁의 개념을 결코 인간사 영역 넘어서까지 확대하지 않았다. 그러면 어떻게 주돈이와 주희가 이 도덕적 개념들로 세계를 설명할 수 있었을

---

8) 우리는 정보의 사실적 묘사와 평가적 판단 간의 관계 문제를 서술과 처방 간의 관계로 재표현할 수 있다. 처방이라는 개념이 종종 의료나 처치를 의미하기 때문에 환경 문제 속에서의 평가의 문제는 우리 인간의 몸 그리고 그것을 둘러싸고 있는 환경의 건강과 직결된다고 볼 수 있다.

까?

　주돈이는 『태극도설』 마지막 문장에서 『주역』을 평가한다. 『주역』은 주술만이 아니라 인간의 행동과 환경세계의 구조도 설명하는 책이다. 『태극도설』에서 설명하는 음양 이론의 기원은 바로 『주역』이며, 태극이라는 용어는 『주역』 「계사전」에서 인용한 것이다. 『주역』은 그 안에서 자연이 자연 그 자체를 나타내고 인간 행위의 가치가 평가받는 변하는 현상 속에서 불변하는 진리를 탐구한다. 「계사전」은 궁극으로부터 시작해서 복잡하고 다양한 생명체들까지 그리고 인간사를 포함한 모든 현상을 설명하고 있다.

　천의 상징인 건乾은 6양으로, 지地는 6음으로 표기되는데, 각각 천지의 최고로 순수한 움직임을 묘사한다. 이 두 움직임은 서로 반응하여 만물을 생산한다. 건괘는 '원형이정元亨利貞'으로, "창조적 작용들이 성공을 고취하고 인내함으로 더 진전한다"는 주술로 이해한다. 또한 「단전彖傳」은 원형이정의 네 가지 특징을 하늘의 덕에 적용시켜서 기상의 변화를 야기하고(예를 들면 비가 오고 해가 나는 것) 생명을 생산하는 하늘의 네 가지 작용으로 해석하기도 한다. 「단전彖傳」은 다음과 같이 말한다. "그 어떤 방해도 받지 않은 변화와 변혁은 신령한 사람이 그것을 유지할 능력을 가진 태화太和와 영원한 조화를 이루게 된다." 『주역』은 태화太和에 의해 양육되는 자연에서 발생하는 다양한 과정에 관해 언급하는데, 그것은 또한 인간들이 이 태화를 따를 수도 혹은 따르는 데 실패할 수도 있다는 점을 암시하고 있다는 사실을 인식하는 것이 중요하다. 천지의 4중 움직임(the fourfold activities of Heaven and Earth)은 4덕의 특성들에 의해 특징되고 4덕에 응답한다고 해석하기도 한다. 이상에서 간단히 살핀 대로 『주역』은 음양의 생명 생산 과정 속에 가치의 근거가 있다고 본다.

환경적 상관관계의 구조

우리는 분별 있는 사물의 형성 과정을 그것들 안에 구체화되고 정돈된 구조들로부터 구별한다는 주희의 주장을 간과해서는 안 된다. 이 정돈된 구조는 기氣가 응집되고 응고되었을 때 그 구조 안에서 나타나는 유형이다. 기氣는 모이고 어떤 유형들을 형성하는데, 만일 이 모이는 과정이 없다면 유형 그 자체를 볼 수 있는 곳은 그 어디에도 없다. 생명을 갖고 있는 사물의 특정한 본성은 태어남과 성장이라는 본래 유형 그 자체의 종자를 갖고 있다. 하지만 주희는, 이 유형들은 기氣를 떠나서는 존재하지 않으며, 유형이 아니라 바로 물질적 실체가 사물들을 생산한다고 주장한다. 물체적 실체인 기氣가 생명을 생산하고 재생산하는 과정에 존재한다면, 생명을 형성하기 위해서 기가 모으는 것은 리理이다.9)

주희는 『주자어록』에서 인仁을 천지가 우주에서 만물을 생성하는 마음으로 이해했다. 그는 인仁이 세상의 만물을 포용하며 또한 인간의 마음속에 자리한다고 주장했다. 주희는 인仁의 복합적인 특징을 아는 것만으로는 부족하고 왜 그러한 특징을 갖고 있는지를 알아야 한다고 강조했다. 주희는 인간 마음의 덕德인 맹자의 인仁 개념을 설명하면서 천지의 마음이 세상의 만물을 생산한다고 분명하게 밝힌다. 주희는 끓는 물이 수증기를 위로 밀어내고 증기를 순환시키는 증기 찜통의 비유를 사용한다. 밥이 끓는 것처럼 천지 역시 방대한 양의 기체를 내포하고 있다.10) 주희는 사물들을 생성하는

---

9) 리가 기의 유형이라고 말하는 것은 어쩌면 리 개념에 정적인 이미지를 줄 수도 있다. 본인은 여기서 유형을 '역동적 유형의 움직임'이라는 뜻으로 사용한다. 그러므로 리는 단순히 사물들의 유형이 아니라 변화의 유형인 것이다.

10) 『朱子語錄』, 4:1281; 1:4.

끓는 물 이외에 천지에 다른 움직임은 없다고 주장했다. 그는 이 움직임을 '천지심'이라 했다.

증기 찜통의 비유는 주희가 열에 의해 야기되는 물리적 과정을 이해하려고 노력하고 있으며, 기체 상태로부터 액체 그리고 고체로의 상전이 과정을 氣의 기본적 활동으로 간주한다는 점을 제시한다. 이 경우에 氣는 기체 상태에서 평형상태 속에 있지 않고 빠른 순환과 흐름 속에 있으며, 이 순환과 흐름의 과정이 사물들을 생산한다. 주희는 의도를 갖고 있었다. 질서 있는 순환은 종들로 하여금 연속적으로 자기 정체성을 갖게 한다. 만일 천지심이 없다면 소가 말을 낳고 복숭아나무가 자두나무 꽃을 피울 것이다. 이것이, 천지심이 종들의 정체성을 보존하는 행위라는 것을 증명한다. 그리고 이러한 이유 때문에 주희는 理뿐 아니라 천지심을 언급한다.

주희는 또한 기의 순환과 유동이 생명체계 속에서 질서를 생산할 뿐 아니라 그것의 구조를 유지하도록 한다고 주장한다. 만일 순환이 정지되면 구조도 붕괴된다. 이는 하나의 체계를 유지하기 위해서 순환이 필수적 조건이라는 사실을 의미한다. 기의 광대한 순환이 적합한 양의 비와 햇빛을 가져올 때 생명체계들은 생명과 종들의 연속성을 유지한다. 그러므로 기상 순환은 생명체계 안의 질서에 따라야 한다. 살아 있는 생명체인 인간 역시 氣의 활동에 의해 생겨나고 환경 질서에 따라 유지된다. 인간은 결코 이 환경 밖의 외계에 존재할 수 없다는 점을 인식해야 한다. 인간은 장재가 말한 것처럼 천지와 불가분하게 혼합되어 있다.[11]

생명 체계와 그것 주위의 환경 체계는 순환 과정 속에서 존재한다. 환경

---

11) 張載, 『西銘』, 『張載全書』(Taipei: Chung Hwa Book Company, 1976), vol.1.

과 살아 있는 존재들에게 공통적인 질서는, 천체 움직임의 질서를 이해한 아리스토텔레스가 주장한 것처럼 영구불변한 것이 아니다. 오히려 질서는 인간에 의해서도 항상 붕괴될 수 있고 파괴될 수 있는 가능성을 포함한다. 환경질서는 인간과 물리적 연속성을 갖고 있기 때문에 인간의 행위에 의해 영향을 받는다. 하늘과 인간 사이의 통하고 이어진 원리가 이러한 사유를 자연스럽게 발전시킨다. 이 원리에 따르면 인간의 행위는 천지에서 생생의 과정을 도울 수도 있고 방해할 수도 있다.

기체의 조화로운 움직임에 의해 양육되는 질서의 개념은 고대 그리스인들이 이해한 기하학적 질서 혹은 근대 유럽과학이 전개한 기계론적 법칙들과 비교하면 분명해진다. 유럽에서 과학적 탐구의 대상은 복잡한 현상 세계 뒤에 숨어 있는 영구불변하는 질서였다. 이러한 종류의 질서는 오직 순수한 명상의 대상으로 간주되었다. 규칙성을 갖고 있는 이 필연적인 질서는 인간의 행위에 의해서 결코 변형되지 않는다. 이 질서는 인간이 하는 그 어떤 행위에도 영향을 받지 않기 때문에 인간행위 이론에 통합되지 않는다. 이와 대조적으로 기상 이론에 기초하는 질서는 탐구와 행위의 대상이 된다. 기상 이론의 근거는 인간의 생명 체계가 환경적 질서에 의해 유지될 뿐 아니라 그 질서 자체가 인간 행위의 직접적 대상이 될 수 있다는 점이다.

가치의 근거로서의 상관관계

우리가 앞서 본 증기 찜통의 비유와 같이 기의 순환 속에서 나타나는 질서는 물리적 열 현상과 긴밀한 관계가 있다. 음과 양은 본래 언덕의 그늘

진 곳과 빛이 드는 곳이라는 의미를 갖고 있으며 열의 비균형적 분배라는 의미로 표현된다. 『주역』에서 '양'과 '음'이라는 용어는 원문의 '딱딱함'과 '유연함'이라는 용어를 대치했으며, 여기서 우리는 상징체계의 본질에 대한 관점이 다른 곳으로 이동하는 것을 알게 된다. 음과 양에 대한 분명한 언급은 어떻게 기가 순환되는지를 분명하게 알려준다. 왜냐하면 순환과 흐름은 움직임을 야기하는 열을 필요로 하기 때문이다.

시간과 공간 속에서 비균형적 분배가 생긴다는 점에 유념하자. 예를 들면 공간은 방위로 이해된다. 이전의 방위에서 남南은 하늘, 북北은 땅을 가리켰으나 새로운 방위에서 남은 화火 그리고 북은 수水를 의미한다. 여기서 우리는 방위 해석이 열 현상이라는 개념으로 근접하고 있음을 알게 된다. 그러므로 공간은 열의 용어로 해석되고, 시간 역시 열과 관계된 개념들로 특징지어진다. 시간의 진행이 열과 기 순환의 비균형적 분배를 야기할 때 천지에 있는 생명체들을 생산하고 발육시키는 행위들 속에 시간의 네 가지 양태가 나타난다. 이는 열의 순환이 온과 냉 사이의 변화를 일으키고 결과적으로 사계절의 분별을 일으키기 때문이다. 이 시간의 네 가지 양태는 생명에 관한 시간의 네 가지 기능에 해당한다.

주희는, 자연과 가치는 생산하고 발육시키는 음과 양, 온과 냉, 그리고 사계절의 순환이라는 공통적 토대를 갖고 있다고 주장했다. 환경 체계에서 질서는 시공에서 발견된다. 주희는 시간, 날, 달 그리고 연年은 오행에 지나지 않는다고 주장했다. 우리는 여기서 주희의 시간관이 근대 과학의 직선적 시간관과 어떻게 다른지를 분명하게 알 수 있다. 말하자면 생명의 양태와 연관된 기능적 시간이다.

본인이 앞에서 말한 바와 같이 이 질서는 그리스 철학자들이 주장한 것

또 근대 물리학의 관점에서 보는 것처럼 영구불변하는 것이 아니다. 이 질서는 그 자체를 매해 같은 시기에 복숭아나무가 꽃을 피우는 것처럼 그러한 규칙성 안에서 표현한다. 나무들은 온냉의 교환에 대한 응답으로 꽃을 피운다. 그러나 이 응답은 결코 불가피한 일에 의해 결정되지 않는다. 꽃이 피는 시기는 매해 환경 조건에 따라 달라진다. 그러므로 환경 체계와 생명 체계들은 공통적 상관관계의 유형을 갖고 생존한다.

복숭아나무가 매해 꽃을 피우는 그런 규칙성으로서의 유형은 생명의 네 가지 양태이다. 주희는, 봄은 생에 대한 의지 산출, 여름은 의지의 성장, 가을은 의지의 완결, 그리고 겨울은 의지의 보존이라고 말했다. 생에 대한 의지는 계속적으로 순환하는 시간의 기능들에 응답한다. 어떤 의미에서 기체 물질의 순환은 환경 속에서 그들의 생명을 유지하는 네 가지 양태이다. 생명체계는 그 자체를 외부 환경의 순환과 상호 관계화 함으로써 주체성을 유지한다. 우리는 생명의 네 가지 양태의 끊임없는 순환을 실제적 상태일 뿐 아니라 생명 그 자체를 유지하는 필연적 단계로 간주해야 한다. 생명 안에서 순환이 붕괴되고 파괴된다는 것은 생명의 네 가지 단계 즉 산출, 성장, 완성, 그리고 보존이 작용하지 못한다는 것을 의미한다.

생명의 네 가지 양태의 순환은 환경 체계의 기능들이 막히지 않을 때 작용한다. 모든 생명 체계는 기의 순환 속에서 생생生生 과정에 의존하기 때문에, 만일 순환이 균형과 조화를 잃으면 그 생명 체계는 존재할 수 없다. 예를 들면 순환이 막힐 때 생명은 봄에 산출되지 않고, 여름에 성장하지 못하고, 가을에 결실할 수 없다. 여기서 사계절 생명의 네 가지 양태는 윤리적 가치평가의 용어들로 설명된다.

모든 생명 체계와 환경이 갖고 있는 이 상관관계가 가치의 기초이다.

주희는 살아 있는 생명체가 존재를 유지하기 위하여 갖는 특질을 '생의 의지'와 연결한다. 주돈이가 말한 의지 역시 이것이다. 정호는 만물 속에 있는 생의 의지를 그 사물이 생기는 시점에 볼 수 있으며 그것이 모든 선善 중에서 지고의 선(仁)이라고 말했다. 또한 정호는 선의 토대를 생명의 네 가지 양태의 순환 과정에 둘 수 있다고 하였다.

선의 토대로 돌아감

시간과 공간 속에서 근본적인 순환 패턴인 도道를 서구 전통의 자연법과 비교하는 것은 흥미로운 일이다. 왜냐하면 도道를 따른다는 것이 필연적으로 결정된 것을 의미하지 않기 때문이다. 도道는 넓어서 사람들이 도道로부터 벗어날 수도 있다. 기능적 시간과 공간의 실존은 균형 있고 조화로운 기氣의 움직임들에 의존하고 있고 이 모든 과정을 도道라고 한다. 인간들은 이 위대한 조화를 방해할 수도 파괴할 수도 있다. 그러므로 최고선은 이 위대한 조화를 유지하는 것이다. 주희는 아직 알려지지 않은 새로운 가치를 발견하려고 하지 않았다. 오히려 그는 우리에게 그것에 의해 인간과 환경의 상관관계가 양육되는 근본을 탐구하라고 강조한다. 이것이 선의 토대이다. 우리는 상관관계를 모든 생명체의 근본적 가치를 포용하는 생명의 양태로 이해할 수 있다.

만일 본인의 주장이 옳다면 우리는 주희의 사상을 진보와 진화의 용어로 특징지어진 서구사상의 가치 개념과 대비할 수 있다. 진보는 아직 존재하지 않은 것 혹은 현재 존재하는 생명 체계보다 더 좋은 것을 갈망하는 인간의 욕구에 근거한다. 그리스 철학자들은 이런 종류의 선을 추구했다. 예를 들면 소크라테스(Socrates)는 잘사는 것이 단순하게 사는 것보다 더 중요하다고 주장했다. 플라톤(Platon)은 변하는 이 세상 영역 밖에서 보편적, 불변하는 선을 찾으려고 했다. 아리스토텔레스는 최고선을 항성들의 움직임 속에 보이는 규칙성에서 발견하려고 했다.

근대 철학과 과학 역시 항성들의 움직임과 같은 현상들 속에서 자연법칙을 찾으려고 했으며, 인간의 내적 지성 속에서 도덕법칙을 찾으려고 했다. 이러한 전통에서 외적 자연과 내적 자연은 인간 이성 혹은 욕망에 의해 그 가치가 향상되는 조정과 정복의 대상으로 여겨졌다. 이러한 논리를 따르면 선이라고 생각되는 것들이 자연 속에 실재하는 것들보다 더 좋은 것이 된다. 과학과 기술의 발명품들은 인간이 그것들을 연구하기 이전에는 존재하지 않았던 산물들이다. 이러한 전통이 갖고 있는 선의 토대는 인간과 자연의 상관관계 속에 있지 않고, 인간 마음속에서 자연과 분리된 인간의 지성 속에 있다.

자연과 가치가 갖고 있는 상관관계를 숙고하는 우리가 다루어야 할 가장 심각한 문제는 공해와 그것이 초래하는 결과들이다. 특별히 우리는 화학물질 그리고 핵물질들이 가져오는 환경오염의 문제를 심각하게 생각해야 한다. 왜냐하면 환경오염은 생명의 산출과 생생의 연속성을 위태롭게 하기 때문이다. 대량생산, 소비 그리고 인공적 물자들을 포기하는 것이 선을 실현화하는 인간 행위이다. 인간은 자신들이 만든 가치 기준에 의해 그러한 물자들을 생산해 왔고, 이 인공적 사물들은 그것들의 창조의 토대를 위협한다. 이러한 상황은 인간과 외부 환경과의 충돌이 아닌 인간이 갖고 있는 가치의 충돌로 이해된다. 분명한 것은 환경 문제들이 단순히 우리를 둘러싸고 있는 주위의 환경 문제가 아니라는 사실이다. 오히려 인간과 자연 환경과의 상관관계에 응답하는 가치들의 갈등이다.

주희의 관점에서 우리의 상황을 본다면, 자연 속에 실재하는 것들보다 더 좋은 것처럼 보이는 사물들은 오직 인간들이 그것들의 생명을 환경과 관련 있는 생명체계로 유지한다는 조건에서만 가치를 갖고 있다. 생명 체계들이 의존하는 그 토대가 인간의 선을 포함한 모든 가치의 기원이다. 주희는 인仁이라고 불리는 토대로 되돌아가야 한다고 주장한다. 그러므로 이런 의미에서 인을 결코 인간성 혹은 인간됨으로 간주해서는 안 된다. 신유교가 이룬 최대의 업적은 인仁을 다르게 해석한 것이다. 인仁의 본래적 의미인 인간성 혹은 인간됨을 생명체들과 자연 사이의 상관관계적 활동과 기능으로 바꾸었다.[12]

결론

사람들은 소위 환경윤리를 말하면서 관점을 인간중심주의로부터 환경 중심주의로 전환되어야 한다고 주장한다. 또한 인간 혹은 권리 등의 개념을 더 광범한 의미로 사용할 때 그러한 전환이 가능해진다고 주장한다. 하지만 이 개념들은 본래 개별화되고 서로 차별화된 인간만을 위해 사용되었다. 이 는 그러한 윤리적 탐구가 사물들의 고체 단계에 기초하고 있다는 사실을

---

12) 본인은 주희의 환경철학을 서구사상이라는 정황으로부터 분리해서 혹은 독립적으로 연구하지 않는다. 오히려 서구사상의 관점에서 동아시아라는 정황을 연구한다. 왜냐하면 우리가 당면하고 있는 환경 문제들은 근대화의 과정 속에서 당연하게 받아들인 세계관을 재숙고함으로써 자연에 대한 인간의 태도를 연구할 것을 요구하기 때문이다.

의미한다. 만일 이 개념들을 땅, 물, 공기로 확대한다면 우리는 이러한 의도가 인공적이며 정당화할 수 없는 조작된 개념들을 포함한다는 점을 반드시 인식해야 한다. 왜냐하면 대부분의 환경은 기체와 액체로 구성되어 있기 때문에 개별화될 수도 차별화될 수도 없기 때문이다. 그러므로 환경 문제들은 이러한 의도를 위협한다. 만일 신유교가 환경철학에 공헌할 수 있는 것이 있다면 그것은 '생명체들과 가치들의 근거인 자연과의 상관관계'를 가치와 인간행위 이론에 접합시키는 하나의 방법론을 제공하는 것이다.[13]

---

13) 우리가 물어야 할 중요한 질문 중의 하나는 '우리가 신유교 전통의 근거들을 일본, 한국 그리고 중국에서 찾으려 노력함에도 불구하고 왜 정작 독창적 환경윤리 또는 환경철학이 일본, 한국, 중국에서 나오지 않았는가'라는 것이다. 일본이 1950년대 그리고 1960년대에 혹독한 환경오염으로 어려움을 겪고 있을 때, 신유교는 자연과 사회 즉 사실과 가치를 구별하지 못하는 낙관주의적, 전근대적 철학이라고 비판받았다. 모순인 것은, 대지는 경제적 자원으로 간주되었고 인간에게 혜택을 가져다주는 목적으로 개발되고 파괴되었다는 것이다.

율곡 우주론의 생태론적 암시들

노영찬

유학자들은 도학자들이나 불교학자들보다 늦게 생태론의 문제를 다루는 작업을 시작했다. 우리가 직면하고 있는 생태계의 위기에 기독교가 어떤 면에서 책임이 있다고 각성하는 기독교 신학자들도 '환경적으로 옳음'을 추구하기 위해서 성서, 특히 창세기의 창조기사를 재해석한다. 기독교인들이 창세기에 기록된 자연에 대한 지배권의 의미를 재해석하고 있음에도 불구하고, 일부 신학자들은 기독교 전통이 생태 위기를 불러왔다고 주장한다.

도교 그리고 도교의 해석자들과 달리 유교는 환경 문제에 직접적으로 연결되지 않으므로, 우리가 당면한 생태적 문제에 대한 대답을 갖고 있는 것처럼 가장하지 않는다. 하지만 우리는 유교에서 생태적 관심에 대해 중요한 철학적이고 영적인 자료들을 발견할 수 있다. 우리의 임무는 생태계의 문제를 해결하는 데 유교가 실용적이며 타당한 전통이라는 것을 증명하는 것이 아니다. 우리가 해야 할 일은 유교를 다른 종교 전통들과 비교하는 것이다.

기독교의 접근 방식은 주로 '참회적', '속죄적' 그리고 '재구성적이다'.

한편 도교는 '교훈적'이며 '직설적이다'.[1] 유교의 접근 방식은 '참회적', '재구성적'이지 않고 오히려 '탐구적'이다.—유교의 생태적 암시 그리고 특히 신유교의 우주론을 상술함에 있어서 탐구적이다.

생태계와 유교의 우주론

방법론적 관점에서 보면, 생태론 전개 발전에 가장 바람직한 방법은 우주론에서 생태론적 영역을 찾아내는 것이다. 생태론적 관심은 관점 또는 실재에 대한 통합적 비전 혹 일원론적 비전인 세계관[2]을 다루어야 한다. 생태계(Ecology)라는 용어는 그리스어로 집(oikos)과 관계가 있다. 집은 넓은 의미에서 '주거'하는 곳으로, 개인적, 사회적 그리고 우주적인 의미에서 집이 바로 오이코스(oikos)이다. Eco-logy는 logos of oikos(우주의 논리적 체계) 그리고 oikos of logos(인간적 논리 또는 지적 체계를 포용하는 집)라는 두 가지 의미를 갖고 있다. 전자는 우주에 인간의 지적이고 논리적인 체계를 강요하지만, 후자는 인간으로 하여금 우주가 작동하는 방식 그대로 받아들일 것을 강조한다. 우리는 오이코스(oikos)에 적용할 때 로고스(logos)의 역할, 인간의 지적 이성적 체계를 심각하게 고려해야 한다. 생태계가 로고스의 영역 안에 있는지 있지 않는지가 근본적인 문제이다. 생태계가 우주에 대한 인간의 논리적 또는 관념론적

---

1) Huston Smith는 "Tao Now"라는 제목의 논문에서 이러한 입장을 설명하고 있다. "Tao Now: An Ecological Testament", in *Earth Might Be Fair: Reflections on Ethics, Religion, and Ecology*(Ian G. Barbour[ed.], Englewood Cliffs, N.J.: Prentice-Hall, 1972), pp.62~81.
2) 본인은 Ninian Smart가 "worldview analysis(「세계관의 분석」)"에서 말한 것에 따라 세계관이라는 용어를 사용한다. Ninian Smart의 저서를 참조하라. Ninian Smart, *Worldviews: Crosscultural Explorations of Human Beliefs*(New York: Scribner's, 1983).

분석인가? 그래서 우주에 대해 인간의 로고스를 적용하는 것인가? 만일 그렇다면 이 로고스의 본성과 특징은 처음으로 문제와 위기를 만들어 낸 로고스와 똑같다. 서구 문화에서 체계화되고 발전된 로고스 개념은 철저하게 인간중심주의적이다. 서구 문화의 인간중심주의와 기독교 우주론이 서구 문명의 과학적 기술적 향상의 근저에 흘러왔다.

> 과학과 기술은 기독교인들과 신유학자들뿐 아니라 자신을 기독교 이후 시대의 인간으로 간주하는 사람들이 자연에 대해 갖는 태도에 기초해서 성장해 왔다. 코페르니쿠스의 혁명적 사고에도 불구하고 여전히 우주는 우리의 작은 지구를 돌고 있다. 다윈의 진화이론에도 불구하고 우리 마음속에 우리는 여전히 자연의 과정 속에 속하지 않는다. 인간은 자연보다 우위에 있으며 자연을 경멸하며 인간의 일시적인 생각을 위해 사용할 의지를 갖고 있다.[3]

인간 그리고 천지는 신유교의 우주론에서 우주 안 적합한 위치에 놓여졌다. 유교생태론은 대지뿐 아니라 우주에도 중점을 두어야 한다. 진정으로 지구를 돌보는 생태론을 발전시키기 위해서 우리는 '인간 중심적' 혹은 대지를 중시하는 '지구 중심적' 관점을 '우주 중심적' 관점으로 전환시켜야 한다. 지구는 우주와의 연관 속에서 이해되어야 하며, 이런 의미에서 생태론은 우주론의 타당한 정황 속에서 그 자리를 찾아야 한다. 타당한 우주론 없이 타당한 생태론을 전개할 수 없다. 우주론에 기초하지 않은 생태론은 불완전하며 그러한 생태론은 인간 중심적 생태론을 형성하여 결국 지구가 인간에게 종속되게 한다. 지구를 이해하는 타당하지 않은 우주론적 과학적 태도나 사

---

3) Lynn White, Jr., "The Historical Roots of Our Ecologic Crisis", in *Western Man and Environmental Ethics: Attitudes toward Nature and Technology*(Ian G. Barbour[ed.], Reading, Mass.: Addison-Wesley, 1973), pp.27~28. 이 논문은 Science 155(March 1967), pp.1203~1207에 실렸다.

고방식들은 인간을 그들의 주거지역으로부터 고립시켰다.

그러므로 타당한 생태론을 논하기 위해 먼저 적합한 우주론을 발전시켜야 한다. 본인은 여기서 우주와 인간에 대해 종합적 견해를 제시한 한국의 신유교 사상가 율곡 이이(1536~1584)의 사상을 근거로 신유교 우주론을 전개하려고 한다. 첫째 본인이 이해하는 생태계는 논리적, 과학적 방식으로 환원될 수 있는 그러한 생태환경 체계가 아니기에 법칙(nomos) 즉 규칙과 법칙의 용어로 설명할 수 없다. 우주적 주거(cosmic dwelling)의 의미를 추구함에 있어서 본인은 집의 법칙(nomos of oikos)을 추구하지 않는다. 또한 집의 신비를 법칙의 차원으로 축소시키지도 않는다. 본인은 집이라는 개념을 파악하려는 것이 아니라 전유하는 하나의 확실한 방식을 추구하는 것이다. 둘째로 여기서 우주론은 우주에 대한 이성적 혹은 논리적 분석을 의미하지 않고 개방된 조직 체계를 의미한다. 이 개방된 조직 체계가 환원시킬 수 없고 다 써버릴 수 없으며 설명할 수 없는 우주현상의 양상을 가능하게 한다.

유교의 우주론

유교 우주론의 일원론적 비전

율곡 이이가 전개한 신유교 우주론은 우주와 세계를 '우주적 인간'(cosmo-anthropic)이란 용어로 설명한다. '인간적 우주'(anthropocosmic)라는 용어가 우주가 아닌 인간이 중심이라는 점을 암시하기 때문에 본인은 '인간적 우주'라는 용어 대신에 '우주적 인간'이라는 용어를 사용한다. 생태 위기의 근원은 과

학적이고 인간 중심적 세계관이다.(프로타고라스: 인간이 만물의 척도이다.) 인간 중
심적 세계관이 인간은 만물의 중심일 뿐 아니라 만물의 척도라고 주장하는
반면에, 우주 중심적 세계관은 인간이 아니라 우주로부터 시작한다. 신유교
전통의 가장 중요한 공헌은 우주론에 대한 관심뿐 아니라 인간 중심적 세계
관으로부터 우주 중심적 세계관으로의 전환이다. 그래서 태극, 음양, 오행,
리理, 기氣 등과 같은 신유교의 핵심 개념들은 모두 우주론적 개념과 존재론
적 개념으로 시작한다. 유교는 신유교의 우주론이 전개되기 훨씬 전부터 이
미 우주와 인간 간의 일치를 강조하는 우주적 인간의 세계관을 갖고 있었다.

> 오직 천하의 지극한 정성에 이른 자만이 자기가 타고난 성덕을 모두 발휘할 수
> 있다. 자기의 성덕을 모두 발휘할 수 있는 자는 미루어 남의 성덕도 모두 발휘하
> 게 해 줄 수 있다. 이렇게 사람들이 가지고 있는 성덕을 모두 발휘하면 천하 만물
> 의 성덕도 모두 계발할 수 있다. 천하 만물의 성덕을 모두 발휘하면 천지가 화육
> 한 물성이 인문세계 창조에 쓰일 수 있게 도울 수 있다. 인간을 비롯한 만물이
> 모두 천지가 화육해 준 공능을 문화 창조에 쓴다면 천지가 문화 창조를 통해 대
> 성하는 것을 도울 수 있다. 사람이 이렇게 인간의 문화 창조력으로써 천지가 화
> 육한 만물 역시 각기의 공능으로 문화 창조에 기여할 수 있게 해 준다는 것은
> 궁극적으로 천지인天地人 삼합三合(三材之道)을 주도하여 미완의 천지를 대성의 천
> 지로 만드는 것이 된다.4)

『중용』 22장은 우주와 인간 사이의 일치와 상호작용에 대해 설명한다.
뿐만 아니라 성誠 개념은 인간을 천지와 연결하는 데 핵심적 역할을 한다.
하지만 가장 복잡하고 상세한 우주론은 신유교 시대에 정립되었다. 예를 들

---

4) Wing-tsit Chan(trans.), *A Source Book in Chinese Philosophy*(Princeton: Princeton University Press, 1963), pp.107~108; 김충열, 『김충열 교수의 중용대학 강의』, 223~224쪽.

면 성의 개념은 도덕적 또는 윤리적 중요성을 넘어서 형이상학적 심지어 영적인 의미를 담고 있다.5) 『중용』이 담고 있는 우주론은 성이 인간으로부터 시작해서 천天과 지地에까지 이른다고 주장하는데, 인간의 연장선상에서 성을 해석한다는 의미로 보면 분명히 "인간 우주 중심적"이다. 한편 어떤 신유학자들은 우주론적, 존재론적 개념들에 근거한 우주론을 전개하였다. 예를 들면 태극은 모든 신유교 우주론을 관통하는 근본적 우주론적 개념들 중 하나로 우주, 자연 그리고 인간을 관통하여 하나로 통합하는 개념이 되었다. 이런 면에서 태극은 '우주적 인간' 비전의 토대이다.

"사람이 도를 넓히는 것이지 도가 사람을 넓히는 것이 아니다"6)라고 주장한 공자 및 그를 포함한 원시유교의 주장과는 달리, 신유교는 인간의 방식과 천의 방식의 내적 연합을 명백하게 추구하였다. 신유교에서 성인은 바로 인간의 방식과 천의 방식을 연결하는 사람이다. 비록 『중용』이 천지인 삼합三合이라는 용어를 제공했지만 인간과 우주를 연결하여 천지인 삼합 개념의 우주론적 중요성을 전개한 것은 바로 신유교이다. 예를 들면 신유교의 리와 기 개념은 우주론적, 존재론적 개념 그리고 '인간학' 개념이 되었다. 리는 우주론적 개념일 뿐 아니라 인간 본성과 연관된 인간학적 그리고 도덕적 개념이었다. 그래서 신유교를 종종 '성리학'이라고 한다.

기 개념 역시 우주, 자연, 인간의 관계에 근거해서 발전되었다. 주돈이와 장재 그리고 조선의 화담 서경덕(1489~1546)과 율곡 이이 등의 신유학자들은 기를 우주의 기원과 연결하고 우주의 역동적 과정을 인간의 감정 및 활

---

5) 誠의 종합적 이해를 위해서 본인의 저서를 참조하라. Young-chan Ro, *The Korean Neo-Confucianism of Yi Yulgok*(Albany: State University of New York Press, 1989), pp.75~110.
6) 『論語(Analect)』, 15:28 in Chan, *A Source Book in Chinese Philosophy*, p.44.

동의 영역과 연결하여 발전시켰다. 율곡과 더불어 조선 성리학의 창시자인 퇴계 이황(1501~1570)은 리 개념이 내포하고 있는 도덕적이고 윤리적인 의미들을 더 명백하게 하였다. 퇴계와 율곡은 리와 기 개념에 근거해서 통일성 있는 우주론을 전개하려고 노력하였다. 퇴계는 리가 도덕적 특성을 갖고 있는 반면에 기는 도덕적 특성을 갖고 있지 않다고 주장하면서, 소위 리와 기의 이원론적 이해에 근거한 '인간학적 우주론'(anthropological cosmology)을 전개하였다. 퇴계는 리가 선의 내재적 도덕성을 내포한다고 주장했다. 리가 내재적으로 도덕성을 포함한다는 것이 퇴계 인류학적 우주론에 토대가 된다. 퇴계는 인간 본성과 리는 동일하므로 리는 선해야 한다고 주장했다. 하지만 율곡은 리와 기를 이원론적으로 보지 않고, 리와 기 모두 내재적 도덕적 특징을 갖고 있지 않다고 주장했다. 오히려 리와 기는 우주론적 개념들인데 인간이 도덕적 영역에 연관되어 있기 때문에 리와 기가 인간에게 적용될 때 도덕적 의미를 갖게 된다고 하였다.

여기서 우리는 다른 두 가지 우주론을 본다. 퇴계가 리와 기에 근거하여 우주론을 전개한 반면에 율곡은 그 어떤 인간학적 우주론을 가정하지 않고 우주론을 전개했다. 율곡은 리와 기를 근본적이고 본래적으로 가치중립적인 우주론적 개념들 혹은 존재론적 개념들로 보았다.

다른 말로 하면 퇴계는 신유교의 핵심 개념인 리와 기를 인간학적으로 해석하는 반면에 율곡은 우주론적으로 해석한다. 이 두 가지 다른 접근 방식은 사단칠정론四端七情論, 인심도심논쟁人心道心論爭 이해에 지대한 영향을 준다.[7] 첫째, 논쟁은 사단(맹자가 말하는 인간의 도덕적 특징)과 칠정(『중용』에 언급된

---

7) 사단칠정논쟁은 한국 신유교가 이룬 최고의 업적이다. 다음의 3가지 책에서 이 주제를 다루고 있다. Michael Kalton et al., *The Four-Seven Debate*(Albany: State University of New York Press,

인간의 감정)에 관한 것이다.

논쟁의 초점은 사단과 칠정이 감정인가, 그리고 그것들이 어떻게 리와 기에 연결되는가였다. 인심人心과 도심道心의 논의는, 인심은 흔들리는 반면에 도심은 쉽게 인지할 수 없다는 점을 언급한다. 그러므로 적합하게 도덕적으로 분별한다는 것은 어려운 일이다.

유교의 생태 우주론을 논하면서 반드시 고려해야 할 다른 이슈는 인간이 다른 존재들과 동일한 리를 공유하면서도 어떻게 여전히 다를 수 있는가라는 바로 호락논쟁湖洛論爭이다.[8] 이 논쟁은 보편성과 특수성의 문제를 다룬다. 율곡은, 리는 보편적이라서 인간과 다른 모든 존재가 동일한 리를 공유하지만 동시에 리 역시 개별자 안에서 하나의 특정한 원리가 된다고 이해했다. 율곡은 리와 기의 관계를 리통기국理通氣局 즉 리는 보편적으로 통하고 기는 개체에 국한된다고 주장했다.[9] 율곡에게 있어서 리는 보편적인 반면에 기는 이 보편적 리를 특정적으로 그리고 특별하게 만든다. 율곡의 이론은 보편성과 특별성의 용어로 인간과 다른 모든 존재 간의 관계에 대해 논쟁을 벌인 호락논쟁에 영향을 끼쳤다. 다른 신유교 사상가들과 마찬가지로 율곡은 리를 태극으로 이해했다. 태극은 우주적 보편적 원리일 뿐 아니라 개별적 존재의 원리이다.

1994); Edward Y. J. Chung, *The Korean Neo-Confucianism of Yi T'oegye and Yi Yulgok*(Albany: State University of New York Press, 1995); Young-chan Ro, *The Korean Neo-Confucianism of Yi Yulgok*.

8) 호락논쟁은 사단칠정논쟁에 이어 벌어진 한국 신유교의 대표적 논쟁이다. 이 논쟁은 인간의 본성 그리고 다른 동물들/사물들의 본성을 다루기 때문에 생태론적으로 의미가 있다. 현상윤, 『조선유학사』(민중서관, 1949), 284~287쪽; 배종호, 『한국유학사』(연세대학교 출판부, 1974), 210~240쪽을 참조하라.

9) 리통기국론은 『栗谷全書』, 권10, 26a(vol.1, 209쪽)에 기록되어 있다. Chung, *The Korean Neo-Confucianism*, p.114에 인용. 그리고 p.252의 주)186을 보라.

일자—者이며 다자多者로서의 태극

    태극은 통합의 원리이며 다양화와 증식의 원리이다. 역설적으로 태극은 최고로 보편적이면서도 최고로 구체적이다. 율곡에게 있어서 태극은 우주의 일반적 원리이며 인간을 포함한 모든 개별자가 갖고 있는 특정적 원리이다. 이 태극은 음과 양의 변형 속에 존재한다. 음과 양은 태극의 상징이다. 다른 말로 하면 음과 양이 태극의 집이다. 태극은 음과 양 없이 그 자체로 존재할 수 없다. 태극은 오직 음과 양의 상호작용을 통해서 그 자체를 드러낸다. 음양은 존재와 생성의 우주적, 역동적 과정이다. 존재의 양태, 현시의 방식, 그리고 태극의 표현 양식은 모두 음양의 상호 작용 속에서 발견된다. 바로 이러한 이유 때문에 본인은 음양을 하나의 '개념' 혹은 '관념'이라는 용어로 표현해서는 안 된다고 생각한다. 오히려 음양을 하나의 '상징'으로 이해해야 한다.10) 본인의 견해로는, 리와 기는 개념적으로 구성된 반면에 태극과 음양은 신유교 우주론의 상징적 표현들이다. 음양의 상징은 동아시아뿐 아니라 미국에서도 널리 알려진 상징들 중에 하나이다. 역사적으로 신유학자들은 음양의 상징과 태극을 그들의 우주론의 도형으로 사용하였다. 기능적으로 음양과 태극은 대한민국의 국기에서 보는 것처럼 종종 하나의 상징으로 결합되어 있다.

    비록 우리들은 음양과 태극의 상징을 인식은 하지만 이 상징의 참된 의미와 중요성을 완전하게 깨닫지는 못하고 있다. 우리는 신유교 우주론을 개

---

10) 본인은 상징(symbol)을 복합적, 통전적, 직관적, 즉시적인 앎의 방식으로 표현한다. 상징은 합리적 혹은 개념적 과정을 거치지 않고 실재를 이해하는 독특한 능력을 갖고 있다. 본인은 이런 점에서 음양과 태극은 개념이 아니라 상징이라고 주장한다. Paul Tillich, Paul Ricoeur, Raimon Panikkar와 같은 서구 학자들은, 우리가 율곡의 『주역』이 가진 상징적 구조와 우주론적 개념들, 태극과 음양에 대한 접근을 잘 이해할 수 있는 방식으로 상징의 의미를 해석하였다.

념적 차원과 상징적 차원의 두 가지에서 이해해야 한다. 여기서 상징적이라는 말은 결코 단순히 형식절차를 의미하는 것이 아니라 개념을 넘어서 실재에 접근하는 통전적 접근방식을 의미한다. 신유교 세계관의 복합성과 풍요성은 우주론적 상징들인 태극과 음양 그리고 리와 기의 개념적 틀 간의 내적관계 속에 있다. 인식론적으로 말하면 개념은 실재의 합리적 구조를 이해하기 위해 만들어졌다. 반면에 상징은 합리성 너머에 있는 것 즉 실재가 갖고 있는 신비성의 진가를 깨닫기 위해서 사용된다. 예를 들면 『주역』에 나오는 64괘卦를 포함한 삼효三爻와 육효六爻는 기계론적 표상들이 아니라 우주의 실재를 설명하는 상징적 표현들이다. 『주역』에 나오는 숫자들과 형상들 혹은 삼효는 특정 실재들에 상응한다. 하지만 신유교의 리와 기에 대한 논증은 대부분 개념적으로 구성되어 있다.

신유학자들의 우주론에 대한 관심은 주역에 대한 재발견과 재해석으로부터 비롯되었다. 우리가 율곡에게서 볼 수 있는 것처럼 신유학자들의 우주론, 존재론 그리고 인간학은 지대하게 『주역』의 영향을 받았다.

그렇다면 왜 율곡은 『주역』에 관심을 가졌으며 무엇이 그로 하여금 『주역』 해석에 열정을 갖게 했는가? 율곡은 『주역』이 설명하는 우주론적 구조뿐 아니라 상징적 체계를 이해하기 위해서 『주역』을 진지하게 탐구했다. 소옹(1011~1077)의 상수象數 우주론에 지대한 영향을 받은 율곡은 리와 기를 음양과 태극에 적용하였다. 율곡은 신유교의 리와 기를 우주의 존재론적 실재를 분석하는 개념적 틀로 사용한 반면에 『주역』에 나오는 음양과 태극은 우주의 신비를 이해하는 데 사용했다. 율곡은 「역서책曆書策」에서 숫자와 표상에 나타난 우주의 상징적 구조를 설명하고 있으며, 「천도책天道策」에서 우주 안에 존재하는 만물들을 이해하기 위해 리와 기의 관계 그리고 리와 기의 합리적 구조를 분석한다. 기는 본질의 원인이며 리는 존재의 이유이다.[11] (말하자면 신유교의 존재론적 증명이다.) 율곡은 우주 안에 존재하는 것들의 상태와 우주 그 자체를 이해하기 위해서 상징적 구조와 개념적 틀을 결합하였다. 바로 이 점이, 율곡이 신유교 우주론과 존재론에 특별하게 공헌한 것이다. 율곡에게 있어서 우주는 단순히 인간에 의해 분석되는 하나의 대상이 아니라 진가를 인정받아야 하는 그리고 인간과 조우하는 하나의 주체이다. 율곡은 우주를 이해하는 종합적 방식과 우주와 연결하는 타당한 방식을 발전시켰다.

율곡은 「역서책」에서 우주를 이해하고 우주와 연결하는 데 필요한 다음의 세 가지 틀을 제시하였다.

1. 『주역』에 나타난 상징적 체계와 주역에서 사용하는 숫자들은 우주가 하나의 고정된 물리적 대상 혹은 하나의 기계적 실재가 아니라는 점을 분명하게 보여 준다. 오히려 우주는 살아 있고 활기 넘치며 변화하는 실재이다.
2. 우주는 단순히 물리적 실재가 아니라 해석적 실재이다. 표상들과 숫자들 그리고 육효를 통해서 우주를 이해하고 해석하는 것은 우주의 복합적 과정 속에서 중요하다. 이러한 이유로 인해서 우주에 대한 인간의 이해와 해석이 바로 우주 존재의 일부분이 된다. 이는 율곡의 우주론적 구성에서 분명하게 드러난다. 비록 우리가 주역에 나타나는 우주에 내재하는 상징적 체계들을 갖고 있다고 해도 중국 주나라

---

11) 『栗谷全書』 vol.1(성균관대학교 출판부, 1971), 308쪽(권14, 55b).

의 문왕, 주공, 그리고 공자 세 명의 성현들은 주역의 숫자와 표상들의 중요성을 인식했고 이 지식을 후대에 넘겨주었다.[12] 인간은 우주의 상징적 구조를 이해하는 해석적 과정에 있어서 능동적 작인이다. 성인은 우주의 소리를 듣고 우주와 상호 작용하며 우주를 해석하고 우주와 소통하는 진실한 인간이다.

천지는 숫자로 (우주의 의미를) 세상에 보여 주기 위해 성인을 기다린다. 성인은 원리를 세상에 보여 주기 위해 기술된 문자의 실마리를 기다린다. 천은 성인을 낳아야 하고 성인은 세상에 보여 주기 위해 기술된 문자의 실마리를 생산해야 한다. 이것이 자연의 응답이며, 하늘의 신비와 인간과의 상호 작용이다.[13]

또한 성인은 우주와 상호 작용해야 한다.

성인의 덕은 천지와 일치한다. 성인의 영특함은 마치 해와 달과 같다. 성인의 질서는 사계절과 일치한다.[14]

3. 우주는 특정 원리와 규칙성을 갖고 있는 개방된 체계이다. 예를 들면 64괘는 제한된 변형되는 숫자인 것 같지만, 그것들이 상징적 형태를 가질 때 우주 안에서 무한한 가능성들을 제공할 수 있다. "일반적으로 우리는 64괘의 제한된 변형들에 대해서는 알고 있지만 64괘의 무진정한 기능들은 알지 못한다."[15] 이 가능성들과 변형들은 내재적 패

---

12) 『栗谷全書』 vol.1(권14, 48b).
13) 『栗谷全書』 vol.1(권14, 49a).
14) 『栗谷全書』 vol.1(권14, 50b).
15) 『栗谷全書』 vol.1.

턴들, 규칙들 그리고 리에 의해 운용된다. 이 역동적 과정의 원리와 패턴들을 도道라고 한다. 그러므로 우주 안에 있는 모든 존재 그리고 우주 그 자체도 리에 의해 운용된다. 이런 의미에서 율곡에게 우주는 철저한 무질서가 아닌 질서 있는 우주(cosmos)로서, 폐쇄된 체계가 아니라 개방된 체계이다.

우주의 존엄성과 신비

율곡은 인간이 지식이나 사고과정을 통해 우주를 완전히 이해할 수 있다고 믿지 않았다. 그는, 우주는 합리적 혹은 개념적 틀로 환원되지 않는 하나의 신비라고 믿었다. 신비의 영역이 우리로 하여금 우주를 존엄하다고 느끼게 만든다. 그러므로 우리는 우주에 대해 경외심을 갖는다. 우주는 우주 자체를 우리에게 '숨기는' 만큼 역시 우리에게 '분명하게 드러낸다.' 이것이 그 자체를 정의하지 않고서 드러내는 상징의 힘이다. 우주는 드러내고 인간(성인)은 우주의 의미를 판독하거나 혹은 우주의 작용을 이해하려고 노력한다. 유교의 성인이 점성가일 필요는 없다. 그러나 유교 우주론의 가정들과 그것들이 인간에게 주는 암시들을 이해할 수 있어야 한다. 이런 이유 때문에 현자 왕들도 맹목적으로 마술 혹은 점을 믿지는 않았지만 우주의 신비에 귀 기울이고 그들의 한계를 절실하게 인식하면서 마술과 점을 사용했다.[16] 이러한 태도가, 우리가 우주를 볼 때 일종의 경외감을 갖게 되는 하나의 신비한 그릇으로 인식하게 만든다. 신유교의 마술 혹은 점은 결코 우주를 결정론적이나 운명론적으로 인식하게 하는 것이 아니라 오히려 인

---

16) 『栗谷全書』 vol.1(권14, 51a).

간과 우주의 상호 연관관계를 인식하도록 한다. 율곡에게 있어서 우주는 지배되어야 할 하나의 대상이 아니라 이해해야 할 주체이다. 하지만 이것은 인간이 우주에 종속되어야 한다거나 우주가 인간의 지식의 대상으로 인간에게 종속되어야 한다는 것을 의미하지 않는다. 오히려 율곡은 인간과 우주의 관계를 '주체와 객체의 관계'로 보지 않고 '주체와 주체의 관계'로 보았다. 인간은 자신을 대상의 차원으로 환원시키지 않고 하나의 주체로 우주에 접근할 수 있다.—인간은 우주에 종속되지 않으며 또한 우주를 정복해야 할 하나의 대상으로 취급해서도 안 된다. 이 상호주관성(間主觀性)이 유교의 성인이 우주에 대해 갖고 있는 관계를 나타낸다.

율곡의 태극과 음양에 대한 접근 방식

율곡의 태극에 대한 접근 방식을 주돈이(1017~1073)의 방식과 비교해 보자. 주돈이는 우주의 질서를 탐구하며 신유교 우주론을 발전시킨 위대한 사상가이다. 주돈이에게 있어서 태극은 만물의 제일원인第一原因이었다.

> 태극이 움직여 양을 낳고, 움직임이 극에 달하면 고요해지며, 고요하면 음을 낳는다. 고요함이 극에 달하면 움직임으로 되돌아간다.[17]

여기서 태극은 음과 양을 낳는 만물의 원천 혹은 기원이다. 이는 태극이 음과 양의 제1차적 원천이라는 것을 의미한다. 이는 매우 논리적이며 개념적이고 체계적인 설명이다. 이러한 우주론은 인간적, 합리적 개념을 우주에 강요한다. 하지만 소옹과 율곡은 태극을 논리적이 아니라 상징적으로 이해

---

17) 周敦頤, in Chan, *A Source Book in Chinese Philosophy*, p.463.

했다. 예를 들면 율곡은 우주를 분석하고 개념화하며 합리화하는 것보다는 우주의 신비를 관찰하는 것에 더 관심을 갖고 있었다. '관찰'한다는 단어는 '수동적'이라는 의미를 내포한다.─우주를 이해하기 위해 인간을 우주 아래에 위치시킨다. '분석'은 '능동적' 의미를 내포한다.─인간이 우주를 개념화하기 위해 우주 위에 위치한다. 인간은 상징에 속할 수 있고 혹은 상징의 부분이 될 수는 있지만 상징을 소유할 수는 없고, 인간은 하나의 개념을 창안하거나 혹은 만들 수 있지만 그 개념에 속할 수는 없다.

율곡은 태극을 물리적 실재로 이해하지 않고 음양 움직임의 현상, 현시로 이해했다. 태극은 음양의 움직임이기 때문에 태극은 음과 양에 동등하게 존재한다고 보았다. 음과 양의 교체와 성쇠는 인간이 거주하는 우주를 체험하고 이해하기 위한 최고로 심오한 상징적인 방식이다. 이런 방식으로 우주는 인간의 '연구' 혹은 '분석' 대상이 아니라 인간 모두가 관찰하는 신비인 것이다.

만일 태극이 음과 양의 상호작용 속에 존재하며 태극이 그 상호작용으로부터 독립적으로 존재하는 것이 아니라면 왜 우리는 태극을 필요로 하는가? 태극은 우주와 만물 속에서 어떻게 작용하는가? 율곡은 태극에 대해 다음과 같이 서술했다.

> 만물이 하나다. [이 하나가] 오행이고, 오행이 하나이다. [이 하나가] 음과 양이고 음양이 하나다. [이 하나가] 태극이다. 태극은 우리가 그것의 이름을 짓도록 강요할 때 우리가 짓는 이름(상징)에 지나지 않는다. 그것의 체體는 역易이며 그것의 리理는 도道이며 그것의 용用은 신神이다.[18]

---

18) Young-chan Ro, *The Korean Neo-Confucianism of Yi Yulgok*, p.30.

우주의 현상은 인간의 논리적, 합리적, 분석적, 체계적 그리고 과학적 탐구의 대상이 아니라 오히려 인간이 그것으로부터 배우고 그것에 귀 기울이며 그 진가를 인식하고 관찰하는 하나의 주체이다. 율곡은 우주가 하나의 통합적 실재이기 때문에 자연과 우주를 통전적으로 접근해야 하는 하나의 주체로 다루었다. 대상을 (주체-객체 관계에서) 조사할 때 우리는 개념과 분석의 과정을 사용할 수 있다. 그러나 주체를 다룰 때 (주체-주체 관계에서) 우리는 통전적, 복합적, 즉시적, 그리고 직각적 접근 방식(본인은 이를 상징적 접근 방식이라고 부른다)을 필요로 한다. 율곡은 우주를 '하나'로 인식했고 음양의 뒤얽힌 작용과 오행의 작용을 관찰했다. 율곡은 또한 태극의 본성을 음양 상징의 교체와 연합 속에서 보았다. 율곡에게 태극은 실체, 변화, 그리고 현시의 조화이다. 율곡이 태극을 통전적, 복합적으로 이해하는 것은 율곡의 태극에 대한 삼위일체적 사상 즉 '체體', '원리'(理), '용用'에 기인한다. 주돈이와 달리 율곡은 태극의 체體를 변화로 이해했다. 태극은 정적 개념이 아니라 역동적이며 살아 있는 상징이다. 율곡은 본질론자도 실체론자도 아닌 변화를 체로 볼 수 있었던 예리한 관찰자였다.

　　이 변화를 주도하는 원리를 도道라고 부른다. 여기서 도는 음과 양의 미묘한 교체이다. 태극의 기능은 이해할 수 없고 설명할 수 없는 그러나 만물 속에 존재하는 신령이다. 율곡이 태극을 이해하기 위해 화엄불교에서 널리 알려진 개념적 틀인 체體와 용用이란 용어를 사용하는 것에 주목할 필요가 있다. 율곡은 태극의 체와 용을 변증법적 이분법으로 이해하지 않고 상호작용의 미묘한 움직임으로 이해했다.─체體는 체 없는 변화이고 용用은 이해할 수 없는 신비이다. 다음과 같이 기술할 수 있다. '태극의 작용 또는 기능은 이해할 수 없는 신비이며 태극의 체體는 반드시 변화되어야 한다.' 여기서 신령은 유교의 영성을 반영하는 것으로 존재와 생성되는 물체의 고유한 일부이다.

율곡이 그의 「역서책」에서 사용하는 접근 방식은 통전적이고 복합적이며 태극의 용의 신비와 섬세함을 강조한다는 점에서 신비적이다. 그는 「천도책」에서 우주의 구체적 현상들을 더 분석적이고 상세하게 설명한다. 우리가 지금까지 살핀 대로 율곡은 우주의 현상들을 음과 양의 용어로 설명했다. 그러나 「천도책」에서 음과 양이 어떻게 가능하게 되었는가를 설명하기 위해 리와 기의 개념을 도입한다.

> 기가 움직일 때 그것은 양이고, 기가 움직이지 않을 때 그것은 음이다. 그러므로 양과 음은 두 가지 다른 요소들이 아니라 기의 두 가지 모습 혹은 현상이다. 그러나 기가 음과 양의 원천(음이 되거나 혹은 양이 되는 원천)인 반면에 그것의 변화를 지배하는 법칙은 리이다.[19]

율곡은 더 나아가서 우주의 리와 기를 인간에게 연결한다.

> 인심과 천심은 동일하다. 인심이 올바를 때 천심 역시 올바르다. 인간의 기가 질서를 가질 때 천지의 기 역시 질서를 갖는다.[20]

율곡의 기氣 개념은 그의 우주론을 반영한다. 우리는 율곡을 리理주의자 또는 기氣주의자라고 분류하지 말아야 한다. 그는 비이원론자이다. 그는 리로 표현되는 우주의 형이상학적 구조나 개념적 구조에 관해 관심이 없었으

---

19) 『栗谷全書』, 권14, 55.
20) 『栗谷全書』, 권14, 55b.

며 또한 리를 포기하지도 않았고 기만을 중시하지도 않았다. 그는 기氣로 나타나는 구체적인 형태나 모양을 갖지 않는 오로지 개념으로서의 리理를 인정하지 않았다. 기氣의 작용은 언제나 기묘하고 신비로워서 우리는 미리 구조된 합리적 체계나 리理의 논리적 과정으로는 그 작용을 이해할 수 없다. 대신에 언제든지 어디서나 기가 현시될 때 리는 거기에 존재한다. 율곡은 "기는 생기고 리는 탄다"라고 표현했다. 이런 의미에서 율곡은 기氣주의자일 수 있다. 그러나 그는 결코 기氣일원론자가 아니었다. 율곡은 우주를 리의 체계나 구조를 통해 결코 이해할 수 없다고 생각했기 때문에 리와 일치하는(모순이 없는) 우주론을 구성하고 개발하는 것을 원치 않았다. 오히려 율곡의 접근 방식은 기를 관찰하고, 기의 진가를 인식하며, 다양한 기의 작용을 보면서 감탄하는 것이었다. 그리고 율곡은 보편적 공식이나 합리적 체계를 강요하지 않으면서 리가 어떻게 만물 속에 본래적으로 존재하는지를 겸손하게 연구하였다.

우주론적 생태론을 지향하며

본인은 이 논문에서 율곡의 우주론을 구성하는 것이 아니라 율곡의 우주론적 접근 방식 속에 담겨 있는 생태론적 중요성을 찾아내려고 노력하였다. 신유교 우주론은 유교 혹은 신유교 전통이 갖고 있는 생태론적이며 환경윤리를 탐구하기 이전에 신유교가 갖고 있는 생태론적 영역들을 탐구하는 데 좋은 자료가 될 수 있다. 우리는 오로지 유교와 신유교의 단편적 가르침에만 의존해서 유교 환경윤리를 급하게 구성하려고 하지 말고, 생태 체계라는 관점에서 유교 전체를 봐야 한다. 신유교 우주론은 인간과 대지를 우주와 연결하는 이러한 성찰에 분명한 기초를 제공한다. 하지만 주희朱熹와 한국에서 주희 분야에 최고의 권위자인 퇴계와 같은 위대한 신유학자들이 인간의 관점에서 우주를 이해하는 인간 중심적 우주론을 추구했다는 점을 인식해야 한다. 그렇지만 율곡은 인간의 가치들에 의존하지 않는 우주적 관점에서 우주론을 추구하였다. 즉 율곡은 리와 기와 같은 신유교 개념들이 도덕적 중요성이나 인간적 가치들을 갖고 있다고 생각하지 않았다.

유교생태론을 전개하기 위해서 우리는 무엇보다 먼저 생태론을 인간중심주의로부터 해방시켜야 한다. 유교 인간주의는 결코 인간중심주의가 아니다. 유교 인간주의는 인간의 이익추구를 넘어서 인간을 천지와 연결시키는 독특한 인간주의이다. 유교 인간주의는 인간을 단지 인간의 관점에서만이 아니라 우주적 관점에서 이해한다. 인간의 중요성은 천天이 품부한 잠재성을 실현하는 천지와의 관계성 속에서 발견된다. 성인은 천天이 품부한 가능성을 완전히 실현하는 사람이다.

유교의 성인은 "내가 원치 않는 일은 남에게 강요하지 말라"[21]는 상호호혜성(reciprocity)을 진정으로 실천하는 사람이다. 내가 원치 않는 일은 다른 인간에게뿐 아니라 사회적 측면에서 자연과 우주에게도 강요하지 말아야 한다. 이런 면에서 유교 인간주의는 천지, 자연과 우주와의 상호적 관계 속에 기초하고 있다. 상호성은 인간이 받아들일 때 성취된다. 이런 점에서 유교의 성인은 천지의 징후들을 분별할 수 있는 수용적인 사람이다. 관찰과 분별은 수용성을 통해 성취된다.

---

21) 『論語(Analects)』, 15:23 in Chan, *A Source Book in Chinese Philosophy*, p.44.

그러므로 생태론은 우주의 기이함, 신비 그리고 고통을 '보고' '들으면서' 자연과 우주와의 상호적 수용성에 근거해야 한다. 인간적 우주론이 아닌 우주론적 인간학의 발전을 위해 필요한 것은 수동적이고 수용적인 측면이다. 인간은 인간의 합리성 혹은 우주에 강제로 부과되는 로고스가 아닌 우주의 관점에서 이해되어야 한다.

인간적 우주론에 근거한 생태론은 다른 형태의 인간중심주의인 인간 중심적 생태론이 될 수밖에 없다. eco-logy라는 단어가 어쩌면 본인이 이 논문에서 추구한 내용과 일치하지 않을 수 있다. 우리는 인간을 우주에 개방하고 또 우주로부터 배우는 우주론적 생태론을 발전시켜야 한다. 생태론이라는 용어가 잘못 인도하는 개념이기 때문에 어쩌면 우리는 자연과 우주를 수용하는 태도를 표현하는 다른 적합한 용어를 찾아야 할지 모른다.[22]

우주론적 생태론은 우주에 관한 논리나 체계가 아니라 우주를 인식하는 것이다. 성인은 지혜를 성장시키는 사람이며, 천지에 응답하고 그것을 느끼기 위해서 보고 듣는 기술을 개발하는 사람이다.

---

22) 예를 들면 Raimon Panikkar는 'ecosophy'라는 용어를 사용한다. Raimon Panikkar, "Ecosophy", *The New Gaia: The World as Sanctuary*(Gregory, Miss.: Eco-Philosophy Center) 4, no.1(winter 1995), pp.2~7.

생태론적 우주론으로서의 기철학

메리 에블린 터커

서론

20세기 후반 인류가 당면하고 있는 생태계의 위기는 인간이 자연과 물질로부터 철저하게 고립되었다는 사실을 반영한다.[1] 대지와의 관계를 재정립하려고 노력하는 인간은 물질과 물질성의 본질적 의미를 상실하였다.[2] 현대인들은 인간 공동체와 물질적 교환의 영역에서뿐 아니라 자연과 상호작용 하는 영역에서도 고립감을 느끼고 살아간다. 토마스 베리(Thomas Berry)는 인간이 자연세계와의 상호작용 속에서 일종의 자폐증을 앓고 있기 때문에 이 증세를 극복하기 위해서는 새로운 우주론과 문화적 부호가 필요하다고 주장했다.[3]

---

1) 이 논문은 Christopher Key Chapple(ed.), *Ecological Practice*(Albany: State University of New York Press, 1994)에 실린 본인의 논문 "An Ecological Cosmology: The Confucian Philosophy of Material Force"를 수정한 것이다.

2) 종교역사학자 Charles Long의 논문을 보라. "Matter and Spirit: A Reorientation" in *Local Knowledge, Ancient Wisdom*(Steven Freisen[ed.], Honolulu: Institute for Culture and Communications, East-West Center, 1991).

3) Thomas Berry, *The Dream of the Earth*(San Francisco: Sierra Club, 1988); Thomas Berry and Brian

21세기에 적합한 종합적 우주론을 개발하기 위해 우리는 다른 세계관, 철학 그리고 종교를 재점검해야 한다. 분명한 것은 동아시아 유교 전통 안에 다른 사람들이 어떻게 자연과 인간의 역할을 이해했는지에 관한 풍부한 자원이 있다는 것이다. 초기 유교는 인간이 천지와 삼합을 이룬다고 주장했으며, 『주역』은 자연의 역동적 상호 관계를 기술했고, 신유교는 리理와 기氣의 관계에 대한 복잡한 형이상학적 논의를 전개했다. 이러한 유교 세계관은 현대인들에게 재성찰할 수 있는 풍부한 자료들을 제공한다. 이 논문은 현재 우리가 당면하고 있는 생태계의 위기 속에서 물질과 정신의 관계 성찰에 절대적으로 필요한 새로운 관점을 제공하기 위해서 유교의 기철학氣哲學을 다룬다.

기 개념은 중국의 초기 원시유교 시대에서 생겨났고, 물질과 에너지로 구성된 실재에 대한 통일된 비전을 제시한다. 신유교 시대의 기철학은 기氣를 물질과 에너지의 심오한 상호 연결자로 이해하면서, 형이상학적으로 발전한다. 이러한 기 이해는 윤리와 경험주의에 새로운 암시를 주고 또한 물질의 중요성을 강조하는 세계관을 제공한다. 윤리적으로 기 개념은 인간과 자연을 기의 단일한 연속성의 일부로 존경하는 현세적 영성의 근거를 제공하고, 경험적으로 기 개념은 이 세상에 존재하는 물질, 감각적 지식, 사물 탐구의 중요성을 확증하는 근본적 이유를 제시한다. 기철학은 물질과 정신, 마음과 몸으로 나누는 서구의 이원론적 사고를 넘어서는 비非이원론적 우주론을 제공한다.

Swimme, *The Universe Story: From the Primordial Flaring Forth to the Ecozoic Era*(San Francisco: Harper San Francisco, 1992)를 보라.

기철학

  기철학은 개인의 수양, 도덕적 원리의 이해, 그리고 인간과 역동적으로 변화하는 자연과의 관계를 중시하는 신유교의 관심에 반대되는 것이다. 신유학자들은 '천지의 화육化育을 효과적으로 돕기 위해'[4] 기를 통하여 인간과 자연의 관계를 형이상학적으로 이해하려고 노력하였다. 이 논의들이 때로는 추상적, 이론적인 것으로 보였지만, 형이상학, 윤리학, 그리고 경험주의에 실질적인 암시들을 제공하였다. 또한 그것들은 물질, 몸, 인간의 감정, 변화, 그리고 자연세계 탐구의 중요함을 확증하는 심오한 현세적 영성의 우주론적 근거를 제공하였다.

  기철학은 가장 위대한 신유학자 주희朱熹(1130~1200)의 사상 속에서 리와 기의 애매모호한 관계로부터 생겨났다. 주희의 리기이원론理氣二元論을 지지하는 학자들과 기일원론氣一元論을 주장한 사람들은 논쟁을 시작했다. 이 논문은 기철학을 고대 유학자 맹자 그리고 신유학자 장재(1020~1077)의 사상에서 살피고, 기철학이 중국의 나흠순(1465~1547), 일본의 가이바라 에키켄(貝原益軒, 1630~1714)의 사상 속에서 어떻게 진화되었는지 논의한다. 먼저 이 주제를 새로운 생태론적 관점들과 연결해 논의해 보자.

---

4) 『中庸(*Doctrine of the Mean*)』, 22장 in *A Source Book in Chinese Philosophy*(Wing-tsit Chan[trans.], Princeton: Princeton University Press, 1963), p.108.

생태론적 우주론인 기철학의 중요성

18세기 프랑스 계몽주의가 남긴 가장 중요한 유산 중에 하나는 물질과 정신을 분리시킨 것이다. 이에 지대한 영향을 받은 후대 종교인들은 물질의 가치를 유린하였다. 인간들은 자연을 자신들이 조종할 수 있는 물질과 동일시하였기 때문에 자연에 대한 존엄성은 사라졌고 그 대신에 자연을 개발하기 시작했다. 인간들은 자연을 모든 생명의 근원으로 존경하지 않고 단지 인간에 의해 사용되는 하나의 '자원' 정도로 여겼다. 우리는 다양한 전통으로부터 배우면서 물질적 실재를 단순히 죽어서 영혼이 없는 사물이 아니라 생명, 역동성, 에너지 그리고 변혁적 가능성을 갖고 있는 그 무엇으로 새롭게 이해해야 한다.

우리는 물질과 에너지가 단순히 기계적 과정이 아니라 영적 과정이라는 사상을 회복해야 한다.[5] 근대 의식은 물질에 대한 감수성을 제거하였고 그 결과 우리는 문화의 위기, 환경의 위기, 그리고 영혼의 위기에 직면하게 되었다. 인간은 자연, 우주, 그리고 다른 종들과 생명 형태들이 상호성을 갖고 있다는 사실을 잊어버렸다. 또한 인간을 일종의 초월적 존재로서 영적 특혜

---

5) Pierre Teilhard deChardin이 이해하는 바와 같이 영과 물질은 본래적으로 연결되어 있다. 그에게 있어서 물질은 내면성(interiority)과 가해성(intelligibility)을 발산한다. 인간의 반사 능력은 단순히 진화 과정의 추가부분이 아니라 진화 과정 그 자체로부터 발생한 것이다. 그러므로 심리적, 물질적 영역들은 서로 그리고 함께 진화된다. 이런 점에서 보다 크고 복잡한 것의 진화와 함께 보다 큰 심리적 의식이 발생한다. 다음의 책을 참고하라. Pierre Teilhard deChardin, *The Phenomenon of Man*(New York: Harper & Row, 1959).
Teilhardian의 전통을 따르는 Thomas Berry에게 있어서 우주를 지배하는 세 가지 원리는 차별화(differentiation), 주관성(subjectivity) 그리고 영적 교섭(communion)이다. 주관성은 물질의 내면성을 정의하는 것이며 생명력으로 각 생명체들의 원리를 조직한다.(Berry의 *Dream of the Earth*를 참조하라.) Brian Swimme에게 있어서 우주의 숨겨진 본질은 빅뱅으로부터 현재까지 계속 발산하는 에너지로 물질을 조명한다.

를 누리는 존재로 간주하고 물질적 세계로부터 인간들을 빼내었다.

기철학은 이런 점에서 다음의 7가지 공헌을 할 수 있다.

1. 후대 종교 전통 속에서 여전히 현존하는 자연에 기초한 토속 종교의
   상호 연결적 세계관의 연속을 보여 준다. 다른 말로 하면, 기는 자연
   과 밀접한 관계를 갖고 있는 토착 전통의 초기 종교 세계관과 자연을
   넘어서는 초월을 강조하는 후대 종교 전통의 종합을 반영한다. 이 종
   합은 유교의 내재성과 초월성의 상호 엮음을 표현한다.
2. 다양한 생명 형태의 자기 정체성과 다름을 이해하는 우주론적 근거를
   제공한다. 기가 만물 속에 흐르지만 기가 각 개별체의 다름의 근거가
   된다는 점을 인식함으로써 기가 살아 있는 만물이 함께 공유하는 근
   거라고 주장한다.
3. 인간의 마음을 자연에 연결할 것을 권장하여 모든 생명을 갖고 있는
   형태와 상호 관계성을 맺을 수 있는 근거를 제공한다. 실제로 종합적
   환경 윤리의 기초를 제공한다.
4. 우주의 활력과 생기를 인식하는, 특히 인간과의 관계에 있어서 우주
   안에서 발생하는 변화와 변혁에 대해 설명한다.
5. 펼치고 변혁하는 우주 안에서 인간의 역할을 확증한다. "인간은 천지
   화육을 돕는다."[6] 실제로 인간은 천지인 삼합을 이루고 삼합의 주요
   한 일부가 된다. 이러한 의미에서 기철학은 정적주의를 거부하고 세
   상에서 역동적인 활동을 강조하는 토대가 된다.

---

6) 『中庸』, 22장 in *A Source Book in Chinese Philosophy*(Chan), p.108.

6. 만물이 기로 이루어지고 기가 다른 인간 및 공동체와 동일성을 갖는 다는 상황을 제공하기 때문에 기철학은 사회윤리와 정치윤리에 암시를 제공한다. 유학자들 특히 교육받은 학자, 관료들은 이러한 동일시함과 사회적 정치적 참여가 자비심을 갖고 있는 정부와 인간사회를 만드는 데 필수적이라고 믿었다.

7. 기철학은 또한 소위 실학實學이라고 불리는 일종의 경험주의를 암시한다. 기철학은 역사, 농업, 자연사, 의학 그리고 점성술과 같은 주제들에 대한 탐구를 통한 '격물格物'을 권장하였다.

기氣

천룽제(陳榮捷)는 기氣를 물질과 에너지를 갖고 있는 기氣라고 번역했다. 그는 신유교 전통에서 리理 개념이 발전되기 이전에 기는 '피와 숨과 연관된 심리적, 물리적인 힘'[7)]으로 이해되었다고 언급한다. 그는 기를 물질과 에테르(ether, 가상적인 매질)로 정의하는 것은 기의 한 면만을 언급하기 때문에 타당치 않다고 주장했다.[8)]

기氣라는 용어는 초기 중국사상의 『주역』에서 음양 그리고 오행이라는 우주론적 개념들로 표현되었다. 고대 중국의 맹자는 기를 '몸을 채워 주는 것'[9)]이라고 말했다. 이런 정황에서는 기를 생기 혹은 생력으로 번역할 수

---

7) Chan, *A Source Book in Chinese Philosophy*, p.784.
8) Chan, *A Source Book in Chinese Philosophy*.
9) 『孟子(Mencius)』, 2A,2.

있다.10) 맹자는 사람의 몸을 채워 주는 기는 지志를 따른다고 했다. 기를 자극하지 말고 막지 말며 기가 한결같이 흐를 수 있도록 하라고 말했다. 기를 보존하면 천지 사이에 가득 차게 된다.11) 맹자는, 기는 지극히 크고 지극히 굳센 것으로 말로 설명하기 어렵다고 말했다.

> 그 기는 지극히 크고 지극히 굳세다. 그것을 곧게 길러서 해가 되는 것이 없으면 천지天地 사이에 가득 차게 된다. 그 기는 의와 도를 연합한다. 그것이 없으면 심적으로 허탈해진다. 그것은 축적된 의로부터 생겨나는 것이지 의가 밖으로부터 엄습해 와서 그것을 잡아내는 것은 아니다. 행동하는 것이 마음에 통쾌하지 않으면 심적으로 허탈해진다.12)

이 심리－물리적 에너지는 인간을 다른 모든 생명체와 연결하기 때문에 신중하게 수양되어야 한다. 다른 말로 하면 인간 안에 있는 기는 자기수양을 통해서 양육될 수 있는 특별한 형태의 물질적 에너지이다. 이것이 인간에게 도덕적이고 물리적인 건강을 부여하고, 다른 사람들을 존경하는 근거를 제공한다. 이와 마찬가지로 온 우주 역시 기로 가득하다. 인간의 기氣뿐 아니라 자연 속에 이 에너지와 연결되어 있는 의식을 조성함으로써 우리는 우주의 역동적, 변혁적 과정 속에 온전한 동참자가 된다. 왜냐하면 기는 도덕적이며 물리적이고 영적이며 물질적인 삶의 근원이 되는 통일성이기 때문이다. 이 개념들은 장재, 주희 그리고 다른 신유학자들에 의해 전개 발전되었다.

---

10) Chan, *A Source Book in Chinese Philosophy*, p.784.
11) Chan, *A Source Book in Chinese Philosophy*.
12) 『孟子』, 2A.2.

장재의 기 개념

장재는 기를 모든 창조물에 흐르는 역동적, 물리적인 힘으로 해석함으로써 신유교 사상에 지대한 공헌을 하였다. 기는 자기 스스로 발생하는 변혁의 지속적 과정이다. 음양의 변화하는 패턴이 기의 역동적 움직임의 기초가 된다. 그러므로 모든 변화는 원칙(理)에 의하여 생긴다. 이 원칙, 변화의 패턴은 단순히 반복적이거나 고정된 독립체가 아니다. 각 사건, 사물, 사람은 독특하며 기의 지속적인 전개과정 속에서 도덕적 가치를 갖는다. "형성과 변혁을 통해 만들어진 것 중에서 동일한 것은 하나도 (우주 안에서) 없다."13) 그렇다면 끊임없이 변하는 기의 특성은 우주 안에 내재하는 패턴과 독특함을 드러내는 그것의 역동적인 힘이다.

장재는 기를 태허太虛와 동일시함으로써 신유교 형이상학 발전에 공헌을 하였다. 탕쥔이(唐君毅)는 이것을, 장재가 기 개념을 진陳과 한漢의 학자들이 발전시킨 도교와 불교의 공空 개념과 종합한 것으로 해석한다.14) 탕쥔이가 말하는 장재의 이러한 종합은 수직적, 수평적 차원이 있다. 장재는 수직적 차원에서 근본적으로 존재와 비존재의 통합을 주장하는 근거를 제공함으로써 불교와 도교가 갖고 있는 공과 비존재 개념에 도전한다. 수평적 차원에서는 기의 공허함으로 인해 생기는 변화와 상호교제에 대한 형이상학의 설명을 제공한다. 이 두 가지 차원은 장재의 심론心論의 근거가 된다. 장

---

13) Huang Siu-chi, "Chang Tsai's Concept of Ch'i", *Philosophy East and West* 18(October 1968), p.251을 인용하였다. 첫 단락에 나타나는 여러 가지 개념들은 Huang의 논문에서 영향을 받았다는 점을 밝힌다.

14) T'ang Chun-i, "Chang Tsai's Theory of Mind", *Philosophy East and West* 6(July 1956), p.121. 唐君毅의 수직적 그리고 수평적 종합이라는 개념이 이 논문의 요점이다.

재는 인간의 마음과 우주적 질서가 기의 원리를 통해 내적으로 연결되었다는 점을 주장하였다. 인간은 모든 변화의 형태 배후에 있는 기의 근원적인 통일성을 이해하는 잠재력이 있다. 더욱이 인간은 기의 지속적 융합과 발산을 이해하는 것을 통해 만물과 상호 주관적인 감정이입을 할 수 있는 능력을 갖고 있다.

장재의 수직적 차원: 형이상학적 암시들

장재는 자신의 기의 개념을 전개함에 있어서 이전의 신유학자들이 그랬던 것처럼 『주역』으로부터 가장 중요한 영감을 받았다. 장재의 우주론은 기를 태극과 동일시하는 특징을 갖고 있다. 장재에게 있어서 기의 두 가지 측면은 체體와 용用이다. 태허太虛라고 불리는 체는 근본적으로 비非차별화된 물체적 힘인 반면에 용은 태화太和라고 불리는데 통합과 비통합의 연속적 과정이다. 기의 이 두 가지 다른 측면은 존재와 비존재 그리고 보이는 것과 보이지 않는 것의 근원적인 통일성을 확증하는 중요성을 갖고 있다. 그러므로 내부의 영과 외부의 변혁은 기의 지속적인 출현과 사라짐이라는 전체의 한 부분으로 이해되었다. 기의 실재를 이해하는 사람은 기는 결코 파괴되지 않으며 변화된다는 즉 "변화의 신비를 통하게 된다"[15)는 점을 이해하게 된다. 다시 말해 사물들의 형태가 지속적으로 변화함에도 불구하고 그 변화 속에 "유와 무의 변치 않는 일치가 존재한다."[16)

---

15) Chang Tsai, "Great Harmony", in *Sources of Chinese Tradition*(Wm. Theodore de Bary, Wing-tsit Chan, and Burton Watson[comp.], New York: Columbia University Press, 1960), p.467.

장재의 형이상학적 견해는 인간 안에서 영적 성장의 역동성과 연결되는 변화에 대해 종합적인 설명을 한다는 점에서 중요하다. 그는 변화를 목적을 갖고 있는 과정으로 확증하고, 인간은 자신을 변화와 동일시하여 사물들의 변혁 속에 동참할 것을 주장한다.

장재는 존재가 무無로부터 생겨난다고 주장하는 도교의 입장 그리고 인간이 실재에 대해 착각하고 있다고 주장하는 불교의 입장과 다른 자신의 견해를 제시한다. 그는 현상계를 기의 표현으로 이해한다. 더욱이 그는 비존재를 현상이 사라지고 절멸하는 공허로 이해하지 않는다. 오히려 '기는 융합과 혼합을 통해서 변혁되기 때문에'17) 장재는 긍정적인 의미에서 비존재를 생명과 생성과 변혁의 원천으로 간주한다. 장재는 "기가 태허에서 모이고 흩어지는 것은 마치 얼음이 물속에서 얼고 녹는 것과 같다. 만약 태허가 '기'(물질적인 힘)와 동일하다는 것을 깨닫는다면 비존재는 없다는 것을 알 수 있다"18)고 말했다. 그러므로 태허는 우주의 창조성과 풍요성의 표현되지 않은 측면이고, 태화는 표현된 측면이다. 이 둘은 분리되어 있지 않다.

궁극적으로 산출하는 것과 산출된 것 그리고 체와 용 사이의 이중성을 극복하기 위해서 장재는 기를 태허라고 했다. 그는 "누가 '태허가 기를 산출한다'고 말한다면, 그것은 '태허는 무한한 반면에 기는 유한하고 체와 용이 다르다'는 것을 의미한다. 이러한 사고는 유와 무의 지속적 일치성의 원리를 이해하는 데 실패하게 만든다."19) 탕쥔이는 기와 공허를 동일시하는 장

---

16) T'ang Chun-i, "Chang Tsai's Theory of Mind", p.123.
17) 張載, 『正蒙(Correcting Youthful Ignorance)』 in A Source Book in Chinese Philosophy(Wing-tsit Chan[trans.], Princeton: Princeton University Press, 1963), p.503.
18) 張載, 『正蒙』 in A Source Book in Chinese Philosophy, p.503.
19) Huang Siu-chi, "Chang Tsai's Concept of Ch'i", p.253.

재의 수직적 측면이 결국 지속적 일치성의 중요성을 인식하게 하였다고 말한다.

장재의 수평적 차원: 윤리적 암시들

탕쥔이는 기의 수평적 측면이 사물들의 지속적 교섭과 생성을 설명하는 기 자체의 공허성이라고 말했다. 변혁은 사물들의 상호 파악과 상호 관통[20]에 의존한다. 그런데 공空(비움)이 간주관성(intersubjectivity)의 모체가 되기 때문에 만물 속에 기를 비우지 않고서는 생겨날 수 없다. 그러므로 사물과 사람은 기의 공허성의 상호 공명을 통해 서로서로에게 독특한 선물이 될 수 있다. 탕쥔이는 "사물이 다른 사물과 상호교섭을 할 때 그 공허로 다른 사물을 내포하고 파악한다"[21]라고 말한다. 공허성으로 인하여 교섭이 생기고 변화가 가능하게 된다. 공허를 통하여 사물들이 "에테르를 발산하고 그 자체는 다른 사물들로 연장시키기 때문에 생성과 변화가 생긴다."[22] 장재는 융합과 발산을 연장과 변혁으로 표현한다. 이 두 가지 원리를 통해 기 안에서 변화는 연속성과 불연속성을 갖게 되고 생산하는 능력과 생산되어지는 능력을 갖는다. 기 자체의 본성에 의해 창조성과 교감은 가능해진다.

온 우주는 도덕 특징들을 드러내는 생성과 진화의 과정 속에서 나타난다.[23] 장재는 이렇게 표현했다.

---

20) 唐君毅는 여기서 Alfred North Whitehead의 용어를 사용한다. T'ang Chun-i, "Chang Tsai's Theory of Mind", pp.123~125.
21) T'ang Chun-i, "Chang Tsai's Theory of Mind", p.124.
22) T'ang Chun-i, "Chang Tsai's Theory of Mind", p.125.

영성 또는 연장은 하늘의 덕이며 변화는 천도天道이다.

그것의 덕은 체體이며 그것의 길은 용用이다.

이 둘이 에테르(기) 속에서 하나가 된다.24)

비유적으로 말하면 인간은 의와 인으로 나타나는 도덕적 본성을 갖고 있다. 인간의 의는 사물들을 완성시키기 때문에 자연의 질서 속에서 변화와 차별에 상응한다. 또한 인은 동일한 감정을 공유하기 때문에 생성과 연장에 상응한다. 우주 질서의 풍요성은 인간 질서 안에서 덕의 시행과 상응한다.

장재 우주론의 핵심은, 인간은 사물들의 변화를 이해하고 인지하는 책임을 갖고 있다는 것으로, 장재는 이를 신령적 과정으로 간주한다. 그는, "모든 특질과 형태는 이 신령한 과정의 잔재일 뿐이다"25), "변화의 원리를 아는 사람은 천지의 일을 향상시킬 수 있다"26)고 말했다. 장재는 『서명』에서 인간과 온 우주 질서를 동일시하면서 우주 안에서 인간의 역할에 대해 다음과 같이 서술한다.

하늘을 일러 아버지라고 하고 땅을 일러 어머니라고 한다. 나는 미소한 존재이면서 혼연히 그 가운데에 처한다. 그러므로 천지에 가득 찬 기는 나의 몸이며 천지의 주제는 나의 본성이니 모든 사람은 나의 형제요 모든 사물은 벗이다…… 살아서 천지를 따르고 섬기며 죽어서 편안해진다.27)

장재의 윤리적, '신비적 인간주의'28)는 물리적 질서 속에서 변화의 역동

---

23) T'ang Chun-i, "Chang Tsai's Theory of Mind", p.127.

24) T'ang Chun-i, "Chang Tsai's Theory of Mind", p.126.

25) 張載, 『正蒙』, p.505.

26) 張載, 『正蒙』, p.497.

27) 張載, 『正蒙』, pp.497~498.

성을 이해하는 데 필수적이다. 그는 융합과 혼합 과정을 인이 인간 안에서 행하는 작용과 동일하게 이해한다. 변화는 성장과 충족을 위한 창조적인 잠재력을 갖고 있다. 하지만 장재는, 거기에는 여전히 우리가 완전히 이해할 수 없는 신비가 있다고 주장한다. "이것이 만물 속에 있는 신비함이다."[29]

장재에게 있어서 인간 본성과 천도를 조화하는 것은 성誠을 실천하는 것이다. 『중용』은 이렇게 주장한다.

> 성誠 자체는 하늘의 길이며, 성誠되어 가는 과정은 사람의 길이다. 성誠하면 힘쓰지 않아도 맞으며(中) 생각하지 않아도 얻어진다. 조용한 가운데 아무런 노력 없이도 도道에 맞는 삶을 사는 이가 성인이다. 성지誠之하는 자는 아직 성誠에 이르지 못했으므로 성誠으로 가는 가장 좋은 길을 선택하여 끝까지 그것을 밀고 나가는 자다.[30]

성誠과 계몽은 인간의 본성 수양 그리고 격물로 이루어지는 영적 실천의 두 극이다. 내적 지혜와 외적 지혜의 조화를 이루는 과정 속에서 장재는 본성과 운명을 차별화하면서, 본성은 하늘이 품부한 것으로 기가 본성을 가릴 수 없다고 말한다. 운명은 천에 의해 명해진 것으로 인간의 본성에 충만하다. 성인됨을 이루려는 목적 중에 하나는 인간 자신의 본성을 개발하여 자신의 운명을 성취하는 것이다. 이러한 방식으로 한 인간은 만물과 하나가 된다.

장재는 이렇게 (맹자의 전통을 따라서) 인간 본성은 본래 선하다고 주장

---

28) Thomas Berry는 유가 전통의 영적 측면을 설명하기 위해 이 용어를 사용한다.
29) 張載, 『正蒙』, p.507.
30) 『中庸』, 20장 in *A Source Book in Chinese Philosophy*(Chan), p.107. 김충열 교수의 『중용대학강의』(209~210쪽)에 실린 번역이다.

한다. 장재는 악에 대해 설명하기 위해서 두 가지 본성, 즉 본래적이고 육체적 본성을 제시한다. 악은 인간이 우리의 육체적 본성을 기와 혼합해서 인간의 육체적 본성 안에 생기는 부조화로 인해 출현한다. 기는 태허 속에서 비非차별화된 상태로부터 생겨나고, 차별화는 현상적 외형들 속에서 생겨난다. 이 불가피한 과정 때문에 갈등과 반대가 생겨나고 그래서 악이 존재하게 된다. 장재는 악 그 자체가 아니지만, 육체적 본성이 인간 행위들 속에 악이 생기도록 할 수 있는 잠재력을 갖고 있다고 인지한다. 하지만 인간은 도덕적 수양을 통해서 본래 선한 본성을 회복할 수 있다. 실제로 인간은 철저한 학문탐구를 통해 만물을 포용할 수 있도록 자신의 마음을 확대시킴으로써 악을 용인하려는 경향성을 극복할 수 있다. 장재는 "배움이 우리에게 주는 혜택은 우리 자신의 육체적 본성을 변화시키는 것이며"[31], 또한 심心이 인간 본성과 감정들을 조화시킨다고 주장했다. 후대 신유학자들이 이 심론心論을 더욱 발전시킨다.

요약해서 말하면 장재의 태허太虛 이론은 사물들의 통일성, 지속적 상호작용과 관통을 설명하는 형이상학적 근거를 제공한다. 이 이론은 또한 인간 사이의 상호작용을 이해하는 윤리적 기초를 제공한다. 자연 질서의 풍요성과 인간 질서 속에서의 덕의 활성화를 통해 변화와 변혁이 가능해진다. 천룽제(陳榮捷)가 지적하는 바와 같이 이것은 만물이 진정성과 충만한 존재성을 깨닫게 한다.[32] 바로 기의 공空(emptiness) 때문에 우리 인간은 다른 인간들

---

31) 張載, 『正蒙』, p.516. 장재의 악 개념에 대한 본인의 이해는 다음의 책과 논문에 기초하고 있다. Chan, *Source Book in Chinese Philosophy*; Chan, "The Neo-Confucian Solution to the Problem of Evil", in *Neo-Confucianism, Etc.: Essays by Wing-tsit Chan*(Charles K. H. Chen[comp.], Hanover, N.H.: Oriental Society, 1969).
32) Chan, "The Neo-Confucian Solution to the Problem of Evil", p.102.

그리고 자연과 동일시할 수 있으며, 또한 다른 인간들 그리고 자연과 영적 교섭을 할 수 있다.

나흠순과 기철학

명나라 중기에 활약한 최고의 신유교 사상가인 나흠순羅欽順은 기철학에 관한 내용으로 1528년에 『곤지기困知記』(*Knowledge Painfully Acquired*)[33]를 저술하였다. 나흠순은 장재의 전통을 따라서 자연계에서 실재와 변화의 원천으로서의 기의 중요성을 논증하였다. 그는 세계 안에서 역동적인 기의 중요성을 보존하기 위해 주희의 리기이원론을 강하게 비판하였고, 주희 학파가 잠재적으로 갖고 있는 초월주의나 불교의 선종, 왕양명의 신유교를 배척하였다. 그 대신에 나흠순은 인간세계를 기와 통합된 하나의 실체의 일부로 봐야한다고 주장했다. 세계와 인심人心에 대한 지식을 갖는 것이 개인의 도덕수양의 일부라고 주장했다. 나흠순은 이렇게 통일성과 다양성을 보존하려고 했고 자연계와 인심이 동일하다고 보는 형이상학을 구성하려고 노력했다. 이 문제는 철학이 풀어야 할 영원한 숙제이지만, 나흠순은 이 문제를 집중적으로 다룸으로써 중국의 신유교 발전에 그리고 한국과 일본의 신유교 발전에 지대한 영향을 끼쳤다. 형이상학, 윤리, 인식론 그리고 경험론의 영향은 또다시 중요한 의미를 준다.

---

33) Irene Bloom, *Knowledge Painfully Acquired*(New York: Columbia University Press, 1987).

형이상학: 기일원론

나흠순은 우주의 진화와 변치 않는 변화를 설명함에 있어서 기의 일원적 힘에 대해 서술한다.

천지를 관통하고 과거와 현재를 연결하는 것은 다름 아닌 일원적 기이다. 이 기는 본래적으로 하나이지만 끊임없는 동動과 정靜, 진進과 출出, 개開와 폐閉, 성盛과 쇠衰의 순환을 통해서 회전한다. 기는 눈에 드러나지 않게 불명료하게 된 후에 점차적으로 드러난다. 드러난 후에 그것은 다시 눈에 드러나지 않게 불명료해진다.[34]

나흠순은 이러한 변화와 다양성 속에 어지럽혀지지 않는 정밀한 질서와 정교한 결합이 존재한다고 주장한다.[35] 이 질서가 리이며 기로부터 분리된 것이 아니다. 나흠순은 계속해서 리와 기가 다른 사물이 아니라고 주장한다. 실제로 그는 리와 기의 본래적 연합을 찾아내려고 노력한다.[36]

바로 이 기가 마치 음과 양이 발하고 쇠하는 것처럼 지속적 통합과 비통합의 과정 속에서 우주 전체에 걸쳐서 작동한다. 나흠순은 이 과정을 장재의 『정몽正蒙』에 근거해서 설명한다.

비통합 속에서 기는 흩어지고 방산된다. 통합함으로 기는 물체를 형성하고 인간들과 사물들의 다양한 특수성을 낳는다.[37]

---

34) Irene Bloom, *Knowledge Painfully Acquired*(New York: Columbia University Press, 1987), p.58.
35) Irene Bloom, *Knowledge Painfully Acquired*(New York: Columbia University Press, 1987).
36) Irene Bloom, *Knowledge Painfully Acquired*(New York: Columbia University Press, 1987), p.109.
37) Irene Bloom, *Knowledge Painfully Acquired*(New York: Columbia University Press, 1987), p.127.

또 나흠순은 리와 기의 관계를 다음과 같이 설명한다.

리는 기의 하나의 양상으로 인식되어야 하지만 기를 리와 동일시하는 것은 옳지 않다. 리와 기의 차별은 매우 경미해서 설명하기 어렵다. 오히려 그것을 우리 안에서 지각해야 하고 침묵 속에서 이해해야 한다.[38]

윤리: 하나인 인간 본성

나흠순의 일원론은 인간이 두 가지 본성 즉 본래적 본성과 육체적 본성을 갖고 있다는 것을 인정하지 않는다. 장재와 같은 송대 신유학자들이 악의 근원을 설명하기 위해 인간의 두 가지 본성을 주장하였다.

나흠순은 원시유교 전통은 인간 본성을 하나로 간주했다고 주장한다. 그는 "모든 인간은 본래 태어나면서 일원적 기를 공유하며 불쌍히 여기는 마음을 갖고 있다"[39]고 믿었다. 인간은 살아 있는 만물과 기로 연합되어 있다. "인간의 숨 속에 있는 기는 우주의 기다.…… 천인은 기본적으로 둘이 아니다. 이 둘이 합쳐 있다고 말할 필요가 없다."[40] 나흠순은 정이의 명제인 '리일분수理一分殊'로 다양성을 설명한다. 그는 "최초로 기를 품부받고 생명을 가질 때, 인간과 사물의 원칙(理)은 하나다. 물체적 형태를 갖고 나서 그것들은 다양하다"[41]고 말했다.

인간의 본성을 본래적 본성과 육체적 본성으로 나누는 이원론을 거부함

---

38) Irene Bloom, *Knowledge Painfully Acquired*(New York: Columbia University Press, 1987), p.134.
39) Irene Bloom, *Knowledge Painfully Acquired*(New York: Columbia University Press, 1987), p.84.
40) Irene Bloom, *Knowledge Painfully Acquired*(New York: Columbia University Press, 1987), pp.161~162.
41) Irene Bloom, *Knowledge Painfully Acquired*(New York: Columbia University Press, 1987), p.65.

으로써 본성과 인간의 욕구 사이의 대립을 부정한다. 그러므로 인간의 감정과 욕구는 인간 본성의 정당한 일부로 단언되어지며 또한 적절하게 표현되고 함양되어야 한다.

인식론과 경험주의: 격물

나흠순은 기를 강조함으로써 감각적 지식과 경험의 중요성을 확증한다. 그는 감각적 지식과 경험이 결코 경전이나 역사로부터 유래하는 도덕적 지식보다 열등하지 않다고 주장한다. 그래서 그는 지식을 획득하는 수단으로 격물의 중요성을 강조한다. 격물이라는 개념은 원시유교의 『대학大學』으로부터 비롯된 것이긴 하지만, 정주 신유교의 핵심적 원리가 되었다. 어쨌든 나흠순은 유교사상에 경험적 측면의 중요성을 첨가하였다. 그리고 17세기 일본에서 가이바라 에키켄 역시 경험적 측면을 강조하였다.

가이바라 에키켄과 기일원론

나흠순과 에키켄은 기일원론으로 우주의 역동성과 변화를 설명하는 일종의 자연주의를 구성하였다. 이 자연주의는 인간 감정을 긍정하는 인간 본성 원리와 자연계의 연구의 이론적 설명을 연합하는 근거가 되었다.[42] 주희

---

42) 이 부분은 본인의 저서 Mary Evelyn Tucker, *Moral and Spiritual Cultivation in Japanese Neo-Confucianism: The Life and Thought of Kaibara Ekken*(1630~1714)(Albany: State University of New York Press, 1989) 그리고 본인이 번역한(출판되지 않음) 貝原益軒의 *Record of Great Doubts*

의 합리적 형식론과 대조적으로 나흠순과 에키켄은 과정의 패턴을 통찰하고 인간 생명과 자연 속에서 갱신과 재생의 특성을 구성하려고 노력했다. 그리고 나흠순과 에키켄은 마음속의 원리를 강조한 왕양명의 주관적 입장을 피하려고 노력했다. 또한 그들은 리가 기의 원리이기 때문에 자연 속에 있는 기의 원리를 탐구해야 한다고 주장했다. 에키켄은 원리가 불변성과 변화를 내포하기 때문에 선험적이지도 않고 또한 절대적이지도 않다고 주장했다. 원리의 불변성과 변화를 이해하려는 에키켄의 입장은 그의 주요 저서인 『중요한 의심들의 기록』(Record of Great Doubts)의 주제가 된다.

에키켄은 우주의 생성과 풍요성을 반영하는 생기적, 역동적, 자연주의적 우주관을 구성해야 할 필요를 느꼈다. 인간이 우주의 생성과 풍요성을 이해할 때 생의 진행하는 과정과 조화를 이룰 수 있다. 이것이 인간이 우주와 근본적으로 연결되어 있음을 인식하도록 하고 결과적으로 인간으로 하여금 도덕적으로 행동할 수 있는 역동적 가능성을 활성화시킨다.

천지가 만물을 생성하는 것처럼 인간 역시 도덕적 영적 수양 그리고 자연의 연구를 통해서 인간이 갖고 있는 생명을 산출하는 능력을 실현할 수 있을 것이다.

에키켄의 형이상학: 리와 기는 하나다

에키켄은 우주를 오로지 기의 원초적 에너지 작용 때문에 출현하고 지속되는 것으로 보는 자연주의를 주장했다. 비록 물리적 형태 속에서 이 원

(Taigiroku)를 인용하고 있다.

초적 에너지는 구체적 대상이 되지만, 물리적 형태를 초월하는 이 원초적 에너지는 음과 양의 구성이다. 끊임없는 생성과 변화의 과정이 하나로 통합된 유기적 전체로 간주된다. 그러므로 이원론은 에키켄이 주장하는 과정을 설명하고 변화 가운데에서 인간의 본성과 행동을 이해하는 데 적합하지 못하다.

에키켄은 자신의 저서 『중요한 의심들의 기록』에서 주희의 리와 기의 관계에 관해 반대하는 자신의 입장을 전개했다. 그는 태극을 구성하는 기의 두 가지 형태를 진술했다. 하나는 음과 양으로 나누어지기 전의 원초적 기이고 또 다른 하나는 음과 양으로 나누어진 후의 기이다. 음과 양의 흐름이 원리이며 도道라고 불린다. 그렇지만 원초적 기인 태극과 도道인 음과 양은 동일한 역동적 기의 두 가지 양상이다. 이 원초적 기가 생명의 기원, 성장, 그리고 변화를 이룬다. 이는 도道가 변치 않는 생산성의 하나이며 공空으로부터 생기지 않는다는 것을 의미한다.

에키켄은 태극 우주론이 불교 혹은 도교의 공空 개념과 연합되는 것을 기피했다. 왜냐하면 그것은 인간을 세상의 구체적 삶 속에 윤리적으로 참여하는 대신에 침묵하고 수동적으로 대처하도록 인도하기 때문이다. 그래서 에키켄은 장재의 사상을 이어서 태극을 원초적 기와 동일시했다. 에키켄의 이러한 입장은 리가 기에 선행한다고 주장하고 태극을 리와 동일시한 주희의 입장과 다르다. 에키켄은 주희가 리와 기를 두 가지 다른 실체로 간주하고, 리를 형상 너머에 있는 도道로, 기를 형상의 영역 속(현상 질서)에 있는 음양과 동일시했다고 주장했다. 에키켄은 이러한 주희의 입장이 결국 도를 구체적 실재로부터 분리시켜 추상화시키고, 결과적으로는 리를 기로부터 분리시킨다고 보았다. 에키켄은 이러한 관념주의가 생명을 중시하는 윤리적 실천을 하기보다는 결국 이 세계의 가치를 격하시키거나 혹은 생명을 부정할 수밖에 없다고 느꼈기 때문에 주희의 이원론을 피하려고 했다.

에키켄은 나흠순이 이원론에 대해 반대했던 논증들을 그대로 사용했다. 그는 정이의 명제인 '리일분수理一分殊'와 나흠순이 서술한 대로 "리는 기의 원리이다"라는 명제를 사용했다.

에키켄은 정이와 나흠순의 명제를 단일성(unity)과 다양성(multiplicity)으로 구성되는 실재의 통합적, 역동적, 그리고 창조적 본질을 나타내는 데 사용했다. 그래서 그는 리가 기에 앞서거나 혹은 기와 분리되지 않았다고 주장했다.

에키켄은 생명의 생성과 변화의 근거가 되는 도를 음과 양의 역동적 작용이라고 요약한다.

> 고대 성인들은 음양을 도로 간주했으며 그들은 음양을 떠나서 도를 언급하지 않았다. 송대 유학자들은 도를 음양으로부터 분리된 공허 그리고 생기와 힘이 없는 것으로 간주했다. 그들은 태극이 만물의 근거라고 주장하였으나 그것은 '성인의 도'가 아니다. 성인의 도는 생명의 원리이며 천지의 성장이고, 음양을 조화시키는 본래적 기는 끊임없는 다양성이다.[43]

에키켄은 인간이 우주와 친밀한 관계를 가진다고 강조한 고대 유교사상의 영감으로 돌아감을 느꼈다. 생명과정은 도덕적 그리고 영적 수양의 기본이 되는 이 생생한 작용과 조화를 이루기 때문에, 에키켄은 이 생명과정의 우선성을 강조했다. 에키켄은 자연주의적인 기일원론의 형이상학적 구성과

---

43) Kaibara Ekken, "Taigiroku", in *Kaibara Ekken, Muro Kyuso, Nihon shiso taikei* vol.34(Tokyo: Iwanami shoten, 1970), p.54.

병행하여 자발성과 성실/진심(誠)을 강조하는 윤리적 실천을 강조했다.

윤리: 인간본성은 하나다

에키켄의 일원적 그리고 자연주의적 입장은 그의 인간본성 논의에 잘 나타난다. 나흠순의 사상을 이어서 그는 리기가 하나이기 때문에 장재와 다른 송대 신유학자들이 주장한 것처럼 이상적 본성과 육체적 본성 간에 아무런 차별이 없다고 주장했다. 그는 하늘이 품부한 본성이 육체적 본성과 분리되어 있지 않다고 주장했다. 에키켄은 맹자가 주장한 것처럼 사람은 누구나 자신의 수양 여부에 따라서 사덕四德으로 발전할 수 있는 소위 사단四端을 품부받았기 때문에 잠재적으로 선하다고 주장했다. 차별은 각 사람 안에 뒤섞여 있는 기의 가지각색의 본질 때문에 생겨난다.

에키켄의 인간본성 이론은 감정을 부정하거나 억누르지 않고 오히려 확증한다. 그래서 그는 영적 수련에 대해 논의할 때 종종 감정을 조화롭게 표현하는 방식들에 관해 언급한다.

에키켄은 '진지함'(敬)보다는 특히 '성실/진심'(誠)이라는 덕을 강조한다. 그는 송대의 신유학자들이 성실/진심이 아닌 진지함을 지나치게 강조한 나머지 기의 역동적인 형이상학적 토대의 중요성을 인식하지 못하며, 기와 연결하는 윤리적 방향을 따르지 않고 오히려 엄격하고 부자연스러운 실천을 하도록 인도했다고 비판한다. 그리고 송대의 신유학자들이 본질적, 역동적 그리고 우리 주위에 있는 것들은 추구하지 않고 오로지 추상적 개념들만을 추구했다고 비판하며, 그들은 지나치게 완고하고 편협한 나머지 인간관계

속에서 조화 혹은 불쌍히 여기는 마음을 갖지 않고 시들고 메말라 버렸다고 느꼈다. 자기수양은 자신과 다른 사람들이 분리되지 않고 자신의 마음이 만물을 수용하는 것을 목적으로 한다.

인간을 다른 모든 생명체와 궁극적으로 동일시하는 것은 기 흐름의 역동적 과정을 반영한다. 기가 자연계의 질서 속에서 생명을 주는 물리적 힘(氣)인 것처럼 인仁은 도덕적 질서의 창조적 원리이다. 그는 생명의 원리와 인의 원리가 긴밀하게 연결되어 있다고 주장한다.

> 천지심天地心이 무엇인가? 그것은 바로 출생이다. 천지심은 생명을 양육하는 것이다. 출생과 생명은 무엇인가? 주희는 "천지는 만물을 출생시킨다"고 말했다. 이것이 출생이다. 이 과정을 방해하지 않고 이 과정에 순종하는 것은 오로지 인仁을 통해서만 가능하다. 다른 말로 하면 천지는 살아 있는 것들의 마음이다. 인간은 이 마음을 받고 이 마음은 인간의 마음이 된다. 이것이 인仁이다. 생명을 양육하고 인을 실천하는 것은 다른 두 가지 일이 아니다. 생명을 양육하는 것은 하늘의 일이고 인을 양육하는 것은 인간의 일이다.44)

기의 생성력과 인仁 개념이 에키켄의 윤리사상 그리고 도덕적, 영적 수양의 근거가 된다. 또한 그것은 에키켄의 자연주의 사상의 근거가 된다.

경험주의: 격물

에키켄은 우리가 자연의 과정들을 이해하기 전에는 인간의 도를 온전히

---

44) *Jigoshu, Ekken Zenshu* 3, pp.182~183.

이해할 수 없다고 주장했다. 자연의 다양한 양상을 관찰하고 기록하는 것은 온전한 인간 삶에 기초가 될 수 있다. 에키켄의 경험주의는 그렇게 윤리와 연결되어 있다.

비록 에키켄은 그 자신의 경험적 연구를 그의 기우주론에 연결시키지 않았지만, 현상세계 안에서 절대를 확증한 것은 기 안에서 원리를 탐구하는 것에 이론적 기초를 제공하였다. 이런 의미에서 에키켄이 다양한 종의 식물, 물고기 그리고 조개를 기술하고 분류한 것은 실재의 기초가 되는 원리와 통합적 형태들을 이해하려는 노력으로 간주할 수 있다. 격물은 변화 속에서 패턴을 추구하고 유동 너머에 있는 원리의 발견을 의미한다. 이러한 에키켄의 입장이 주희의 전통 속에 속하는 것으로 여길 수도 있지만, 신유학자들은 자주 본문 특히 고전의 도덕적 중요성을 조명하기 위해 격물하였다. 그들은 식물학, 지형학, 농업, 의학, 산술, 그리고 점성술을 연구했으며, 사물들의 원리를 결정하기 위해서 물리학, 순수과학, 이론적 사변 그리고 실제적 관찰 등을 포함해서 광범한 의미에서 격물했다. 이것이 에키켄의 실학이다.

에키켄이 실학에 대해 갖고 있던 관심의 내용과 방법은 우리에게 많은 암시를 준다. 실제로 그는 탐구를 다른 형태의 자기수양 그리고 우주 안에서 기와 연결하는 하나의 방식으로 간주했다. 식물 혹은 농업 방식을 검토하는 것은 예를 들면 자연의 생명부여능력을 이해하는 방식이었다. 이와 유사하게 생명을 양육하고 인仁을 장려한다는 점을 인정하지 않고 의학을 연구하고 실천하는 것은 아무런 의미가 없다.

에키켄의 경험주의와 물질세계를 확증하는 사상은 그의 기 형이상학에 기초하고 있으며 나아가서 그의 윤리사상을 보여 준다. 이들 다양한 요소의 상호연결성을 관찰하는 것은 에키켄의 전체론적 사상과 실천의 근저에 흐르고 있는 기일원론의 연결된 맥락들을 인지하는 것이다.

결론

맹자의 호연지기 그리고 장재의 기 개념은 중국에서 유교와 신유교 사상의 기철학 발전에 근본이 되었다. 16세기 중국의 나흠순과 17세기 일본의 가이바라 에키켄이 발전시킨 기일원론은 현세 중심적 영성의 형이상학적, 윤리적, 경험적 근거가 되었다. 기일원론은 물질과 에너지가 본래 일치한다는 점을 강조하는 우주론적 근거를 제공하기 때문에 중국의 명나라 그리고 일본 도쿠가와 시대의 기철학은 물질과 기를 연결하려고 노력하는 우리에게 풍요한 자료를 제공할 것이다.

제4부
철학적 숙고

유교의 우주론, 생태론, 그리고 윤리의 삼합

청중잉

최근 철학에 관한 문헌들은 생태 위기를 해결할 수 있는 환경윤리를 수립하려는 시도를 다루고 있다. 또한 철학자들과 윤리학자들은 서구의 인본주의 혹은 인본주의적 윤리가 환경에 미친 폐해에 관해 신랄하게 비판하고 있다.[1] 어떤 학자들은 인간 중심적 합리주의인 인본주의 또는 인격주의를 인간의 이익 추구를 만족시키는 가치를 추구하고 오직 인간만이 관계하는 도덕성을 추구하는 '인간 중심적 이기주의'나 '맹목적 인간주의'의 한 형태라고 비판한다.[2] 물론 인본주의는 추구하는 목적을 정함에 있어서 비존재론적이고 공리적일 수 있다. 그러나 비존재론적 윤리와 공리적인 인본주의가 추구하는 궁극적 목적은 개인적, 공동체적인 인간의 선 그리고 인간의 만족이다. 그러므로 인본주의는 자연세계에서 인간을 대표하여 혹은 인간

---

1) 1979년 이후로 환경윤리에 관한 출판물들이 많이 발표되었다. K. E. Goodpaster and K. M. Sayre(ed.), *Ethics and Problems of the Twenty-first Century*(Notre Dame, Ind.: University of Notre Dame Press, 1979). 이 책은 윤리 이론과 환경적, 사회적 본성의 실제적 문제 접촉에서 발생하는 문제들에 대해 최초로 언급한다.

2) R. and V. Routley, "Against the Inevitability of Human Chauvinism", in *Ethics and Problems of the Twenty-first Century*, pp.36~59.

에 의하여 집단 이기주의 실천을 위한 도구로 여겨졌다. 인본주의 윤리는 황금률, 칸트의 정언명령, 포괄적 사랑의 법과 통합될 수 있기 때문에, 인본주의를 오로지 인간 중심적이라고 간주할 필요는 없다. 인본주의 윤리는 이러한 도덕적 원리들의 관점에서 쾌락과 고통을 경험할 수 있는 모든 살아 있고 지각이 있는 생명체에게로 확대 적용될 수 있다.[3] 인간은 자기 앞에서 꿈틀거리는 벌레를 어떻게 해야 할 것인가 결정하기 위해서 자신이 그 벌레라고 상상할 필요가 있다. 또 인간은, 혹은 다른 생명체들을 수단이 아니라 목적으로 다루어야 한다고 생각할 수 있고, 혹은 자연 생명 행위들과 과정들을 보호하기 위해서 단순히 모든 동물을 사랑해야 한다고 생각할 수 있다. 이는 금수를 다루는 인간 사회의 접근 방식일 수 있다. 그러나 이것은 인본주의 윤리의 인간 중심성의 문제에 아무런 대답도 하지 못한다. 또한 이는 왜 인간이 이러한 도덕성의 보편적 원리들을 동물의 세계에까지 확대 적용해야 하는지에 아무런 대답을 제공하지 못한다.

분명한 것은 인본주의적 도덕성의 원리들이 인간 세계에 적용될 목적으로 수립되었다는 것이다. 인본주의적 윤리를 동물의 세계와 다른 생명체들에게 확대 적용하는 것은 확실히 인간 중심적 도덕성의 사악한 결과들을 방지하고 인간들이 생태적 몰락을 야기하지 않도록 하기 위해서 필수적이라고 추정한다. 비록 이렇게 인본주의적 윤리가 생태 위기를 인식하는 것에 기초한 다른 고려들보다 더 통전적이고 전체적이라고 정당화할지라도, 이는 여전히 인간 복리에 대한 공리주의적 성찰들로부터 유래한다.

인본주의 혹은 인본주의적 윤리를 확대 연장시키는 노력의 근저에 흐르

---

3) W. K. Frankena, "Ethics and the Environment", in *Ethics and Problems of the Twenty-first century*, pp.3~20.

는 공리주의적 성찰을 지적하는 것은 곧 그러한 인본주의의 확대 적용의
윤리적이고 도덕적인 정당성의 토대를 훼손한다는 것을 의미한다. 만일 인
간들이 더 복잡하고 사려 깊은 공리주의를 위해서 이러한 확대 적용을 몰수
하거나 폐지해야 하는 상황에 처한다면, 결과적으로 자연세계와 환경에 해
를 끼치거나 도움을 줄 수 있는 윤리적 사고와 도덕적 행위들 속에서 인간
은 여전히 인간 중심적 존재로 머물 수밖에 없다고 생각할 것이다.

    이러한 견해는 다음의 세 가지 질문을 한다. 첫째, 이러한 인간 중심성
을 조절할 수 있는 다른 형태의 인본주의가 있는가? 둘째, 자연세계와 인간
세계가 함께 존재한다는 생각에 기초하여 사물들을 자연세계와 인간 세계
에서 동등하게 그리고 적합하게 다룰 수 있는 어떤 기준이 있는가? 셋째,
만일 그러한 기준이 있다면 인간은 자연세계 안에서 도덕적으로 행동하기
위해 어떻게 그것을 적용하는가? 그리고 기준을 보존해 주는 윤리적 태도와
습관을 발전시키기 위해 그것들을 어떻게 적용하는가? 본인은 이 논문에서
이 세 가지 질문들을 유교/신유교의 관점을 통해 철학적으로 다룬다.

우주 — 윤리와 생태 — 우주론으로서의 포용적 인본주의

    인류는 지난 2500년의 역사 속에서 다음의 두 가지 인본주의 즉 '배타적
인본주의'(exclusive humanism)와 '포용적 인본주의'(inclusive humanism)를 발전시켰다.
전자는 인간을 우주를 지배하는 주인의 자리에 위치시키고, 후자는 인간의
존재 이유가 인간의 힘을 조정하기 위함이라고 주장한다. 서구 세계는 근대
이후로 주로 전자의 입장을 발전시켰다. 비록 데카르트의 합리주의를 이러

한 배타적 인본주의의 원형으로 여길 필요는 없지만, 그의 합리주의적 철학이 아마 근대 서구의 배타적 인본주의의 토대를 제공했을 것이다.

데카르트는 외부 세계에 대한 인간 지식에 유일하게 기초를 제공하는 근본적인 이신론적 신 개념을 발전시켰다. 이러한 지식을 갖는 것은 또한 인간이 갖고 있는 외부 세계에 대한 지식에 근거해서 아무런 윤리적 제한을 받지 않고 자연을 정복하고 이용한다는 것을 의미한다. 데카르트의 물질과 정신 혹은 몸과 영혼의 이원론은 정신이 물질을 혹은 영혼이 몸을 지배하는 이론적 배경을 제공했다. 하늘에 계시는 창조주로서의 신 개념 역시 인간에게 대지를 지배하는 힘을 제공하였다. 르네상스 시대의 예술적인 인간과 달리 중세 암흑시대의 족쇄로부터 해방된 근대의 합리적 인간은 권력의 맛을 보게 되었고 산업의 영역에서 교활함을 사용하며 창조를 통하여 인간의 지능을 드러냄으로써 지배 감각을 맛보게 되었다. 니체의 비유를 사용해서 표현하면, 현대인은 마치 낙타로부터 변형된 이후에 자유를 누리는 젊은 사자와 같다. 그러므로 마치 사자 발톱과 같은 근대 과학과 근대 자본주의는 근대인들에게 유희를 줌과 동시에 먹이를 구하기에 필요한 무기들을 제공하였다. 유희와 먹이는 권력 혹은 지배로서의 데카르트의 지식 이해를 통해 서로 연결되었다. 이런 의미에서 근대 서구에서의 인본주의는 세속 권력에의 의지 또는 지배에 대한 갈망에 지나지 않는다. 사실 권력에 매력을 느끼는 것은 파우스트적 지식과 권력을 가치와 진리를 파는 지위로 인도한다. 이 자리바꿈은 인간 자아와 인간 자유의 의미를 완전히 파괴할 수 있다.

이러한 인간의 발전 속에서 자연세계는 인간을 위한 그것만의 매력과 고유한 도덕적 가치를 상실하였으며, 인간의 영혼을 위한 자연적 거주지가 아니라 숙련된 사격수가 자신의 행운을 추구하는 사냥터가 되어 버렸다. 이런 이유로 보면, 자연세계의 도덕적 가치나 중요성을 박탈한 것은 과학과 합리성이 아니라 창조주 신의 권위 대리인인 중세 이후의 인간의 의지이다. 근대 인간성은 신의 선함을 결여하고 있다. 이 인본주의는 이와 같이 인간 중심적이고, 세계에 존재하는 그 모든 것과의 실재적 연결 그리고 본래적 연결에 있어서 배타적이다. 이러한 과도한 배타성은 기술 발전뿐 아니라 자연 자원에 대한 지배를 초래한다. 그리고 이것은 인간의 이성이 권력에 대한 인간의 억제할 수 없는 충동 속에 내재하는 능력과 재주를 증명한다. 배타적 인본주의는 정복과 파괴에 필요한 과학과 기술로 무장한 근대 인간의 개인주의적인 기업가 정신을 위장한 것에 지나지 않는다.

하지만 위에서 언급한 배타적 인본주의와 다른 '포용적 인본주의'가 있다.4) 이 용어가 제시하는 바와 같이 인본주의는 인간의 자기 변혁과 실재 변혁의 대행으로서 인간에게 중점을 둔다. 개인의 자기 변혁은 실재 속에 뿌리를 두고 있으며 실재 변혁은 인간에 뿌리를 두고 있기 때문에 인간과 실재 사이에는 분열이 없다. 이 양자 사이에는 일종의 근원적 연결이 있다. 어떻게 이 근원적 연결을 인지할 수 있는가라는 문제는 인간으로 존재하는 실재 그리고 실재로 존재하는 인간을 정의하는 상상의 관점에서뿐 아니라 심오하고 광범한 유기체적 연결의 관점에서도 실행해야 하는 형이상학적 과제이다. 이 연결과 관련하여 하나의 주체로서의 인간과 하나의 객체로서의 자연세계 사이에는 아무런 반대나 갈등이 없으며, 또한 하나의 존재자로서의 인간과 또 다른 존재자로서의 자연 사이에도 아무런 반대나 갈등이 없다. 사실 인간과 자연은 모든 실재의 연속체 안에서 서로에게 속한다. 이

---

4) 본인은 이전의 다른 논문에서 '본질적 인본주의'(intrinsic humanism)라는 용어를 사용하였는데, 이는 곧 '포용적 인본주의'(inclusive humanism)를 의미한다.

모든 실재(인간과 자연이 함께 속해 있는 부분)는 인간과 자연의 상호 변혁을 허용하는 변화와 변혁의 역동적 그리고 창조적 과정으로 이해되어야 한다. 그러고 나면 우리는 포용적 인본주의가 인간을 실재의, 실재 속에, 실재를 위한, 그리고 실재로부터의 자기실현의 창조적 과정으로 보는 견해라는 것을 알게 된다.

포용적 인본주의는, 움직이는 우주의 형태든지 사물 전체의 형태로서의 자연이든지 모든 실재는 하나의 가치로 존재들과 연결되어 있다는 사실을 강조한다. 이것은 하나인 실재가 인간과 만물을 위한 공동 자원 또는 공동 기반일 뿐 아니라 이 실재 자원 또는 실재 기반 때문에 존재하는 모든 것은 고유한 가치를 갖는다는 것을 의미한다. 이는 사물들 사이에서 공동으로 풍요롭고 강화하는 관계를 형성할 수 있다는 의미이다. 다시 말하면 인간의 행위는 반드시 사물들의 조화를 신중하게 고려해야 한다는 것을 의미한다. 이는 사물들의 관계 발전에서 항상 고유한 변형을 초래한다. 이 세계로부터 분리된 초월적 신은 존재하지 않으며, 자연세계 속에서 신의 대리자인 인간에게 힘을 위임하는 그런 일은 없다. 왜냐하면 신은 그런 위임을 필요로 하지 않기 때문이다. 인간은 세상에 존재한 이후 계속해서 세계 속에서 다른 사물들과 변혁의 힘을 공유해 왔다.

한 개인이 그 자신의 역할과 지위를 알게 될 때, 인간과 자연은 이미 본질적으로 연결되어 있게 된다. 그리고 이것은 인간 개인 속에서 존재의 내적 감각으로 실현되고 아마도 변화의 과정 속에서 잊히지만 결코 제거되지 않는다. 비록 역사적 상황들 속에서 인간은 권력에 대한 욕망을 갖지만 자기-주장, 자기-과장, 자기-미화는 인간 자아를 내적으로 분열시키고 존재의 공동 자원이라는 의미를 상실시킨다. 그리고 내적 감각의 의미를 상

302 _제4부 철학적 숙고

실한 인간은 정복과 소유에 집착하게 된다. 존재의 내적 감각은 언제나 계발되고 회복될 수 있다. 영원히 현존하는 존재의 내적 감각의 재발생이 바로 배타적 인본주의로부터 인간을 세계의 중심으로 여기지 않고 세계의 중심에서 인간과 사물들의 '사이에 있음'(between-ness) 또는 '여럿 중에 있음'(among-ness)으로 여기는 포용적 인본주의로의 변화이다. 포용적 인본주의의 정신은 바로 조화를 이루려는 의지, 즉 우의적 사랑의 정신과 지원 안에서의 권력 의지의 변화이다. 인간은 이 세계 사물들 속에서 창조적 변화, 연결, 조정 그리고 통합 혹은 상호적 인식의 방식으로 존재한다. 인간의 창조적 변화 과정 전부는 세계의 창조적 변화 과정과 맞물려 있다. 그러므로 영구불변의 이득이나 손실도 없으며, 오직 인간 마음을 최대한으로 분발해서 가능한 것과 현실적인 것, 긍정적인 것과 부정적인 것들의 역동적 조화를 이루기 위한 인간의 최선의 노력만이 있을 뿐이다. 우리는 포용적 인본주의를 인간에게 혜택을 주고 동시에 땅을 비옥하게 하는 열매를 생산한다는 의미에서 땅을 계발한다는 비유를 사용하여 '계발적 인본주의'(cultivational humanism) 혹은 '계발을 위한 인본주의'(humanism for cultivation)라고 부를 수 있다. 이와 대조적으로 배타적 인본주의는 땅을 지배하려는 인간의 노력 그리고 객체적 세계로부터 고립된 의미로 생겨나는 사유 영토에 대한 권리 소유를 주장하는 것으로 계속해서 사냥하며 살아가는 유목민족이 그 대표적인 예라 할 수 있다.

포용적 인본주의는 조화되어야 하는 자연을 포함하기 때문에 도덕 행위의 목적이 인간 세계에 국한되지 않으며 또한 오로지 인간들의 관심들로부터 유래하지도 않는다. 세계에 존재하는 것은 그것이 생물이든 무생물이든 이러한 역할을 한다. 그리고 세계에 존재하는 것은 모두 시공, 인간과 자연, 현재와 미래 그리고 이곳과 저곳을 고려하여 성취될 수 있는 최선의 조화의 통합적 부분이 될 수 있다. 인간 세계와 인간의 관심들은 창조적 형성 속에 광범하고 심층적인 실재로 여겨진다. 이러한 관점에서 수반되는 윤리는 우주의 윤리(ethics of cosmos) 그리고 창조적 변화의 우주의 윤리(ethics of the creative change of the cosmos)일 수밖에 없다. 이는, 인간은 마음속에 언제나 현재와 미래에 대한 비전을 갖고 사고하며 행동하고 계획하며 결정해야 한다는 것을 의미한다. 그러므로 우주윤리(cosmo-ethics)는 또한 창조성으로서의 존재의 가치들, 조화로서의 창조성, 그리고 변화로서의 조화를 혼합하는 생태 우주론이다.

본인은 생명의 '존재 우주론'(ontocosmology)을 『주역』의 형이상학적 기초를 연구한 초기 논문들에서 조화 그리고 변화와 실재의 일치 혹은 과정과 실재를 시사하는 '존재 우주론'이라고 정의했다.5) 실재가 우주 속에서 고유한 가치들로 반드시 인식되어야만 하는 인간 가치의 자원들을 포함할 때 생명-창조성의 존재 우주론은 생태적이다. 또한 그것은 세계 안에서 그것 자체를 생명-형태들의 과정과 자연 환경 속에 제공함에 있어서도 생태적이다. 또한 생명-창조성의 존재 우주론은 인간의 윤리적 숙고와 도덕적 행위들의 기초이다. 그러므로 존재 우주론은 창조적 변화로서 실재의 본질에 대한 숙고와 인식에 기초하는 우주윤리나 윤리의 주제가 된다.

포용적 인본주의는 장애와 불화를 극복하는 인류의 부단한 노력 안에서 인간의 참여, 성찰, 고안 그리고 창안에 기인하는 우주론적 실재의 가치론적 변화로부터 출발한다는 것이 분명하다. 그리고 그것은 역동적 평정상태

---

5) 본인의 논문을 참조하라. Chung-ying Cheng, "Chinese Metaphysics as Non-metaphysics: Confucian and Daoist Insights into the Nature of Reality", in *Understanding the Chinese Mind: The Philosophical Roots*(Robert Allinson[ed.], Hong Kong and New York: Oxford University Press, 1989), pp.167~208.

와 존재, 생성 그리고 비존재의 조화를 이루는 방식을 찾아낸다.

만일 데카르트를 서구의 배타적 인본주의의 창시자로 생각한다면 화이트헤드(Alfred N. Whitehead)는 서구의 포용적 인본주의의 대변인으로 생각할 수 있다. 만일 유교가 포용적 인본주의의 원리들에 기초한다면, 우리는 인간 사회뿐 아니라 조화로운 우주를 건설하는 우주 안에 존재하는 만물과 관계성 속에서 유교가 어떻게 작용하는지를 알 수 있다.

유교 삼위일체의 핵심인 존재 우주론

유교는 포괄적 의미에서 인본주의이다. 흔히들 유교를 인간 중심적 또는 인간관계 중심적이라고 여긴다. 또 단지 도덕적 철학이나 윤리적 철학으로 간주하기도 한다. 유교의 인仁의 윤리는 합리적이고 초월적인 기초를 결여하는 것으로, 그리고 유교의 리理의 윤리는 사회적 관계들을 지배하는 다듬어진 인습들 혹은 행위의 규칙들로 간주된다. 심지어 유교의 의義의 윤리는 단순히 인간적이고 사회적인 상황에서 단지 올바른 것의 문제로 간주되기도 한다. 본인은 이 개념들을 단순히 순수한 오해로 간주하지 않는다. 그러나 그럼에도 불구하고 그것들이 불완전한 피상적 이해에 근거하기 때문에 늘 오해하게 된다. 그 오해는 존재 우주론의 근저에 흐르는 담론을 유교 윤리의 기초로서 평가하지 못하는 데서 발생한다. 비록 『논어』가 덕의 윤리 그리고 그것의 정치적 적용에 대해 언급하고 있지만, 우리는 공자와 공자의 제자들이 갖고 있었던 가치와 이상에 생명력과 활기를 제공하는 『논어』의 근저에 흐르는 광범한 존재 우주론의 담론을 무시할 수 없다. 송대 그리고 명대 신유교 저술들이 주장하는 바와 같이 고전 유교 철학은 하나하나의 실재와 인간을 포함하는 포괄적 연합이다. 존재 우주론적 입장은 『주역』의 상징주의와 경문經文에서 암묵적으로, 『역전』에서는 분명하게 드러난다. 그러므로 본인은 우리가 유교를 단지 『논어』 또는 사서에만 의존할 것이 아니라 유교의 도덕과 윤리를 『주역』과 다른 저술들이 제시하는 존재 우주론과 연결하여 이해해야 한다고 주장한다.6)

　유교를 포괄적 그리고 균형적으로 이해하기 위해서 한편으로 이 저술들을 연구해야 할 또 다른 중요한 이유가 있다. 유교 윤리와 도덕을 실천적 이성으로 실용성의 차원에서 형이상학적 그리고 존재 우주론적 자료와 기초를 연합하는 담론으로 읽지 않는다면, 우리는 유교의 윤리와 도덕성을 결코 완전히 이해할 수 없다. 이 존재 우주론이 현존을 서술하는 단어들이 있다. 천天은 가치의 도덕적 관심의 중심이고, 도道는 덕과 인의 기초이며, 성性과 명命은 도덕적 존재로서 개별적 인간 실재가 양극성을 경험한다는 것을 표현한다. 이 담론은 『대학』, 『중용』, 『맹자』 그리고 『순자』에게서 더욱 완전하게 구성된다. 『중용』을 읽으면서 우리는 유교적 도의 존재 우주론을 완전하게 드러내는 『역전』으로 돌아가야 할 이유들을 발견한다. 하지만 우리는 『중용』(맹자의 저술들과 함께)과 『역전』의 중대한 차이점을 분명하게 인식

---

6) 소수의 학자들만이 『역전』이 노자의 도교적 영향을 받고 있다고 주장하지만 도교와 유교는 공통적으로 존재 우주론적 세계관을 갖고 있다. 본인의 논문을 참조하라. Chung-ying Cheng, "On Ontohermeneutics of *Quan*: Comprehensive/Contemplative Observation", *International Journal for Yijing Studies* 1(1995), pp.156~203. 도교와 유교가 존재 우주론적 세계관에 대한 동일한 철학적 기원을 갖고 있다는 것이 도교와 유교가 윤리적, 도덕적, 그리고 정치적으로 동일한 견해를 갖고 있다는 것을 의미하지는 않는다. 사실 동일한 존재 우주론적 세계관에 지대한 영향을 받은 도교와 유교가 생명과 정치에 대해 전혀 다른 접근 방식을 취하도록 만드는 데에는 여러 가지 요인이 있다. 그러한 요인들 이외에 어쩌면 『역전』 본문의 본질적 '존재론적 차이'가 도교 윤리와 정치 그리고 유교 윤리와 정치를 다른 길로 인도하는 요인일 수도 있다.

해야 한다. 『중용』은 인간과 사회 속에서 실천적이고 도덕적 활동에 중점을 두는 반면, 『역전』은 도가 어떻게 작용하고 세계가 어떻게 전개되며 그리고 인간이 어떻게 도덕적 운명과 창조적 사명을 갖고 태어나는지에 관해 상술하고 있다. 본인은 이 담론에 근거해서 유교 윤리를 『역전』의 존재 우주론에 근거하는 실천으로 간주해야 한다고 주장한다. 또한 본인은, 인간이 『역전』이 강조하는 존재 우주론적 세계관을 갖고 있지 않으면 인간 존재 상황에서 윤리와 도덕을 통해 실재적 변화와 변혁을 이룰 수 없다고 주장한다.

『역전』의 존재 우주론적 세계관은 다음의 기본적 사항들로 구성된다. 첫째, 하나이며 분화되지 않은 그러나 언제나 개별적 사물 그리고 구체적 사물로 분화될 수 있는 창조성의 근원은 무한하다. 이 태극 개념은 사물들의 실재적 역동적 연합(dynamic unity of the reality of things)에 관해 성찰하게 한다. 이 태극 개념은 연합, 다수성 그리고 발전과 퇴화의 과정 속에서 역동적 연결들의 요소들을 결합한다. 태극은 만물 한가운데서 변치 않는 원천으로 모든 형태의 개체에 통합적 목적적 연합을 제공한다. 그리고 동시에 형태나 특색으로 사물들의 다양성을 위한 힘/추진력이 된다. 다시 말하면 태극은 만물의 시작이자 동시에 끝이며 만물 한가운데서 만물의 연결을 유지한다.

태극은 사물을 완성하고 실현하는 힘, 즉 진화되거나 창조된 모든 것에 실재와 가치를 부여하는 본래적 힘이 있다. 뿐만 아니라 태극은 사물이 구체화되기 이전 혹은 이후의 비분화된 균형으로도 볼 수 있다. 그러므로 태극은 만물의 궁극적 단계로서 자존한다. 태극은 창조적 근원 이외에 사물들 간에 조화의 원천이며 또한 존재하는 만물 가운데 분화의 조화를 위한 원천이다. 여기서 조화 또는 조화를 이룸은 만물이 상호 지원하고 상호 보완한다는 것을 의미한다. 조화는 새로워진 창조성과 미래 발전에 공헌한다. 이런 점에서 태극은 도道라고 볼 수 있다. 태극은 도와 더불어 전체 사물로서 과정과 세계를 의미한다. 인간은 다른 사물들과 마찬가지로 이 심오한 균형에 기초하고 있으며 이 널리 스며드는 조화 속에 포함된다. 그러나 다른 사물들과 달리 인간은 문화와 예술을 통해 더 높은 차원의 균형과 조화의 질서를 창조하는 잠재력으로 태극과 도를 구체화하기 위하여 만물 위에 선다. 여기서 과정으로서의 창조성이 갖고 있는 두 번째 특징을 살펴보자.

『역전』은 다음과 같이 기록한다. "한 번 음陰하고 한 번 양陽하는 것이 도道이다. 이를 계승하는 것이 선善이고 이루는 것이 성性이다."7) 이 문장은 태극을 통하여 세계 속에서 만물을 창조하는 과정 동안에 창조성의 양극성을 강조한다. 그러면 무엇이 음이고 무엇이 양인가? 현상학적으로 정의된 음/양은 실제적으로 사물의 세계에서 이해될 수 있으며 사물들의 창조적 생산 과정 속에서 존재론적으로 이해될 수 있다. 음/양의 현상적 범례는 상호 보완성의 총체인 대비의 통일성과 상호 변혁의 자연발생적 과정을 제시한다. 그것은 우리의 사물에 대한 심미적 감각 그리고 사물에 대해 느낀 특징을 분명히 보여 주는 완성이며 복귀(이를 창조적 순환과 재순환이라고 부를 수 있다)이다. 이와 유사하게 우리는 음/양의 상호 작용 그리고 통합으로서의 특징과 성질을 드러내는 사물들도 볼 수 있다. 음/양의 상호작용으로부터 단지 사물들이 생겨나는 것이 아니다. 새로운 사물들을 산출하는 사물의 분화와 통일 역시 음/양의 상호작용으로부터 생겨난다. 그러므로 음/양 존재의 다른 단계들에 분파될 수 있고, 음/양의 상대성과 다수성 이해가 사물들의 자연적 과정들을 설명하는 기초가 된다. 또한 음/양은 존재론적인 것과 우주

---

7) 朱熹, 『周易本義』, 「繫辭上」, 5장.

론적인 것의 일치와 상호성을 제시하는 존재 우주론적 원리이다. 음이 불분명하고 숨어 있으며 불변하는 존재론적 실재인 반면에, 양은 분명하고 밝고 변화하며 움직이는 우주론적 과정이다. 음과 양의 상호 의존성과 상호 관통성이 자연의 현상적 실재의 근원이다. 그러므로 우리는 음과 양을 둘로 나눌 수 없으며, 궁극적인 근원에 의해 사물의 창조적 구체화의 두 계기가 생겨나게 하는 궁극적 실재(태극)의 상호 간에 변화할 수 있는 탄력으로 간주할 수 있다. 이 궁극적 그리고 궁극적인 근원으로 인해 사물들의 창조적 구체화의 두 계기들을 생겨나게 한다. 그리고 이 과정은 태극의 단일성이라는 공간 안에서 사물들의 창조적 구체화를 완성한다.

존재론적인 것을 우주론적인 것으로 변화시키고 역으로 우주론적인 것을 존재론적인 것으로 변화시키는 변증법은, 음/양 상호작용의 역동적인 서술에서 드러나는 근저에 흐르는 과정/실재(process/reality)로서의 도의 지속되는 창조적 활동을 보증한다. 장재는 음/양 양극성의 단일성과 태극 단일성의 음/양 분화로 이 상호작용의 과정을 설명했다. "하나이므로 창조적이고, 둘이므로 변화한다."[8]

우리는 여기서 중요한 명제 즉 실재하는 만물은 가치로서, 가치를 위해 그리고 가치를 향하여 산출되었다는 점을 예증할 필요가 있다. 실현된 것은 실재하며 실재하는 것은 가치이다. 가치는 그것이 실재하는 것으로 창조되었기 때문이 아니라 그것이 사물들의 도식 안에서 본래적 위치를 갖고 있기 때문에 가치인 것이다. 그리고 가치는 연결될 수 있고 계발될 수 있으며 증

---

8) 張載, 『正蒙』, 제2장. 본인은 "一故神, 兩故化"에서 神을 창조적인 것이라고 번역한다. 왜냐하면 단일성 또는 통일성(oneness)이 창조의 근원이며 사물 변혁의 배후 동인이기 때문이다. 본인은 化를 변화시키는 것이라고 번역한다. 왜냐하면 음양의 상호작용을 통하여 만물이 형성되고 변화되기 때문이다.

강될 수 있다. 그것은 또한 인간의 마음과 특별한 관계를 갖고, 사물이 느낀 특징 속에서 그리고 감정 안에서 구체화되며, 향유, 인지, 확증 혹은 부정, 탐험 그리고 발전의 대상이다. 만물은 가치를 갖고 있다. 왜냐하면 가치는 창조적 원천으로부터 생겨나며, 창조적 과정 속에서 성취되기 때문이다. 그러므로 생겨난 것은 자연이고 성취된 것은 선이다. 선은 자연의 표현이며 세계의 통전적 본성 이해를 위한 기초 혹은 가치의 이상적 형태가 될 수 있다. 이러한 가치에 대한 이해를 갖고 인간은 사물들의 진정한 가치를 발견하여 그것을 창조적으로 구성하고 재구성해야 한다.

사물들을 창조적으로 창시하고 완결하는 두 가지 과정의 조명 아래서 우리는 하늘과 땅이 도의 창조적 과정이나 태극의 단일성의 창조적 실현 속에 어떻게 형성되는지 알게 된다. 『주역』에서 하늘과 땅은 예를 들면 팔 괘 또는 오상의 우주론적 구체화의 기원이 되는 가장 기본적인 음/양의 우주론적 구체화이다. 우리는 『주역』의 상징주의 속에서 천지를 자연적 우주의 창조적 진화 그리고 더 나아가서 인간 세계의 진화의 기초로 인식할 수 있다. 또한 천지가 음/양의 양극적 계기를 통해 태극의 단일성의 원초적 창조성을 나타내는 상황에서 어떻게 상호연결 되어야 하는지도 인식할 수 있다. 건과 곤은 단순하게 음/양의 우주의 지정이며 천의 창조력과 지의 수용력은 이렇게 작동한다. 『주역』의 상징적 글에서 태극의 고유한 단일성과 계기들이 음/양의 양극성으로서 창조적 구성을 암시하는 건/곤의 명칭은 천지를 찾아볼 수 있는 상징들이다. 그러므로 본인이 태극과 도의 존재 우주론이라 명명한, 그리고 후에 주돈이의 『태극도설』에서 상술되는 태극우주론은 결코 임의적이지 않고 지극히 논리적이다.

도교 사상가 노자는 "하나가 둘을 낳고, 둘이 셋을 낳고, 셋이 만물을 낳는다"고 주장했는데,9) 이미 그는 태극이 음양 양극성을 낳는다는 도식을 염두에 두고 있었다.10) 노자는 또한 "도가 하나를 낳는다"라고 진술했는데, 이는 그럼에도 불구하고 단일성의 형태를 갖고 있는 궁극적 실재의 역동적 창조성을 강조하는 것이다.11) 만일 우리가 태극을 세계의 원천으로 간주한 다면 도는 사물 세계를 낳는다는 점에서 태극과 같다. 그러나 노자가 "셋이 만물을 낳는다"고 했을 때 우리는 셋을 '세 번째'(the third) 즉 둘의 상호 작용의 산출로 볼 수 있다. 우리는 사물들의 세계와 생명 체계가 천지의 음/양 상호작용으로부터 발생한다고 볼 수 있다. 그러나 동시에 우리는 둘을 두 가지 힘이나 두 가지 사물로, 그리고 셋을 세 가지 힘이나 세 번째 힘으로부 터 유래하는 사물로 볼 수도 있다.

이러한 정황 속에서 인간은 천지만물 중 가장 고유하고 탁월한 세 번째 라는 것이 분명해진다. 인간은 천지와 함께 온 우주와 삼자관계를 형성한 다. 이 삼자관계의 특징은 인간이 천지가 하는 일 즉 생명을 양육하고 성장 하도록 돕는 일을 한다는 것이다. 그러나 인간은 비록 상위의 질서들을 성 취하기 위해서 천지의 덕을 소유하고 있지만 천지가 일하는 것과 똑같이 일하지 않는다. 이런 의미에서 예를 들면 문화와 예술과 같은 인간 창조는 인간 창조성의 산물로 간주되어야 한다. 그러나 인간이 창조하는 것은 천지 의 자연적 행로의 연속이므로 그것에 해를 끼치지 않는다. 따라서 인간은 천지의 덕을 보존한다는 정신이 인간성 속에 부여된 것이 아니라 본래 천지

---

9) 『道德經』(嚴靈峯 編), 42장.
10) 노자는 『道德經』 42장에서 "만물은 陰을 등에 업고 陽을 가슴에 안아 기가 서로 합하여 조화를 이룬다"고 말했다.
11) 여기서 말하는 道가 無와 동일한 것인지는 확실하지 않다. 노자에 따르면, 有와 無는 상호적으로 산출하기에 道를 有와 無 둘을 결합하는(연합시키는) 즉 도의 두 가지 기능으로써 보는 것이 타당하다고 생각한다.

속에 예증된 천지의 덕에 적대하는 행위를 해서는 안 되는 것이다. 본인이 다음에서 설명하는 이러한 방식으로 생태론적 윤리를 구성할 수 있다.

그러면 이 존재 우주론적 창조 과정 속에서 인간은 어떤 위치에 있는가? 『역전』은 기술한다.

성인, 최고의 상태에 이른 사람은 천지와 유사하다. 그러므로 그 사람의 행위는 천지를 거역하지 않는다. 그의 지식은 만물을 포용하고 그의 길은 하늘 아래 만물을 구한다. 특별한 고려를 하고 행위 할 때조차도 그는 올바름(正)에서 벗어나지 않는다. 그는 천리를 즐기며 명命의 한계를 안다. 그러므로 그는 근심하지 않는다. 그는 대지에 정착하여 인仁의 실천에 몰두할 수 있으므로 그는 사랑할 수 있다.12)

주희朱熹는 위 인용문이 성정性情에 관한 것이라고 주석했다. 성정은 천지의 도 즉 인仁을 깊고 넓게 실천하는 것을 의미한다.

주희는 성인이 가진 포괄적 지식이 바로 하늘의 일 그리고 땅의 일인데 이는 세계를 구하는 은총이라고 주석한다.13) 이런 의미에서 성인은 단지 부모로서의 천지의 자식이 아니라14) 자비로운 통치자로서 천지의 영민한 대행자이다.

천지의 대행자로서 인간은 자신이 갖고 있는 지식 때문에 자신의 이익과 사적 향락을 위해 자연을 정복하거나 착취하지 않는다. 오히려 포괄적 지식은 인간으로 하여금 다른 생명체들을 돌보고 자연을 보호하며 인정하

---

12) 朱熹, 『周易本義』, 「繫辭」, 4장. 이것은 본인의 번역이다.
13) 주희는 그의 저서 『周易本義』에서 인은 사랑의 원리이며 사랑은 인의 기능이라고 말한다.
14) 장재는 『西銘』에서 부모라는 패러다임을 사용하여 우주를 하나의 큰 가족의 이미지로 묘사한다.

도록 만든다. 이렇게 인간은 맹자가 말한 대로 인으로 다스릴 수 있다.(仁政)15) 천지의 자녀인 인간은 세계 속에 있는 다른 생명체들에 대해 동정심을 가져야 하는데, 예를 들면 소나 양이 당하는 고통을 보면서 차마 하지 못하는 마음을 갖는다.16) 성정은 좁은 의미에서 자신의 본성을 실현하는 것이며, 넓은 의미에서 자신의 본성을 이루는 것과 별개로 타인과 세계 속에 있는 만물의 본성을 실현하는 것이다. 그러므로 다음과 같다.

> 오직 천하의 지극히 진실한 자만이 자신의 본성本性을 다할 수 있다. 자신의 본성을 다할 수 있으면 또 다른 인간의 본성도 다할 수 있다. 다른 인간의 본성을 다할 수 있으면 천하 만물의 본성도 다할 수 있다. 천하 만물의 본성을 다할 수 있으면 하늘과 땅의 변화와 발육성장의 행사를 도울 수 있다. 하늘과 땅의 변화와 발육성장의 행사를 도울 수 있으면 천지인天地人 삼합三合(三材之道)을 이룰 수 있다.17)

누가 성誠에 이른 사람인가? 천지의 덕을 보존하고 드러내서 자신의 덕뿐만 아니라 천하 만물의 덕을 실현하고 완성할 수 있는 사람이다. 『중용』이 주장하는 바와 같이 성誠은 인仁과 지知를 포함한다.

> 자기를 이루는 것(成己)은 인仁이고 만물을 이루는 것(成物)은 지知이다. 이 둘은 모두 성性의 덕이다. 성誠은 내외의 도(仁과 知)를 합한 것이니 시時의 변화상황 속에서도 중中과 화和를 찾아 모두 중절中節함을 찾는다.18)

---

15) 중국인들의 풍경화가 담고 있는 정신은 새, 꽃, 그리고 식물이 있는 평화롭고 즐거운 산책으로서의 자연이다.
16) 『孟子』, 「梁惠王」 참조.
17) 『中庸』, 22장; 김충열, 『김충열 교수의 중용대학강의』, 223~224쪽. 이것은 본인의 번역이다.
18) 『中庸』, 25장; 김충열, 『김충열 교수의 중용대학강의』, 230~233쪽 참고.

이런 맥락에서 공자는 말한다. "사람이 도를 넓히는 것이지 도가 사람을 넓히는 것이 아니다."[19]

인간은 본래 천지와 연결되었다는 것이 분명하다. 만일 천天이 끊임없는 창조성과 생명의 발전 정신을 표현하고 지地가 사랑의 영속적 수용성과 일관성을 표현한다면, 인간은 반드시 조화로운 연합 속에서 그것들의 결합을 구현해야 하며 그것들의 결합을 생각, 감정, 그리고 행위 속에서 적절하게 적용해야 한다. 천은 창조성의 우주론의 상징이고 지는 내포와 조화의 생태론의 상징이며 인간은 천지 결합의 상징이기에, 가치의 통합과 충족의 윤리를 낳는다. 그러므로 유교의 성인에게서 우주론, 생태론, 그리고 윤리의 연합을 구현하는 천지인 삼합을 보게 된다. 이 삼자의 연합은 도와 태극의 존재 우주론 속에서 이루어진다는 점을 인식해야 한다. 이 삼자의 요소들을 다음과 같이 도식화할 수 있다.

[도식 1]

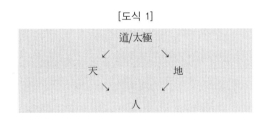

여기서 삼합의 개념은 기독교 신학의 삼위三位, 성부 하나님과 성자 아들 그리고 성령 하나님으로 셋이지만 하나로 간주되는 삼위일체 개념으로부터 유래한다.[20] 이 삼위일체가 역사적으로는 구원론적이지만, 어떻게 삼

---

19) 『論語』, 15:29.

위일체가 우주론, 생태론 그리고 윤리에 적용되는가 하는 문제는 복잡하고 난해하다. 『주역』이 말하는 천지인 삼종지도에서 우리는 성자 아들을 이상적인 인간, 성부 하나님을 천天(창조적 정신) 그리고 성령 하나님을 지地(수용적 공동 정신)로 볼 수 있다. 앞에서 언급한 바와 같이 초월적 신이 내재적 신이 되지 않고서는(땅에 내재하는, 인간에 내재하는, 천에 내재하는) 인간의 땅 지배는 결국 신의 이름으로 땅을 지배하는 것이 된다. 그리고 인간은 자신의 분리된 자유에 노예가 되고 고립되어 자유 의지의 희생자가 된다.

마지막으로 본인은 화이트헤드의 유기체적 우주론에서 유교 우주-윤리와 생태론적 윤리의 존재 우주론적 기초를 해석한다. 첫째, 화이트헤드가 말하는 개방된 창조성과 창조성의 연속개념은 『역전』의 존재 우주론에서 나타나는 끊임없는 연속성의 원리에 적합하다. 화이트헤드의 창조성 개념 즉 "다자는 일자이고 일자에 의해 증가된다"는 주장은 차별성의 일치와 조화로운 통합이 하나의 새로움과 가치를 실현함으로 전체 속으로 전진함을 의미한다. 개방된 창조적 전진으로서 다자의 일자로의 통합은 일자에 의한 하나의 증가이며 다자에 의한 감소이다. 또한 통합은 원리라는 「태극도」의 용어로, 역동적 균형과 조화의 내재적 특징이다. 「태극도」에서 원리의 창조적 그리고 역동적 변혁은 다자의 개체 발생의 용어로 "일자가 다자이며 다자에 의해 증가된다"라고 서술할 수 있다. 이것이 64괘와 그 이상을 생산하

---

20) 位에 대해서는 본인의 논문 "Philosophy of Positions in the *Chou-i*", *Orient Extreme, Occident Extreme* 18(1996), pp.181~198을 참조하라. 龐朴 교수는 최근 그의 논문에서 유가변증법이라고 부르는 '하나가 셋으로 나누어진'(one divided into three) 철학을 재강조했다. 이 논문은 『儒家辯證法研究』 속에 실려 있다.(본래 1984년에 북경에서 출판되었으며 1995년에 『一分为三: 中国传统思想考释』[深圳: 海天出版社]이라는 제목으로 재출간되었다.) 그는 하나의 기초 위에서 둘을 구성하는 것 그리고 하나의 기초 위에서 둘의 연합에 대해 연구하였다. 그는 셋이 하나로 연합하는 것보다 하나가 셋으로 분리되는 것에 더 관심을 갖고 있다.

는 음과 양의 분화와 복합적 분화과정이다. 이와 유사하게 이것을 화이트헤드의 용어로 말하면 가능성들이 구체적으로 현실적 계기들로 이입되는 것이다. 일자가 다자이며 다자에 의해 증가되는 반면에, 다자는 많으며 일자에 의해 감소된다는 점을 반드시 알아야 한다. '주고받음', '오고 감', '증가하고 감소함'의 내적 균형은 새로움과 가치의 창조적 과정인 실재의 조화와 균형을 전시한다.

둘째로 화이트헤드의 우주적 창조성은 궁극적 창조력의 두 가지 양태인 신의 원초적 본성(primordial nature)과 결과적 본성(consequent nature)의 양극성의 용어로 이해된다. 신의 양극성은 의심할 여지없이 그 안에서 사물들의 구체화와 개별화가 생겨나는 움직임/정지 그리고 견고함/유연함의 용어로서, 태극의 음/양 양극성과 유사하다. 비록 화이트헤드에게서 신의 원초적 본성의 초월성이 결과적 본성과 관계가 있다고 말할 수 있지만 동시에 창조적 전진의 개방된 과정과 관련하여 내재성의 형태를 갖는 것이라고도 말할 수 있다. 태극의 정지의 상태로부터 움직임을 시작하는 그 자체를 그러한 태극의 힘에 내재하는 초월성을 묘사하는 것으로 볼 수 있으며 그것은 영원한 원천이고 개방된 과정이다.

이것이 창조성에 대해 논할 때 고려해야 하는 변증법적 요소이며, 『주역』과 화이트헤드 사상이 공통적으로 갖고 있는 특징이다. 그러므로 변증법적으로, 천天으로서의 신의 원초적 본성과 지地로서의 신의 결과적 본성은 결코 분리될 수 없으며, 인간을 포함하여 세계 안에 존재하는 만물의 진화를 위해 필요하다. 인간이 이 창조적 과정을 성찰할 수 있다는 것은 인간과 세계의 창조적 과정 사이에 존재하는 내적관계를 드러내며, 그것은 인간 창조성의 원천을 암시한다.

마지막으로 우리는 『주역』의 정신을 담고 있는 생태 윤리가, 비록 화이트헤드는 생태론에 대해 언급하지 않았지만, 어떻게 화이트헤드의 사상으로부터 발전될 수 있는지 살펴본다. 화이트헤드는 『관념의 모험』(*Adventures of Ideas*, 1933)에서 진리, 미, 모험, 예술 그리고 평화라는 문화의 다섯 가지 가치들에 대해 언급한다.[21] 문명화된 세계의 이 다섯 가지 특징들은 서술적이며 규범적이고 인간들이 내리는 평가의 표준 그리고 목표로서의 인간의 사고와 행위에 적용된다. 여기서 중요한 것은 다섯 가지 가치들이 고립된 것이 아니라 함께 연결되어 있다는 사실이다. 그리고 각 가치들은 조화롭고 구체적인 일치를 이루기 위해서 다른 가치들에 의해서 제한되고 강화된다. 이 가치들의 조화로운 일치를 궁극적으로 인간의 창조성 그리고 우주적 창조성을 정의하는 지고선至高善이라 부를 수 있다. 이것이 바로 실재 근원(source of reality)의 본래 선이다. 그리고 이것은 지속적 발전 단계의 창조적 노력들에 의해 확대된다. 『역전』은 이를 "연속되는 것은 선이다"라고 서술한다. 우리 자신, 타인들, 그리고 온 생태계와 관련된 행위에 있어서 가치의 통합 이외에 전 존재를 향해 그리고 전 존재의 미래 발전을 향해 전해지는 다른 목표나 기준은 없다. 이것이 『역전』과 화이트헤드가 강조하는 인仁과 지知의 우주론적-생태론적-윤리적 본질이다.

우주- 생태- 윤리 그리고 도덕적 결정

위에서 언급한 『역전』이 서술하는 존재 우주론적 틀 속에서 인간의 위

---

21) Alfred North Whitehead, *Adventures of Ideas*(London: Macmillan, 1933).

치를 인식하면서, 우리는 한편으로 환경과 자연에 접근하는 유교의 성인과 전통적 도가의 다른 방식, 또 다른 한편으로 유교와 근대 과학기술자의 다른 방식에 대해 언급할 수 있다.

도가는 자연과 실재의 자연적이고 자생적인 행위를 믿는다. 그리고 자연의 자발적 과정을 아름다운 삶의 윤리적 방식으로 여기며 따르는 것을 옹호한다. 개인은 무위無爲상태 혹은 자연적 자발성을 따르는 방식에 이르기 위해 자신의 욕망과 지식을 절단하여 그것에 의해 동요되지 않고 그 안에서 인간과 자연이 존재하는 평정상태에 이르는 방식으로 행위 할 수 있다. 숙고함으로 이 목표를 이룰 수 없으며 또한 도가 창조하고 세계 속으로 이동하는 원리로도 이 목표를 이룰 수 없다. 도는 세계의 창조물 속에 내재하는 환희를 찾는 창조적 자극이다. 만일 그것으로부터 생명체들이 생겨나는 생의 활기가 없다면 창조는 있을 수 없다.

인간은 다른 생명체들과 마찬가지로 도의 창조물이다. 하지만 다른 생명체들과 달리 인간은 지식과 행동을 할 수 있는 능력을 부여받았다. 그러므로 단순한 동물 혹은 식물의 생을 인도하는 것이 아니라, 자신의 행동을 위한 능력과 지식의 능력에 적합한 가치 상태를 성취하는 것이 인간다운 것이다. 인간은 한편으로 자신과 자연 그리고 다른 한편으로 자신과 자연 속에 존재하는 사물들 사이의 조화와 평정상태를 뒤틀지 않고 잊지 않으며 거역하지 않으면서 가치의 지위를 성취한다. 인간은 이를 성취하기 위해서 지혜를 가져야 하며, 이 지혜를 개발하기 위해 부단히 노력해야 한다. 이 지혜는 인간과 자연의 관계를 알고 이해하며 반성적 이성과 인간, 그리고 더 넓은 자연세계 사이의 관계를 유지하기 위하여 행동하는 실천적 이성을 포함하는 통합적 지혜이다. 인간은 통합적 지혜 한도 내에서 지식을 확장할

수 있으며 역동적 욕구들을 보존할 수 있다.[22]

노자는 『도덕경』에서 자연의 자발성을 따라야 한다고 강조했다. 그는 타인을 실현함으로 결국 자신을 실현하는 성인의 무사無私를 강조한다.[23] 노자는 또한 '낳으나 가지려 하지 않고, 행하나 교만하지 않으며, 기르나 지배하려 하지 않는' 도교의 무위의 원리를 강조했다.[24] 이 무위의 원리는 자연의 자발성에 접근하는 일반적으로 인간 창조성 그리고 특히 생태 윤리에 광범하게 적용될 수 있는 새로운 방식이다. 무위 원리의 일반적 적용은 인간으로 하여금 인간의 사고와 아는 것의 의미와 범위 그리고 인간 행동의 동기와 결과들에 대해 숙고할 수 있도록 한다.

첫 번째 종류의 숙고는 타당함과 지식의 깊이에 대한 질문이며, 둘째는 타당함과 행동의 깊이에 대한 질문이다. 우리가 타당성, 지식과 행동의 깊이에 대하여 질문할 때에만 가치에 따라 지식과 이해에 대해 비판적 평가를 할 수 있다. 그러한 고려들은 사물들의 세계와 자연세계를 장기적 그리고 통전적 관점에서 볼 것을 요구한다. 그것들은 특별히 내적 자아와 인간 삶의 궁극적 선에 대한 철저한 비판을 요구한다. 과학적 지식은 지식을 초월하는 실재와 가치체계의 관점으로부터 검토되어야 한다. 그리고 행위는 반드시 전체 체계나 과정 속에서 사물들의 상호작용, 전도, 평정, 그리고 조화의 관점으로 평가되어야 한다. 이러한 이해를 고려할 때 도와 태극의 존재 우주론은 그러한 평가와 반성을 위한 의미가 있는 근본적인 모델이 된다는

---

22) 인간은 또한 창조적 원천과 우주와 행위의 통전적 균형을 잃게 되어, 원천과 사물 간의 상호 관계성에 대한 고려를 하지 못하게 된다. 결국 이것이 자기 좌절 그리고 자기 파괴적 행위의 순환에 기초한 '비자연적' 불화와 불안을 야기한다. 그러므로 인간 창조성의 문제는 단순히 자연을 따르는 것이 아니라 창조성의 자연적 행로 속에 참여하는 문제이다.
23) 『道德經』, 7장.
24) 『道德經』, 10장; 51장.

것이 분명하다.

한편으로 천의 우주론은 인간뿐 아니라 자연 전부를 위해 그 안에서 문화적 그리고 과학적 행위들이 마땅히 생명 보존에 공헌하는 인간 창조성의 모델을 제공해야 한다. 왜냐하면 만일 인간의 삶이 자연의 창조성의 근거에 기초하여 지속되지 않는다면 인간의 삶은 끊어질 수밖에 없기 때문이다. 다른 한편으로 땅의 생태론은 그 안에서 자신의 창조적 행위에 대해 사고하고 숙고하는 인간의 무위와 자연의 자발성을 위한 모델을 제공해야 한다. 마지막으로 인간 윤리는 지식과 행위를 통합하기 위해 평정상태와 조화의 통전적 상황 속에서 천天의 지혜와 지地의 지혜를 결합시켜야 한다. 지식이 행위를 보증하는지 그리고 행위가 지식을 증명하는지는 단순한 지식 혹은 단순한 행위 단계의 고려대상이 아니다. 그것들은 천의 우주론과 지의 생태론적 숙고와 통찰을 요구한다. 우주-생태-윤리의 종합적 지혜에 근거해서 인간은 하늘과 땅의 연합으로서 인간 삶의 가치들을 실현함으로써 인간의 삶을 실현할 수 있다. 바로 이 점에서 도를 강조하는 도교와 태극을 강조하는 유교가 일치하며 상호 지원한다. 인간 창조성을 아래와 같이 도식화할 수 있다.

[도식 2]

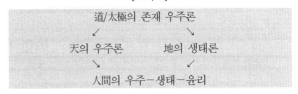

道/太極의 존재 우주론
天의 우주론　地의 생태론
人間의 우주-생태-윤리

이제 과학적이고 기술적인 발전에 대해 생각해 보자. 과학과 기술의 진화는 인간의 지식과 행위에 변화를 가져왔다. 근대 과학은 자연에서 인간의 위치에 대해 언급하지만 그것이 인간의 운명을 결정하거나 혹은 어떤 삶이 선한 삶인지 정의할 필요는 없다. 인간의 삶과 인간 사회를 예측할 수 없을 정도로 변화시키는 것이 공업기술이다. 또한 산업에 기초한 공업기술은 생태환경을 위기로 몰고 간다. 따라서 필연적으로 다음의 질문들이 생겨난다. 그러면 공업기술은 해를 끼치는 인간 문화적 활동인가? 그래서 처음부터 없애야 했는가? 이 질문에 대해 도가는 이렇게 대답할 것이다. 노자는 근대 공업기술이 해로운 무기로써 장차 전쟁과 파괴에 사용될 뿐 아니라 사람의 마음을 광분하게 하는 질주나 사냥으로 이끌 것이라고 여겼다.[25] 장자는 공업기술을 훌륭한 마음을 증진시키는 도구로 인정하지 않았으며 뿌리가 자라기 전에 중단시켜야 한다고 주장했다. 그러므로 도교는 공업기술이 인간의 순수성과 순결을 파괴하고 욕망이 추구하는 사악한 순환으로 인도하기 때문에 선보다는 악을 가져온다고 본다. 비록 하이데거(Heidegger)의 기술에 대한 비판이 도교의 비판과 완전히 일치하지는 않지만, 그의 기술 비판은 인간을 존재(Being)로부터 존재론적으로 고립시키는 것에 대한 비판으로 간주할 수 있다. 그러므로 기술이 단순히 인간의 환경에 해로운 것이 아니다. 기술은 실제로 인간의 존재론적 온전성과 진정성을 파괴한다.

도와 태극의 존재 우주론에 의하면 인간 창조성은 인간 행동의 어느 한 단계에 국한되지 않고 우주론적 그리고 생태론적 창조성에 근거하여 발견된다. 이런 의미에서 자연세계와 문화세계는 연속성 그리고 내재성과 초월

---

25) 『道德經』, 12장.

성의 위계질서를 형성한다. 인간 창조성이 우주론적 창조성의 기능으로부터 보이는 한 그리고 평정상태, 조화, 건강한 구성적 전환, 조화의 가치들을 고려하는 한, 인간 창조성에는 아무런 한계가 없다. 이는 기술 발전이 반드시 지식과 가치, 일부와 전체, 과거와 현재 그리고 개별적 인간과 자연세계 간의 작용의 틀 안에서 평가되어야 하고 이해되어야 한다는 것을 의미한다. 그러므로 우주-생태-윤리의 명령에 따라 사고하고 행동하는 유교는 자신의 능력을 사용하며 총괄하여 인간 가치를 보존한다고 말할 수 있다. 이런 맥락에서 『역전』은 사물의 개시와 새로운 문화 형성 그리고 기능 확대를 위한 사물의 준비와 세상에 혜택을 주기 위한 기구의 제정 등에 관해 언급한다. 이는 기술 지향적이고 기술 친화적인 언명이라 할 수 있다.26) 또한 이러한 이해는 화이트헤드의 유기체 철학이 가능태와 현실태 사이의 상호 교환의 장 속에서 기술 발전을 허용하는 그러한 것처럼 인간 그리고 자연의 현실태의 이해와 동일하다.27)

『장자』는 참사람(眞人)이 있은 후에야 참된 앎이 있다고 기술한다. 참사람은 무엇이며 참된 앎은 무엇인가? 장자는 참된 앎이란 하늘과 땅의 기능을 아는 것이라고 간주한다. 그러면 자신의 마음속에 창조적 통찰력과 태도를 확립하지 않고 어떻게 하늘과 사람을 알 수 있는가? 실제로 장자는 참사람을 인간으로서 하늘의 일에 간섭하지 않고 마음으로 도를 해치지 않는 사람이라고 기술한다. 더욱이 참사람은 하늘과 사람이 이기려 하지 않는 하나의 단일체로 간주한다.28) 이것은, 참사람과 참된 앎은 상호 근거가 되고

---

26) 朱熹, 『周易』, 『易傳』, 「繫辭上」, 11장.
27) Joseph Grange, "Whitehead and Heidegger on Technological Goodness", *Research in Philosophy and Technology: Technology and Everyday Life*(Greenwich, Conn.) 14(1944), pp.161~173.
28) 『莊子』, 제6편, '大宗師'(San Min version, Taipei: San Min Book Co., 1974). 본인이 영역했다.

또한 상호를 상정하며 분리되지 않는다는 것을 의미한다. 그러나 여기서 말하는 앎과 사람은 특별한 의미를 갖고 있다. 즉 앎을 변화시키고 사용하기 위해 먼저 앎을 갖고 있는 사람이 변화되어야 한다는 것을 암시한다. 그리고 사람이 변화되기 위해 그 사람이 갖고 있는 앎을 변화시켜야 한다는 것을 암시한다. 환경 파멸과 위기를 직면하고 있는 이 시점에서 우리는 참된 앎을 증진시키고 참사람을 수양해야 한다. 본인은 이 점을 강조했다. 우주론, 생태론 그리고 윤리의 삼합이 바로 그러한 참된 앎이며, 우주-생태-윤리 조합이 인격 안에서 이루어지는 것이 그러한 참사람이다. 참된 앎을 소유한 참사람은 기술적 이성에 의해 조정될 수 있는 실천적 지혜를 소유하고 있지만 여전히 존재론, 우주론에 대한 반성적 그리고 명상적 이성에 뿌리를 내린다.[29]

---

29) 유교 외에 아리스토텔레스 역시 이론적 이성(외적 대상을 관찰함)을 실천적 이성에 뿌리 내린 인간 삶의 한 부분으로 간주한다고 해석할 수 있다. 아리스토텔레스는 인간이 사물을 올바로 하기 위해서 이론적 철학적 이성을 실천적 이성과 결합시켜야 한다고 주장했다. Richard Kraut, *Aristotle on the Human Good*(Princeton: Princeton University Press, 1989), 제2장과 5장을 참조하라.

현대 신유교 생태학적 비전의 주제들

존 버스롱

서론

지난 한 세기는 유학자들에게 아주 어려운 시대였다. 유교 전통이 사람들의 머릿속에서 잊혀가는 현재, 드 배리(Wm. Theodore de Bary)는 유교 전통이 여전히 20세기 초 중국에서 교육체계, 시민공공사업, 그리고 가족 제사 등을 지배하고 있다고 주장했다.[1] 이렇게 명백하게 중국의 문화를 지배하고 있는 유교는 그 후 사라져 버렸다. 1949년 마오쩌둥(毛澤東)이 중국인들에게 서구의 도전에 직면하여 궐기해야 한다고 선포할 때, 유교는 마오쩌둥의 혁명을 추구하는 중국인들이 버려야 할 구시대의 유물 중에 하나가 되어 버렸다. 유감스럽게도 1960년대 중반의 지적 역사학자 조셉 레벤슨(Joseph Levenson)과 같은 학자도 근대 중국에서 유교는 지식유물박물관으로 보내져 전시되어야 한다며 마오쩌둥의 선언에 동조했다. 그러나 지금 마오쩌둥과 레벤슨

---

1) Wm. Theodore de Bary, *The Trouble with Confucianism*(Cambridge, Mass.: Harvard University Press, 1991). 이 책에서 de Bary는 유교 전통의 부흥에 대해 언급하고 있다.

모두 틀렸다는 것이 분명해졌다. 마오쩌둥은 자신의 혁명이 유교 전통을 뿌리 채 뽑아내지 못한 것에 큰 실망을 했을지 모르지만, 도리어 레벤슨은 마오쩌둥의 혁명이 그렇게 하지 못한 것을 기뻐했을지 모른다. 유교 전통은 21세기 후반에 가장 심각하게 생태 위기에 직면하고 있는 동아시아에서 새롭게 발전하고 있다.

이렇게 새로운 유교 전통(지금은 공자·맹자·순자의 고대 유교, 그리고 송·명·진의 신유교와 구별하기 위해서 현대 신유교라고 부름)은 서구 근대의 문제를 포함한 새로운 도전에 직면하고 있다. 세계의 역사적 윤리종교운동들이 그런 것처럼, 유교는 근대 동아시아에서 새로운 역할과 피터 버거(Peter Berger)의 용어로 말하면 제2차 대산업, 과학 혁명인 지적 도전들을 감당해야 한다. 현대 신유교가 동아시아 사회의 근대화에서 어떤 역할을 해야 하는가? 그리고 현대 신유교의 어떤 전통을 세계적으로 다른 문화와 철학과의 대화의 장에 제시할 것인가? 이러한 일들을 감당하기 위해서 현대 신유교는 첸무(錢穆), 탕쥔이(唐君毅), 머우쭝싼(牟宗三) 등의 작업을 재점검하면서 과연 유교의 내부 전통 중에서 부흥시켜야 할 것은 무엇인지, 외부로부터 받아들여할 것은 무엇인지, 그리고 현대 세계에 적합하지 못하여 배척해야 할 것들은 무엇인지를 분별해야 한다. 예를 들면 현대 신유교는 현대 세계 문화에 적합하지 못한 전통유교의 여성의 제한적 역할론을 배척하였다. 현대 신유교 1세대(1920~1990)는 송·명·진의 신유교 유산 중에서 간직해야 것들을 부흥시키고 기록하는 일에 전념하였다.

그러나 유교의 전통 세계가 파괴되고 다시 복귀되는 동안 세계는 변하였다. 새로운 쟁점들이 생겨났는데 그중에 가장 중요한 것은 바로 현대인들이 직면하고 있는 생태계의 위기이다. 이는 자원 보존을 강조하며 경제 정책을 실시했던 제국 후기의 유교 전통이 당면했던 쟁점이 아니었다. 여기에서 전통유교는 사람들에게 자연세계의 인간 양성을 강조했던 맹자와 순자의 성찰을 인용할 수 있다. 하지만 유교가 중국인들과 세계인들의 지적 활동에 중요한 역할을 하기 위해서는 전통적 쟁점들뿐 아니라 어떻게 새로운 문제들을 다루어야 하는지도 배워야만 한다. 개인의 자기수양과 사회윤리들을 진지하게 다루지 않는 현대 신유학을 생각할 수 없는 것처럼, 국제적 인권 문제, 변화된 여성의 역할, 그리고 생태계 위기를 다루지 않는 현대 신유학 또한 생각할 수 없다. 유교 전통의 관심이 (추축시대의 종교들과 마찬가지로) 인간의 삶과 구원에 집중되었던 반면에, 현대의 지적, 도덕적 관심은 어떻게 유교 전통의 자기수양과 사회윤리의 최고 가르침을 보존하고 그것을 생태론적 성찰을 하면서 자연에 관심을 갖는 새로운 시대로 접목시키느냐 하는 것에 있다.

이 논문은 현대인들이 당면하고 있는 생태 위기에 유학이 응답할 수 있는 것이 무엇인가를 조심성 있게 다룬다. 현대 신유교는 다음의 질문들을 해야 한다. 이 전통은 생태론적 숙고를 위한 자료들을 갖고 있는가? 유교의 안목이 어떻게 자연 보존을 포함한 인간의 관계적 사회성으로 확연 될 수 있는가? 더욱이 현대 신유교는 이러한 문제들을 세계 철학의 관점에서 다루어야 한다. 송대 신유교 부흥운동이 중국문화에 영향을 미친 불교에 의해 자극 받은 것처럼 현대 신유교 운동은 현대 서구 철학과 대화에 의해 영향을 받아야만 한다. 흥미로운 것은 현대 신유학과 현대 서구 철학의 만남은 생태 위기에 직면하고 있는 인류의 생존 문제를 진지하게 다루기 위해서 서로 함께 일해야 한다는 것을 공동으로 강조한다는 것이다. 이 논문은 생태론의 위기에 대해 응답하는 유교 전통의 주제들을 다룬다.

이 논문은 유교의 누적된 전통 본질의 문제를 다루고 또한 신유교가 어떻게 생태 위기를 다루어야 하는지를 숙고한다. 하지만 이 두 가지 역사적 그리고 철학적인 질문들에 대해 유교의 생태론적 구성을 위한 하나의 방법론으로 대답한다. 이러한 생태론적 전망은 유교사상사에서 아무렇게나 취하여 실행하는 것이 아니라 유교 전통의 중심에 위치해야 한다.

비교

철학과 종교학은 범위 안에서 더 세계적으로 되어 가고 있다. 따라서 북대서양 그리고 서, 남, 동아시아의 문화권의 사상가들이 비교철학과 비교신학을 전개하면서 상호의 역사와 관심을 진지하게 인식하게 되었다.[2] 물론 대부분 명망 있는 철학자들과 신학자들은 그들의 철학이 진리와 일관성 그리고 적합성이라는 측면에서 언제나 세계 포용적이라고 간주하였다. 예를 들면 21세기 유학자들은 플라톤, 아리스토텔레스, 아퀴나스, 칸트, 헤겔, 틸리히를 연구하고, 과정철학자들, 실용주의철학자들, 대륙철학자들, 분석철학자들, 해체주의자들은 힌두교, 유교, 도교 그리고 불교를 연구한다. 월터 왓슨(Walter Watson)과 데이비드 딜워스(David Dilworth)와 같은 다원론자들은 아리스토텔레스의 4원인에 근거하여 주요 세계 철학들을 표준화한 학문적 범

---

2) 지난 4천 년에 걸친 다양한 문화 접촉을 통해 하나의 문화적 세계를 이룬 유라시아를 대표적인 예로 들 수 있다. 로마제국시대 그리고 중국의 당나라시대에는 다른 문화에 대한 정보들을 포함한 무역이 활발하게 이루어졌다. 1세기 중반 불교 전성시대에는 민족, 생산물, 개념이 유라시아지역을 넘어 이동하였다. 이러한 활발한 문화 교환에 비교해 볼 때, 하부 유라시아 아프리카지역, 일본 너머의 태평양지역, 남북아메리카는 16세기 유럽의 세력의 확장 이전까지 지적 풍요로움을 누리지 못했다.

주로 나누는 해석학을 전개하였다.3)

이렇게 세계 철학과 신학을 포용함으로 인하여 비교철학과 비교신학의 작업은 이전보다 훨씬 더 어렵게 되었다. 예를 들어 동아시아의 유교 전통 혹은 서구 철학과 같은 철학 전통은 공통점과 다른 점을 갖고 있기 때문에 단순하고 분명하게 이것이 유교나 서구철학의 핵심적이고 이론적인 입장이라고 말할 수 있던 시대가 지나가 버렸다. 유라시아의 전통들이 그 대표적인 예이다. 철학과 신학이 서구, 인도, 이슬람 그리고 동아시아의 사고 양태들을 포함할 때 본질이나 견실한 삶의 형태로서의 견고한 체계는 이전과는 다른 관점을 갖게 된다. 우리가 어느 한 전통의 본질과 핵심을 차분하게 제시하지는 못하지만, 여전히 공동의 지적 이야기들로써 여러 세대가 함께 공유했던 철학의 개요는 제시할 수 있다. 만일 우리가 세계 철학에 대한 지식을 갖고 있다면, 예를 들어 주희朱熹의 어떤 특정 논제와 아퀴나스의 논제가 마치 가족의 닮음과 같은 유사성을 갖고 있음을 알 수 있다.

본인은 다른 논문에서 유교라는 것이 무엇을 의미하는가에 대해 어떤 특정한 철학 전통의 이해가 아닌 서술적 표준의 측면에서 진술하였다.4) 13개의 고전들이 송대에 경전으로 확정되었다. 본인은 경전의 표준에 대한 하나의 가설을 제시한다. 공자, 맹자, 순자, 동중서, 당의 주석가들, 장재나 주희와 같은 송의 유학자들, 명의 왕양명과 같은 다양한 사상가들은 비록 13개 고전들의 수집과 중심 관점에 대해서 의견을 달리 했지만, 선별된 주제

---

3) 다음 책들을 참조하라. Walter Watson, *The Architectonics of Meaning: Foundations of the New Pluralism*(Chicago: The University of Chicago Press, 1993; with a new preface); David A Dilworth, *Philosophy in World Perspective: A Comparative Hermeneutic of the Major Theories*(New Haven: Yale University Press, 1989).

4) 이 글은 *Philosophy East and West*(48, no.1[January 1988])에 실렸으며, 일본 유교 전통의 종교적 측면에 대해 언급하고 있다.

나 철학적 특징들의 혼합 범위에 대해서는 공통적인 의견을 갖고 있었다. 본인이 말하고자 하는 것은, 교육받은 어느 독자이든 주희와 아퀴나스의 사상에 대해 읽을 때 그들의 장르, 본체 그리고 스타일이 다르다는 것을 알게 된다. 즉 주희는 인간 마음과 원리의 역할에 대해 탐구하는 반면에 아퀴나스는 신의 본성과 같은 주제에 관심을 갖고 있다는 사실을 알게 된다는 것이다. 서아시아의 신학 전통과 마찬가지로, 어떤 면에서는 중국의 화엄과 같은 불교가 그런 것처럼, 비록 유교는 조직적 교리 전통은 아니지만 송대의 도덕철학자들이 더 광범한 고전 경전을 읽어야 하는 이유에 대해 정의할 수 있도록 명백한 일련의 특징들을 갖고 있다.

비록 본인은 유교의 학문적 친교에 동참하기 위한 전제 조건이 유교 경전의 표준을 인정하는 것이라고 말하고 있지만, 그것이 유교의 자기 정체성을 갖기 위한 충분조건이 되었던 것은 아니다.[5] 장하오(張灝), 두웨이밍, 드배리와 같은 학자들은 유교 전통 속에 그러한 표준 이외에 철학, 문화 형태, 그리고 삶의 방식들에 분명한 특징을 제공하는 또 다른 측면이 있다는 것을 인정해야 한다고 주장한다. 그것은 인간의 지적, 도덕적, 사회적, 기술적, 예술적 그리고 종교적 삶 속에 유일하게 존재하는 소위 유교적 도의 본질적인 가치이다. 요컨대 이렇게 유교는 유교 전통을 기능적 가치 차원을 넘어서서 삶의 방식을 구현하는 것으로 인식했다. 유교 전통은 삶의 도덕적, 지적 혹은 영적 행로를 추구하는 사람에게 권할 수 있는 가치나 탁월함을 갖고 있고, 그 메시지를 받아들이는 사람을 문자 그대로 변화시킬 수 있다.

---

5) Sarah Queen은 董仲舒가 유교의 자기 정체성을 정의하는 방식으로 분명하게 표준 개념을 제공한 최초의 유학자라고 주장했다. Sarah A. Queen, *From Chronicle to Canon: The Hermeneutics of the Spring and Autumn, according to Tung Chung-shu*(Cambridge: Cambridge University Press, 1996).

그러면 어떻게 이러한 가치론적 과정이 가능한가? 자기수양이 바로 유교 담론의 만조와 간조이다. 사람들은 이 최고 가치의 궁극적 원천과 과정을 유교의 종교적 차원 혹은 천지인이 궁극적으로 연결되어 있다고 믿는 초월적 신앙이라고 말한다. 장하오는, "유교는 근대 학자들이 주장하는 것처럼 세속적 인간주의가 아니다. 유교의 내적세계를 지향하는 특징은 천天 혹은 천도天道에 대한 초월적 신앙에 뿌리하고 있다"[6]라고 기록하였다.

장하오의 해석은 그가 어떤 특정 현대 신유교 철학을 선호하여 유교의 종교성을 주장한 것이 아니라는 점에서 특별히 더 타당하다. 그렇지만 장하오는, 유교 전통은 위에서 언급한 초월성을 뒷받침해 주는 문헌들을 갖고 있다고 주장한다. "유교가 지속적으로 갖는 관심은 이 세상 속에서 어떻게 인仁을 실현할 수 있는지에 대한 문제이다. 그러나 이 관심은 초월적으로 정해졌다."[7] 유교 전통의 가치는 인간이 천도天道를 전유함을 궁극적으로 여기는 것이다. 그러나 맹자가 오래전에 말한 대로 이 궁극을 전유하는 것은 자기수양이라는 유교의 임무, 즉 인간의 노력 없이 이루어지지 않는다. 또한 맹자는 자연 안에서 인간의 노력 없이 인을 실현할 수 없다고 말했다. 인간이 자연 속에 새겨져 있다고 본 맹자와 순자의 관점은 인간과 자연의 상호 행위에 대한 유교 자연 보호론의 근거가 된다. 이런 이유로 우리는 성현들의 메시지가 담긴 경전을 읽는다. 하지만 경전을 읽는 사람이 경전의 심도 있는 가르침에 의해 변화되지 않으면 그 메시지는 단지 단어에 지나지

---

6) Chang Hao, "The Intellectual Heritage of the Confucian Idea of *ching-shih*", in *Confucian Traditions in East Asian Modernity: Moral Education and Economic Culture in Japan and the Four Mini-Dragons* (Tu Wei-ming[ed.], Cambridge, Mass.: Harvard University Press, 1996), p.73.

7) Chang Hao, "The Intellectual Heritage of the Confucian Idea of *ching-shih*", in *Confucian Traditions in East Asian Modernity: Moral Education and Economic Culture in Japan and the Four Mini-Dragons* (Tu Wei-ming[ed.], Cambridge, Mass.: Harvard University Press, 1996).

않는다. 철학과 종교들은 종종 실재를 서술하며 또한 실재의 존재에 대한 서술에 근거해서 실재에 접근할 것을 권한다.

두웨이밍은 최근 강연들에서 비록 전통을 역사적으로 이해하기 위해서는 원전이 필요하지만 결코 전통을 원전에 한정시킬 수 없다고 주장했다. 그의 기록대로, 유교 전통 안에는 원전을 통하지 않고 학자적 해석 없이도 도道가 마음에서 마음으로 전수된다고 주장하는 마치 선불교와 같은 학파가 있다. 두웨이밍은 이것을 언어(학) 영역 밖의 지시 대상(extralinguistic referent)이라고 부르는데, 다른 학자들은 이것을 전통의 초월적 영역이라 부른다. 비록 인간의 이성과 각覺의 연합이 아무런 문제가 없다고 해도 반드시 인간의 마음으로 깨달아야 한다. 실제로 주희가 강조한 도학道學의 본질은 바로 인간 이성과 득도得道의 융합이다.

머우쭝싼(牟宗三, 1909~1995)은 송·명·진 유교의 도덕철학 전통 분야의 관점에서 저술하며 가장 계통을 잇고 있는 현대 신유학자로, 유교사상은 그것이 무엇이든지 공동으로 하나의 근원적 은유를 갖고 있다고 주장했다. 그는 이를 '배려—의식'(concern-consciousness)이라고 불렀다. 서구 학자들은 바로 유교가 갖고 있는 이 '배려—의식' 때문에 유교를 적어도 사회윤리, 즉 인간으로 하여금 예의를 갖게 하고 다른 인간들과 함께 살아갈 수 있도록 도와주는 하나의 방식으로 간주하였다. 현대 서구의 사변철학의 용어로 말하면 머우쭝싼의 '배려—의식'이라는 이상적 형식은 하나의 근본적인 가치론의 형식이다. 존재하는 모든 것 그리고 장차 생성되는 것들의 뿌리는 사상, 행위 그리고 열정들로 표현되는 가치에 대한 관심이다. 존재하는 것은 무엇이든지 행동, 사상, 그리고 감정으로서 하나의 가치이다. 이것이 인간 관계적 가치의 창조에 대한 유교 담론의 주제인 소위 대상—사건(object-event)이다. 현대 신유학자들은 이 실재에 대해 가치론적으로 이해하기 때문에 '배려-의식'의 은유를 확대시켜서 인간뿐 아니라 자연에 대해서도 지대한 관심을 갖게 된다.

머우쭝싼은 유교의 도를 자신이 주장한 궁극적 배려-의식에 대한 표현과 축적된 전통이라는 네 가지 특징으로 개관하였다. 이 특징들은 유교 전통의 발전 역사를 통하여 연장된 일종의 이상적 형태이다. 예를 들면 인간 본성의 특징은 각 시대마다 다르게 이해되었고 유교 전통 안에서 지속적으로 논쟁되고 분석되는 영속적 주제가 되었다. 유교 전통은 새 술을 헌 포대에 담는 것처럼 새로운 사상을 기존의 체계 안에 넣는 것에 아주 익숙하다. 실제로 포대(기존의 체계)는 늘 수정되었고 보수되었기 때문에 그것의 본래 모습은 찾기 어렵게 되었지만 여전히 포대가 있어서 술(새 사상)을 그것에 담을 수 있다.

머우쭝싼이 자신의 사상을 맹자, 정호, 왕양명, 유종주劉宗周의 사상들과 동일시했기 때문에, 본인은 머우쭝싼이 제시한 네 가지 특징에 고대 유교 전통과 송명 전통으로부터 세 가지 특징 그리고 순자와 주희로부터 하나를 택하여 첨부하였다. 본인은 이 여덟 가지 특징이 현대 신유교를 포함한 송대 이후의 철학을 포함한다고 생각한다.[8] 그리고 아래에서 보는 바와 같이 이 여덟 가지 특징 중 어떤 것들은 현대 신유교의 생태론과 직결되어 있다.

---

8) 劉述先 역시 다음의 논문에서 유교의 주요 개념들에 대한 개요를 서술하였다. "Confucian Ideals and the Real World: A Critical Review of Contemporary Neo-Confucian Thought", in *Confucian Traditions in East Asian Modernity: Moral Education and Economic Culture in Japan and Four Mini-Dragons*(Tu Wei-ming[ed.], Cambridge, Mass.: Harvard University Press, 1996), pp.104~105. 그의 개요는 더 광범해서 정부, 정치, 심리학, 교육 그리고 경제 등의 문제를 두루 포함하고 있다. 하지만 그는 牟宗三의 영향을 받았기에 본인이 본문에서 서술한 개요를 대부분 포함하고 있다고 볼 수 있다.

요약해 보면 다음과 같다.

1. 천명天命(Mandate of Heaven): 창조성 그 자체이며, 존재하는 모든 것과 생
   성되는 것의 상징인 도의 끊임없는 생산성이다.

2. 인仁(humaneness): 창조성 그 자체의 구체화로서, 타인을 위하는 근본적
   관심으로 적합한 인간의 윤리적 사회적 행위에서 구체화된다.

3. 심心: 마음의 기능으로, 살아 있는 인간 안에 있는 배려−의식이 경험
   적으로 조화되는 장소이다.

4. 성性: 인간 본성의 외형 구조로서, 마음의 수양을 포함한다. 도의 우
   주적 생산성 안에서 창조하고 참여한다.

5. 도문학道文學: 인간 행위와 도의 적절한 패턴의 일치성을 인식하기 위
   한 비판적 수단으로서의 궁리窮理를 말한다. 리를 연구하고 공부한
   다.9) 이는 『주역』에서 말하는 사물들과 사건들을 광범하게 관찰하라
   는 가르침이며 『대학』에서 말하는 격물이다.

6. 리理: 인간들이 서로 인仁이란 것으로써 다루기로 한 동의와 방법으로
   서의 의례 행위 혹은 예절이다.

---

9) 杜維明은 1996년 미국 Cambridge, Massachusetts에 위치한 Boston Research Center for the 21st
   Century에서 열린 문화적 중국(cultural China)이라는 제목의 강연에서, 유교에서 말하는 이성
   은 '유추적 이성'(analogical reason)이라고 할 수 있다고 말했다. 본인은 杜維明이 말한 유추적
   이성을 그 비판적 기능을 갖고 있으나 단순히 기술적 합리주의(technical rationalism)의 한 형
   태로 간주하지 않는다.
   또한 Lisa Raphals는 '조심스러운 이성'(metic reason)이라는 용어를 사용한다. Lisa Raphals,
   Knowing Words: Wisdom and Cunning in the Classical Traditions of China and Greece(Ithaca, N.Y.:
   Cornell University Press, 1992), 5. Lisa Raphals는 이 책에서 중국 철학가들 그리고 일부 고대
   그리스 사상가들이 아리스토텔레스가 말한 것과 똑같은 의미는 아니지만 그것에 가까운 의
   미에서 어떻게 이러한 교묘한 사상들을 사용하였는지 서술하고 있다. Lisa Raphals는, 상황은
   더 깊은 사려와 그녀가 '조심스러운 사고력'(metic intelligence)이라고 명명한 특별한 종류의
   추론을 요구한다고 주장한다.

7. 기氣: 그것으로부터 모든 사물과 사건이 현현되고 다시 그것으로 돌아가는 역동적 힘/모체이다.

8. 지선至善: 최고의 선 혹은 최고의 조화이며 윤리적 삶이 현실화될 때 생기는 인간 본성의 평화와 완성이다.

머우쭝싼은 자신이 제시한 네 가지 특징들은 모두 경전에 기록되어 있다고 주장한다. 첫 번째, 천명 즉 창조성의 특징은 『주역』과 『중용』에서 가장 분명하게 기록되어 있다. 그가 창조성의 근원적 특징으로 도道나 천도天道 대신에 천명을 언급한 것은 의미가 있다. 이는, 원리는 반드시 규범이 되어야 하고 행함 없는 지식 그리고 지식 없는 행함은 유교의 핵심이 결여된 상태를 의미한다는 왕양명의 주장을 예증한다. 혹 다른 말로 하면, 도덕적 관심에 의해 인도되지 않은 무작위적 활동으로서의 창조성은 공허하다는 것이다. 창조성은 선을 위한 명령이다. 천명에 근거해서 모든 유교사상은 상황과 때에 알맞은 예술 속에서 구체화된 근본적 가치론이라고 주장할 수 있다.

인仁은 『논어』의 중심 사상으로 창조성이 그 안에서 규범적으로 명시되어야 하는 특정적 방식이다. 머우쭝싼의 심心사상의 경전은 『맹자』이고 또한 성性 개념 역시 『맹자』가 그 출전이다. 본인은 여기서 『대학』을 첨가하는데 그 이유는 『대학』이, 인간 본성이 어떻게 자기수양의 과정으로 구성되어야 하는지에 관해서 상술하기 때문이다. 머우쭝싼은 순자, 주희와 연결되었기 때문에 『대학』을 중시하지 않았지만, 생애 마지막 강좌에서 현대 유교는 순자의 전통에 대한 비판적이고 합리적인 접근 방식을 현대의 개혁에 재통합해야 한다고 주장했다.

다섯 번째, 주희의 『중용』과 『대학』 주해를 따라서 격물의 이상에 중점을 둔다. 비록 머우쫑싼은 주희가 『맹자』와 『대학』을 경건한 신앙심을 갖고 읽은 것은 잘못된 것이라고 비판하였지만, 다른 한편으로 머우쫑싼 자신과 주희는 유가의 도道에서 비판적 이성과 성찰의 역할을 긍정적으로 평가한다고 주장했다. 청중잉(成中英)이 주장한 대로 광범한 관찰을 주장하는 『주역』은 유교 전통이 비판적 이성을 사용하고 있음을 보여 준다. 학문과 탐구를 통하여 자아수양에 관해 성찰함에 있어서 광범한 관찰과 비판적 이성을 사용하는 것이 유교의 이성 이해의 틀이다.

여섯 번째, 의례 행위 혹 예절은 인이 어떻게 의례 행위와 일반적 사회 예절로서 이해되는가를 정의하는 『주례周禮』에 분명하게 나타난다. 유교는 의례 행위와 사회 윤리의 자료를 제공한다. 여러 가지 면에서 유교 의례는 도교와 불교의 자기수양의 형태와 대조적으로 유교사회 행위와 개인의 삶의 핵심으로 간주되었다. 송·명·진의 사대부들은 유가 의례의 선생이 되어야 한다는 의무를 갖고 있었다. 그들은 자아수양을 할 때 유가적 명상의 한 방법으로 정좌를 실천하였을 것이다. 고대의 순자는 의례가 사적 이익을 추구하는 인간의 악한 성질을 교정하는 수단이라고 강하게 주장하였다. 진대에 유가의 도를 구현하기 위해서 도교와 불교의 자료들에 의존하지 않고 순자와 의례의 중요성을 다시 복원하려는 움직임이 생겨났다.

일곱 번째, 한漢 이전 유교의 어느 원전이 기氣를 물질-에너지(matter-energy)로 가장 분명하게 서술하고 있는지는 분별하기 어렵다. 물론 『주역』의 많은 단층이 유교의 기, 음양오행 담론에 철학적 기초가 되었다. 『주역』은 유교사상뿐만 아니라 이 쟁점들에 관한 중국의 다른 사상들에도 원전이 된다. 장리원(張立文)과 동료 학자들은 기에 대한 연구를 진 이전 시대의 문헌인 『좌전左傳』과 『국어國語』로부터 시작해서 『관자管子』까지의 문장들을 통해 보고, 기에 대한 서술로 끝낸다.[10] 『좌전』은 기의 생기와 생명 부여 본성을 묘사하는 육기六氣를 소개하는데, 그것들은 자연 요소들을 암시한다. 『국어』는 천지의 기에 대해 언급하며 기의 역할을 핵심 철학 개념으로 확대한다. 본인은, 기의 특징이 경전과 취사선택된 본문들 중 『국어』의 역사를 다루는 장에서 처음 구체적으로 언급되었다고 본다. 유교 전통은 역사가 얼마나 중요한지를 깨닫는 데 늘 고심해 왔다. 유교 이론의 어용론語用論(pragmatics)은 오직 역사 속에서 도덕적 목적들을 찾을 수 있다.

기의 주요 원전을 찾기 어려운 두 가지 이유가 있다. 첫 번째 이유는, 기는 중국 철학의 모든 개념 중에서 화이트헤드가 내린 정의의 관점에서 볼 때 가장 난해한 형이상학적인 개념이기 때문이다. 화이트헤드는 형이상학적 개념을 인간의 의식으로부터 떠난 적이 없는 일반적 개념들로 정의한다. 화이트헤드가 은유적으로 말한 것처럼 참된 형이상학적 개념들은 우주의 모든 시대에 근본적 기초이기 때문에 그 어떤 세계로부터 떠난 적이 없다. 형이상학적 개념들이 갖고 있는 보편성 때문에 그는 한정된 인간 사고의 관점으로부터 이 개념들이 무엇인지를 인지할 수 있게 된다고 주장했다. 그는 제1 원리에 대해 교조주의 입장을 취하는 것은 인간의 지적 실패를 분

---

10) 『管子』는 유교 경전에 포함되지 못했지만 현대 학자들은 『管子』가 공자 이후의 주요 사상적 흐름들을 폭넓게 수집하고 있다고 본다. 예를 들면 의학적 단편들은 도교뿐 아니라 유교에도 중요하다. 아마도 『管子』의 최초 의학 본문에서 우리는 후기 유교 전통에서 중요한 개념이 되는 기가 어떻게 물질에너지(matter-energy)가 되는지에 대한 설명을 발견할 수 있을 것이다. 張立文 外, 『氣』(北京: 中國人民大學出版社, 1991), pp.18~43.
우리는, 유교와 도교라는 명칭은 漢대 학자들이 漢 이전부터 전승되어 내려온 수많은 자료들을 조직화하기 위해 붙인 것이라는 것을 명심해야 한다. 예를 들면 학자들은 『管子』와 같은 본문을 절충주의적이라고 부른다. 왜냐하면 漢대의 역사학자들은 『管子』가 그 어떤 학파에도 속하지 않는다고 보기 때문이다.

명하게 나타내는 징조라고 주장했다. 우리가 취할 수 있는 최선은 비감정적으로 이 보편적 개념들에 접근하고 이 개념들의 궁극성에 대해 의문을 갖는 것이다.[11] 화이트헤드가 말한 대로 철학과 과학은 절대를 손에 넣으려고 시도하다가 실패하여 혼돈상태에 빠졌다.

화이트헤드에 의하면 우리는 습관적으로 차이법(the method of difference)을 통하여 세계에 관해 배우며, 통상적 배움의 방식으로 알 수 없는 것들을 형이상학적 개념들을 통하여 배운다. 화이트헤드는 이것을 코끼리의 예로 설명한다. 우리는 코끼리를 볼 때도 있고 보지 않을 때도 있다. 그 결과 코끼리가 눈앞에 있을 때 우리는 코끼리에 주목하게 된다. 관찰의 용이성은 관찰되는 대상이 현존할 때 그 대상이 중요하다는 사실 그리고 그것이 부재한다는 사실에 달려 있다. 화이트헤드에 의하면 형이상학적 개념들은 코끼리의 예와 전혀 다르게 인간 의식의 전경 혹은 배경으로부터 사라지지 않는다. 진정한 형이상학적 개념들은 언제나 거기에 있다. 그러므로 우리는 형이상학적 개념들의 부재와 현존을 대조시킬 수 없다. 우리가 무엇을 알고 상상하는 통상적인 방식들만으로는 모든 것을 포함하는 관념 같은 이러한 것들이 잘되지 못한다. 바로 이러한 이유 때문에 화이트헤드는 우리가 실제적으로 형이상학적 개념들을 발견했다고 주장하는 일에 조심해야 한다고 역설했다.

기는 유교사상에서 이러한 역할을 한다. 기 개념이 대화나 관심의 주제가 아닌 때에도 기 개념은 항상 거기에 존재했다. 송대 신유교의 우주론이

---

11) Alfred N. Whitehead는 정체성, 부분적 중복, 접촉 그리고 분리라는 개념들이 막연하다고 주장했다. 그는 개인적으로 이러한 개념들에 의해 지배되지 않는 그 어떤 우주의 시대도 상상할 수 없다고 고백한다.

가장 대표적인 예다. 물론 유교는 우주론을 고안할 때 기에 대해 논할 수 있다. 그러나 그들은 기를 분명하거나 맑은, 명백하거나 탁하거나 짙은 것이라고 가정하기 때문에 기의 보편성에 대해 설명해야 할 필요를 느끼지 않는다.

유교의 주요 원전에서 기를 핵심적 특징으로 나타내지 않는 두 번째 이유는 역사적이다. 그리스 철학이 그랬던 것처럼 고전 유교는 주나라 중기부터 한나라에 이르기까지 다양한 담론들 속에 우주론적 성찰과 윤리적 성찰을 결합시켰다. 그런데 분명한 것은 유교 초기 특히 『논어』의 기록을 보면, 공자는 후에 기, 음양 그리고 오행으로 서술된 우주론에 특별한 관심을 갖지 않았다는 것이다. 공자는 윤리적 행위, 의례, 선한 정부, 교육과 자아수양에 관심을 갖고 있었다. 하지만 맹자나 순자와 같은 후대 유학자들은 다른 학파들의 비판으로부터 유교의 도를 지키기 위해서 선진 우주론자들의 작업을 이용했다. 한나라의 유학자들은 한漢 이전 사상가들의 우주론에 지대한 관심을 갖게 되었다. 동중서董仲舒는 주대의 도덕사상과 범중국적 우주론적 사상들을 소위 한대漢 유교 속으로 융합시켰다. 여러 가지 면에서 동중서의 작업은 후대 중국사상에 철학적 용어 그리고 범중국적 우주론을 제공하였다.

동중서가 도덕사상과 우주론을 융합한 것은 아무 문제가 없다. 현대의 유학자들은 주대 어떤 유교학파의 개념이 선진유교 원천의 용어로 가장 적절한가에 대해서는 뜨겁게 논쟁을 하지만, 주대 유교학파들의 공통적 특징들은 별 이견 없이 받아들인다. 예를 들면 도道 개념 그 자체는 모든 학파가 사용하는 용어다. 물론 노자 전통이 강조한 『도덕경』의 가르침12) 그리고 맹자가 강조한 주대의 중국사상은 후대의 모든 중국 철학의 기초이다.13) 도,

음양, 그리고 기와 같은 개념들은 한漢대 다양한 철학파들이 공동으로 사용하였다. 한漢대 유교의 특징은 후기 고대 세계의 공통적 우주론으로 초기 유가들의 가치론적 사상을 설명한 것이다. 동중서는 자신의 작업을 인仁이나 예禮와 같은 개념들이 어떻게 음양, 오행과 같은 개념들에 연결되는가를 설명하는 것으로 생각하였다. 이들 우주론적 개념들은 유교의 윤리적 규범들을 보충해 주거나 그 안에서 특정 유교의 가치들이 구체화되는 세계의 배경이 되었다.

물론 우주론은 송대 소옹, 주돈이, 장재의 사상 속에서 다시 만개하였다. 이들은 음양오행, 기, 태극의 중요성을 다시 강조하였다. 진秦대의 왕부지는 송대의 우주론에 만족하지 못하여 유가의 도의 본래적 가르침을 기氣론에 근거하여 다시 재정립하였다. 그는 모든 객관적 사건 특히 인간 사이의 관계를 기술하는 의례儀禮가 기氣로부터 출현하기 때문에 기를 연구한다고 강조하였다. 또한 왕부지는 음양의 끊임없는 생산적 행위에 조화를 부여하는 신령론을 전개하였다. 그는 우리가 자연계를 이해하지 못하면 자신의 운명에 주인이 되지 못하고 자격을 갖춘 의례 전문가도 될 수 없다고 주장했다.

현대 신유교 또한 그들의 생태 철학을 기氣 이론 안에서 고안한다. 예를 들면 음양개념은 항상 기와 연결되었으며 이것이 인간과 자연 사이의 균형의 필요에 대해 논쟁하는 하나의 수단이 되었다. 그리고 현대 신유교는 기

---

12) 여기서 노자 전통(Laoist)이라는 용어는 Michael LaFargue가 자신의 저서 *Tao and Method: A Reasoned Approach to the Tao Te Ching*(Albany: State University of New York Press, 1994)에서 소위 철학적 도교학파를 일컫는 말로 사용하고 있다.

13) 중세 중국의 불교 유입은 이러한 중국사상 발전에 예외가 된다. 서구사상의 유입은 또한 중국사상에 새로운 지적 용어들을 제공하였다. 시대가 지나면서 불교는 중국사상에 융합되어 중국사상 전통을 풍요하게 하였다.

와 음양 이론에 관해서 유교의 자료뿐 아니라 도교의 자료도 사용한다. 현대 신유교는 그들이 해석하는 유교 전통에 의존하면서도 그들의 조상들보다 도교나 불교에 대해 훨씬 더 관용적인 태도를 갖고 있다. 예를 들면 일반적으로 도교가 자연에 관한 인간관계 문제에 있어서 대부분 유교보다 훨씬 더 예민했다고 생각한다. 그러므로 현대 신유교는 유교적 도에 생태론적 측면을 복원하기 위해 도교의 풍요한 사상, 예술, 상징주의를 포용해야 한다.

여덟 번째, 두 가지 명칭을 갖고 있다.(지고선 그리고 조화) 머우쭝싼은 평생 자신이 추구해 온 학문적 작업에 유교적 성찰을 첨가한다. 그의 마지막 저서는 『원선론圓善論』(지고선에 대한 담론; *Discourse on the Summum Bonum*)이다. 화이트헤드의 마지막 저서 『관념의 모험』(*Adventures of Ideas*)이 그런 것처럼 머우쭝싼은 생애 마지막은 지극한 선이어야 한다고 주장했다. 화이트헤드는 이를 평화라고 했다. 머우쭝싼은 불교의 천태天太를 칸트(Kant)와 비교 성찰하였는데, 이 두 자료들이 그로 하여금 인간에게 있어서 지고선이 무엇인가를 성찰하게끔 만들었다. 머우쭝싼에게 있어서 『대학』의 첫 문장 "대학지도大學之道 재명명덕在明明德 재친민在親民 재지어지선在止於至善" 중에 궁극적으로 지극한 선善에 이르렀다는 지어지선止於至善이 주 원전이다.14) 여기서 지고선 개념과 함께 조화 개념에 대해 생각한다. 지고선의 일반론으로부터 다른 사람들과 조화로운 삶을 사는 지고선의 상론으로 옮겨간다. 조화라는 의미를 동반하지 않는 지고선이라는 개념은 공허한 소리, 추상적 개념이 될 수밖에 없다. 조화의 주 원전 역시 『중용』 1장과 『논어』 「자로편」 13:23이다.

---

14) 주희의 본문 해석은 다음의 책을 참조하라. Daniel K. Gardner, *Chu Hsi and the Ta-hsueh: Neo-Confucian Reflection on the Confucian Canon*(Cambridge, Mass.: Harvard University Press, 1986), pp.88~90.

『중용』1장은 마음속에서 희노애락의 감정이 밖으로 발하지 않았을 때의 고요한 마음을 중中이라 하고, 그 마음이 감정을 통해 밖으로 나타나 주위 사물이나 상황과 맺은 관계가 질서나 절도에 알맞은 상태를 화和라 한다. 그러므로 『중용』은 화和가 인간의 번영을 위한 도의 지극한 기능 또는 완전한 기능이라고 가르친다. 『논어』는 "군자는 화합하되 부화뇌동하지 않고 소인은 부화뇌동하되 화합하지 않는다"(君子和而不同, 小人同而不和)라고 기술하면서, 군자의 덕은 선에 대해 결코 다른 사람들의 생각에 순응하거나 반영되지 않는다고 가르친다.15) 그러므로 군자는 조화를 이루기 위해서 결코 무턱대고 세상에 순종하지 않는다.(和而不同) 대부분의 유교의 특징이나 핵심적 가르침들은 『논어』에 근거한다.

그러면 이렇게 여덟 가지 특징들을 기술하는 것으로 유교의 특징을 종합할 수 있는가?16) 물론 머우쭝싼도 동의하는 것처럼 이것은 하나의 방법이 될 수 있다. 사실 머우쭝싼은 유교가 근대 서구사상과 접촉하기 때문에 유교의 주요 원리들은 더 조직적이고 일관되며 논리적으로 진술되어야 한다고 주장했다. 머우쭝싼은, 조직 체계, 논리 그리고 인식론에 근거한 서구사상은 현대 신유교에게 세계 철학 혹은 세계 신학의 일부로서의 유교가 되기 위해 그것을 조직 체계, 논리 그리고 인식론적으로 소개할 것을 요구한다고 주장했다. 하지만 머우쭝싼의 이해는 독단적이거나 닫힌 해석이 아

---

15) 본인은 Arthur Waley's and D. C. Lau의 공자 해석과 변역을 따르고 있다.
16) 어떤 사상가들은 최근에 어떤 전통의 본질을 진술하는 것이 어쩌면 생태론의 위기에 직면한 이 시대에 가장 필요한 일일 수 있다고 주장했다. 다음의 책을 참고하라. Seyyed Hossein Nasr, *Religion and the Order of Nature*(New York and Oxford: Oxford University Press, 1996). 그는, 근대 서구사상의 문제 중 하나는 반우주적 인간주의와 순수 수리과학의 발전 때문에 자연을 적절하게 다루지 못하는 데 있다고 주장했다. 그는 자연의 신성(sacred nature)에 관해 가장 잘 진술하는 유교와 신유교 전통이 현대 서구 세계를 구원해 줄 수 있다고 주장했다. 그는 위의 책 참고목록에서 소위 우주적 지혜를 다루는 책들을 소개하고 있다.

니다. 왜냐하면 다른 학자들이 첨부할 수도 있고 삭제할 수도 있기 때문이다. 창조적인 역사가인 머우쭝싼은 예를 들면 동중서, 소옹, 장재 그리고 왕부지와 같은 사상가들은 우주론에 관심을 갖고 있었지만 맹자, 정호, 왕양명과 같은 사상가들은 유교 전통의 인간론과 윤리적 차원에 더 관심을 갖고 있었다는 것을 인식하고 있었다. 머우쭝싼은 유교 전통의 역사적 특징을 존중하기 때문에 유교 철학자들이 유교 전통의 서로 다른 특징들을 아주 다른 방식으로 열거할 수 있을 것이라고 주장했다. 머우쭝싼은 유교 전통을 하나의 거대한 몸통을 가진 동시에 오랜 세월 동안 성장해 온 굵은 가지들도 갖고 있는 거대한 나무의 이미지로 본다. 그는, 나무의 몸통은 다른 부분들을 지탱하는 하나의 거대한 것으로 자랑스럽게 서 있지만 동시에 엄청나게 뻗어난 가지들은 그것 자체로 아름답다고 주장한다.

그렇더라도 만일 누군가 위에서 언급한 여덟 가지 특징에 비판적 합리성의 특징을 추가한다면, 이러한 유교에서 비판적 합리성의 사고를 대표하는 순자를 첨가하기 바란다. 유교는 기의 변화무쌍하며 창조적인 모태 속에서, 명백해진 사회적 실천들과 구조 형태 속에서 윤리사회적 개념들을 구체화하는 실재적 방식들을 찾아내려고 노력하였다. 그리고 우리는 송대 이후의 도덕 철학자들이 어떻게 지고의 선을 추구했는지를 탐구해야 한다.[17] 그러나 이성을 조직적 담론으로 추구함 속에는 항상 행위, 열정, 그리고 사고의 영속으로서의 역사에 대한 관심이 있어 왔다. 유교에 있어서 역사는 도교의 허무 그리고 불교의 공허 이론들과 달리 역사가 실재라는 의미에서

---

17) 본인은 여기서 진나라의 증거연구학파는 언급하지 않는다. 하지만 본인은 그 학파 역시 이 리스트에서 언급한 방식들을 사용한다고 생각한다. 본인은 진의 사상가들 중에 仁으로 시작해서 禮로 끝내기를 원치 않는 사상가는 하나도 없을 것이라고 생각한다.

철학을 위한 자료가 되었다. 대부분의 유학자들은 인간의 번영을 격려하기 위해서 세계의 현실 모습에 항상 주위를 기울어야 한다고 믿었다.

위에서 언급한 여덟 가지 특징을 보는 또 하나의 관점은 범주에 내외內 外의 개념을 적용하는 것이다. 만일 우리가 머우쫑싼 자신이 주장하는 바와 같이 그의 해석이 유교적 도에 대한 맹자 전통의 현대적 해석이라는 점을 받아들인다면 우리는 이를 종합의 내적 요소들이라고 부를 수 있다. 그리고 순자, 주희와 연결된 세 가지 특징들은 전통의 외적 요소들이라고 볼 수 있 다. 우리가 중국인들의 변증법적 사고가 비환원적이라는 것을 인정한다면 서로 반대적이기보다는 오히려 보완적인 것으로서 개요의 내적 그리고 외 적 측면을 볼 수 있다. 실제로 우리가 이 내적 그리고 외적 요소들에 주의를 기울일 때 인간의식의 내적 그리고 외적 요소들의 조화를 가질 수 있다. 그 것은 인간 마음의 직관과 광범한 연구를 요구하는 외적 세계에 대한 관찰 간의 균형을 제공한다. 이 세계를 진지하게 여기는 현실주의적 전통은 모두 이러한 종류의 개요를 필요로 한다고 주장할 수 있다. 『논어』에 기록된 공 자의 수수께끼와 같은 말을 이렇게 풀어볼 수 있다. "우리가 어떤 문제에 직면했을 때 사색하는 것보다 배우는 것이 더 바람직하다."[18]

물론 여덟 가지 목록을 음양의 양극성으로 분석할 수 있다. 머우쫑싼이 주장한 맹자 전통의 핵심인 네 가지 특징들을 인정한다면 이 네 특징들을 양陽으로 그리고 나머지 네 가지 특징들을 음陰으로 볼 수 있다. 고대 중국 의 의학 이론은 유교 전통과 밀접하게 연결되어 있고 음기陰氣는 구성적 행 위의 특징을 갖고 있다. 만프레드 포커트(Manfred Porkert)는, 기氣는 항상 실재

---

18) 『論語』, 15.31.

를 위한 구조를 제공하며 이것이 바로 음의 기능이라고 주장한다.[19] 만약 원리와 형태를 양으로 본다면, 기와 연결된 요소들은 원리와 형태의 생명적 구조를 제공한다고 볼 수 있다. 이 비유를 기와 예에 적용하기는 쉽지만 음양 범주들에 대한 연구와 성찰로서의 비판적 합리성에 적용하는 것은 그렇게 쉽지 않다. 어쨌든 우리가 도문학道文學의 역할이 인간의 마음이 원리를 인식하고 실현하도록 준비시키는 것이라는 점을 이해한다면 비판적 합리성 역시 유교 전통에서 구성적 음의 역할을 한다고 볼 수 있다.

생태론적 연결들

생태계의 위기에 직면하여 종교생활을 하는 지식인들은 진지하게 생태론적 자기 성찰에 몰두하고 있다. 그들은 실질적이고 종교적인 이유에서 자기 성찰을 하고 있다. 첫째, 지식인들은 도시에서 하늘을 보며 오염된 공기를 마시면서 (종교적이든 혹 세속적이든) 한결같이 생태계의 위기에 대해 진지하게 생각한다. 둘째, 종교는 모두 인간의 필요를 채워줄 수 있는 인간 삶의 방식들이기에 마땅히 현대인들이 당면하고 있는 생태론의 문제를 다루어야 한다. 인간의 주거환경이 파괴된다면 인간 삶의 방식이 존재할 수 없기 때문이다. 이러한 생태계의 위기에 직면하여 1967년에 린 화이트(Lynn White)는 「생태 위기의 역사적 뿌리들」("The Historical Roots of Our Ecological Crisis")이라

---

19) Manfred Porkert, *The Theoretical Foundations of Chinese Medicine: Systems of Correspondence* (Cambridge, Mass.: MIT Press, 1074), pp.9~54. 그는 음이 무엇인가 성취하며 다른 것(사물)에 응답하는 것이라고 주장한다. 그는, 음은 자극에 대한 응답이므로 음이 수동적이라고 하는 것은 옳지 않으며 오히려 지탱해 주는 것으로 봐야 한다고 주장한다.

는 논문에서 고전적 기독교의 교리들이 자연세계는 비非성스러우며 하나님
의 영광을 위하여 인간에 의해 지배되는 단지 죽은 물질 정도로 간주하게끔
만든 주된 요인을 제공했고 그래서 오늘날 인간이 당면하는 생태 위기에
책임이 있다고 주장했다.[20] 화이트의 논문은 그의 주장을 지지하거나 기독
교 신학이 자연친화적이라는 것을 주장하는 소수의 가내공업 분야의 학자
들을 산출했다. 다른 전통들도 이와 유사한 시도를 하고 있다. 각 전통들이
그들 나름대로 생태 위기를 해결하기 위한 대답들을 제시하지만 환경의 파
괴와 붕괴를 변호하는 전통은 하나도 없다.

일반적으로 차축시대의 종교들에 대해 다음의 두 가지의 부정적이고 긍
정적인 과제가 있다. 첫째, 이 종교 전통들의 기본 추정이 자연친화적인가
아닌가 하는 것이다. 예를 들면 고대, 중세 그리고 근대 초기 기독교는, 세
계는 타락의 온상이므로 언젠가는 다른 세계에 의해 대체된다는 신앙 때문
에 질료와 세계에 대하여 근본적으로 부정적인 견해를 갖고 있었다고 비판
받아왔다. 불교는, 물리적 세계가 단순한 환상이며 고통으로부터의 해방은
세계의 모든 관심을 초월하는 차원의 열반으로 끝난다는 교리 때문에 역시
이 세계에 관해 관심을 갖지 않는다고 기독교와 유사한 비판을 받아왔다.
둘째, 예를 들면 도교에 관심을 갖고 있는 학자들이 그런 것처럼 비록 자연
에 대해 적대적이라는 비난을 피한다 하더라도 우리는 여전히 현대인들이
당면하고 있는 생태 위기를 다룰 수 있는 원리와 실천을 찾아야만 하는 긴
급한 과제를 갖고 있다. 인간이 인간 주거에 적합한 장소로서의 환경을 완

---

20) 다음의 책은 자연보호 문제를 잘 다루고 있다. Roger S. Gottlieb(ed.), *This Sacred Earth:
Religion, Nature, Environment*(New York: Routledge, 1996). 본인은 이 책이 1967년에 Lynn White가
발표한 짧은 논문을 충실하게 만들었다고 생각한다. 이 논문은 *Science* 155(March 1967),
pp.1203~1207에 최초로 게재되었다.

전히 파괴시킬 수 있는 능력을 갖게 되었기 때문에 현대의 기술은 생태논의 전부를 변화시켜 놓았다.

1996년 5월 2일부터 5일까지 미국 하버드대학교 세계종교연구센터에서 열린 불교와 생태계 학회는 아래에서 언급하는 두 번째 입장을 따른 학회였다. 첫 번째 입장은 불교가 근본적으로 친환경적 전통이며, 예를 들면 불성 佛性의 보편성과 같은 불교의 기본 가르침들은 아주 정교한 불교자연철학이 될 수 있다고 인식한다. 두 번째 입장은 불교가 반자연환경적인 요소를 갖고 있지 않다고 판단하지만 현대 상황은 이전의 불교 세계의 상황과 전혀 다르다는 점을 인식한다. 왜냐하면 현대 공업 기술이 이전 불교 세계의 기술 수준과 질적으로 다르기 때문이다. 그러므로 우리는 이 시대의 생태 위기가 우리의 현실에 근거하여 전통을 새롭게 조명할 것을 요구한다. 어쨌든 일본 불교 역사는 자연 보존주의의 흔적이 이미 근대 초기 일본 불교의 감수성의 일부로 분명하게 나타난다는 점을 보여 준다.

전통 안에서 전통을 새롭게 하는 것을 추구하는 두 번째 견해를 따라 개혁된 송-명-청의 조직적 철학조류를 대표하는 현대 신유교는 위에서 언급한 여덟 가지 특징 안에서 반자연친화적인 요소들을 발견할 수 없다고 주장한다. 구태여 반자연친화적 단서를 찾으려고 한다면 그것은 유교가 지속적으로 인간에게 그 철학적 관점을 두었다는 점일 것이다. 어쨌든 유교는 주돈이, 장재, 정호, 그리고 왕부지와 같은 철학자들을 자연을 진지하게 다룬 학자들이라고 지적할 수 있다. 그리고 현대 신유교는 이전의 유가들이 자연을 사랑하고 존경했던 도교를 배척했던 것처럼 그들도 도교를 배척해야 한다고 믿지 않는다. 현대 신유교는 과거 근대 초기에 수많은 논쟁들이 결코 현재의 전통 개혁의 발목을 잡아서는 안 된다고 주장하면서, 현대인들이 당면하고 있는 생태 위기는 유교적 도의 일부로서 보다 더 연결된 세계관이 될 수 있도록 재구성되고 권장되어야 한다고 하는 하나의 좋은 사례가 된다고 주장한다.

물론 첫 번째 특징, 우주의 무한한 창조성인 천명天命은 단지 인간 삶에만 적용되는 것이 아니라 지금까지 존재해 왔으며, 현재 존재하고 앞으로 존재할 수 있는 모든 것을 포함한다. 사람들은 종교가 갖고 있어야 하는 궁극적 초월성을 유교는 결여한다고 비판한다. 하지만 근자에 이르러 이러한 비판은, 유교 전통은 늘 세계에 대한 존경 그리고 적어도 세계의 아름다움을 늘 간직하고 있었다는 칭찬으로 바뀌었다. 예를 들면 맹자를 따르는 일본의 유교 전통이 도쿠가와 시대의 산림정책에서 잘 나타난 것처럼 유교의 배움과 정책적 지식이 결합된 자연보호 이론을 전개하였다.21) 우주론적이고 실천적 의미에서 인간과 자연 사이에는 그 어떤 존재론적 차별도 없다.22) 사실 우리는, 인간은 광범한 실재의 하나의 양상에 지나지 않는다고 주장할 수도 있다. 또한 인간은 유가의 원초적 주장 즉 그 안에서 한 요소가 다른 요소들 때문에 축소되거나 생략되지 않는 삶의 경험 즉 천지인 삼합을 이룬다고 주장할 수도 있다. 이것이 그 안에서 각 요소들이 적합한 역할을 해야 하는 진정한 천지인의 유기적 연합이다. 청중잉(成中英)은 이 연합이 상호 관계의 변증이며 하나의 요소는 결코 새로운 그리고 더 웅대한 합습을

---

21) 일본의 자연보호정책에 관해서는 다음의 책을 참조하라. Conrad Totman, *Early Moden Japan* (Berkeley: University of California Press, 1993).

22) 유교 전통을 Justus Buchler는 '존재론적 동등'(ontological parity)이라는 용어로 해석할 수도 있다고 하였다. Justus Buchler는 이 세계의 그 어떤 하나의 요소가 다른 요소보다 더 특권을 가질 수 없다는 의미에서 이 용어를 사용한다. Justus Buchler, *Metaphysics of Natural Complexes* (2nd, expanded ed., edited by Kathleen Wallace and Armen Marsoobian with Robert S. Corrington, Albany: State University of New York Press, 1990).

위해 제거되거나 지양되지 않는다고 주장했다.[23]

이 세계를 긍정하는 유교의 전통을 인지하는 근대 서구 학자들은 유교 사상이 미국 실용주의 그리고 과정철학과 유사성을 갖고 있다고 주장한다. 대부분의 유학자들은 실재를 과정적 그리고 관계적으로 보는 다원주의자들이며 실재론자들이다. 이는 세계가 창조물들 간에 우주론의 상호 작용이 일어나는 오직 하나의 장소라는 의미에서 세계는 종결되었다는 것을 의미한다. 또한 이 세계가 창조물들이 그들의 주거환경을 양육할 수도 또는 파괴할 수도 있는 유일한 장소라는 것을 의미한다. 오래전에 『중용』이 서술하고 왕부지가 재확중한 바와 같이 자기 의식적 인간이 조화로운 변증 속에서 천지와 함께 삼합을 이룬다. 유교 주류의 입장에서 보면 비록 이 세계가 결정론적으로 혹은 존재론과 가치론의 비교가 없다는 뜻은 아니지만, 이 천지인 삼합 이외에 그 어떤 도움을 요구하지 않는다. 유학자들은 옳음으로 그름을 이겨야 한다고 외친 선지자들이다. 이제 선지자의 메시지를 인간의 영역으로부터 우주적 차원으로 확대해야 한다.

이상으로 우리는 유교의 여덟 가지 특징을 간략하게 살펴보았는데, 이 특징들 중 반자연적인 요소는 하나도 없으며, 오로지 기氣 이론이 인간－자연 관계를 구체적으로 다루고 있다. 실제로 적절한 인간 행위들 중에서 가장 중요한 특징은 (天命이 仁으로 구체화되었다는 것으로부터 시작해서 활동적인 도덕적 마음에 이르기까지, 그리고 인간 본성의 수양에 이르기까지) 기의 모태 안에서 구체화된 경험으로서 세계의 모든 양상에 대한 '배려－의식'의 표현이다. 비록 기의 생태론적 역할이 유교 전통에서 핵심적 관심은

---

23) Chung-ying Cheng, *New Dimensions of Confucian and Neo-Confucian Philosophy*(Albany: State University of New York Press, 1991), pp.185~218.

아니었지만 분명한 것은 자연을 서술하는 시, 그림, 조경녹화, 그리고 여행 이야기들이 자연세계의 아름다움의 진가를 인정하였다는 것이다.[24]

유학자는 이제 인성 수양의 임무를 광범한 생태계의 한 부분으로 간주해야 한다. 인간은 그 광범한 생태계 안에서 인간 번영 그 자체의 장場인 온 우주를 위해 상호적 관심을 갖는다. 배려-의식을 구체화해야 하는 인간의 임무는 환경이 파괴되지 않고 계속 보존되며 균형 있는 생태계 창조를 위해서 배려-의식을 구체화하는 것이 무엇을 의미하는지를 숙고하는 그러한 차원으로 확대돼야 한다. 이전의 유교 전통이 성찰하지 못한 방식들과 협력하여 천지인을 성찰해야 한다.

유교 전통은 도道의 체현體現을 추구하는 인간의 경험에 관심을 갖고 있다. 자기수양의 실천은 세상의 시험에 용감하게 맞설 능력을 갖춘 완전한 사람이 되기 위해 노력하는 사람을 돕는다. 그러면 생태론적 민감성은 전통적 그리고 현대 유교의 어느 영역에 적합한가? 이 질문에 대한 대답을 찾는 일은 기의 심미적 차원의 수양에서 시작해야 할 것이다. 예를 들면 유교는 중국의 유명한 풍경 좋은 지역들의 아름다움과 청정함을 기행문 형식으로 기록하였다. 그러면 현대 신유교는 공해에 찌든 도시들을 방문하면서 과연 무엇을 하고 있는가? 지배자가 희생되는 동물들의 고통을 보면서 슬퍼하지 않을 수 없다고 한 맹자의 언명처럼, 공해에 찌든 도시들을 보면서 현대 신유교는 고통을 느끼지 않을 수 없고 또한 생태론적 윤리성이 의식 속으로 떠오르지 않을 수 없다. 그러므로 기에 대한 성찰과 그것이 어떻게 마음과 상호 작용하는가를 연결하는 것은 생태 이론과 실천에 주요한 실마리가 될

---

24) 여행 이야기에 관해서는 Richard E. Strassberg, *Inscribed Landscapes: Travel Writing from Imperial China*(Berkeley: University of California Press, 1994)를 참조하라.

수 있다. 맹자의 우산의 나무(牛山之木) 비유는 비록 현대 환경 파괴의 규모가 맹자 당시와는 비교가 되지 않을 정도로 광대하지만 아직도 중요한 의미가 있다. 맹자는 헐벗은 우산을 보면서 분별없는 조림파괴에 대해 언급할 수밖에 없었다.

우리는 이상에서 언급한 것들 이외에도 유교의 자연철학의 현대적 적용에 대해 더 생각할 수 있고 또한 해야 한다. 비록 그러한 자연철학이 과거 유교 전통에서 중요한 주제가 된 적은 없지만(이는 유라시안 차축종교들도 마찬가지이다), 유교 전통 속에서 현대인들이 당면하고 있는 생태 위기라는 이슈를 전하는 데 도움이 되지 않는 것은 하나도 없다. 실제로 만일 유교가 진정으로 인간 번영에 관심을 갖는다면 그들은 세계의 모든 종교와 철학 간에 그리고 안에서 시작되는 범인류, 범자연의 회심에 기여하는 방식을 찾아야만 한다. 새로운 특징들이 나타날 것이고 옛 관점들은 수정될 것이며 전통의 창고 속으로 돌아갈 것이다. 또 타 종교들과 철학들과의 제휴가 이루어질 것이며, 아마도 전형적인 유교의 틀을 넘어서서 도교 선조들이 아름다운 동굴과 폭포에서 발견했던 그 가치를 재인식할 것이다. 심지어 공자조차도 봄에 친구들과 개울에서 수영하고 싶다는 말을 했다. 만일 개울이 오염되었다면 개울에서 수영하고 싶다는 공자의 바람은 바뀌어야만 한다. 청대의 유학자들은 송명대의 도덕철학을 비판하면서 유교는 인간 삶의 실질적 특징에 관심을 갖는 종교가 되어야 한다고 주장했다. 오늘날 생태 위기라는 이슈보다 더 실질적인 이슈는 없다. 모든 개울은 우리 자신들과 온 인류를 위해서 정화되어야 한다.

부록

여덟 가지 유교의 핵심적 주제들에 근거한 대안 세계관

1. 배려-의식이라는 근본 비유=근본적 가치론
2. 형식=천명과 인의 관계적 그리고 역동적 개념
3. 자기 조직적 대상-사건의 존재론적 그리고 우주론적 다원주의
4. 대상-사건은 그것들 자체로 창조적이며 양육적이다=자기 조직적, 세계관; 오직 하나의 세계가 존재하기에 또 다른 세계는 존재하지 않는다.
5. 기는 대상-사건의 자기 조직적 그리고 관계적인 생성을 일으키는 역동적 에너지의 장場을 공급한다. 대상-사건은 그것들이 기 속에서 그리고 기에 의하여 연결되었기 때문에 서로에게 해가 되지 않도록 서로서로를 존중해야 한다. 이 배려-의식은 생태론적 균형의 필요 그리고 인간의 책임을 인식하는 것으로 구성된다.
6. 관계들은 정적 혹 상위를 지양하는 것으로서 변증법적이 아니라 오히려 균형과 불균형을 변화시키는 역동적 균형이다.
7. 삶의 최후 목표는 지고의 선으로서 인간과 우주를 위한 조화이다.

적응, 자아 그리고 생태론적 자세

로버트 커밍스 네빌

개인과 공동체는 생태 위기의 문제를 공정하게 다루기 위해서 꾸준히 관심을 넓혀 왔는데, 이러한 노력은 주로 서구인들과 남아시아인들이 이해하는 자아 개념에 의존하였다. 서구인들의 자아 개념은 자아와 타인과의 차별에 근거하여 그리고 내적 모순에 대한 지대한 관심에 의해 형성되었으며, 그들이 자아에 대해 언급할 때 재귀 대명사를 사용하는 데서 잘 나타난다.[1] 결과적으로 자아는 거울 속에서 자신을 보는 것을 제외하고는 자기 자신을 타인과 연결할 수 없게 되었으며, 인간들과 아무런 관련 없이 자연의 과정과 상황 속에 홀로 존재하게 되었다.[2] 남아시아인들의 자아 개념은 의식 속에 깊이 뿌리 내리고 있으며 자아를 각 생애의 환경에 상대화하여 축적된 생을 중시하는 윤회를 믿는다. 업(카르마)의 교리는 윤회의 교리에 영향을 주었다. 그러나 지각력 있는 존재의 다생多生(전생, 이생, 내생 등)에만 관심을 가

---

1) Robert Cummings Neville, "A Confucian Construction of a Self-Deceivable Self", in *Self and Deception: A Cross-Cultural Philsophical Enquiry*(Roger T. Ames and Wimal Dissanayake[eds.], Albany: State University of New York Press, 1996), pp.201~217.
2) 다음의 책을 참조하라. Stanley Cavell, *The Claim of Reason: Wittgenstein, Skepticism, Morality, and Tragedy*(New York: Oxford University Press, 1979).

질 뿐 자연환경 특히 지각력이 없는 것들의 가치는 절하시키는 결과를 초래하였다.[3]

본인은 동아시아의 일부 전통 특히 일부 유교사상을 재구성하여 자아의 습관적 또는 의례적 측면을 다음의 두 가지 면에서 살핀다. 즉 자아가 어떻게 ① 다양한 실재 질서에 적응하고 ② 조화하는지 살핀다. 이러한 사고방식 속에서 하나의 인간으로 존재한다는 것은 자아, 적응 그리고 생태론적 문제들뿐 아니라 세상 만물의 질서에 대해 좋게 혹은 나쁘게 형성되었음을 포함한다. 자아는 많은 차원이나 자연의 질서에 적응하는가라는 의미에서 구성되어야 한다.

적응을 수집하고 통합하는 것은 결코 자아의 완전한 특징이 될 수 없다. 어떤 사람이 현실 중 어떤 분야에 적응되었다는 것이, 비록 특정적 행위와 관계를 가질 수 있는 가능성을 제공하지만, 곧 그 사람이 그 분야에서 일하는 데 필요한 충분한 조건을 갖추었다는 것을 의미하지 않는다. 어떤 사람이 습관적으로 음식 그릇을 재활용하는 일에 적응되었다는 것이 곧 지금 이 물병을 어떻게 할 것인지를 결정하지 않는다. 또한 도덕적으로 적응했다는 것이 다른 대안이 있는 상황에서 어떤 특정한 도덕적 결정을 내리도록 결정하지 않는다. 그러나 분명한 것은 자아의 주된 특징이 적응의 문제라는 것이다. 보다 더 특정적인 습관과 행위 그리고 자극과 반응 안에서 해석학

---

3) 일부 불교인들과 힌두교인들은 생태론적 이슈를 다루면서 오로지 지각력 있는 존재만을 강조하는 종교들의 배타적 전통 교리에 대해 재숙고하였다. 다음의 책을 참조하라. Mary Evelyn Tucker and Duncan Ryūken Williams(eds.), *Buddhism and Ecology: The Interconnection of Dharma and Deeds*(Cambridge, Mass.: Harvard University Center for the Study of World Religions, 1997). 본인은 아래 책에서 윤회와 일회적 생애의 본질 그리고 공동체의 중요성에 대해 비교 고찰을 하였다. *The Truth of Broken Symbols*(Albany: State University of New York Press, 1996), pp.247~252를 참조하라.

적 틀을 제공하는 적응은 의미심장하다.

우리가 적응에 관해서 무엇보다 먼저 알아야 할 것은 우리가 바르게 인식해야 할 존재, 분야, 그리고 존재의 차원이 수없이 많다는 사실이다. 또한 적응은 다른 것들과 다른 그것 자체로서의 특징을 갖고 있다는 점이다. 거기에는 우리가 별을 통해 보고 천체물리학의 용어들 안에서 이론적으로 이해하는 우주의 광대한 과정이 있다. 지구상의 생태계에는 식물과 동물의 삶 그리고 농사의 절기를 결정하는 계절의 순환 외에도 더 많은 세속적인 과정이 있으며, 생태계의 변화로 인한 민족의 이동, 경제의 변화 등과 같은 자연스러운 역사적 세력이 있다. 겉으로 보기에는 기근과 태풍, 지진과 홍수가 일어나고 약탈자가 갑작스럽게 침입하기도 하는 것 같은 무작위 현상이다. 또 다양한 사회적 삶, 민족의 역사, 경제 상황들, 자신이 속해 있는 공동체가 당면한 문제들, 가족과 일터에서의 자기 삶의 순환, 가족끼리 갖는 역동성과 관계성, 우발적인 우정과 싸움 등과 같은 이슈들이 있다.

본인이 여기서 강조하는 것은, 우리가 좋은 혹은 나쁜 방식으로 적응하는 위에서 언급한 '질서'는 그 자체로 일종의 경력 혹은 완전성을 갖고 있다는 점이다. 그것은 인과적으로 다른 질서와 연결될 수도 있다. 그러나 그러한 인과적 연결은 우리가 적응하는 방식과 다를 수 있다. 그러므로 각 질서는 그 자체의 구조와 과정에 민감한 그 자체로서의 적응을 요구한다.

결과적으로 자아 그리고 공동체는 많은 적응을 갖고 있다. 순자는, 인간은 하늘에 있는 별들의 순환에 대해 아무것도 할 수 없으므로 인간이 할 수 있는 것은 그 질서에 적응하여 별들의 순환을 심미적으로 감상하고 그러한 불멸의 영속적인 움직임들이 갖고 있는 평화에 인간의 보폭과 리듬을 맞추고 예를 갖추어 축하하는 것이라고 말했다.[4] 하지만 인간은 계절의 순환을 바르게 인식하는 능력을 일, 여가 그리고 다양한 축제 등의 계절적 리듬을 갖고 있는 농경문화의 형태로부터 취했다. 계절 변화에 대한 인간의 적응은 우리 자신을 사회적 리듬에 적응시킴으로써 얻어지는 복잡하고 치밀한 문화적 실천을 포함한다. 그런데 순자는 예견하지 못한 자연 재해와 야만인들의 급습에 적응하기 위해서 우리는 우수한 문화, 즉 미리 계획하고 실천하며 많은 사람의 협력을 요구할 수 있는 정부를 가져야 한다고 언급했다. 좋은 지배구조를 갖고 있지 않는 사회는 현재의 환경, 시간의 흐름 속에서 자연 재해와 야만인들의 급습에 대해 미리 대비하지 못하고 홍수와 야만인들에 의해 압도될 수밖에 없다.

개인과 사회를 적응이라는 용어로 정의하는 것은, 동아시아 문화가 생에 대해 아주 특별하고 심미적으로 접근한다는 동아시아인들과 서구인들이 동아시아에 대해 공통적으로 갖고 있는 의견을 재해석하는 것이다. 특별히 동아시아인들이 서구인들보다 예술, 문학, 음악에 더 조예가 깊다고 말하는 것이 아니다. 동아시아인들은 도덕적으로 응답하기 이전에 자연, 사회 그리고 개인이 가진 심미적 특징들과 연결한다는 점을 말하는 것이다.[5] 동아시

---

4) 본인이 여기서 논의하는 순자의 천 또는 본성 이해는 다음의 책 17장에 근거하고 있다. John Knoblock, *Xunzi: A Translation and Study of the Complete Works*, vol.3(Stanford: Stanford University Press, 1994), pp.3~22. 그리고 Edward J. Machle, *Nature and Heaven in the Xunzi: A Study of the Tian Lun*(Albany: State University of New York Press, 1993)을 참조하라.

5) 成中英은 그의 저서 *Creativity and Taoism: A Study of Chinese Philosophy, Art, and Poetry*(New York: Julian Press, 1963; Harper, 1970)에서 Whitehead의 미학을 그 주제 분석에 사용하였다. 그리고 吳廣明의 논문을 보라. Wu Kuang-ming, "Comparative Philosophy, Historical Thinking, and the Chinese Mind", *National Taiwan University Philosophical Review* 13(January 1990), pp.255~305. 다음의 책들을 참조하라. Tuan Yi-fu, *Passing Strange and Wonderful: Aesthetics, Nature, and Culture*(Washington: Island Press/Shearwater Books, 1993); David L. Hall, *The Uncertain Phoenix* (New York: Fordham University Press, 1982); *Eros and Irony*(Albany: State University of New York Press, 1982); David L. Hall and Roger T. Ames, *Thinking through Confucius*(Albany: State University of New York Press, 1987); *Anticipating China*(Albany: State University of New York Press, 1995). 그리고 심미적 적응, 도덕적 행위를 유교와 서구 자유주의의 입장에서 고찰한 본인의 *The*

아인들은 자연과 사회의 과정 그리고 역사를 변경하기 이전에 균형과 평정을 먼저 고려하는 것을 이상적으로 생각한다. 그들은 균형 속에서 행동하며 정확하고 올바르다. 더욱이 인간은 우주적 과정, 계절의 순환 그리고 역사적, 사회적, 개인적 추세와 균형을 이루어야 한다. 자아 혹은 사회의 시종일관적 통일은 균형에 의존한다. 서구와 남아시아 전통은 통일성에 지대한 관심을 갖고 예상 밖의 변전을 간과하거나 무시하면서 획일적 정의를 추구하는 경향성이 있다. 동아시아 전통들은 중심적 자아(centered self)에 균형을 맞추기 이전에 자연, 사회 그리고 개인의 과정에 민감하게 적응해야 한다고 강조한다. 지대한 모순이 되는 적응들은 조화될 수 있으며, 사소한 모순이 되는 적응들은 풍자와 유머로 중재될 수 있다. 이들 모두는 통전적이고 개인적이며 사회적인 균형 속에서 유지된다.

서구인들 그리고 남아시아인들이 집착하는 중심적 자아의 문제는 『중용』과 다른 문헌들이 기술하고 있는 동아시아의 변형에 주의를 기울여야 한다.6) 『중용』은 인간을 두 개의 극 사이에 구축된 스펙트럼이라고 정의한다. 하나의 극은 만물이다. 우리는 만물들의 다른 본성과 가치를 인식함으로 적응해야 한다. 또 다른 극은 순수한 중심 또는 심미적 평가 그리고 규범적 적절한 행동으로 응답하는 준비성이다. 신유교에서는 이 중심(中)을 리理로 해석한다. 인간은 그 홀로 만물이 아니며 또한 중심도 아닌 양극 사이에 구축된 스펙트럼이다. (유교는 불교가 독존하려는 열망을 비판했다. 그런데 그 불교의 독존은 無我[no-self]를 말하는 것이니 얼마나 아이러니인가.) 구조는 몸, 마음, 정서, 습관 그리고 사회적으로 구성된 행동과 적응에 의해

Puritan Smile(Albany: State University of New York Press, 1987)도 참조하라.
  6) 주1)에서 기술한 본인의 논문을 참조하라.

근본적으로 형성된 상징들로 이루어진다. 동아시아인들이 이해하는 자아의 적응 이론이 남아시아인들 또는 서구인들이 이해하는 적응 이론보다 더 고무적이다.

지금까지 본인은 자아와 사회를 차별하지 않고 양자 모두 적응을 필요로 한다고 주장했다. 우리는 언어 체계, 사회적 관습, 문화적으로 취득된 습관의 중요성을 인식해야 한다. 동아시아 철학에서 이 모든 것은 의례(儀禮/의식儀式)이라는 개념 속에 포함된다. 의례는, 생물학적으로 말하면 우리가 걷는 방식을 배우고 눈을 마주치는 것에 기초하며, 사회적으로 말하면 언어와 몸짓을 구성하는 것 또 거기에다 의복, 향연, 건축의 상징적인 것에 기초하고, 종교적으로 말하면 법정이나 종교의례에 기초한다. 여기서 종교적이란 의미는 종교 의식과 실천이 분리된 적응들을 조화로운 인간 그리고 조화로운 사회 속으로 통합한다는 것을 의미한다. 서구인들과 남아시아인들이 자아를 사회로부터 철저하게 구별하는 것과 달리, 동아시아인들은 학습에 의해 터득된 예절이 자아를 특별하게 사회적으로 만든다는 점을 강조한다.[7] 더욱이 언어적으로 형성된 인간의 품행은 단순히 사회적으로 규정된 역할을 행하는 것이 아니다. 그것은 인간들의 역할에 의해 규정된 것으로서 상호 행위의 문제이다. 그러므로 한 인간으로 존재한다는 것은 자연, 사회적 기관들 그리고 타인들과 함께 역할이 규정된 상호 행위 속에 참여한다는 것을 의미한다.

자아 개념이 현재 진행되고 있는 생태론 논의에 공헌할 수 있는 것은

---

[7] 아리스토텔레스와 다른 학자들은 언어를 갖지 않는 사람은 인간이 될 수 없기 때문에 자아를 사회적인 존재라고 정의했다. 그러나 그들은 결코 동아시아 철학이 사회성을 강조하는 만큼 그렇게 강조하지 않는다.

다양한 적응들 가운데 바르게 인식하는 능력으로서의 의례/의식 개념이다.[8] 동아시아인들이 주장해 온 것처럼 자연, 우주, 사회 그리고 개인적 삶의 영역에서 자연과 연결하는 적응은 의례/의식에 의해 형성되었다. 그러므로 현재 상황에서 도덕적 지침들은 우리에게 의례/의식에 주의할 것을 요구하며 그것을 개선하여 현대인들이 생태론적 사건들 속에서 더욱 조화와 균형을 이룰 것을 요구한다.

우리가 무엇을 하고 있는지를 안다면 생태론적 이슈들에 관한 특별한 행위와 법칙에 만족할 수 있다. 그러나 자연에 대한 사전 적응 없이 또 자연에 대해 식별하는 적응 없이는, 행위와 법칙은 지극히 둔감하며 도움보다는 오히려 해를 끼친다. 적절한 적응에 도달하는 것은 자연의 인식 그리고 자연주의적 낭만주의와 심층 생태론 이해에 어느 정도 도움이 된다. 그리고 이는 그것들이 실제적 의례/의식 적응들을 확인하는 반응으로부터 온다.

적응하는 능력을 갖도록 도와주는 의례/의식들은 개인과 개인이 갖고 있는 관심 그리고 사회 체계들에 대한 개념을 향상시켜 준다. 적응력을 향상시키는 훈련 그리고 적응하는 훈련, 그것들이 바로 현대적 의미에서 성인됨을 실천되는 것이다. 여기서 자연에 대한 민감성 속에 존재하는 도덕성에 대한 공헌은 생태론의 영역을 훨씬 넘어선다.[9]

---

8) 본인은 본인의 저서 *Normative Cultures*(Albany: State University of New York Press, 1995) 제7장에서 본인의 禮 이론을 전개하였다.

9) 유교와 생태계 학회에서 소위 보스턴 유교(Boston Confucianism) 특히 '찰스강 이남 학파'(South of Charles River School)에 대해 신사적인 농을 주고받았다. 본인은 고대 유교의 중요한 개념들을 현대인들이 직면하고 있는 문제에 적용하는 것은 근대 서구인들도, 그리고 동아시아인들도 아니라고 본다. 그것이 바로 보스턴 유교가 다루는 핵심이다. 비록 찰스강 이북 현인들(North of the Charles River sages)도 禮를 무시하지 않지만 찰스강 이남 학파가 가장 중시하는 유교 주제는 바로 禮이다. Tu Wei-ming, *Humanity and Self-Cultivation: Essays in Confucian Thought*(Berkeley: Asian Humanities Press, 1979), 특히 1장과 2장을 참조하라.

제5부
이론으로부터 실행으로

유교와 정원 설계:
고이시카와 고라쿠엔 정원과 뵐리츠 공원의 비교

세이코 고토·줄리아 칭

들어가는 말

생태 운동은 서구에서 매우 활발하게 진행되어 왔다. 그러나 환경을 보호하자는 주장은 종종 대개 공리주의적인 사고로부터 비롯되었다. 다른 문화와 자연에 대한 그것들의 관점을 고찰하기 위해 여전히 비교의 연구가 필요하다.

이 논문에서 우리는 오늘날 일본에서 정원 설계가 환경 계획의 한 부분으로 고려되고 있으며, 이후로 그것이 자연환경의 보존이나 향상에 기여하길 바라는 점을 주목한다. 또한 몇 백 년 전에 설계되었으나 현재까지 존재하며 아주 멀리 떨어져 있는 두 정원, 일본의 고이시카와 고라쿠엔(小石川後樂園) 정원과 독일의 뵐리츠(Wörlitzer) 공원에 유교가 미친 영향에 대해 논한다.[1]

---

1) 고라쿠엔 정원은 도쿄의 중심에 있는 고이시카와에 위치하고 있다. 오카야마에도 고라쿠엔

유교가 일본에 전래된 시기를 C.E.5세기경이라고 추정하지만 그것에 관한 정확한 자료가 남아 있지 않다. 이는 당시 일본인들의 삶의 스타일이 유교의 영향을 쉽게 받아들일 수 있었기 때문에 유교가 일본 문화에 별 어려움 없이 통합될 수 있었다는 말이다. 신도神道 문화의 지대한 영향을 받은 고대 일본인들은 이미 인간과 자연의 관계에 대해 비록 애매하지만 확고한 견해가 있었고, 유교사상이 이 개념들을 강화시켰으며 조직화했다.2)

유교는 계몽주의 시대에 중국으로부터 유럽에 소개되었다. 16세기에서 18세기의 유럽인들은 무역물품뿐만 아니라 철학적 개념도 수입하였다. 극동 아시아의 철학은, 십자군 전쟁 이전에는 유럽에 전혀 알려지지 않았으나 16세기에 시작된 새로운 무역로의 발견으로 인해 18세기에 이르러서는 유럽에 지대한 영향을 끼치게 되었다.3) 예를 들면 독일의 크리스티안 볼프(Christian Wolff), 임마누엘 칸트(Immanuel Kant), 프랑스의 장자크 루소(Jean-Jacques Rousseau), 볼테르(Voltaire) 그리고 영국의 뉴턴(Issac Newton) 등은 중국의 사상과 이미지에 영향을 받은 대표적인 계몽주의 사상가들이다. 이들은 도교의 신선사상 이미지도 받아들였다. 이들이 접촉한 유교와 도교의 개념은 영국과 대륙의 정원 설계의 심미적 원리에 큰 영향을 주었다.

정원이 있다. Seiko Gotō가 이 논문을 1996년 하버드대학교에서 열린 유교와 생태계 학회에서 발표했다. 바로 이 학회가 열리기 전 Julia Ching은 Seiko Gotō를 만나 유교와 고라쿠엔 정원에 관한 공동의 관심사를 논의했다. Seiko Gotō와 Julia Ching은 여러 가지 도움을 준 Graham Mayeda에게 감사한다.

2) 유교사상은 일본 도쿠가와 시대(1600~1868)에 정치, 윤리 그리고 교육 분야에서 두드러지게 발전했다. 다음의 책들을 참조하라. Wm. Theodore de Bary and Irene Bloom(eds.), *Principle and Practicality: Essays in Neo-Confucianism and Practical Learning*(New York: Columbia University Press, 1979), introduction; Robert Bellah, *Tokugawa Religion: The Cultural Roots of Modern Japan*(New York: Free Press, 1957); Chie Nakane and Shinzaburo Oishi(eds.), *Tokugawa Japan: The Social and Economic Antecedents of Modern Japan*(Tokyo: University of Tokyp Press, 1990), introduction.

3) Julia Ching and Willard G. Oxtoby, *Moral Enlightenment: Leibniz and Wolff on China*(Sankt Augustin: Institut Monumenta Serica; Nettetal: Steyler Verlag, 1992), introduction, pp.1~36.

프랑스와 이탈리아의 정원이 기하학적 설계로 되어 있는 것처럼, 인위적으로 자연을 형식화하기보다는 있는 그대로의 자연을 선호하는 영국의 정원은 중국의 영향을 받은 가장 대표적인 예이다. 또한 영국의 정원은 중국철학 특히 유교사상으로부터 받은 영감을 포함하고 있다. 한편 독일의 뵐리츠 공원 역시 유교의 교훈적 요소들과 영국의 전통적 착상이 혼합된 대표적인 예로, 영국 정원의 중개를 통해 중국의 영향을 받았다.

다음에서는 일본과 서구의 전통적 정원 설계의 특징들을 비교 서술하고, 유교의 개념들이 고라쿠엔 정원과 뵐리츠 공원 설계 미친 영향에 대해 논한다.

낙원의 개념: 동양과 서양

서양의 정원은 대개 인간이 지향하는 지상 낙원을 고려한다. 고대 일본에서 자연은 생명이 있어 살아 있는 것으로 여겨졌다. 물, 산, 나무와 같은 자연의 힘은 인간의 운명을 지배하는 것으로 여겨졌으며 신神으로 숭배되었다. 신도神道라고 알려진 고대의 정령숭배사상은 인간, 신 그리고 자연을 연속체로 보았다. 다른 말로 하면 인간과 신 사이에 엄격한 장벽이 없다는 것이다.[4]

이렇듯 일본인들이 갖고 있는 연속성의 개념과 달리, 서구 기독교인들은 인간이 지은 죄에 대한 형벌로 낙원으로부터 추방당했고 그 결과 낙원과

---

4) Jean Herbert, *Shinto: The Fountainhead of Japan*(London: George Allen and Unwin, 1967); William K. Bunce, *Religions in Japan*(Tokyo: Charles E. Tuttle, 1955), chaps.6~8.

인간 세계는 분리되었다고 주장한다. 기독교인들에게 정원은 성서 속의 낙원의 이미지를 표상한다. 그것은 인간과 신 사이에서 아주 특별하며, 무언가로 둘러싸인 것처럼 구별을 나타낸다. 수도원의 정원은 대개 십자형으로 분할된 네 부분으로 되어 있다. 정원 주변은 차폐된 인도가 있으며, 분수 주변에 과일 나무와 목초가 있다. 수도원 정원의 기하학적 설계는 『구약성서』에 기록된 에덴동산의 표준적 배치를 따르고 있음을 알 수 있다.

> 주 하나님이 동쪽에 있는 에덴에 동산을 일구시고 지은 사람을 거기에 두셨다. 주 하나님은 보기에 아름답고 먹기에 좋은 열매를 맺는 온갖 나무를 땅에서 자라게 하시고, 동산 한가운데는 생명나무와 선과 악을 알게 하는 나무를 자라게 하셨다. 강 하나가 에덴에서 흘러나와 동산을 적시고 에덴을 지나서는 네 줄기로 갈라져서 네 강을 이루었다.[5]

하지만 일본에서 정령숭배의 영향을 받은 인간과 자연의 연속성 개념은 특정한 형태의 정원을 갖도록 강요하지 않는다. 7세기의 일본인들은 niwa라는 단어로 정원을 기술했는데, 이는 자연의 신이 거주하는 정화된 장소를 의미한다. 정원을 사당과 동일시한다고 해서 그것이 정원의 형태를 결정하지는 않았다. 사당은 주위 자연적 특징에 의해 영감을 받았고 이 영감에 따라 건축되었다. 때때로, 신의 거주 지역은 나무가 신의 영을 나타내거나 혹은 커다란 돌이 신의 자리임을 보여 주는 하얀 조약돌이 있는 지역에 위치했다. 일본의 정원에서 발견되는 바위들은 그러한 신성한 바위를 대표한다.
불교가 16세기에 중국과 한국으로부터 전래됨에 따라 일본인들은 인간

---

5) 「창세기」 2, pp.9~10(표준새번역).

세계로부터 분리된 낙원 개념을 개발하였다. 그리하여 그들은 궁전과 사원을 신이 산다고 여기는 낙원의 이미지를 가지고 건축하였다. 일본인들의 정원의 추상적 형태 속에서 산, 강 그리고 산림과 같은 자연적 특징들은 신들의 세계를 묘사했다. 제한된 면적 안에 이 모든 자연적 요소를 나타내기 위해 일본인들은 소형화와 상징화를 추구하였다. 소형화된 형태 속에서 자연은 그것을 둘러싸고 있는 자연적 환경들을 나타낸다. 소형화된 일본인들의 정원은 상징적 의미의 형태와 이름을 갖는다. 이러한 기술은 인간세계로부터 분리된 낙원을 추상적으로 묘사하는 서구의 전통과 다르다. 고라쿠엔 정원과 뵐리츠 공원 모두는 확실히 그들 각각의 전통을 따른 산물이다. 하지만 고라쿠엔 정원과 뵐리츠 공원의 설계는 직간접적으로 유교 전통의 영향을 받았다.

여기서 유교의 영향을 받았다는 말은, 도교의 경우도 마찬가지인데, 자연에 대한 사랑과 인간과 자연 간의 연속성을 의미한다. 유교는 인간의 만족을 무시하지 않으면서 의무를 만족에 선행하는 것으로 간주했다. 그러한 유교의 정신은 인仁과 의義를 동시에 가르친 4세기의 유교 사상가인 맹자에게서 분명히 드러난다. 그렇게 맹자는 경제적 그리고 사회적 정의 문제들을 다루었다.

맹자는 작은 지방의 왕과 대화하는 도중에 그들의 호화로운 생활태도를 지적하면서 종종 그들을 곤경에 처하게 하였다. 예를 들면, 맹자가 양혜왕을 만났는데, 왕이 연못가에 서서 기러기와 고라니와 사슴을 바라보며 "어진 사람 역시 이런 것을 즐깁니까?"라고 물었다. 이에 맹자는 "어진 사람이어야만 이런 것을 즐길 수 있습니다. 어질지 않은 사람은 비록 이런 것을 가지고 있다 하더라도 즐길 수 없습니다"라고 대답했다.[6]

다른 말로 하면, '왕은 커다란 연못이 있는 아름다운 정원을 가질 수 있다. 그러나 그는 그의 백성들과 함께 이 즐거움을 나누도록 해야 한다. 아마도 그는 백성들을 섬기는 자신의 임무를 다한 후에 정원을 보고 즐겨야 할 것이다'라는 것이다. 고라쿠엔이라는 이름은 바로 이러한 뜻을 담고 있다. 그리고 향유함은 규율 그리고 다른 사람들에게 도덕적으로 모범이 되어야 한다는 필요와 조절되어야 한다.

고라쿠엔

고라쿠엔은 일본에서 도쿄시에 의해 국가 역사적 정원으로 지정된 것으로, 400여 년 전에 설계 건축되었다. 본래 도쿠가와 요리후사(德川賴房)가 쇼군 도쿠가와 이에미쓰(將軍 德川家光)와 함께 290,172㎡의 큰 대지에 이 정원을 지으려고 하였다. 그러나 오늘날에는 6,050㎡의 안뜰과 뒤뜰이 남아 있을 뿐이다. 고라쿠엔은 자연의 아름다움의 묘사를 통해 자연을 찬미하는 일본의 정원 조경 전통 철학에 따라 설계되었다. 유명한 경치 좋은 장소들을 소형화했고 작은 사원들을 정원 속에 지어서 자연의 신들에게 봉헌했다. 하지만 이 정원은 설계에 유교적 요소들을 포함했기 때문에 다른 일본의 정원들과는 다른 형태를 지녔다. 이 정원은 요리후사의 아들이며 후계자인 미쓰쿠니(德川光國) 시대에 이루어졌다.

고라쿠엔 정원이 만들어진 지 33년 후인 1661년에 요리후사의 셋째 아들 미쓰쿠니는 미토(水戶)의 제2대 봉건 영주로 자기 아버지를 승계했다. 그는

---

6) 『孟子』, 1A.2; D. C. Lau(trans.), *Mencius*(Harmonds worth: Penguin, 1970), p.50.

여러 가지 정치적 이유 때문에 자기 형 요리시게 대신에 영주로 책봉되었다. 그는 유년 시절에 열심히 공부하지 않았으나, 그가 18살 되던 해에 중국의 전설적 은둔자 백이伯夷와 숙제叔齊의 전기를 읽고는 마음을 바꾸어 아버지를 이어 가문의 지도자가 되었다. 백이 그리고 숙제 그 누구도 아버지의 대를 잇지 않았다. 그들은 모두 형제에게 가문의 지도자 자리를 양보했다. 미쓰쿠니는 이 전기를 읽고 자기 자신과 비슷한 처지에 있던 그들의 입장을 이해하고 깊은 감명을 받은 후에 지금까지 갖고 있던 태도를 바꾸었다. 그 이후로 그는 학문, 특히 유교 연구에 몰두했다.

미쓰쿠니는 영주 자리를 승계한 후에 쇼코칸(彰考館)이라는 기관을 설립하고 『대일본사大日本史』(The Great History of Japan)를 편집하도록 하였다. 그는 일본 전역에서 약 130여 명의 학자들을 초청해서 일본 역사와 유교를 연구하도록 하였다. 1665년 7월에 그는 유교학자 주순수朱舜水(1600~1682)를 자기 공관으로 초청하였다. 주순수는 농업부터 유교까지 다방면에 걸친 학문적 지식을 갖고, 이것을 실용적으로 적용하는 데 심혈을 기울였다. 그는 일본 유교의 한 주류인 미토학파(水戸學派)를 창설했으며7) 세상을 떠나기 전까지 미쓰쿠니의 스승의 역할을 하였다.

미쓰쿠니의 헌신적 노력으로 유교 원리는 정책, 교육 그리고 문화 방면에 적용되었다. 그중에서도 그의 가장 위대한 업적은 고라쿠엔의 장식이다. 그는 정원에 중요한 부분들을 첨가하였다. 그는 자신이 존경하는 성현들, 즉 백이와 숙제의 동상을 도쿠진 사원에 만들었으며 그가 여덟 살 때 쇼군

---

7) *Giko Jitsuroku*(*The records of Tokugawa Mitsukuni*)는 도쿄에 있는 국립국회도서관에 보존되어 있다. 그리고 Julia Ching의 "The Practical Learning of Chu Shun-shui", in *Principle and Practicality*, pp.189~229를 참조하라.

이에미쓰로부터 받은 한 학자의 동상도 만들었다. 후자는 팔각 사원(Octagonal Temple)에 자리 잡았다. 또한 미쓰쿠니는 정원에서 방문객들이 주류를 마실 수 있는 곳의 이름을 지었다. 그는 이곳을 '98상점'이라고 명했는데, 그곳 방문객은 낮에 자신이 원하는 것의 90%만을 그리고 밤에는 80%만큼만 마실 수 있도록 제한한 데서 유래한다. 이는 자신의 욕구를 완전히 충족시키려고 하면 오직 실망할 뿐이라는, 즉 80% 정도로 만족해야 한다는 유교의 가르침을 암시한다.

미쓰쿠니는 이렇게 정원들을 변경시킨 것 외에 주순수에게 문학적으로 중요한 의미를 가진 경치 좋은 장소들을 회상할 수 있는 소형화된 조망을 만들게 했다. 일본의 아름다운 풍경 장소들은 요리후사가 이미 일본의 전통시 와카(waka, 和歌)를 통해 소개하였다. 이것들에 미쓰쿠니는 중국적 이미지를 갖고 있는 '서호西湖' 그리고 '월교月橋' 등을 추가하였다. 주순수는 또한 중국 송대의 저명한 유학자 범중엄范仲淹(989~1052)의 "학자는 먼저 세상을 걱정하고 후에 세상의 즐거움을 즐긴다"(先天下之憂而憂, 後天下之樂而樂)라는 글로부터 'Kōrakuen'의 이름을 선택하였다. 중국어의 학자라는 단어는 일본어로 영주 혹은 용사라는 뜻으로 이해된다. 미쓰쿠니는 '영주는 먼저 백성들을 걱정하고 백성들이 즐긴 후에 즐긴다'고 해석했다. 자연을 사랑하고 자연의 즐거움을 즐기는 한편, 유학자들은 그 즐거움을 다른 사람들과 함께 나누어야 한다는 도덕적 책임을 인식하였다. 어쩌면 범중엄의 말은 즐거움이 없는 것으로 들릴 수도 있다.[8] 그는 여기서 즐거움을 부정하지 않으면서 의무를 즐거움보다 먼저 생각하는 소위 우선순위를 말한다.

---

8) 『范文正公集』(叢書集成編), 1st series, 3:19.

미쓰쿠니는 자신과 신하들이 시를 짓는 동안 종종 정원에서 풍악과 함께 향연을 베풀었다. 낮에는 물론 밤에도 달빛 아래서 모닥불을 피워 놓고 향연을 즐겼다. 예를 들면 1678년 3월 24일에 열린 꽃 관람 파티에서 미쓰쿠니가 지은 12편의 시가 기록되었다. 그 다음 달 4월 17일 한밤중에 열린 반딧불 파티에서는 22편의 시가 기록되었다. 이렇게 시를 짓는 파티는 헤이안 시대(794~1192)에 재능 있는 작가들이 가지는 위치의 가치를 나타내는데, 이 작가들은 왕실에서 가장 중시된 인물들이었다. 신하들의 시 짓는 역량을 향상시키기 위해서 미쓰쿠니는 경쟁을 시켰다. 하지만 고라쿠엔 모임은 정치적 의미를 갖고 있었다. 이 모임을 통해서 영주는 신하들의 면면을 잘 알게 되고, 정원이 보여 주는 자연의 아름다움은 사회적 그리고 외교적 사교를 위해 사용되었다. 그러므로 미쓰쿠니 시대에 유교의 영향을 받아 설계된 고라쿠엔 정원은 유교 이상의 적용과 가르침을 주는 환경이 되었다.

뵐리츠 공원

데사우의 프란츠 공과 뵐리츠 공원

뵐리츠 공원은 독일에 있는 영국식 정원이다. 이 정원의 형태는 중국으로부터 유입된 유교의 경제적 모델로부터 유래한 18세기 계몽주의 시대의 농본주의를 반영하고 있다. 뵐리츠 공원은 영국식 정원의 형태를 갖추었으며, 그 모습이 18세기 동안 발전하였고, 엄격한 기하학 형태에서 벗어나는 대신에 정원 설계의 한 부분을 자연의 풍경을 포용하는 특징으로 나타냈다.

이러한 스타일의 변화는 오늘날 유럽의 풍경화 특징과 연결되어 있다. 대부분의 영국식 정원은 클로드 로랭(Claude Lorrain)과 같은 화가가 사용하는 3차원적 모사를 특징으로 한다. 또한 영국식 정원은 유럽에 들어온 중국의 칠기와 자기의 꾸준한 유입에 영감을 받은, 그 당시 최첨단 장식 패션을 반영하는 탑, 중국식 탑과 같은 중국식 건축물들을 담고 있다. 뷜리츠 공원은 독일에 건축된 최초의 영국식 정원으로, 후에 대륙에 건축된 많은 영국식 정원들의 모범이 되었다.

뷜리츠 공원은 안할트데사우의 레오폴드 프리드리히 프란츠 공(1740~1817)이 계몽주의가 서유럽 지역에서 절정이던 1770년에 건축하였다. 프란츠 공은 세 번에 걸친 여행을 통해 당시 유행하던 유럽 철학과 그것들이 유럽 문화에 끼친 영향에 대해서 알게 되었다. 프란츠 공은 자신이 취득한 새로운 지식들을 정원 설계에 적용했다. 계몽주의의 개념들이 정원에 적용되었고, 당시 유럽에서 유행하는 복장, 가구 등에 나타나는 중국 스타일과 생생한 문체 역시 지대한 영향을 끼쳤다.[9]

프란츠 공은 뷜리츠 공원을 건축하면서 클로드식 풍경을 재생산했다.[10] 그는 자연의 풍경을 자랑하는 숲과 호수를 자신의 공원 설계에 포함하기 위해서 영국의 스투어헤드(Stourhead) 정원을 여러 차례 방문했다.[11] 전원의 모

9) Gert Gröning, "The Idea of Land Embellishment", *Journal of Garden History* 12(1992), pp.164~185; Dusan Ogrin, *The World Heritage of Gardens*(New York: Thomas and Hudson, 1993), p.291.
10) 18세기 프랑스 화가 Claude Lorrain의 "picturesque garden"을 보라. Monique Mosser and George Teyssot, *The Architecture of Western Gardens: A Design History from the Renaissance to the Present Day*(Cambridge, Mass.: MIT Press, 1991), p.302.
11) Stourhead 정원 공사는 Henry Hower(1705~1785)가 1735년에 시작해서 1783년에 완공했다. 그는 Claude Lorrain의 풍경화 등을 수집했다. Stourhead 정원 풍경은 그가 수집한 풍경화들을 모사했다. 정원은 언덕으로 둘러싸여 있으며 섬과 호수를 갖고 있다. Virgil의 *Aeneid*를 묘사하는 호숫가에는 동굴과 사원이 있다. 다음의 논문을 참고하라. Origin, *World, Heritage of Gardens*, pp.133~134; Christopher Thacker, *The History of Gardens*(Berkeley: University of California Press,

습은 그가 숲 속에 건축한 한쪽에 벽이 없는 복도 모양의 방 로지아(loggia)에 잘 나타나며, 영국의 왕립식물원(Kew Garden)과 비슷하게 이국적인 중국식 탑 역시 공원 설계에 포함되었다. 이국적 향취들은 프란츠 공이 방문했던 영국 건축가 윌리엄 챔버스 경(Sir William Chambers, 1723~1796)에게서 큰 영향을 받았다.[12] 영국의 왕립식물원을 설계한 챔버스 경은 중국 정원 설계에 영향을 받았다.

뷜리츠 공원은 아름다운 풍경과 이국적 향취 외에 교훈적인 요소를 갖고 있다. 프란츠 공은 2번째 여행 동안 이탈리아 예술과 건축, 장자크 루소와 프랑수아 케네(François Quesnay, 1694~1774) 같은 계몽주의 사상가로부터 영향을 받았다. 케네는 프랑스 왕의 주치의로 일했을 뿐 아니라 경제학의 전문가이기도 하였다. 뷜리츠 공원의 철학적 설계에 케네의 중농주의 정신의 영향은 특히 매우 중요하다.

케네와 중농주의

케네의 중농주의는 프랑스 혁명에 결정적으로 영향을 끼친 계몽주의 정신의 핵심으로, 근대 경제사상의 초석이 되었다.[13] 당시 프랑스 경제는 루

1979), pp.192~194; Deree Clifford, *A History of Garden Design*(London; Faber and Faber, 1962), p.143.

12) Sir William Chambers는 Wales의 공주의 정원사로, 그녀의 아들인 조지 3세에게 그림을 가르쳤다. 그는 중국을 방문했으며 다음의 저서를 남겼다. *A Dissertation on Oriental Gardening*(London; Griffin, 1772). 그는 1761년에 큐 왕립식물원을 설계했다. Ogrin의 *World Heritage of Gardens*, p.131 그리고 Thacker의 *History of Gardens*, p.216을 참조하라. R. C. Bald, "Sir William Chambers and the Chinese Garden", in *Discovering China: European Interpretations in the Enlightenment*(Julia Ching and Willard G. Oxtoby[eds.], Rochester, N.Y.; University of Rochester Press, 1992), pp.142~175 를 참조하라.

13) Quesnay에 대해서는 다음의 글들을 참조하라. François Quesnay, *Quesnay's Tableau Economique* (Marguerite Kuczynsk and Ronald L. Meek[trans.], London: Macmillan; New York: A. M. Kelley for the Royal Economic Society and the American Economic Association, 1972); Henry Higgs, *The*

이 14세가 부과하는 과중한 소작료, 각종 세금 등으로 인해 파탄지경에 이르렀다. 30년 전쟁에도 참여하였고 17세기 유럽의 갈등으로 인해 생산물이 이전의 1/3로 극감하였다. 케네의 중농주의의 목적은 농업 공동체의 개혁을 통해 경제적 안정을 이루는 것이다.14)

또한 이 시기에 예수회 선교는 아시아에서 절정에 이르렀다. 로마와 아시아에서 선교활동하는 선교사들은 서로 서신을 교환했으며, 서신 안에 기록된 정보들은 유럽에서 책으로 출판되었다. 유럽은 18세기에 이 서신들을 통해서 아시아에 관한 지식들을 접하게 되었다. 특별히 학자들은 유교와 중국철학을 통해 유럽사회 개혁의 모델을 찾으려고 노력했다.15) 파리에서 자주 마담 퐁파두르(Madame Pompadour)를 방문하던 선교사들과 그녀의 의사였던 케네는 퐁파두르의 중국에 대한 흥미에서 많은 정보를 얻었다. 케네는 특별히 1750년대에 선교사들이 파리로 모셔온 중국학자 Kō로부터 유교사상의 핵심들에 대해 배우게 되었다. 케네는 유교의 중농주의 개념들을 열광적으로 수용하였는데, 이로 인해 후에 케네의 제자들은 그를 공자사상의 계승자라고 불렀다.16)

유교사상은 지배자의 백성에 대한 책임을 강조한다. 중국 농업 체계에

Physiocrats: Six Lectures on the French Economists of the Eighteenth Century(Hamden, Conn.: Archon Books, 1963), pp.22~48; Ronald L. Meek, The Economics of Physiocracy: Essays and Translations (Cambridge, Mass.: Harvard University Press, 1963), pp.43~56; Elizabeth Fox-Genovese, The Origins of Physiocracy: Economic Revolution and Social Order in Eighteenth Century France(Ithaca, N.Y.: Cornell University Press, 1976); Adolf Reichwein, China and Europe: Intellectual and Artistic Contacts in the Eighteenth Century(New York: Kegan Paul, 1925), pp.99~110.

14) Lewis A. Maverick, China, A Model for Europe(San Antonio: Paul Anderson, 1946). 이 책은 Quesnay 의 Le Despotisme de la Chine(Paris, 1767)의 번역이다.

15) Reichwein, China and Europe, pp.15~22 · 73~98 · 107~108; Donald F. Lach, Asia in the Making of Europe(Chicago: University of Chicago Press, 1965).

16) Reichwein, China and Europe, p.104.

감명을 받은 케네는 『경제표經濟票』(Tableau Economique)를 저술하여 땅이 경제의 근간이라고 주장했으며, 교육의 중요성도 강조했다. 그러므로 케네의 중농주의 사상 그리고 정치적 이론의 핵심 개념들은 모두 중국의 유교로부터 유래하였다.[17]

뵐리츠 공원의 설계

뵐리츠 공원에는 여러 개의 섬이 계속 흐르는 물로 연결된 인공호수 안에 설계되어 있다. 공원 입구에서 가장 가까이 있는 섬의 이름은 '루소의 섬'(Rousseau's Island)인데, 이 섬은 루소가 죽기 전에 살았던 숙소 근처와 그의 무덤이 있는 에름농빌(Ermenonville)을 본떠 만들었다. 루소의 섬에는 에름농빌과 마찬가지로 루소를 기리는 기념비가 있다.[18]

프란츠 공은 다른 섬들에다가 원형경기장, 미로, 그리고 인공화산을 만들었다. 화산에서 분출되는 마그마는 붉은색 유리로 만들어졌는데, 그 불빛은 연회장에 아주 적합한 조명이 되었다. 철학적 문건을 전시하는 사원들과 동상들은 정원 언덕 꼭대기에 있다.

뵐리츠 공원은 또한 다양한 건축 양식, 동상, 예술 작품뿐만 아니라 금석에 새긴 글 등을 통해 방문객들에게 세계 철학과 문화를 가르치는 데 도움이 되었다. 공원은 일반인들에게 공개되었고, 방문객들은 방문자 숙소에서 머물 수도 있었다. 그러므로 공원은 유교의 가르침에 따라 사람들을 교

---

17) Ching and Oxtoby, *Discovering China*, p.113.
18) 이 그림 같은 정원은 Marquis Girardin(1735~1803)에 의해 1764년에 시작되어 1773년에 건축 완공되었다. Ogrin, *World Heritage of Gardens*, p.92; Dora Wiebenson, *The Picturesque Garden in France*(Princeton, N.J.: Princeton University Press, 1978), pp.81~88.

혼하고 또한 만족을 제공하는 두 가지 기능을 하였다. 이러한 설계를 통해
조성된 뵐리츠 공원의 풍경은 유교에 대한 계몽주의의 대답이라고 하겠다.

뵐리츠 공원과 고라쿠엔 정원

이제 고라쿠엔 정원과 뵐리츠 공원 설계에 표현된 유교의 개념들을 비
교하겠다. 뵐리츠 공원에 있는 판테온(Pantheon)과 비너스 신전(Temple of Venus) 그
리고 고라쿠엔 정원에 있는 도쿠진 사원과 팔각 사원은 도덕적 깨달음을
주기 위한 명銘을 만들었다. 이 두 정원은 또한 당시 최첨단의 기술을 사용
하여 다리를 만들었다. 뵐리츠 공원의 철다리는 당시 영국에서 만든 철다리
를 재현하여 소형화한 다리였으며, 이와 비슷하게 고라쿠엔에 있는 월교月
橋는 당시 일본에 전혀 알려지지 않은 공법으로 주순수에 의해 건축되었
다.[19]

더욱이 뵐리츠 공원은 첨단 경작의 기술을 보여 주기 위해 영국의 농가
에서 실천하는 것들을 모델로 삼아서 경작지를 그 설계에 포함시켰다. 비록
프란츠 공은 한 번도 일본을 방문한 적이 없지만 이러한 정원 양식을 '일본
의 경작지'(Japanische Breite)라고 명명했다.

프란츠 공은, 당시 아름다움의 가치는 관찰하는 각 개인에게 달려 있다
고 주장하는 심미적 철학 정신과 달리, "진정한 아름다움은 아름답고 유용
한 것이다"라며 철학적으로 사유했다.

---

19) Seiko Gotō, *Koishikawa Kōrakuen no Sakutei ni okeru Tetsugaku*(The philosophy of garden making
at Koishikawa Kōrakuen)(Chiba: Chiba University, 1997).

프란츠 공의 철학적 입장은 당시 '아름다움의 독립'을 주장했던 독일의 철학자 칸트의 주장을 뒤집고 "모든 아름다움은 그것의 유용함에 적합하다"고 주장한 고대 그리스 철학자 소크라테스의 철학으로 돌아갔다. 프란츠의 철학적 입장에 따라서 건초 더미는 정원의 설계에 아주 중요한 부분이 되었고, 홍수를 방지하기 위해 참나무를 정원에 심었다. 정원의 건축 양식 역시 이 철학을 반영하여 공원 방문자들을 위한 대피처를 만들었다. 프란츠 공은 자신의 철학을 포함하는 뵐리츠 공원을 건축하여 백성들의 지식을 넓히고 농업의 중요성을 가르쳐서 유교사상에 근거한 사회 개혁을 추구하였다. 그러므로 농업의 효율성 강조와 뵐리츠 공원 건축에서 나타나는 고대 그리스 미학으로의 복귀는 당시 정원 설계와 건축에 끼친 유교사상의 영향을 대표적으로 보여 준다.

미쓰쿠니는 교육의 목적으로 고라쿠엔 정원에 논을 만들어 놓았다. 헤이안 시대 이후 일본 문학사에서는 논을 주제로 많은 시가 지어졌다. 그러나 에도 막부 시대 이전에 정원에서 지어진 시는 하나도 없었다. 비록 시 짓는 기법은 다양했지만, 계절의 변화를 알려주는 초록색과 황금색의 논을 공통적인 소재로 사용하였다. 하지만 미쓰쿠니는 이 논을 시를 짓는 데 영감을 주는 소재뿐 아니라 농사짓는 농부들이 겪는 역경을 교육할 목적으로 사용하였다. 유교사상에서 말하는 이상적 지배자는 농부들이 고생하는 농사일의 성격을 반드시 알아야 한다. 그래서 미쓰쿠니는 3대 영주의 부인에게 농사 기술과 벼 짜는 기술을 보여 주었다. 뵐리츠 공원의 경작지와 마찬가지로 고라쿠엔 정원에 있는 벼는 시적 영감 제공하는 것 외에도 교훈적인 목적을 갖고 있었다. 위에서 언급한 것 외에 정원의 여러 가지 특징들은 프란츠 공이 중시한 실용적인 미의 철학을 잘 보여 준다. 미쓰쿠니는 고라쿠엔에 죽창을 공급할 대나무 숲과 전쟁 시 비상식량에 쓸 자두나무 숲을 만들었다.

결론

고라쿠엔과 뷜리츠 공원은 다른 공시적 상황에서 역사, 문화, 예술을 역사에 통합하여 유교의 자아실현이라는 이상에 관심을 갖고 조성되었다. 그 결과 일본의 경우 자연의 실제적이고 정치적 차원에 관심을 갖는 인간과 자연에 대한 새로운 관계가 전개되었다. 유럽의 정원은 자연을 인간이 개발하고 지배해야 하는 대상, 단지 숲으로서가 아니라 경제와 인간사회 체계와 조화를 이루는 것으로 생각했다. 또한 이 두 정원은 크기, 시대, 그리고 지역을 포함해서 비록 다른 모습을 갖고 있었지만, 아름다운 자연의 경치를 제공하는 것 외에 교육하는 목적도 갖고 있었다. 고라쿠엔 정원에서 승마 시범은 군사 예술을, 사원은 유교의 설화를, 그리고 논은 농사일을 잘 보여 주었다. 뷜리츠 공원은 다양한 건축 양식, 사원 설계, 조각과 농사 기술이 통합된 공원의 설계를 통해서 방문객들이 다양한 세계의 문화와 농산물 관리, 그리고 최신 기술에 대해 배울 수 있는 기회를 제공하였다.

우리는 이 두 정원을 보면서 사람들을 교육할 목적으로 정원을 설계할 수 있다는 가능성 그리고 인간 실존 속에서의 자연의 역할을 배울 수 있다. 오늘날 고라쿠엔을 방문하는 사람들은 고라쿠엔이 갖고 있는 유교적 암시를 거의 인식하지 못하지만, 고라쿠엔을 방문하여 논을 경작해 보는 초등학생들에게는 여전히 교훈을 제공한다. 뷜리츠 공원이 보여 준 정원이 갖는 교훈적 기능은 19세기에 세워진 다른 공원들과 뉴욕 센트럴 파크의 공공 공간 설계에 지대한 영향을 끼쳤다. 그러므로 우리는 고라쿠엔과 뷜리츠 공원의 설계에 담겨 있는 철학적 기초가 다른 나라의 공원 설계에 큰 영향을 주었다고 말할 수 있다. 지금도 이 철학적 기초는 자연을 통한 자아 수련과 관련하여 동아시아와 서구세계가 당면하고 있는 도시 환경 문제 속에서 자연이 감당해야 할 역할에 대해 현대적인 의미로 진술하고 있다.

유교와 에코페미니즘에 대한 숙고

리후이리

서론: 보물섬이 갖고 있는 모순들

최근 활발하게 논의되는 생태윤리 담론들은, 우리의 도덕적 관심이 인간의 흥미로부터 살아 있는 모든 생명체 그리고 자연에까지 확대됨에 초점을 맞추고 있다. 많은 환경론자들은 비인간 중심적 관점이 오늘날 우리가 당면하고 있는 생태 위기를 해결하는 근본적이고 윤리적인 해결책이라고 생각한다.[1] 비록 인간과 자연의 합일이 참신한 아이디어는 아니지만, 현재 서구에서 진행 중인 환경운동에 처음으로 그 개념을 사용한 학자는, 오늘날 우리가 당면한 생태계 문제의 뿌리는 바로 기독교의 인간이 자연을 지배한다는 교리라고 주장한 미국 역사학자 린 화이트(Lynn White)이다. 화이트에 따르면, 유대-기독교가 인간과 자연의 이원론을 확립했을 뿐 아니라 인간이

---

[1] 환경윤리와 비인간 중심주의에 관해서는 다음의 책들을 참조하라. Holmes Rolston Ⅲ, *Environmental Ethics: Duties and Values in the Natural World*(Philadelphia: Temple University Press, 1988); J. Baird Callicott, *In Defense of the Land Ethic*(Albany: State University of New York Press, 1989); Fox Warwick, *Toward a Transpersonal Ecology*(Boston: Shambhala, 1990).

인간의 목적을 위해 자연을 착취하는 것이 하나님의 뜻이라고 주장했기 때문에, 가장 인간중심주의적인 종교임을 알 수 있다.[2] 더욱이 화이트는 "과학과 기술의 발전만으로는 우리가 새 종교를 발견하기 전까지 혹은 우리의 종교에 대해 새롭게 생각하기 전까지 결코 당면한 생태 위기를 해결할 수 없다"[3]고 주장했다. 화이트와 다른 학자들은 기독교에 대안이 될 수 있는 새로운 종교를 비서구 종교들 가운데서 찾으려고 한다.[4] 이 종교의 전통들은 자연 경외, 비인간 중심적 세계관, 살아 있는 모든 생명체가 가진 유기적 연관성 등의 생태적 특징을 공통적으로 갖고 있다. 이론적 차원에서, 이 종교적 전통들은 지구 환경 윤리 정립에 필요한 이미 정립된 개념 토대를 제공하는 것처럼 보인다.

하지만 베이비 붐 세대로 대만에서 자란 본인은 대만 사람들이 환경친화적인 종교 믿음을 중시하면서(예를 들면 유기적 세계관, 자연 경외), 동시에 생태

---

2) Lynn White, Jr., "The Historical Roots of our Ecologic Crisis", in *Western Man and Environmental Ethics*(I. G. Barbour[ed.], Reading, Mass.: Addison-Wesley, 1973), p.25. Lynn White의 논문은 *Science* 155(March 1967), pp.1203~1207에 게재되었다.

3) Lynn White의 논문 p.28.

4) Lynn White의 논문 및 다음의 논문들을 참고하라. William R. LaFleur, "Saigyō and the Buddhist Value of Nature", pts. 1 and 2, *History of Religions* 13, no.2(November 1973), pp.93~127; no.3(February 1974), pp.227~247; Eliot Deutsch, "A Metaphysical Grounding for Natural Reverence: East-West", *Environmental Ethics* 8(1986); Hwa Yol Jung, "The Ecological Crisis: A Philosophic Perspective, East and West", *Bucknell Review* 20(1972), pp.25~44; Kenneth K. Inada, "Environmental Problematics in the Buddhist Context", *Philosophy East and West* 37, no.2(1987), pp.135~149; Russell Goodman, "Taoism and Ecology", *Environmental Ethics* 2(1980), pp.73~80; Roger T. Ames, "Taoism and the Nature of Nature", *Environmental Ethics* 8(1986), pp.317~350; Huston Smith, "Tao Now: An Ecological Testament", in *Earth Might Be Fair: Reflections on Ethics, Religion, and Ecology*(I. G. Barbour[ed.], Englewood Cliffs, N. J.: Prentice-Hall, 1972), pp.66~69; Po-Keung Ip, "Taoism and Environmental Ethics", in *Religion and Environmental Crisis*(Eugene C. Hargrove[ed.], Athens: University of Georgia Press, 1986); Krishna Chaitanya, "A Profounder Ecology: The Hindu View of Man and Nature", *The Ecologist* 13(1983), pp.127~135; William LaFleur, "Sattva: Enlightenment for Plants and Trees in Buddhism", *Co-Evolution Quarterly* 19(1978), pp.47~52; J. Baird Callicott, "Conceptual Resources for Environmental Ethics in Asian Traditions of Thought: A Propaedeutic", *Philosophy East and West* 37, no.2(1987), pp.115~130.

계의 재해가 미칠 지대한 영향에 대해 무관심한 것을 보며 아주 경악했다. 그러한 모순을 보면서 본인은 기독교가 오늘 우리가 당면한 환경 위기의 원인을 제공했다고 주장한 린 화이트의 주장에 대해 의구심을 갖게 되었다. 또한 본인은, 어떤 학자들은 아시아의 종교 전통이 친환경적이라고 주장하는 반면에, 어떤 학자들은 아시아 종교 전통은 철저하게 비근대적이라고 주장한 막스 베버의 주장에 도전하면서 아시아의 종교 전통이 동아시아의 근대화에 결정적 요인이라고 주장하는 것을 보며 어리둥절하였다.[5] 좀 더 구체적으로 말하면 이 학자들은 유교의 가치를 동아시아 국가들의 경제 발전을 촉진시킨 프로테스탄트(신교도) 가치의 '기능적 유사물'로 간주했다.[6] 본인은 인간과 자연의 합일을 주장하면서 동시에 여전히 산업화를 지원하는 유교의 모순적 기능이 우리로 하여금 환경 황폐와 산업화가 밀접한 관계가 있음을 의식하게 한다고 믿는다.[7] 다시 말해서 환경 생태 위기의 원인을 제공한 유교의 문화적 가치들이 근대화의 동력이라고 생각하는 것은 모순이라는 말이다. 이러한 모순에도 불구하고 예를 들면 유교와 같은 비서구적

---

5) Max Weber, *The Religion of China*(trans. and ed. by Hans H. Gerth, New York: Free Press, 1951).

6) Peter Berger는, 중국 문화의 영향을 받은 일본 그리고 아시아의 신흥 근대화 국가들에 있어서 유교가 근대화의 주력이 되었다는 점은 일체 의심의 여지가 없다고 주장한다. 다음의 책을 참조하라. Peter Berger, "An East Asian Development Model?" in *In Search of an East Asian Development Model*(Peter L. Berger and Hsin-Huang Michael Hsiao[eds.], New Brunswick, N.J.: Transaction Books, 1988).

7) David L. Hall and Roger T. Ames, *Thinking through Confucius*(Albany: State University of New York Press, 1987); Tang Yi-Jie, Li Zaen, and George F. McLean(eds.), *Man and Nature: The Chinese Tradition and the Future*(Lanham, Md.: University Press of America, 1989); Chung-ying Cheng, *New Dimensions of Confucian and Neo-Confucian Philosophy*(Albany: State University of New York Press, 1991); Giancarlo Finazzo, *The Principle of Tien: Essay on Its Theoretical Relevancy in Early Confucian Philosophy*(Taipei: Mei-Ya Publications, 1967); Robert Eno, *The Confucian Creation of Heaven: Philosophy and the Defenses of Ritual Mastery*(Albany: State University of New York Perss, 1990); Tu Li, *Chung-hsi Che-Hsueh ssu-hsiang Chung ti T'ien-Tao Shang-Ti*(Taipei: Linking, 1978). 유교, 불교, 도교, 민간전승, 그리고 일본의 신도 모두 인간과 자연의 상호 관계성을 강조한다.

종교들이 생태계를 파괴하는 인간의 행위를 금지하는 데 효과적이지 못했는가에 대한 지극히 미미한 연구만 있었을 뿐이다.

여성운동과 환경운동의 관계 역시 수수께끼와 같다. 많은 페미니스트들은 오늘날 지구가 당면한 생태 위기의 파생 결과를 여성 억압과 자연 억압 사이의 개념적 관련성에서 찾는다. 1974년 프랑스 페미니스트 프랑수아즈 도본느(Françoise d'Eaubonne)는 여성들이 오늘날 지구가 당면하는 생태 위기를 해결할 방안을 갖고 있다고 간주하면서 '에코페미니즘'(ecofeminism, 생태여성론)이라는 용어를 사용했다.8) 미국에서는 이네스트라 킹(Ynestra King)이 사회생태 연구소에서 강의할 때 이 용어를 사용했다. 에코페미니즘이라는 용어는 이제 생태 문제를 다루는 다양한 페미니스트들의 작업을 의미한다. 에코페미니스트들은 비록 다양한 입장을 갖고 있지만 일반적으로 전통적인 성차별 체계가 오늘날 우리가 당면하는 생태 위기를 불러왔다고 생각한다.9) 하지만 이렇게 공통적인 생각을 하면서도 그들이 속하여 살고 있는 사회의 성차별적 체계가 역사적, 문화적 그리고 삶의 장에 따라 다르기 때문에 결코 통일된 그룹이 되지 못한다. 유럽과 미국의 페미니스트들은 서구에서 오랫동안 인식된 여성과 자연의 관련성을 없애는 데에 주력하였다.10) 그 반면에 전통적으로 자연을 여성과 동일시하지 않은 중국 사회에서 오늘날 생태 위기의 문제들이 여성의 억압과 어떻게 연결되는지는 불분명하다.

---

8) Mary Daly, *Gyn/Ecology: The Metaethics of Radical Feminism*(Boston: Beacon Press, 1978).

9) Karen J. Warren, "Feminism and Ecology: Making Connections", *Environmental Ethics* 9(1987), pp.3~20; "The Power and the Promise of Ecological Feminism", *Environmental Ethics* 12(1990), pp.125~146; Petra Kelly, "Toward a Green Europe and a Green World", in *Into the Twenty-first Century*(Felix Dodds[ed.], London: Green Print, 1984).

10) Sherry Ortner, "Is Female to Male as Nature Is to Culture?" in *Woman, Culture, and Society*(Michelle Rosaldo and Louise Lamphere[eds.], Stanford: Standford University Press, 1974).

이러한 문제들을 다루기 위해서 무엇보다 먼저 우리는 현대 생태 문제의 개념적 근거들을 살펴야 한다. 본인은 이 논문에서 생태계 파괴와 유교의 자연합일 개념의 관계를 조명한다. 본인은 자연과 인간의 상호 관련성을 인지한다는 것이 환경윤리를 옹호할 필요는 없지만, 오히려 사회의 완벽을 추구하기 위해 큰 차원의 자연 환경의 변혁을 허가하는 것이라고 주장한다. 다음으로 본인은 에코페미니스트들의 주요 관점들을 조사하고 그것들이 중국의 문화적 상황에서 생태 파괴와 여성 억압의 관계에 어떻게 적용되는지 조사한다. 남성 문화적 지배 그리고 성 차별화에 대한 에코페미니스트들의 비판은 가부장적 문화에 대한 근본적 성찰을 요구한다.

유교 그리고 생태 문제: 사전 탐사

생태 문제는 인간의 역사 속에서 계속되어 왔다. 두안이푸(段義孚)는 근대 이전 사회의 환경친화적 종교들과 그 종교를 믿는 사람들의 환경 파괴적 그리고 환경 착취적 태도가 보여 준 모순에 대해 지적했다.[11] 하지만 예를 들면 온실 효과, 지구 온난화, 그리고 핵 용해와 같은 오늘날 우리가 당면하는 이슈들은 근대 이전에 인류가 당면했던 환경 이슈들과 전혀 다르다. 그러므로 본인은 우리가 당면한 생태 문제를 해결하기 위한 개념적 뿌리의 연구는 반드시 현대 과학과 기술 발전에 대한 연구에 기초해야 한다는 린

---

11) Yi-Fu Tuan, "Discrepancies between Environmental Attitudes and Behavior: Examples from Europe and China", in *Ecology and Religion in History*(David Spring and Eileen Spring[eds.], New York: Harper and Row, 1974).

화이트의 주장에 동의한다.

서양에서 발생한 것임에도 불구하고 17세기 이후 서구의 제국주의와 문화 패권 때문에 현대 과학은 비서구 사회들에 분산되었다. 과학, 기술, 그리고 자본주의 경제의 국제화가 환경 파괴와 직접적으로 관련이 있는 것으로 보이는데, 오늘날 우리가 당면한 생태 위기의 책임이 전적으로 기독교에 있다고 주장하는 것은 문제가 있다. 더 구체적으로 말하면 서구와 비서구 사회들의 근대성은 근대 이전 사회 구조들로부터 완전히 분리되었다는 것을 의미한다. 네틀(J. P. Nettl)과 로널드 로버트슨(Ronald Robertson)은 비서구사회들의 근대화 과정은 유동적, 주관적 그리고 문화적이라고 주장했다.[12] 대부분의 문화적 설명들은 전략적 계산에 근거한다. 예를 들면 서구의 제국주의에 직면한 중국의 엘리트들은 체용(體用(본체와 작용)론을 전개했다. 체體는 중국 문화의 본질—최고의 가치를 뜻하며, 용用은 단지 서구 문화의 기술적 산물을 뜻한다. 일본 역시 이와 유사하게 '일본 정신'과 '서구 기술'을 연합하였다. 근대화 추구라는 절대명제 앞에 국가 전체를 동원하기 위해서 토착적 정서와 수입된 서구 문화는 상호 작용해 왔다.[13] 다른 말로 하면 문화 전통은 변혁적 근대화 과정을 전폭적으로 지원해야 하기 때문에, 인간 행위는 결코 선행하는 사건과 조건에 대해 기계적인 반응을 보이지 않는다. 근대화는 사실 본래의 자리로 되돌아가는 프로젝트이며, 중국의 문화 상황에서 근대화의 결과로 계속 나타나는 환경 문제들과 소위 근대화가 성공할 수 있도록

---

12) J. P. Nettl and Ronald Robertson, "Industrialization, Development or Modernization", *British Journal of Sociology* 17, no.3(1996); Nettl and Robertson, *International Systems and the Modernization of Societies: The Formation of National Goals and Attitudes*(New York: Basic Books, 1968).

13) Lucian W. Pye, "The New Asian Capitalism: A Political Portrait", in *Search of an East Asian Development Model*(Peter L. Berger and Hsin–Huang Michael Hsiao[eds.], New Brunswick, N.J.: Transaction Books, 1988), pp.81~98.

기여한 특별한 요인들에 대해 더 철저하게 연구해야 함이 중요하다.

앞에서 언급한 바와 같이, 많은 학자들이 유교가 동아시아에서 소위 프로테스탄트 윤리의 기능을 감당했다고 주장했다. 하지만 유교는 결코 유일신적인 종교 전통이 아니다. 또한 동아시아를 유교의 나라들이라고 주장할 수 있는지에 대한 논쟁의 여지가 많다. 비록 동아시아인들의 가치는 분명히 유교 전통에서 유래하지만 그것들 모두가 유교가 중시하는 문제들로 인해 유발되었다고 말할 수 없다.14) 그리고 유교는 결정론적인 문화 체계는 아니지만 중국에서 정통 종교 전통이 행하는 기능을 수행해 왔으며 중국 사람들의 일상에 지대한 영향을 끼쳐 왔다.

길고 복잡하며 진화된 유교 역사의 관점에서 동아시아 국가들이 당면하고 있는 현대 환경 위기를 조명한다는 것은 결코 쉬운 작업이 아니다.15) 『논어』에 기록된 공자의 천天 개념은 유교 윤리의 근본인 천인합일 사상을 이해하는 데 필수적이다.16) 물론 본문 분석을 통해 사회적 암시들을 유추해 내는 것은 결코 쉬운 일이 아니다. 하지만 본인은 『논어』에 기록된 천 개념의 예비적으로 본문을 분석하는 것이 중국의 상황에서 생태 위기를 일으키는 문제의 주요인을 분석하는 데 도움이 된다고 확신한다.

중국어 천天은 창공, 하늘로부터 내재하는 자연 환경까지 광범한 뜻을

---

14) Charlotte Furth(ed.), *The Limits of Change: Essays on Conservative Alternatives in Republican China* (Cambridge: Harvard University Press, 1976).

15) 이 작업을 위해 다음의 책을 참조하라. Tu Wei-ming, Milan Hejtmanek, and Alan Wachman(eds.), *The Confucian World Observed: A Contemporary Discussion of Confucian Humanism in East Asia* (Honolulu: The East-West Center, 1992).

16) Wing-tsit Chan, *Religious Trends in Modern China*(New York: Octagon Books, 1969); Lauren Pfister, "The Different Faces of Contemporary Religious Confucianism: An Account of the Diverse Approaches of Some Major Twentieth Century Chinese Confucian Scholars", *Journal of Chinese Philosophy* 22(1995), pp.5~80.

전달한다.17) 『논어』에서 공자는 천天에 대해 분명하게 정의하지 않았다. 로버트 에노(Robert Eno)는 『논어』 500장 중 오직 17장만이 천天에 대해 언급하고 있다고 말했다.18) 공자의 제자는 "인간의 본성과 천도에 관해 말씀하시는 것은 듣지 못하였다"고 말했다.19) 또한 공자는 괴변, 폭력, 난동, 귀신 등에 대해서는 말씀하지 않았다.20) 하지만 천天 개념을 발전시키지 않은 것이 곧 유교 윤리에서 천 개념의 철학적 중요성을 철저히 무시했다는 것을 의미하지 않는다. 오히려 우리는 공자가 천 개념을 사변적으로 다루는 것을 거부했다고 받아들여야 한다. 공자는 제자들에게 "귀신을 공손히 다루되 멀리하는 것이 지혜롭다"고 가르쳤으며,21) 또한 "사람도 제대로 섬기지 못하면서 어떻게 귀신을 섬길 수 있겠느냐? 삶도 아직 모르면서 어찌 죽음에 대해 알겠느냐?"라고 말했다.22) 결과적으로 사람들은 유교를 사제, 경전, 정기적인 예배 그리고 신앙공동체의 특징을 갖고 있는 종교가 아닌 세속적 휴머니즘으로 간주했다.23)

공자는 전통적으로 천 개념의 내재적이고 자연적 특징에 대해 언급했다. 핵심을 말하면, 공자의 가르침은 인간의 도덕성 수양을 강조한다. 공자

---

17) 天 개념의 애매모호성에 관해서는 다음의 자료들을 참조하라. Pei-Jung Fu, "The Concept of T'ien in Classical Confucianism", *Bulletin of the College of Liberal Arts*(National Taiwan University) 33(1984), pp.5~140; Robert Eno, *The Confucian Creation of Heaven: Philosophy and the Defense of Ritual Mastery*(Albany: State University of New York Press, 1990).

18) Robert Eno, *The Confucian Creation of Heaven*.

19) 『論語』, 5:13; D. C. Lau(trans.)(New York: Penguin Books, 1986). 『論語』 인용은 전통적 텍스트의 장, 절 구분을 따른다.

20) 『論語』, 7:21.

21) 『論語』, 6:22; D. C. Lau(trans.)(New York: Penguin Books, 1986).

22) 『論語』, 11:12.

23) 杜維明, Julia Ching, Wm. Theodore de Bary, John Berthrong, Rodney Taylor 그리고 Mary Evelyn Tucker와 같은 학자들이 이 문제를 진지하게 다루고 있다. 다음의 두 책을 참조하라. Rodney L. Taylor, *The Way of Heaven: An Introduction of the Confucian Religious Life*(Leiden: E. J. Brill, 1986); Tu, Hejtmanek and Wachman(eds.), *The Confucian World Observed*.

의 제자는 공자가 천에 대해 논하기를 피하는 것에 불만을 품으며 공자의 그러한 태도가 제자들이 결국 인간 윤리에 대해 배울 기회를 주지 않는다고 말했다. 그러자 공자는 말했다. "하늘이 무슨 말을 하더냐? 사계절이 바뀌어 가고 만물이 철에 따라 자라고 시들기만 할 뿐 하늘이 무슨 말을 하더냐?"[24] 공자는 여기서 내재하는 자연 질서의 규칙성과 항구성이 인간이 마땅히 지켜야 할 윤리적 규범에 부합한다고 말한다. 그래서 공자는 윤리적 조항들을 설교하지 않고 제자들에게 인간의 도덕적 행위가 어떻게 내재하는 자연 질서를 반영하는지 인식하라고 강조했다.

더욱이 공자는 이상적 정치의 지도력은 내재적 자연 질서의 한 측면이라고 강조했다.[25] 유교는 기독교에서 말하는 창조주 하나님에 상응하는 개념을 갖고 있지 않다. 그 대신에 공자는 예를 들면 하늘의 덕을 반영하는 문명화된 사회 질서를 확립하는 요堯, 순舜, 문文, 무武 그리고 주공과 같은 성현-왕들의 노력을 확증한다. 예를 들면 공자는 이렇게 말했다. "크도다. 요의 임금됨이여! 위대하도다. 오직 하늘만이 그토록 클 수 있나니. 요는 큰 하늘을 따라 본받았도다!"[26] 이는 유교가 강조하는 정치적 지도력이 심오한 윤리종교적 의미를 갖고 있다는 점을 보여 준다.

다른 한편, 공자는 인간의 덕은 천으로부터 유래하며 바로 천이 공자로 하여금 이상적 문화적 전통을 전승하도록 지켜준다고 확신했다. 환퇴桓魋[27] 로부터 위협을 받고 있던 공자는 말했다. "하늘이 내게 선천적으로 덕을 부

---

24) 『論語』, 17:19.
25) H. G. Creel, *Origins of Statecraft*, vol.1(Chicago: University of Chicago Press, 1970).
26) 『論語』, 8:19.
27) 환퇴는 송나라 재상으로 공자가 전쟁 중에 의례를 실천한다는 것을 죄명으로 삼아 죽이려고 했다.

여했거늘 환퇴가 나를 어떻게 하겠는가?"[28] 공자는 광匡 지역에서 위기에
처했을 때 이렇게 말했다. "문왕은 이미 죽었지만 그가 남긴 문화는 나에게
전해져 있지 않느냐? 하늘이 그의 문화를 없애 버리려 했다면 후세 사람들
이 그 문화에 곁들지 못했을 것이다. 하늘이 그 문화를 없애지 않고자 하는
이상 광인匡人들이 나를 어떻게 하겠느냐?"[29] 공자는 천天이 인간의 행위에
결정적으로 영향을 끼친다고 강조했다. 공자는 천天을 운명, 숙명, 천명 혹
은 명령으로 번역되는 명命과 연결시킨다. 그러므로 천명은 개인적으로 왕
의 장수, 사회적 지위 그리고 부유함은 물론 연속되는 왕위의 정통성을 결
정한다고 간주되었다. 예를 들면 공자의 제자 자하는 말했다. "생사는 운명
에 달려 있고, 부귀는 하늘에 달려 있다."[30]

　　유교의 천 개념은 의도적으로 불분명한 것 같다. 천天은 내재적 자연 질
서와 초월적이고 윤리적 원리를 의미한다. 이렇게 불분명한 천 개념은 중국
의 통전적이고 형이상학적 전통을 반영한다. 청중잉(成中英)은, 중국의 형이
상학은 개별적 존재론과 상호 연결되어 있기 때문에 결코 순수한 우주론적
탐구가 아니라고 주장했다. 그는 중국 형이상학을 존재론적 우주론 그리고
우주론적 존재론이라고 명명했다.[31] 탕쥔이(唐君毅)는 진 이전의 철학적 자
료들을 연구하면서 명命이라는 단어는 천인天人의 상호 관계 혹은 상호 연관
성을 표현한다고 주장했다.[32] 다른 말로 하면 천명天命은 도덕적이고 사회

---

28) 『論語』, 7:23.
29) 『論語』, 9:5.
30) 『論語』, 12:5.
31) Chung-ying, Cheng, "Chinese Metaphysics as Non-Metaphysics: Confucian and Taoist Insights into
the Nature of Reality", in *Understanding the Chinese Mind*(Robert E. Allinson[ed.], Hong Kong:
Oxford University Press, 1989), pp.167~208.
32) Tang Chun-i, "The T'ien Ming(Heavenly Ordinance) in Pre-Ch'in China", *Philosophy East and West*
11(1962), pp.195~218.

적 질서를 미리 결정하지 않는다. 대신에 인간은 반드시 자신을 하늘의 덕을 반영하는 이상적 사회 질서를 건설하는 대리인으로 여겨야 한다. 도덕적으로 하늘을 거역하는 것은 윤리적으로 죄를 범하는 것이다. 그러므로 공자는 결코 하늘을 속여서는 안 된다고 가르치면서 말했다. "가신 없는 나를 가신 있는 것으로 꾸몄으니 누구를 속이자는 것이냐? 하늘을 속이자는 것이냐?"[33] 이러한 형이상학적 입장을 물려받은 공자는 하늘을 궁극적 근원 그리고 의미와 가치의 표준으로 여기지 않았다. 또한 공자는, 도덕적 수양은 천명, 위인, 성인들의 말씀을 경외하는 마음으로 간직하는 것이라고 말했다.[34] 유교 윤리에서 천명의 도덕적 권위는 결코 인간의 도덕적 노력을 초월하지 않는다. 무엇보다 먼저 천은 예를 들면 기독교의 십계명과 같은 특정한 윤리적 코드를 제시하지 않는다. 또한 하늘을 예배하는 것이 인간의 비윤리적 행위들을 속죄해 주지 않는다. 예를 들어서 공자는 이렇게 주장했다. "군자가 두려워할 일이 세 가지 있다. 천명, 높은 어른, 성인들의 말씀이다." 이런 맥락에서 공자는 이렇게 경고했다. "우리가 하늘에 죄를 지으면 빌 곳이 없다."[35] 공자는 천天 혹은 명命을 인간보다 더 높은 위치에 있는 혹은 인간사회 밖에 존재하는 즉 속세를 떠난 윤리적 신성이나 인과관계의 원리로 여기지 않았다. 오히려 유교의 천 개념은 인간과 자연의 유기체적 연합을 강조한다. 이러한 양극 체계 속에서 자연은 신의 신성한 창조도 아니며 세속적 대상도 아니다. 결과적으로 초월성과 내재성 사이의 분명한 구별이 없다. 두웨이밍은 이렇게 주장했다. "인간은 현세적이지만 하늘과 연

---

33) 『論語』, 9:11.
34) 『論語』, 16:8.
35) 『論語』, 3:13.

합하기 위해서 인간 자신을 초월하기를 추구한다는 유교의 이해는 분명히 인간 중심적이 아니라 인간-우주 중심적이다."36)

서구 학자들은 종종 초월성과 내재성을 통합하려는 유교인들의 노력을 간과하였다. 예를 들면 헤겔(Hegel)은 "중국인들이 이해하는 천天은 지구 위에 독립적 영역으로 존재하는 세계가 아니다. 오히려 만물이 지구 위에 존재한다"37)고 주장했다. 셸링(F. W. Schelling) 역시 유교는 "종교적 원리를 철저하게 세속화시켰다"고 주장했다.38) 막스 베버(Max Weber)는, 현세 지향적 유교는 합리적으로 이 세상을 지배하는 프로테스탄트의 입장과 정반대라고 주장했다. 이러한 베버의 주장을 따라서 탈콧 파슨스(Talcott Parsons)는 "유교의 현세성이 세계 밖에 존재하는 것을 부정했기 때문에 유교 윤리는 세계를 움직이는 데 실패했다"39)고 주장했다. 베버와 파슨스는 프로테스탄트 윤리의 초월성이 근대화 추구에 지대한 역할을 한 반면에, 유교 전통의 신성화는 불가피하게 중국에서 산업과 과학적 진보에 걸림돌이 되었다고 주장한다.

헤겔, 셸링, 베버 그리고 파슨스는 천인天人 간의 정반대적 관계성을 인식하는 데 실패했을 뿐 아니라 유교 윤리의 핵심이 바로 내면으로부터 세계를 변화시키는 도덕적 노력이라는 점을 인식하는 데도 실패했다. 더 자세하게 말하면 유교 윤리는 '자연' 세계와 '사회적' 세계를 나누지 않는다. 실제로 자연 세계와 사회적 세계 모두 정적이지 않다. 오히려 그것들은 지속적

---

36) Tu Wei-ming, *Centrality and Commonality: An Essay on Confucian Religiousness*(Albany: State University of New York Press, 1989), p.102.

37) G. W. F. Hegel, *Lectures on the Philosophy of Religion*, vol.2: *Determinate Religion*(Peter C. Hodgson[ed.], Berkeley: University of California Press, 1987).

38) F. W. J. Schelling, *Philosophy der Mythologie*, quoted in Heiner Roetz, *Confucian Ethics of the Axial Age*(Albany: State University of New York, 1993), p.19.

39) Talcott Parsons, *The Structure of Social Action: A Study in Social Theory with Special Reference to a Group of Recent European Writers*(New York: Free Press, 1956), pp.548~549.

변화의 과정 속에 있다. 사회적으로 완전성을 추구하는 것 안에서 기술은 결코 유교사회에서 자연적인 것으로 간주되는 것들과 갈등을 갖지 않는다. 실제로 유교인들은 홍수를 일으키는 강물의 방향을 바꾼 성왕의 기술적 업적을 확증하고 극구 칭찬했다.

앨런 그라파드(Allan Grapard) 역시 일본의 자연과 문화 간 유사한 변증에 대해 기술하였다. 앨런에 의하면, 일본의 『고지키』(古事記)와 『니혼쇼키』(日本書紀)에 서술된 창조신화에 나타나는 자연 영역과 문화 영역 사이에는 분명한 차별이 있다. 자연은 여성적 신성의 창조의 아름다움을 나타낸다. 그러나 그것은 동시에 변화, 쇠퇴 그리고 부패작용 영역이다. 자연은 남성적 신성으로 나타나는 문화의 반대 개념으로 정화의 과정으로 대표된다. 정화의 과정은 자연 주위 환경들을 포함하며, 종교적 의식들은 자연과 소통하기 위하여 행해진다. 정화 의식들은 종종 자연에 영향을 주거나 자연을 조정하려는 시도를 포함한다. 게다가 다양한 지리적 장소가 신성한 장소로 지명되기도 한다. 예를 들면 쿠니사키 산(Mount Kunisaki)은 불교의 가장 중요한 경전인 『법화경法華經』(Lotus Sutra)의 자연적 형태로 간주된다. 하지만 여기서 경전이 산이 된 것인지(en-mountained) 산이 글이 된 것인지(textualized)는 불분명하다. 그라파드는 자연과 문화의 변증이라는 관점에서 '일본인들의 자연 사랑'은 어쩌면 일본인들의 문화적 변화의 사랑 그리고 자연 세계의 정화일 수도 있다고 결론 내린다.[40]

더욱이 하늘의 덕을 구체화한 것으로서의 인간 본성의 완전성은 유교 교리의 핵심이 되어 왔다. 두웨이밍은 "유교의 낙관적 태도는, 만일 인간

---

40) Allan G. Grapard, "Nature and Culture in Japan", in *Deep Ecology*(Michael Tobias[ed.], San Diego, Calif.: Avant Books, 1985).

본성이 하늘에 의해 부여된 것이라면 인간 본성의 실현은 곧 하늘이 명한 사명을 수행하는 것과 상응한다는 점에 기인한다"41)고 주장했다. 특별히 인간 본성은 사회적으로 진공상태가 아니라 구체적으로 상호 인간관계 그리고 사회적 정황 속에서 실현되어야 한다. 두웨이밍은 "유교 종교성은 궁극적 자기 변혁 속에서 더 이상 단순화할 수 없는 실재로서 신용 공동체를 강조하는 특징을 갖고 있다"42)고 주장한다. 다른 말로 하면 자기 변혁은 공공의 행위이다. 개인의 자기수양은 결코 미리 결정되지 않은 이상적 사회 질서의 확립에 기여하기 위함이다. 신용 공동체는 사회적 완성을 추구함에 있어서 응집력 있는 정책의 기능을 해야 한다.

앤서니 기든스(Anthony Giddens)는, 근대 국가들은 사회적 경제적 자원의 운용에 중대한 역할을 하기 때문에 근대 국가의 출현은 자본주의, 산업주의, 그리고 군사력으로 뒤얽혀 있다고 주장했다.43) 유교가 이상적으로 지향하는 응집력 있는 정책은 동아시아에서 서구의 제국주의를 직면하여 산업화 추구를 위해 공동의 노력을 공고히 하는 현대 민족국가 설립에 좋았다. 세부적으로 말하면 정치 지도력은 하늘의 윤리적 원리와 대등하다. 유교는 예를 들면 산업화의 프로젝트와 같은 사회 변혁 과정을 이끌어가기 위해 필요한 정치 지도력을 강하게 지원한다.

요약하면 유교의 인간과 자연의 연합 개념은 변증법적 상호작용을 강조한다. 그것은 자연 안에서 인간의 간섭을 금하지 않는다. 또한 인간과 자연의 연합은 산업화, 기술 발전 그리고 경제 성장으로 인도하는 사회적 변혁

---

41) Tu Wei-ming, *Centrality and Commonality*, p.99.
42) Tu Wei-ming, *Centrality and Commonality*, p.96~97.
43) Anthony Giddens, *The Consequences of Modernity*(Stanford: Stanford University Press, 1990).

과정을 강하게 지원할 수 있다. 그러므로 유기체적 세계관은 현대인들이 당면하고 있는 환경 문제들을 해결하는 만병통치약이 아닐 수도 있다.

성과 생태 문제[44]

앞에서 살핀 바와 같이 에코페미니스트들은 현대인들이 당면하는 생태 문제와 성적 억압 사이의 개념적 연결을 분석하는 데 주력한다. 에코페미니스트들은 일반적으로 가부장적 문화의 가치 그리고 여성을 자연과 관련시키는 문제를 중점적으로 다룬다.[45] 비록 중국 여성들의 삶의 경험은 다른 나라 여성들의 경험과 다르지만, 성의 역할론은 문화적 과정(예를 들면 근대화)과 주요한 문화적 체계(예를 들면 유교)의 구성에 자리 잡았다. 오늘날 우리가 당면하고 있는 환경 문제의 뿌리를 이해하기 위해 중국 문화라는 상황 속에서 에코페미니스트들의 담론을 점검해야 한다.

여성과 자연의 유사성은 에코페미니즘의 이론화에 중요한 역할을 하였다. 셰리 B. 오트너(Sherry B. Ortner)는 1974년에 여성과 남성의 차이는 자연과 문화의 근본적 차이와 연결되어 있다고 주장했다.[46] 에코페미니스트 수전 그리핀(Susan Griffin)은 한 걸음 더 나아가서 여성과 자연은 예를 들면 수동성,

---

44) 이 부분의 일부는 전에 다음의 제목으로 출판되었다. Huey-li Li, "A Cross-Cultural Critique of Ecofeminism", in *Ecofeminism: Women, Animals, Nature*(Greta Gaard[ed.], Philadelphia: Temple University Press, 1993).

45) 다음의 자료들은 여성과 자연의 관계를 교차 문화적인 측면에서 서술한다. Ortner, "Is Female to Male as Nature Is to Culture?" and Carol P. MacCormack and Marilyn Strathern(eds.), *Nature, Culture, and Gender*(Cambridge: Cambridge University Press, 1980).

46) Ortner, "Is Female to Male as Nature Is to Culture?"

생명부여, 양육하는 성질 등과 같은 유사성을 갖고 있다고 하면서, 이것은 여성을 남성의 지배를 정당화하는 데 사용된다고 주장했다.[47] 동시에 이네스트라 킹(Ynestra King), 아리엘 K. 살레(Ariel K. Salleh)와 같은 에코페미니스트는 여성과 자연의 친밀한 관계가 인간과 자연의 고립을 치유하고 현대인들이 당면하고 있는 생태 환경 문제들의 일부를 해결하는 데 공헌할 수 있다고 주장했다.[48]

어떤 에코페미니스트들은 단순히 여성과 자연의 유사성 문제를 넘어서서 남성의 정체성을 연구한다. 낸시 초도로(Nancy Chodorow)는 대부분의 인간은 유아기 의존단계에서 어머니와 단일성 체험을 한다고 주장한다.[49] 도로시 디너스타인(Dorothy Dinnerstein)은 자연의 여성화는 인간이 유아기에 어머니와 자연을 구별하지 못하는 것이 그 원인이라고 주장한다.[50] 엘리자베스 도슨 그레이(Elizabeth Dodson Gray)는 초도로와 디너스타인의 주장으로부터 한 걸음 나아가서, 여성을 정복하려는 남성의 욕구와 여성화시킨 자연은 성의 역할론에서 성을 구별하는 결과적 산물이라고 주장한다. 더 자세하게 말하면 남성 유아가 자신이 어머니에 대해 갖고 있는 의존성을 부인하고 거부하게 되는 것과 달리, 여성 유아의 어머니와의 일체감은 자신이 어머니와 같은 여성이라는 정체성을 모형으로 하여 유지 양육된다. 그레이는, 남성이 어머니에 대해 갖고 있는 상반되는 의존성은 결국 남성 자신과 여성 그리고 여성적이

47) Susan Griffin, *Woman and Nature: The Roaring inside Her*(San Francisco: Harper and Row, 1978).
48) Ynestra King, "Toward an Ecological Feminism and a Feminist Ecology", in *Machina Ex Dea: Feminist Perspectives on Technology*(Joan Rothschild[ed.], New York: Pergamon Press, 1983).
49) Nancy Chodorow, "Family Structure and Feminine Personality", in *Woman, Culture, and Society* (Michelle Rosaldo and Louise Lamphere[eds.], Stanford: Stanford University Press, 1974).
50) Dorothy Dinnerstein, *The Mermaid and the Minotaur: Sexual Arrangements and the Human Malaise* (New York: Harper and Row, 1976).

라고 여겨지는 것들과의 관계에 대해 거대한 성심리적인 영향을 가져온다고 주장한다. 남성이 어머니와 여성으로부터 독립을 추구하기 위해 이것은 여성을 복종하고 열등한 존재로 규정하는 가부장적 문화에 필수적이다. 그레이는, 기술 발전이 남성으로 하여금 막강하고 변덕스러운 '자연 본성'(Mother Nature)에 대한 의존으로부터 자신을 진정시켜주며 참을 수 있을 정도의 의존과 늘 복종하며 협박하지 않는 '부인'에게로 옮겨가도록 고무시킨다고 주장한다.[51]

로즈메리 류터(Rosemary Ruether)는 『새로운 여성, 새로운 대지』(New Woman, New Earth)에서 인간의 자연 파괴와 여성 억압은 한 그룹이 다른 그룹을 지배하고 억압하는 계급적 사회 구조에 의해 합법화되었고 영속되었다고 주장한다. 류터에 따르면, 이 계급적 사회 구조는 이원론적 이데올로기 즉 분리, 양극화 그리고 성, 계층 간의 차별 그리고 인간과 비인간의 차별을 강조하는 초월적 이원론에 근원을 두고 있다. 이러한 구조 속에서 남성/상류층/백인들은 여성/하류층/유색인종/자연보다 우월한 존재로 간주된다.

류터는 '어머니로서의 여성' 개념으로 초월적 이원론을 탈신비화 한다. 류터는 비록 모계 중심 사회에 대한 역사적 증거들은 부족하지만 현재 가부장적 사회 이전에 여성-주체적 문화 시대가 있었다고 확신한다. 류터는 여성-주체적 사회 속에서 여성의 인간 생식 능력이 여성들로 하여금 삶과 죽음의 순환적 생태계를 수용하게 하였고, 또한 여성의 인간 생식 능력과 삶과 죽음의 순환적 생태계를 동일시하게 되었다고 주장한다. 이와 대조적으로 남성의 생명 출산 불가능은 그들로 하여금 인간을 창조하고 유한한 신체

---

51) Elizabeth Dodson Gray, *Green Paradise Lost*(Wellesley, Mass.: Roundtable Press, 1981).

적 존재를 초월하는 남성신을 고안하게 하였다. 초월적 이원론에 근거한 가부장적 종교는 인간 실존의 무한성을 추구한다. 과학과 종교 역시 이러한 가부장적 종교를 따라서 자연에 생산 능력의 무한한 확장을 강요하며 "무한한 물질적 진보를 통한 무한한 요구의 실현을 추구한다. 대지의 자원 생산을 위하여 무한정 착취하는 형태로 유한한 자연 속에 구체화되는 무한한 요구는 생태계의 재앙을 초래한다."[52]

캐럴린 머천트(Carolyn Merchant)는 류터의 주장에 동조하면서 "자연을 양육하는 어머니와 동일시한 고대 전통은 여성의 역사를 환경 생태적 변화의 역사와 연결시킨다"고 주장한다. 머천트에 따르면, 자연을 양육하는 어머니와 동일시함은 초기 인간 역사에서 자연 파괴를 방지했다고 한다. 하지만 머천트는, 자연은 또한 과학 혁명 속에서 인간의 통제를 필요로 하는 무질서의 여성과 동일시 될 수 있다고 주장한다. 프랜시스 베이컨(Frances Bacon)과 같은 초기 과학자들은 과학적 목표와 방법을 개발하기 위해서 무질서의 여성의 이미지를 사용했다. 총괄하면 베이컨이 주장한 자연에 대한 통제와 지배는 여성화된 자연 속에서 무질서의 개념과 상호 관련이 있다.[53] 요약하면 머천트의 기계론에 대한 비판은 류터의 초월적 이원론의 탈신비화를 보완한다. 이원론은 기계론적 세계관의 기초를 제공하며 기계론적 세계관은 인간과 자연의 유기체적 관계성을 절단시킨다.

앞에서 언급한 에코페미니스트들은 남성과 여성의 생물학적 차이에 중점을 두고 있지만, 이 본질주의자들은 순화적, 단순적 그리고 환원적 논증

---

52) Rosemary Ruether, *New Woman, New Earth: Sexist Ideologies and Human Liberation*(Boston: Beacon Press, 1995), p.194.

53) Carolyn Merchant, *The Death of Nature: Women, Ecology, and the Scientific Revolution*(San Francisco: Harper and Row, 1980).

에 근거하고 있다.54) 만일 확고하게 정립된 성 역할 체계가 없었다면 남성성의 발전은 결코 남성의 유아시절 어머니에 대한 의존을 배척할 것을 요구하지 않았을 것이다. 비록 어린아이를 돌보는 자로서 여성의 현존이 남자 어린아이에 대한 성인 남성 특히 아버지의 영향을 축소시키지만, '어린아이들에 대한 어머니의 전적인 그리고 배타적인 노출'은 실재라기보다는 신화이다.55) 실제로 남성의 성별정체성은 여성과 마찬가지로 연속적 과정이다. 남성이 돌연 어머니를 배척한다는 이론은 잘못된 착각이라고 생각된다.

더욱이 발 플럼우드(Val Plumwood)는 "재생산적으로 남성성과 여성성에 연결된 특징들은…… (적어도 최근까지) 보편적이었다. 그러나 합리성의 초월적 선험성은 보편적 특징이 아니다"라고 주장했다.56) 또한 자연을 여성화시키고 자연의 가치를 격하시키는 것은 결코 모든 문화에서 나타나는 동일한 현상이 아니다.57) 자세하게 말하면 중국에서 전체로서의 자연은 결코 여성과 동일시되지 않았다. 중국의 전통적 음양우주론은 내재적 자연을 모두 포함하는 음의 원리와 연관되지 않았다. 의심할 여지없이 성性 중립적인 유교의 천 개념은 남성과 동일시되었다. 예를 들면 신유교 사상가 장재는 "하늘이 내 아버지이고 대지는 내 어머니이다"라고 말했다.58) 하지만 아버지로서의 하늘 혹은 어머니로서의 대지가 자연을 상징하는지는 여전히 불분

---

54) Janet Biehl, *Rethinking Ecofeminist Politics*(Boston: South End Press, 1991).

55) Ann G. Dally, *Inventing Motherhood: The Consequences of an Ideal*(London: Burnett Books, 1982).

56) Val Plumwood, "Ecofeminism: An Overview and Discussion of Positions and Arguments", *Australasian Journal of Philosophy*, supplement, 64(1986), pp.120~137.

57) Alison H. Black, "Gender and Cosmology in Chinese Correlative Thinking", in *Gender and Religion: On the Complexity of Symbols*(Caroline Walker Bynum, Stevan Harrell, and Paula Richman[eds.], Boston: Beacon Press, 1986).

58) Chang Tsai, "Chang-tzu cheng-meng chu", Wang(ed.), 9/2a-4b; Wing-tsit Chan(trans.), in *A Source Book in Chinese Philosophy*(Princeton: Princeton University Press, 1963), p.497.(Quoted in Black, "Gender and Cosmology in Chinese Correlative Thinking".)

명하다. 그럼에도 불구하고 여기서 초월적 이원론의 부재가 곧 여성이 억압받았다는 사실을 부인하지는 않는다. 사실 중국의 강한 여성혐오증은 유기체적 세계관과 함께 존재해 왔다. 앞에서 언급한 바와 같이 유기체적 세계관은 자연 환경의 변혁에 동조할 수 있다. 바로 이것이, 초월적 이원론과 기계론적 세계관이 궁극적으로 억압의 다양한 형태들을 야기한다는 류터와 머천트의 주장에 대해 의구심을 갖게 만든다. 요약하면 여성은 결코 생물학적으로 자연과 밀접하도록 결정되지 않았으며, 여성과 자연의 친밀감에 대한 자각은 인간의 마음에 내재하는 특징이 아니다. 다른 말로 하면 인간과 자연의 연관성은 사회적 구성이라는 말이다.

다른 한편으로 캐럴 빅우드(Carol Bigwood)는 "'자연을 단순히 문화적으로 꾸민 이야기'로 간주하여 '문화를 단지 인간의 실재와 만물의 존재 구성에 결정적으로 작용하는 힘'으로 여기지 않도록 주의해야 한다"[59]고 말했다. 빅우드는 "여성을 여성으로 확증함에 있어서 여성의 몸과 여성의 존재 방식 그리고 여성의 성적인 몸과 성과의 연결 역시 확증해야 한다"고 주장한다.[60] 빅우드는 "그러한 연결이 우리로 하여금 역사적으로 발전된 남성성과 여성성 그리고 문화와 자연, 정신과 몸, 공적인 것과 사적인 것들 간에 역사적으로 발전되어 온 소위 이원적 대립들에 관해 신중하게 고려하게 한다"고 주장한다.[61] 여성과 자연의 유사 친근성 개념은 비서구 사회에서 수용되고 발전되어 서구에 수입된 개념이다. 빅우드의 입장에서 보면 자연의 여성화가 갖고 있는 상징적 암시들을 조사하는 것이 중요하다. 예를 들면

---

59) Carol Bigwood, *Earth Muse: Feminism, Nature, and Art*(Philadelphia: Temple University Press, 1993).
60) Carol Bigwood, *Earth Muse: Feminism, Nature, and Art*(Philadelphia: Temple University Press, 1993).
61) Carol Bigwood, *Earth Muse: Feminism, Nature, and Art*(Philadelphia: Temple University Press, 1993).

중국인들은 인간의 자연 착취를 언급하면서 '대지 어머니를 강간함'(the rape of Mother Earth)이라는 은유적인 표현을 일상적으로 사용한다. 이러한 자연을 여성으로 표현하는 것은, 한편으로는 서구의 문화적 패권을 반영하며, 다른 한편으로는 문화적 경계를 초월하여 공통적으로 사용되는 성 역할론을 의미한다.

또한 남성 중심적 사회 속에서 여성의 이미지들로 자연을 서술하였다는 것은 아주 중요하다. 근대화 과정에서 남성은 이러한 비유들을 사용하는 그룹으로, 여성은 이러한 비유들의 도구가 되는 그룹으로 인식되었다. 에바 페더 키테이(Eva Feder Kittay)는 여성들이 남성들의 행위와 프로젝트를 위한 도구로 사용된 반면 남성들이 여성들의 행위와 프로젝트를 위해 사용된 경우는 전혀 없다고 주장한다.62) 거다 러너(Gerda Lerner)는 한 걸음 더 나가서 "인간이 보다 더 광범한 상징체계들을 개념화하기 위해서 질적 도약(qualitative leap)을 할 때, 여성들은 중요한 문화적 진전에 참여함에 절대적으로 불이익을 당한다"고 주장한다.63)

남성은 중국사회의 문화 형성을 독점해 왔다. 최근 여성과 자연의 친근함을 강조하는 것은 분명히 중국사회에서 남성의 지배적 위상을 잘 반영한다. 전에 언급한 바와 같이 유교는 응집력 있는 정책들의 수립에 지대한 공헌을 했다. 가부장적 가정이 이러한 응집력 있는 정책들의 기초가 되며 성 역할론 체계는 그러한 가부장적 체계를 유지함에 있어 없어서는 안 된다. 중국 여성의 종속적인 신분은 『예기』에 잘 나타나 있다. "여성은 남성을 따르고 남성에게 복종한다. 어려서는 아버지와 오빠를 따르고, 결혼해서는 남

---

62) Eva Feder Kittay, "Woman as Metaphor", *Hypatita* 3, no.2(1988), pp.63~86.
63) Gerda Lerner, *The Creation of Patriarchy*(New York: Oxford University Press, 1986).

펀을 따르고, 남편이 죽으면 아들을 따른다." 가부장적 사회 체계는 또한 초월성을 추구하는 데도 나타난다. 오늘날 우리가 당면하고 있는 생태 문제와 유교의 관계를 보다 더 잘 이해하기 위해서 여성의 경험 배제가 어떻게 우주 질서와 사회 질서의 조화에 대한 유교적 이해에 영향을 주는지를 숙고해야 한다. 그러므로 최근 자연의 여성화가 오늘날 우리가 당면하는 생태 파괴의 주요한 원인은 아닐지 모르지만, 전통적 성 역할론 체계의 해체 이론은 분명히 생태학의 착취하는 문화적 관습에 새로운 안목을 제공할 것이다. 다른 말로 하면 오늘날 우리가 당면하는 생태 문제의 개념적 뿌리들을 확인하고 더 나아가서 탈신비화하려는 우리의 노력은 성 형상화의 성공적인 이식이 생물학적 성차별 그리고 남성의 문화적 지배에 공헌할 수 있다는 점을 간과해서는 안 된다.

결론

위에서 우리는 종교와 형이상학적 탐구를 통해 인간과 다른 생명을 갖고 있는 환경들과의 관계에 대해 살펴보았다. 본인은 인간과 자연의 연합이라는 유교의 근본 개념에 대해 숙고할 때 이러한 비인간 중심적 종교적 전통이 생태 파괴적인 행위들을 금지하는 데 공헌을 할 수도 있다고 주장했다. 모든 문화가 여성과 자연의 유사성 혹 근접 개념을 수용하지 않지만, 에코페미니스트들의 다양한 형태 사이에서의 억압에 대한 상호 연결성에 관한 분석은 어떻게 성 이데올로기가 특정 세계관과 문화적 체계의 형성에 영향을 줄 수 있는지를 분명하게 논증하였다.

무엇보다도 먼저 우리는 상호 연결된 환경 문제를 다루기 위해서 인간의 도덕적 성찰이 우선되어야 한다. 우리는 개인적으로 가치 갈등의 문제를 해결할 수 없다. 오히려 공동체적으로 우리 사회의 현존하는 사회 규칙과 새로운 윤리적 규칙을 수립할 수 있는 가능성을 숙고해야 한다.

천지부터 자연까지: 중국인들의 환경 개념과
정책 수행에 미치는 영향

로버트 P. 웰러·피터 K. 볼

이 논문은 중국에서 친생태환경적 정책들을 수립하고 수행하는 데 필요한 배경을 제공한다.[1] 역사적 조사에 근거하여, 우리는 중국이 환경적 사고에 필요한 자료들과 서구에서 발전된 것과 다른 종류의 어려운 장애물들을 제공한다고 결론을 내린다. 중국의 긴 역사 속에서 정치적 권위는 사회와 환경 간의 조화로운 관계 유지를 위한 근본적인 책임을 져 왔다. 그러나 다른 한편으로 인간 유용성을 언제나 먼저 고려하였기 때문에, 이러한 태도는 친생태환경적 정책 실천에 별로 도움이 되지 못했다.[2] 그러므로 환경정책

---

1) 이 논문 연구에 도움을 주신 Andrew Meyer 그리고 Ping-tsu Chu에게 감사드린다. 또한 Kann Rasmussen Foundation으로부터 연구자금을 받을 수 있도록 도와 준 하버드대학교 환경위원회에도 감사드린다. 이 논문은 Michael McElroy(ed.), *Energizing China: Reconciling Environmental Protection and Economic Growth*(Cambridge, Mass.: Harvard University Committee on the Environment, 1998)에 실렸다.
2) 중국은 자연과 사회를 단일체로 간주할 뿐 아니라 인간 중심적인 활동을 지원하는 대표적인 국가이다. 다음의 두 논문을 참조하라. J. Kathirithamby-Wells, "Socio-political Structures and the Southeast Asian Ecosystem: An Historical Perspective up to the Mid-Nineteenth Century", in *Asian Perceptions of Nature*(Ole Bruun and Arne Kalland[eds.], Copenhagen: Nordic Institute of Asian Studies, 1992), pp.18~38; Arne Kalland, "Culture in Japanese Nature", in *Asian Perceptions of Nature*,

을 장려하는 노력들은 환경적 조화를 이루기 위해서 정부와 국민들의 책임, 환경정책이 공공, 지방, 그리고 개별적으로 인간에게 주는 혜택을 강조해야 한다.

아래에서 논의할 세계관들은 세 번의 주요한 역사 시대에 중국의 정치를 지배했다. 첫 번째 역사 시대(기원전 3세기부터 9세기까지)를 지배한 세계관은 오늘날 중국에 널리 퍼져 있는 다양한 실천들 속에 유기체적 사고의 용어를 제공하는 우주공명이론이다. 두 번째 시대를 지배한 세계관은 신유교(11세기부터 12세기까지)로, 근본적으로 유기체적 사고로부터 이탈하지 않았다. 인문학 분야의 학자들과 일부 정치적 분야의 주석자들은 오늘날에도 여전히 신유교가 타당성을 갖고 있다고 간주한다.3) 신유교의 자연 철학적 기초는 오늘날에도 타당하다. 세 번째, 20세기 서구의 자연과 과학에 대한 이해를 다룬다. 특히 중국에 도입된 서구 과학이 중국에서 환경보호 정책 수립에 도움이 되지 못했다는 점을 지적하면서 전통적 태도와 실천으로 되돌아가야 한다고 주장한다. 우리가 다음에서 논의하는 다양한 방안들은 정책적으로 성공하기 위해서 지속되고 소생되어야 한다.

---

pp.218~233.

3) 다음의 논문들을 참조하라. Tu Wei-ming, "The Continuity of Being: Chinese Visions of Nature", in *On Nature*(Leroy S. Rouner[ed.], Notre Dame, Ind.: University of Notre Dame Press, 1984), pp.113~129; Huang Chun-chich and Wu Kang-ming, "Taiwan and the Confucian Aspiration: Toward the Twenty-First Century", in *Cultural Change in Postwar Taiwan*(Stevan Harrell and Huang Chün-chieh[eds.], Boulder: Westview, 1994), pp.69~87.

우주공명이론

자극과 반응(感應, 문자로는 stimulus-response을 의미하는데, 본인은 이를 우주공명이라고 표현함) 개념은 중국 우주론과 자연 철학의 오래되고 독특한 요소이다. 우주공명이론의 핵심은 동시적, 비직선적 인과관계 이론이다. 이 이론은 다른 지점에서 동시에 발생하는 사건들은 상호에게 지대한 영향을 끼칠 수 있다고 주장한다. 예를 들면 동시에 벌어지고 있는 다음의 두 가지 경기, 즉 집에서 하는 체스 게임과 길에서 하는 소프트볼 게임은 비록 양 경기에 몰두하고 있는 선수들이 다른 경기에 대해서 아무런 지식도 갖고 있지 않을지라도 서로의 결과에 영향을 준다고 가정할 수 있다. 만일 체스 선수들이 방음 장치가 된 방, 창문이 없는 방에서 경기를 한다거나 혹은 소프트볼 경기를 다른 지역, 나라, 대륙에서 한다 해도 아무 상관이 없다. 왜냐하면 그러한 우발성은 우주공명에 아무런 영향을 주지 못하지 때문이다. 비록 그것들이 비가시적으로 일어나더라도 문화에 속한 사람에게 이러한 효과가 가진 신비감은 전혀 아무것도 아니다. 우주공명이론은 그러한 효과를 우주의 근본적 작동원리에 근거해서 설명한다.

우주공명의 기본 원리

우주공명원리는 중국에서 기원전 3세기에 처음으로 시작되었다. 그 대표적인 예는 진秦나라(기원전 221년에 중국을 통일한 왕국)의 재상에 의해 집대성되어 기원전 240년에 출판된 백과사전 『여씨춘추呂氏春秋』이다. 『여씨춘추』가 출판된 1세기 후에 이와 밀접하게 연결된 『회남자淮南子』가 출판되었으며 이 책은 최근에 영문으로 번역되었다. 『회남자』는 유안劉安(B.C.E179~122)이 위탁하여 만든 또 다른 백과사전으로 한漢나라 무제武帝(재위 B.C.E141~87)에게 증정되었다. 이 두 백과사전이 출판된 시기에 우주공명개념은 한나라의 사상적 특징으로 자리 잡게 되었다. 『회남자』가 쓰인 시대에 우주공명이론은 그 당시 대부분의 학자들에게 받아들여졌으며 철학 정치적 분야 저작들의 중심 주제가 되었다. 왕충王充(27~97)은 우주공명이론에 최초로 이의를 제기하였으며, 사람들은 왕충 사후 1세기가 지나서야 인정했다. 우리는 다음에서 『여씨춘추』와 『회남자』를 살펴볼 것인데, 이 책들은 각기 우주공명이론 개념을 언급하고 있으며 그 이론에 대해 아주 상세하게 진술한다.

우주공명이론은 『여씨춘추』 제9장에 간단하게 서술되었다.

> 자석은 철을 부르거나 끌어당긴다. 서로 가깝게 심어진 나무는 쓰러지거나 밀어낸다. 성인이 남쪽을 향해 서서 사람을 사랑하고 혜택을 주는 마음을 가지면, 그의 호령 전에 천하가 간절히 기다린다. 왜냐하면 성인이 정기(精, 생기 넘치는 실재, Vital Essence)로 백성에 통하였기 때문이다. 만일 범인이 어떤 사람을 해하려 한다면 그 사람 역시 이런 식이다. 만일 공격자가 그 무기를 갈고, 화려한 옷을 입고, 좋은 음식을 먹으면서 공격할 그 날만을 기다린다면 그로부터 공격받을 사람은 마음이 편치 못할 것이다. 누가 그들에게 말한 것이 아니다. 영(神)이 미리 그들에게 전해준 것이다. 만일 한 사람은 진秦나라에 있고 그가 사랑하는 사람은 제齊나라에서 살다가 죽어간다면, 그 사람의 마음은 동요하게 되고 그 경우에 정기(精)가 오고 간다.[4]

위 인용문은 우주공명이론의 기본 이론에 관해 서술한다. 위에 서술된

---

4) 『呂氏春秋』 9/9a, 『呂氏春秋』 *Ssu-pu ts'ung-k'an* edition판을 인용하고 있다.

예들은 본인이 앞에서 말한 체스-소프트볼 게임과 동등하다. 아무런 직선적 인과관계 없이 다른 공간 속에서 벌이지는 사건들과 사물들은 서로에게 비가시적이고, 동시적인 영향을 준다. 본인은 앞에서 직선적 인과관계의 원리들과 모순되지 않는 처음 두 가지 예를 과학적으로 설명했다.(철의 자석성 그리고 식물이 태양을 향해 자람) 우리는 과학이 부재했던 때에 우주공명이론이 발전하였다는 점을 높게 평가해야 한다. 이 두 가지 과정들을 자연 속에서 손쉽게 식별할 수 있다는 사실은 이 이론을 주장하는 사상가들이 이해한 대로 우주공명이론의 측면을 보여 준다. 그것은 마술적이거나 초자연적인 힘이 아니라 우주의 자연적인 움직임의 현세적 양상으로 이해되었다.

우주공명의 기본 역학은 위의 인용문 결론에 잘 나타나 있다. 우리가 ESP라고 부르는 예는 "누가 그들에게 말한 것이 아니라 영(神)이 미리 그들에게 전해준 것이다", "정기(精)가 오고 간다"는 문장이다. 이 결론은 불분명한 것처럼 보인다. 『여씨춘추』의 저자가 "누가 그들에게 말한 것이 아니라 영(神)이 전한 것이다"라고 기술하면서 이 둘을 대조시키는 의도는 무엇인가? 비록 불분명한 것처럼 보이지만 이 문장들은 우주공명이론을 이해하는 데 핵심이 된다.

위에서 두 번 언급된 '정기'는 중국어 정精을 번역한 것이다. 정기(精)는 우주 안의 모든 현상을 구성하는 최고로 정제된 형태의 기氣(이 단어는 호흡이나 공기를 의미한다)이다. 기氣는 거칠거나 세련된 다양한 형태로 세상 만물을 구성하고 공간을 채운다. 만물은 바위나 통나무처럼 현저하게 만져서 알 수 있는 것들로 시작해서 빛과 열의 경우와 같이 보다 정제된 현상들까지 어떤 형태 안에서 기氣로 간주된다. 기는 인간의 몸, 피 그리고 뼈를 연합한다. 기는 정기(精)로서 우리 몸을 채우고 생기를 불어넣는 생동적 에너지이다.

(그러므로 인간을 시체와 생명 없는 물체들로부터 분리시킨다.)5)

'정기'(精)라는 용어는 위 인용문에서 기술한 다른 용어, 영(神)과 밀접하게 연결되어 있다. 영어로 'Spirit'이라는 단어는 오랜 역사와 광범한 의미를 갖고 있는 중국어 신(神)의 번역이다. 어떤 문맥에서 신(神)은 영, 신, 귀신을 의미하고, 또 어떤 문맥에서는 인간의 마음과 심리와 연관하여 인간의 몸 안에 존재하는 실재로 인간의 의식을 책임지는 것으로 기술된다. 고대 중국인들은 이 존재 역시 최고로 정제된 형태의 기, '정기'(精)로 이루어진 것으로 간주했다. 우리는 우주공명이론을 이해하기 위해서 생기 넘치는 실재와 의식 간의 상관관계를 이해해야 한다.

인간의 생각, 감정 그리고 감각, 지각은 영을 구성하는 생생한 존재의 움직임으로 간주된다. 무한하게 민감한 반응이나 감응 그리고 인간 사고와 감정의 동시적 활성은 생생한 존재의 고유한 속성으로 간주된다. 의식과 마찬가지로 우주적 공명은 기의 역동적 속성으로부터 생겨나는 현상이다.

사물들 사이에서 교차적으로 발생하는 공명은 인간 마음속에서 발생하는 것과 유사한 기(氣)의 움직임이다. "정기(精)가 오고 간다." 온 공간을 채우는 기 또는 정기(精)가 사물들 사이에 공명진동을 전도한다. 이 공명진동이라는 이미지의 적합성은 우주공명 이론가들의 실험 증명으로 예증되었다. "류트 조율사가 한 악기의 궁(宮)을 칠 때 다른 악기의 궁(宮)이 반응하고, 각(角)을 칠 때 다른 악기의 각(角)이 진동한다."6) 이러한 음악공명은 우주공명의

---

5) 정기(精)는 인간에게 국한되지 않는다. 인간의 생기 그리고 의식은 정기의 두 가지 중요한 결과일 뿐이다. 기의 가장 핵심적 형태인 정기는 우주에 가득 차고 사물들 안에서 연합되며 기이한 특징들을 산출한다. 식물과 나무의 성장, 비취의 광채 그리고 동물들의 생기 모두 이 정기에 기인한다. 『呂氏春秋』 3/4a를 참조하라.

6) Charles Le Blanc, *Huai-nan Tzu: Philosophical Synthesis in Early Han Thought*(Hong Kong: Hong Kong University Press, 1985), p.138.

원형으로 인용되고, 공명 속에서 진동하며 서로 조율하는 이 두 류트 줄의 이미지는 모든 형태의 우주공명이론의 중심이다. 두 줄 사이의 상호 작용 속도는 우주공명에 대한 고대 이론가들의 가정을 확증한다. 그것의 매개물이 생생한 실재 즉 인간의 영과 사고를 구성하는 기氣이기 때문에 우주공명은 사고하는 속도로 발생한다고 가정되었다. (다른 말로 하면 아무 시간도 요구하지 않는다.)

영이라는 단어는 이러한 우주공명의 양상을 기술하기 위해 형용사로 사용되었다. '영과 같은 것'(Spirit-like), 그것은 시간 속에서 그 어떤 공간을 관통할 수 있다. 어쩌면 이것이 이전에 언급된 바와 같이 누군가에 의해서 말해진 것과 영에 의해 전해진 것 사이의 대조를 설명하는지도 모른다. 『여씨춘추』의 저자는, 영이 전해준 것이 바로 우주공명이라고 말한다. 기氣의 정수로 구성된 영은 다른 사물들 혹은 사람들로부터 생겨난 진동을 받고 그 진동에 응답하며 정기(精)에 의해 운반된다. 이 모델 안에서 인간의 마음(영에 의해 나타난)은 물질적 세계를 초월하는 어떤 것이 아니라 우주의 다른 모든 것들과 똑같이 '영혼-물리적 재료'로 구성되었다고 간주된다. 그러므로 인간 의식은 동일한 우주공명 과정 속에 함축되어 있고 그것에 민감하다. 이는 도둑과 그 도둑이 노리는 사람 그리고 성현과 그 신하들 사이의 무언의 대화 소통에 의해 예증된다.

음양 그리고 오행 우주론: 춤으로 다스림

우리는 기원전 2~3세기에 초기 지지자들에 의해 구성된 우주공명이론의 가장 중요한 핵심에 대해 언급했다. 이 이론을 실제적으로 적용하기 위해서 초기 중국 철학자들은 우주공명의 힘이 작동할 수 있는 거대한 체계를 구상하였다. 『회남자』는 이 거대한 체계의 첫 번째 구성요소를 이렇게 묘사한다.

> 동일한 범주에 속하는 사물들의 상호 반응은 아주 신비롭고 미묘하다. 지식으로는 이것을 설명할 수 없으며 논의로도 명백하게 밝힐 수 없다. 그러므로 동풍이 일어날 때 맑은 술이 넘치며, 누에가 생사를 만들 때 상商 음조 소리가 나고, 무엇인가 그것들을 동요하게 한다. (달의) 그림이 잿더미를 따르면 달무리는 (그 그림에 따라) 이지러지고, 고래가 죽을 때 혜성이 나타나며, 무엇인가 그것들을 움직이게 한다.
>
> 그러므로 성현이 백성들을 다스릴 때 도를 소중히 하나 말하지 않으니, 그의 친절이 만백성에게 이른다. 그러나 왕과 신하들이 서로 불신하면 하늘에 (태양 양편에) 오목하고 볼록한 달무리가 나타난다. 이것들은 경이로운 기氣가 상호 영향을 준다는 증거들이다. 그러므로 산운山雲은 대초원의 잔디와 같다. 수운水雲은 생선 비늘과 같다. 한운旱雲은 타오르는 불꽃과 같다. 잠운漸雲은 큰 물결과 같다. 각 사물은 다른 사물들의 형상과 범주에 같이 참여하는 만큼 또한 그렇게 영향받는다.[7]

위 인용문의 저자가 의도적으로 풍자적 화법을 사용하는지는 분별하기 어렵다. 저자는 우주공명이 지식이나 언어의 영역을 초월한다는 언명으로 글을 시작해서 일반적 원리를 수립하는 것으로 나아간다. 이 원리는 여러 가지 예를 기술한 후 글 마지막 부분에 기록된다. "각 사물은 다른 사물들의

---

7) Charles Le Blanc, *Huai-nan Tzu: Philosophical Synthesis in Early Han Thought*(Hong Kong: Hong Kong University Press, 1985), pp.116~119. 우주공명 안에서 중요한 해답을 찾아내어야 지배자가 성공할 수 있다는 것이 『淮南子』의 요점이다. 董仲舒(B.C.E.179~104)와 같은 우주공명 이론가들은 더 복잡하고 다양한 인과관계에 중점을 두었다.

형상과 범주에 같이 참여하는 만큼 또한 그렇게 영향 받는다." 우주공명은 임의적이지 않고 규칙에 따른다. 그것은 사물들 사이에 존재하는 확실하고 독특한 관계에 조화되어 발생하며 거기에는 이 관계가 관찰되고 확인될 수 있는 기준(형상 그리고 범주)이 있다.

우리는 이미 위 인용문을 통해서 일반적인 원리가 우주공명의 예중들 속에서 가장 일반적 의미로 작용한다는 점을 알게 되었다. 우주공명 이론가들은 바로 인간관계가 사물 사이의 관련성들을 가장 분명하게 나타낸다고 주장한다. 바로 이러한 이유로 인해서 멀리 떨어져 있는 사랑하는 사람의 죽음이 우주공명을 일으키며, 또한 유덕한 왕의 그 신하들에 대한 관심이 공명을 일으키는 것이다. 달의 그림이 잿더미에서 발견되고 하늘에 떠 있는 달 이미지의 경우처럼, 형상(Shapes)은 공명을 일으키는 또 다른 형태의 관련성이다. '범주'(Category)는 더 조직적으로 사물 사이의 교감적 연결을 결정한다. 실제로 『여씨춘추』와 『회남자』는 그러한 범주들의 체계 즉 음양, 기의 오행에 대해 기술한다.

음과 양 개념은 이미 영어권 독자들에게 친숙해졌다. 일반적으로 음과 양은 우주에 널리 퍼져 있는 그리고 세계에 무수한 양극적 대립을 산출하는 두 가지 대립적이고 보완적인 힘이다. 예를 들면 유연함과 딱딱함, 어둠과 밝음, 남성과 여성 등등이다. 우주공명의 기술적 용어로 말하면, 음과 양은 기의 두 가지 상태(양극성), 즉 하나는 수동적이고 순종적이며 다른 하나는 능동적이고 역동적이다. 기(氣)는 이 양극성 사이의 역동적 흐름 속에 변함없이 존재하는 것으로 간주된다. 기의 몸체는 음과 양의 일부 상태 속에 존재한다. 순수하게 음이나 양으로 존재하는 경우는 거의 없다.

기는 음양의 개념 차원을 넘어서 오행으로 분류될 수 있다. 오행은 화,

수, 토, 금, 목이다. 이 오행은 음과 양 두 극 사이의 변이와 유사한 역동적 순환 과정 속에 갇힌 것으로 간주되었다. 이것이 오행의 연속 순환 과정이며 그 안에서 각 주요한 단계들이 이전 단계들의 파괴와 부패로부터 나타난다. 화는 목을, 수는 화를, 토는 금을, 목은 금을 잇는다. 우주의 모든 현상은 음양과 오행을 합친 일곱 개의 근본 범주로 분류될 수 있다. 동일한 범주를 공유하는 두 사물은 우주공명의 영역 안에서 교감적으로 연결된 것으로 간주된다.

이 다양한 범주들이 상호 연결된 대표적 현상이 바로 시간이다. 시간의 어떤 부분은 기의 음양 혹은 오행에 상응하는 부분으로 분석될 수 있다. 가장 좋은 예는 달력이다. 한 해는 음양과 관련하여 동지, 하지 그리고 춘분, 추분에 의해 명백해지는 단편들로 나누어진다.

동지는 양이 동토에서 다시 생겨날 때 음이 최고점에 이르는 시점이다. 이 시점으로부터 음은 쇠퇴하고 양은 증가한다. 춘분에 이르러 음과 양은 완전한 균형을 갖춘다. 이 과정은 양이 최고점에 이르고 음이 최저점에 이르는 하지까지 계속된다. 그 시점 이후로 양은 쇠퇴하고 음은 증가하여 이 순환 과정이 다시 시작하는 동지까지 계속된다.

여기서 연달아 일어나는 모든 범주와 규칙이 따르는 가장 중요한 범주인 목木의 힘(기의 주요한 단계인)에 대해 살펴보자. 예를 들면 구조는 오구五球 또는 다섯 체계로 분류되는데, 기의 오행과 관련되는 특징적 인체 기관이 중심이 된다. 비장은 목과 상호 연결된 구球의 중점적 기관이다. 그러므로 첫째 달의 비장은 희생제물로부터 제공되는 첫째 기관이다. 이런 식으로 청록색이 나무와 관련된 오색의 첫째 색이기 때문에 황제는 청록색 의복을 입고 청록색 집기들을 사용한다.

이러한 상관관계와 범주화의 작동원리가 우주공명이론이다. 사물들 사이의 공명하는 관련성의 규칙들을 따름으로써 지배자는 능동적 공명진동을 우주로 방출하여 자신의 왕국 안에 조화를 가져온다. 『회남자』는 매달 지켜야 하는 규칙과 조례를 언급하는 마지막 부분에서 규칙을 지키지 않을 때 발생하는 현상들에 대해 경고한다.

만일 봄의 첫 번째 달에 여름의 조례들이 시행된다면 계절에 맞지 않는 비바람이 내릴 것이며, 식물들과 나무들이 일찍 시들어 버리고 나라는 근심에 빠지게 된다. 만일 가을의 조례들이 시행된다면 백성들은 전염병으로 죽어갈 것이고, 잡초가 무성하게 늘어나는 현상이 함께 나타날 것이다. 만일 겨울의 조례들이 시행된다면 홍수가 범람할 것이며, 장마와 우박이 내릴 것이다. 첫 번째 뿌린 씨들이 자라지 못한다.[8]

위에서 언급한 부정적 결과들은 규칙들을 지킴으로 인해 저절로 생기는 긍정적 혜택들과 함께하는 우주공명의 결과이다. 우주 안에서 만물, 사람 그리고 사건들은 공명적 관련성이라는 망에 의해 상호 연결되어 있다. 모든 행위는 지금 여기에서 우리 눈에 보이는 일련의 효력들을 초월하는 결과를 초래한다. 그 어느 것도 고립된 상태로 존재하지 않는다. 존재하는 모든 것은 주위에서 그것을 포용하는 상황들과 변함없이 공명적 영향을 교환한다.

---

8) John Major, *Heaven and Earth in Early Han Thought: Chapters Three, Four and Five of the Huainanzi* (Albany: State University of New York Press, 1993), p.225.

신유교

　신유교는 11~12세기에 중국 지식 계급들의 도덕적 재무장을 위한 이데올로기로 공식화되었다. 신유교는 13~14세기의 왕조들에 의해 공식적으로 정확한 지식의 표준으로 인정되었으며, 20세기 초까지 과거 시험의 핵심적 내용이 되었다. 여기서 신유교의 세계관 즉 신유교의 개인적이고 정치적 도덕성의 기초가 되는 '천天 그리고 지地'(Heaven-and-Earth)에 대해 고려해 보자. 신유교는 '천 그리고 지'를 통합되고 통일성 있는 유기체로 보는데, 이는 우주공명이론에 의해 수립된 것과 일치한다. 동시에 우리는 자연 세계가 인간이 사회생활 속에서 확립하기 위해 노력해야 하는 통합과 통일을 위한 비유로 간주된다는 점을 분명히 인식해야 한다. 일반적으로 학자들로 하여금 자연 질서의 통일성에 대해 연구하거나 자연 세계를 생물학적으로 간주하도록 인도하지 않았다.

　정이程頤(1033~1107)와 주희朱熹(1130~1200)의 가르침과 그들의 견해를 성문화한 저작에서 발전된 바와 같이, 모든 현상은 두 가지 양상으로 구성된다. 첫 번째는 인간 감정과 호흡으로부터 나무와 바위를 포함한 만물을 구성하는 물질과 에너지인 기氣이다. 두 번째는 리理로, 인간 도덕성의 근거와 본질이 된다.

　리理는 원리 혹은 양식(패턴)이라고 번역되는데, 이는 항상 기와 함께 존재한다. 여기서는 이것을 분석하기 위해 개별적으로 다룰 뿐이다. 어떤 사물의 리는 그 사물의 기에 구조를 부여하며 기의 진화를 지시하고 특정 상황 속에서 기의 기능을 규정한다. 그 예로 상수리나무를 생각보자. 첫째, 상수리나무는 상호 연결된 부분들의 전체로, 즉 뿌리에서부터 가지에 이르는 구조를 갖고 있다. 둘째, 상수리나무는 일 년의 순환 그리고 생의 순환을 통해 변화의 과정을 겪는다. 셋째, 상수리나무는 상황에 따라 다른 기능을 갖는다. 예를 들면 인간이 처한 상황 속에서 어떤 목적을 위해 사용되는 기능 혹은 자연 세계라는 상황 속에서 생태계의 일부분으로서의 기능을 갖는다. 그러므로 상수리나무의 리는 '왜 상수리나무의 기가 이러한 구조를 가질 수 있는지, 왜 변화의 순환과정을 가질 수 있는지, 그리고 왜 이 기능들을 하는지'라는 것이다. 상수리는 상수리나무의 일부분이지만 상수리 안에 전체 상수리나무의 리를 포함하고 있다.

신유학자들은 상수리나무에 관심이 없는 모습을 드러낸다. 그들은 사회적 그리고 정치적 주인공인 인간, 그리고 왜 인간이 사회생활 속에서 역동적, 통합적 체계의 유기체적 모델을 실현하는 데 실패하는지에 관심을 갖고 있었다. 그들은 인간들 속에 존재하며 인간의 현재 행동을 지도해 주는 리理에 관심을 갖고 있었다.[9] 그러므로 신유학자들은 ① 자연 세계의 임의적, 통합적 체계를 도덕 세계의 기초로 간주하였으며, ② 인간을 자연세계의 일부로 간주하였고, ③ 개인들은 생물학적으로 개념, 사고 그리고 행동을 구성하는 원리들을 부여받았다고 생각하였다.

그럼에도 불구하고 신유학자들은 환경의 생태 상태에는 별 관심을 갖지 않았다. 후기 신유학자들은 리를 사물 속에 내재하는 것이라기보다 사물이 어떤 방식으로 존재해야 하는지를 표현하는 개념 즉 '명제적 언어'로 간주하였지만, 사물을 구성하는 것은 기氣라고 주장했다. 그러나 오늘날까지 신유학자들은 인간을 '하늘과 땅'의 일부 그리고 우주의 '공동 창조자'(co-creator)로

---

[9] 신유교는 인간 본성을 타고 난 理로 해석하고 인간들이 이 본성을 함께 공유한다고 정의했다.

간주하며, 또한 '하늘과 땅'과 함께 행동해야 할 동등한 책임을 갖고 있는 존재로 여긴다. 주로 중국 안에서 그리고 밖에서 활동하는 학문 지식층인 현대 신유학자들은 그들의 전통에서 생태론적 관심의 주제들을 쉽게 발견하며, 신유교가 환경주의를 포함할 수 있다고 주장한다. 이러한 현대 신유학자들의 입장은 유교가 국가 경제 발전에 핵심적 요인이 되었다고 선언한 싱가포르의 주장에 특별한 영향을 받은 중국 정부의 지원을 받았다.

20세기 과학과 민주주의

음양과 오행 이론은 17세기 명나라 말기에 이르러 이미 퇴조하기 시작했다. 이는 왕양명(1472~1529)을 추종하는 급진주의 학자들에 의한 소위 신유교 정통 비판 그리고 유교 초기 문헌들의 진정성에 대해 의구심을 갖는 새로운 역사적 학문으로부터 비롯되었다. 하지만 이것은 예수회 천문학자들이 달력을 개정하고 천체의 사건들을 예견하며 황실의 천문부를 장악하는 것에서 상징적으로 가장 잘 나타난다. 달력을 장악한다는 것은 제국의 힘과 권위의 중심적 상징이었고, 그것의 신비함을 지배하는 것은 인간과 자연의 힘을 조화시키는 황제의 핵심적 역할이었다. 실제로 중국어 천天은 항상 정치적으로 함축적 의미를 갖고 있는 하늘의 추상적 힘 그리고 별과 행성의 구체적인 움직임이라는 두 가지 의미를 갖고 있다. 예수회는 인격화된 창조주 개념을 주입시키고 또한 그들의 천문학 지식들을 행사함으로 유기체적으로 세계를 이해하는 중심을 약화시켰다.[10] 그들의 견해는 자연 세계가 선행하

---

10) 天은 서구의 자연 개념을 고전적 중국어로 그럴듯하게 번역한 것이다. 그 당시 중국인들은

는 원인의 자극을 받지 않고도 자연히 내부에서 일어난다고 이해하는 중국인들의 생각과 중대한 마찰을 일으켰다.

이렇게 음양, 오행에 기초한 우주론이 중국에서 퇴조했음에도 불구하고 유기체적 세계관은 19세기 서구 과학이 막강한 영향력을 행사하기 이전까지는 중국에 널리 퍼져 있었다. 서구 사상의 자연과 인간 이해는 중국의 이해와 철저히 다르다. 서구인들은 계몽주의 이후로 자연과 문화를 이분법적으로 이해하기 시작했다.[11] 그들은 자연을 궁극적으로 인간의 진보를 위해 지배받고 파악되는 문자 그대로 그리고 비유적인 분석의 대상으로 환원시켰다. 중국의 유기체적 세계관과 유사한 초기의 견해들(예를 들면 중세의 존재의 대사슬 또는 점성술)은 과학으로부터 축출되었다.

우리는 자연/문화에 필적하는 개념을 중국인의 하늘(天)과 인간성(仁) 사이의 구별에서 찾을 수 있다. 그러나 이 개념들은 중국 역사 속에서 결코 이분법적으로 분리되지 않았다. 오히려 상호 유기체적으로 연결되어 있으며 상호 대립하지 않는다. 천 개념은 신과 같은 자연적인 힘만큼 초월적 힘을 포함하는 자연보다 훨씬 더 광범한 개념이다. 위에서 언급한 우주공명이 암시하는 바와 같이 인간성 개념 역시 서구의 개념과 철저히 다르다. 1911년 중국 왕조의 멸망과 근대 정부 조직 형성은 우주공명을 유지시키는 황제와 그의 역할을 제거함으로써 천/자연을 인간 세계로부터 더욱 단절시켜 버렸다. 천에 대한 연구는 단순히 하늘에 대한 연구로 전락하였다.

천문학에 대한 예수회의 합리적 이해와 그들이 주장하는 인격적 하나님 사이에서 명백한 모순을 발견했다.

11) Maurice Bloch and Jean H. Bloch, "Women and the Dialectics of Nature in Eighteenth-Century French Thought", in *Nature, Culture, and Gender*(Carol P. MacCormack and Marilyn Strathern[eds.], Cambridge: Cambridge University Press, 1980), pp.25~41; Carolyn Merchant, *The Death of Nature: Women, Ecology, and the Scientific Revolution*(San Francisco: Harper and Row, 1980).

자연에 대한 새로운 이해

자연을 현대 중국어로는 自然(물론 가끔 大自然이나 自然界)이라고 한다. 이 단어는 중국 철학사에서 아주 오랜 역사를 갖고 있는데, 결코 근대적 의미의 자연 세계(문화 세계의 반대 개념)라는 뜻으로 사용되지 않았다. 그 대신에 이 용어는 사물들이 어떻게 하늘과 땅의 유기체적 영역 안에서 작용하는가를 설명하는 존재와 자발성이라는 의미로 사용되었다. 특히 도가들은 기의 자연적 흐름을 따르기를 갈망하는 것으로 잘 표현되는 자연이라는 단어에 아무런 사회적 구조를 부과하지 않으면서 이 단어를 즐겨 사용하였다. 도가들은 이 자연이라는 개념으로 유가들이 높이 평가하는 의례, 예절, 그리고 다른 질서 개념들에 반대하였다. 자연이라는 단어는 결코 인간의 착취 대상이라는 의미로 사용되지 않았다.

다른 서구 기술적 용어와 마찬가지로 과학적 의미로서의 자연은 일본을 통해 중국으로 수입되었다. 초기 일본 철학은 자연을 다음의 두 가지로 정의했다. ① 문명, 문화, 기술의 반대 개념, ② '영'과 '역사'에 반대되는 현실적 존재의 전부.[12] 이 정의는 1926년에 출판된 서구 철학에 관한 중국어 사전에 기술된 이후 오늘날까지 널리 사용되고 있다. 이러한 자연에 대한 새로운 이해는 특히 1919년 5.4운동 이후로 중국을 휩쓴 서구 과학과 민주주의에 대한 지식인들의 열정에 의해 구체화되었다. 소수 지식인들만이 과거의 자연에 대한 이해를 고집한 반면에, 서구에 식민화된 된 중국사상 속에서 자연에 대한 새로운 이해는 공산주의자 혹은 민족주의자들에 의해 아무런 반대를 받지 않았다. 다음에 이어지는 부분에서는 대만과 중국의 문헌들을

---

12) Dai Nihon Hyakka Jisho Benshōshu(ed.), *Tetsugaku Daijisho*(Dictionary of philosophy), 5th ed.(Tokyo: Dobunkan, 1924).

소개하고 있다. 일반적으로 엘리트 계층의 과학과 자연에 대한 태도는 근대
주의자들의 태도와 유사하다.

정부간행물

학교 교과서에는 자연에 대한 정부의 견해가 분명하게 기술되어 있다.
예를 들면 대만의 초등학교 1학년 교재는 다음과 같이 수사학적으로 질문한
다. "우리의 일상생활은 지역의 산, 강과 어떤 관계가 있는가?"[13] 탄광, 낚
시 그리고 농사짓는 그림에서 표현된 대답들은 자연을 개발대상으로 묘사
하고 있다. 초등학교 고학년 교재는 물을 관리하기 위해서 댐 공사를 해야
한다고 강조하고, '환경 개선'이라는 말로 노력을 촉진한다. 「인간은 하늘을
정복해야 한다」는 교과서 소제목 부분에서는 자연에 대한 중국인들의 이해
가 어떻게 한 세기 동안 그렇게 철저하게 변화되었는가를 서술한다. 또한
윤리와 도덕에 관한 부분들은 환경 문제에 대해 아무런 언급을 하지 않는다.

최근 대만의 공식 정보들은 유기체를 넘어서 자연에 대한 과학적 견해
를 촉진한다. 예를 들면, 최근에 나온 한 만화영화는 우주 여행자들의 탐험
을 통해 현 오염의 규모를 기록하고 있다.[14] 이 만화영화는 디킨스의 「크리
스마스 캐롤」과 비슷한 스타일로 구성되어 있는데, 외계인들은 아이들을 현
재 섬에서 당면한 어려운 문제, 과거의 아름다운 시절, 그리고 어쩌면 그
섬이 당면하게 될 미래의 공포로 인도한다. 아이들은 대안 미래에 대한 가

---

13) 國立編譯館 編, 『國民小學常識課本(*Textbook of common knowledge for elementary schools*)』(臺
北: 國立編譯館, 1974). 중국에서 사용되는 초등학교 교과서는 입수하지 못했지만 대만의
교과서와 별로 다를 것이 없을 것으로 생각한다.
14) 「環保小英雄(Little heroes of environmental protection)」(Hsing-cheng Yüan Huan-ching Pao-hu
Chü[prod.], Taipei: Taiwan, 1991, videocassette).

능성 즉 핵무기 제조 공장으로부터 방출된 폐기물 주위에 건설된 동화에 나오는 기술 나라에 대해 배운다.

수세기에 걸쳐 지방의 자연적 사회적 문화적 역사들을 정리 수집한 지명사전 역시 진화되었다. 전통 지명사전은 소위 강역江域 혹은 풍역風域이라는 영토에 관한 지면을 갖고 있었다. 이는 땅의 영역과 우주 공간이 연결된 별황무지(星野, star wilderness)와 지리, 정치적 영역들, 절경 해안, 역사적 명소들, 정부 건물들을 포함한 형세形勢(shape and positional potential)라고 불리는 제목을 포함하고 있다. 천 그리고 지의 견해가 그런 것처럼 정치적 그리고 인간 역사가 자연 역사와 뒤얽혀 기술되어 있다. 현대 지명사전은 이런 것들 대신에 지리地理를 기술하는 항목에서 서구 세계에서 널리 알려진 물리와 자연에 대한 정보들을 기술한다.15) 정치적 영역들과 역사적 명소들은 지리 항목에서 빠졌고 오로지 자연에 관한 서술만이 남아 있다.

서구에서 현대의 환경에 대한 이해 역시 진화되었다. 과학의 영역 안에서 생태학의 태동은 자연을 상호 작용하는 보다 더 광범한 힘들로 이해하게 만들었다. 과학의 영역 밖에서 자연에 대한 유기체적 이해들은 중요한 암류로 계속되었다. 이러한 변화가 중국인들에게 영향을 주었다. 하지만 중국의 다양한 근대 정부 조직들은 자연에 대한 초기 서구 이해에 대부분 기초하고 있다.

---

15) 지리 역시 초기 풍수에서 사용된 용어로 지금까지도 방언으로 사용된다.

실천 속의 환경

　지난 천년 동안 자연에 대한 중국인들의 사상 속에 많은 변화가 있음에
도 불구하고 대중들의 실천은 어떤 의미에서 보면 이 변화로부터 독립되어
지속되었다. 이는 어느 정도 사실이다. 자연의 도에 맞서 아무런 행위도 하
지 않는 것에 대한 도교의 처방은 중국에서 늘 그래 왔던 것처럼 단지 段地
작업, 물 조절을 통한 산림벌채, 획기적인 지리적 변화의 추구와 병행되었
다. 하지만 오늘날처럼 대중들의 실천과 지적 처방 사이의 불일치가 두드러
진 시기는 없었다.

　지식인들은 비록 그들이 과학을 연구하면서 소위 천 그리고 지의 개념
을 떠난다 해도, 그들의 삶 속에서 자연과 관계를 지닌 전통적인 중국을 지
속할 수 있다. 예를 들면 중국인들의 정원과 산맥을 통해 드러나는 기氣를
묘사하는 전통적 양식의 풍경 조명 역시 계속 발전되고 있다. 일반 대중 역
시 서구 스타일의 그림과 정원 조경에 익숙하지만 이는 전통적 중국 개념에
이국적인 추가를 약간 넣을 뿐이다.

　중국의 전통적 정원은 자연과 동등한 인간 창조물로 여겨진다. 왜냐하
면 인간이 만든 정원 그리고 자연의 정원 모두 동일한 창조적 힘의 산물이
기 때문이다. 중국의 정원은 단순히 자연을 흉내 내려고(영국의 낭만적인 정원이
나 현대의 사연으로 돌아가려는 형태의 정원이 그런 것처럼) 하지 않으며 또한 인간의
의지에 의해 왜곡되지 않는다. 그 대신에 자연의 신비를 축소물 안에 담으
려 하고, 우주에 가득 찬 창조적 에너지에 생명을 주려고 하며, 또한 창조주
의 의도를 드러내려고 한다. 이 의도는 풍경 조경을 통한 기의 흐름의 이미
지와 뒤얽혀 모든 시대의 모든 사람에게 명백하게 드러나야 한다. 아주 기

이한 모양의 석재가 갖고 있는 걸출함은 석재 조각에 담겨 있는 기氣의 힘을 분명하게 드러낼 뿐 아니라 또한 적합한 바위를 선택한 소유자의 품위와 그러한 석재를 찾아내서 수입한 소유자의 재정능력을 분명하게 보여 준다.16) 이 정원들은 계속해서 건축되고 오래된 소수 정원들이 일반 대중에게 공개되면서 심미성은 소수 정예에 국한되지 않고 널리 보급되었으며, 많은 사람이 아름답게 조각된 석재들과 같은 고급 예술품을 소유하게 되었다.

역서

중국은 오랜 역사를 통해 일종의 농부의 역서를 발간했다. 이 역서들은 오행의 상호 작용에 근거하여 농작물 수확 순환에 대한 매일의 정보를 상술하고 있는 월력 그리고 매일의 길흉을 가져오는 행위 또한 천체의 위치, 운명의 예견, 점 등에 대해 상세하게 기술하고 있다.

정부 또한 이런 역서를 발간했다. 하지만 현대화된 정권은 오래된 전통적인 유기체적 견해들을 미신으로 간주하여 역서 속에서 제거하여 버렸다. 예를 들면 1939년에 발간된 국민당 역서는 날마다 올바르거나 부당한 행위를 없애고 헌법에 대한 정치적 정보를 첨가하였다.17) 또 다른 국민당의 역서는 대만의 역서를 따라서 단순한 달력과 천문에 대한 정보만을 담고 있다.18) 초기 중국의 역서들은 날마다 적합한 행위를 간단하게 기술하는 것

---

16) Joanna F. Handlin Smith, "Gardens in Ch'i Piao-chia's Social World: Wealth and Values in Late-Ming Kiangnan", *Journal of Asian Studies* 51, no.1(1992), pp.55~81: John Hay, *Kernels of Energy, Bones of Earth: The Rock in Chinese Art*(New York: China Institute in America, 1985).

17) 國立中央硏究院 天文硏究所 編, 『二十八年國民曆(*Citizen's calendar for 1939*)』(南京: Nei-cheng pu, Chiao-yü pu, 1939).

18) 國立中央硏究院 編, 『四十一年國民曆(*Citizen's calendar for 1952*)』(臺北: Nei-cheng pu, Chiao-yü pu, 1952).

외에 지리, 중국 공산당의 역사, 반동분자들에 대한 처벌 그리고 정부가 중요시하는 다른 정보들도 상세하게 기술하였다. 동전을 던져 간단하게 점을 치는 행위는 운을 예견하는 것이 아니라 정치적인 시를 다루는 다른 놀이로 대체되었다. 1950년대 중반에 이르러 소위 적합한 행위들에서 우주공명을 다루는 부분은 역서에서 완전히 사라졌다. 문화혁명 기간에는 미신적 관습들을 공격하는 부분이 첨가되었다.

문화혁명 기간에 사적으로 출판된 역서들은 전통적 양식을 그대로 갖고 수많은 대중에게 보급되었다. 예를 들면 홍콩과 대만의 역서들은 매일 매일에 적합한 행위를 매우 상세하게 기술하였으며 다른 종류의 우주론적 정보와 실제적 정보를 첨가하였는데 이것들은 주식 투자와 질병 퇴치에 관한 정보까지 다루고 있다. 중화인민공화국은 이러한 정보를 오랫동안 금지하였으나 이제는 널리 제공하고 있다. 결혼, 장례 또는 창업 등과 같은 중요한 일을 할 때에는 길일을 잡아 정한다.

중국의 풍수

우주공명이론에 근거해서 오랫동안 시행해 온 문화적 실천은 인간과 환경 사이의 기의 흐름을 조화시켜서 집과 무덤의 위치를 조정하는 풍수(풍수는 바람과 물을 의미한다. 또는 중국의 흙점)인데, 이는 우주공명을 통하여 생명체에게 혜택을 준다. 풍수는 중국인들이 사는 집, 무덤과 묘지의 선택 그리고 심지어는 시각 예술의 영역에까지 지대한 영향을 끼친다. 1994년 대만에서 실시된 통계조사에 의하면 거의 인구의 절반 이상이 풍수가 건강, 부, 그리고 자녀들의 미래에 절대적으로 중요하다고 대답했다. (또한 인구의 80퍼센트 이상이 결혼, 개업 또는 이사 날짜를 잡기 위해 점쟁이를 찾아갈 것이라고 대답했다.)[19] 중화인민공화국에 대한 통계 조사 자료는 갖고 있지 않지만, 특별히 시골 지역은 대만의 통계 조사 결과와 거의 비슷할 것이라고 생각된다. 또한 사람들은 중요한 공공건물이나 상업건물 장소를 선택할 때 용한 점쟁이들의 도움을 받는다고 말한다.[20]

풍수는 우주공명의 힘을 사용하여 살아 있는 사람들과 죽은 사람들에게 혜택을 주기 위한 환경을 계획한다. 이는 지속적인 기의 진동이 경로를 따라 인간 주위에 그리고 인간을 통하여 흐른다는 우리에게 익숙한 전제로 시작한다. 이 경로는 예측할 수 있는 시간적 순서 그리고 공간적 패턴을 갖고 있다. 집이나 무덤과 같은 건축물들은 기氣 공명의 주요한 패턴에 잘 조화되어서 건물 내부에 그리고 건물을 통해 흐르는 생명을 주는 힘들로부터 최대한의 혜택을 받을 수 있다. 다른 한편으로 건물 구조는 기 공명의 자연적 흐름을 막거나 방해해서 그 건물 구조 속에 살고 있는 사람들에게 해롭거나 치명적인 나쁜 영향을 줄 수 있다. 풍수는 생명을 주는 힘에 대해서는 확실하게 하고 치명적인 나쁜 영향은 막는다. 잘 계획된 집이나 무덤은 가족에게 건강, 장수 그리고 번영을 가져다주는 반면에 서투르게 계획된 구조는 정반대의 결과를 가져온다.

풍수는 우주공명이론만큼 오랜 역사를 갖고 있다. 풍수의 민간전승은 2천 년의 역사 속에서 생겨난 새로운 상징과 상호 관계 그리고 앞에서 논의

---

19) 瞿海源, 『臺灣地區社會變遷基本調査計畫, 第二期五次調査執行報告(*Report on the fifth implementation of the second section of the plan for a basic survey on social change in Taiwan*)』(臺北: 中央研究院 民族學研究所, 1994), pp.165~166.

20) 물론 이러한 이야기들을 언제나 사실로 여기지 않는다. 하지만 사람들이 계속해서 이러한 이야기들이 사실이라고 말하는 것은 이 주제의 중요성을 말하는 것이라고 간주할 수 있다.

한 모든 우주론적 체계를 포함한다. 어떤 서구 학자는 핵심적 풍수 이론에 대해 다음과 같이 기술한다.

풍수 이론은 우주가 유동적이며 계속 변화한다고 가정한다. 하지만 전문가는 이러한 유동과 변화를 분별할 수 있다.…… 음양 혹은 오행의 힘들은 상호 건설적이거나 파괴적 관계를 갖고 있다. 우주의 두 원리 즉 음양은 조화를 이루지 못할 수도 있다. 생기인 기氣는 번성할 수도 있고 쇠퇴할 수도 있다. 지관地官(흙점성가, 풍수전문가)은 자신의 나침반과 눈금판에 새겨진 상징 원형들을 가지고 예건되는 집터 부지 방위들의 숫자를 취한다. 그러나 이것은 풍수의 나침반 측면일 뿐이다. 그는 전통적인 의미에서 풍치의 특징들을 분석한다. 풍치의 현저한 특징들은 선들 즉 산등성이, 충적 구조, 모든 수로와 하천을 포함하고 또한 형태 즉 산꼭대기, 표석들, 호수와 저수지를 포함한다. 이 선들과 형태들은 생기 또는 [기]를 표현한다. 이들 역시 즉각적 중요성을 가진 전적으로 구체적인 것을 암시할 수도 있다. 그리고 5부 능선의 기복은 학자의 붓받침일 수도 있으며 그 터의 소유자가 간과해 버린 학자를 암시할 수도 있다.…… [오로지] 전문가, 지관이 집이나 무덤에 적합한 장소를 계산해 낼 수 있다.[21]

우리는 여기서 언급하고 있는 여러 가지 요인들의 중복성으로부터 풍수가 역사 속에서 가장 널리 보급된 『회남자』에 기술된 의례적 처방들보다 더 훨씬 복잡한 하나의 체계로 발전되었다는 점을 알 수 있다. 풍수의 효과는 현대 중국의 도시에서도 분명하게 드러난다. 위 인용문의 저자는 캔턴(Canton)시 설계에 드러난 풍수에 대해 다음과 같이 서술한다.

북쪽에는 반드시 악을 막아 주는 산세가 있어야 한다. 하지만 캔턴시의 경우에는

---

21) Stephan Feuchtwang, *An Anthropological Analysis of Chinese Geomancy*(Taipei: Southern Materials Center, 1982), p.3.

산 그 자체가 좋은 영향과 신성함을 제공한다. 죽은 사람의 묘지는 남향이고 산 사람들이 그 묘지 남쪽에 거주한다. 남향 경사지는 여름 태양을 받는다. 그러므로 캔턴시 뒤에 자리하는 산세가 캔턴시 거주자들을 불행으로부터 막아 주고, 충만한 여름 태양을 받는 남향 경사지와 무덤에 있는 조상들은 그들에게 행운을 가져다준다.[22]

홍콩이나 대만의 상업 지역을 거닐면 점치는 것을 직업으로 삼는 사람들이 수도 없이 많다는 것을 쉽게 알 수 있다. 또 풍수는 중국에서도 다시 널리 시행되고 있다. 풍수전문가들의 나침반과 풍수서적은 서점에서 쉽게 구할 수 있다. 풍수전문가는 싱가포르 대중교통 체계의 건설에 대해 다음과 같이 기술한다.

싱가포르 정부가 1980년대 초기에 도시철도(MRT) 건설을 발표했을 때, 국내외의 많은 풍수전문가들이 이 안에 반대했다. 1985~1986년의 경제적 쇠퇴가 그들의 논리를 뒷받침해 주었다. 그 당시 나는 프리랜서로서 풍수를 보았기 때문에 아무런 언급을 하지 않았으며, 홍콩이 철도를 건설한 후에 겪은 경험을 주시하였다. 나는 홍콩과 싱가포르 모두 대중교통 체계 건설 후에 일시적으로 경제적 어려움을 겪었다는 사실을 알게 되었다. 홍콩은 도시철도 건설을 시작한 직후 1973년에 주식시장 침체와 1970년대 중반에 유류 파동을 경험했다. 싱가포르는 1965년 독립 이후 처음으로 경제 쇠퇴를 경험했다. 그러나 도시철도 건설 이후 홍콩과 싱가포르는 경제 회복뿐 아니라 놀라운 속도의 경제 성장을 경험했다.
이러한 경험들을 생각하면서 나는 싱가포르의 황금독수리 패턴을 다시 눈여겨 보았으며 어느 순간 갑자기 대답을 찾게 되었다. 만일 싱가포르의 도시철도 노선을 싱가포르 지도 위에 겹쳐 놓으면, 당신은 무엇을 인지하는가? 싱가포르 도시

---

22) Stephan Feuchtwang, *An Anthropological Analysis of Chinese Geomancy*(Taipei: Southern Materials Center, 1982), p.2.

철도 노선은 독수리 몸의 모든 부위에 피를 공급하는 독수리의 혈관 모양을 하고 있으므로, 운송 네트워크 역시 이 구조로부터 그 생명력을 얻는다. 도시철도는 풍수 이론적으로 아주 좋다.[23]

싱가포르뿐 아니라 환태평양 지역 국가들은 풍수를 중시한다. 이들 지역에서 도시나 공동체의 풍수에 위협을 가져오는 정부 정책은 심각한 시위 혹은 폭동에 직면한다.

1986년 4월 12일자 「더 스탠더드」는 한 지방 신문 기사를 인용하면서 전통적 신조들이 미치는 영향을 다음과 같이 기록하였다.

쓰촨 성 중심부에 사는 두 형제가 풍수전문가로부터 자기 집 근처의 다리의 구조가 풍수적으로 잘못 건설되었기 때문에 그들이 부자가 될 수 없다는 말을 듣고 그 다리를 폭파하려고 한 죄로 체포되었다. 풍수전문가는 "교통과 관개 교량이 그 형제의 집 한가운데를 향하고 있기 때문에 그들은 부자가 될 수 없다"고 말했다.   「사천일보」 보도

이는 과격한 사건의 예이지만 내무부와 공산당이 발행하는 잡지들은 대중이 실천하는 미신으로부터 야기되는 문제들에 대해 상당수 기록하고 있다. 심지어 수많은 공산당원도 여전히 전통적 관습을 따르고 있으며 이 풍수는 중국 안에서 다시 소생하고 있다.

우주공명으로 세계를 이해하는 추세가 생존하고 소생한다는 예는 수없이 많다. 침으로 사람 몸에서 기의 흐름을 조절하고, 음식을 통하여 외적

---

23) Peter Gwee Kim Woon, *Fengshui: The Geomancy and Economy of Singapore*(Singapore: Shing Lee Publishers, 1991), pp. 45~47.

기로 몸의 균형을 잡아 주는 중국의학 역시 우주공명이론을 적용하는 하나의 예이다. 최근에 대만과 중국을 휩쓸고 있는 기공氣功 역시 사람의 몸과 환경 사이의 기의 흐름을 조화시키고 조절하는 운동이다. 또한 음식을 통하여 인간의 몸속에 흐르는 기를 조절함으로써 건강을 유지하려는 움직임 역시 매우 활발하다. 실제로 중국인들은 그들이 먹는 음식이 어떻게 건강에 좋은지를 식탁에서 늘 이야기한다. 중국의 출판사들은 이에 관한 자료들을 계속해서 출판하고 있다.[24]

행위 지침들

인간은 자연의 일부라는 이해가 어떻게 환경정책 시행에 영향을 주고 있는지를 살펴보자. 이 실례들은 오랫동안 환경운동을 해 왔고 환경정책을 시행해 온 대만, 특히 국립공원에서 찾을 수 있다. 물론 대만과 중국의 경우는 완전히 다르다. 서구의 막강한 영향이 있음에도 불구하고 대만에서 전통적 풍수가 널리 시행되고 있다는 사실은 종래에 중국에도 영향을 끼칠 것이다.

---

24) 이는 연합출판사(중국에서 가장 명성 있는 국제도서출판사)가 제공하는 소위 베스트셀러 도서 목록에 분명하게 드러난다. 월간목록에는 모든 분야의 2~300여 개의 다양한 주제(철학, 문학, 기술, 의학과 건강 등)와 이달의 특집을 포함한다. 1995년 10월의 특집은 '건강, 육체적 수양, 그리고 운동'으로, 기공, 주술, 민간 처방, 중국 의술, 장수를 위한 기술 그리고 수영과 같은 주제들을 다루었다. 11월의 특집은 문화로, 중국 의술에 관한 20여 권의 도서들 그리고 서양 의학에 관한 10여 권의 도서들을 소개하였다. 1995년 12월호 그리고 1996년 1월호의 특집은 의술로, 150여 권 이상의 중국 의술서적들을 소개했다. 또한 1월 호는 희귀한 점술, 풍수 관련 서적들, 전통 중국 약초의 근대적 예증들을 다루었으며 점술을 다루는 30여 서적들을 발표했다.

환경운동과 자연관광

지난 10년 동안 대만은 의욕적으로 환경정책을 시행해 왔다. 대만의 일간지들은 1991년 한 해에 278회에 걸친 친환경 시위가 있었으며, 1988년과 1990년 3년 동안에 환경 문제 해결을 위해 대만 돈 120억(약 50억 달러)의 변상금을 지불했다고 보도했다.[25] 서구와 마찬가지로 대만의 환경운동 지도자들은 환경을 계발이 아니라 보존해야 한다고 주장하면서 자연 그 자체의 가치를 인정해야 한다고 목소리를 높이고 있다. 경우에 따라 그들은 그린피스(Green Peace)와 어스퍼스트(Earth First) 같은 국제단체와 연계하였다. 그들은 자연과학자 혹은 사회과학자들인데, 미국에서 박사학위를 받았다.

환경운동은 기초공동체 즉 특정 지역의 정치적 견해들, 공동체 사찰들 그리고 친족관계 등에 기초하여 조직되기 때문에 다양한 특징을 갖고 있다. 몇 가지 경우 예를 들면, 현지의 사찰들은 오염될 수 있는 산업들을 규제하거나 공장 건설을 막기 위해 환경운동에 막대한 자금을 지원한다. 더욱 놀라운 것은 '신'이 때로는 자기 영역에 장기적인 복지 후생에 위협을 주는, 환경을 오염시키는 공장들을 공격하는 영적 매개물을 소유한다는 사실이다. 그 예로 칼과 창으로 무장한 한 사찰의 무술시범 그룹이 환경을 오염시키는 공장 정문에 봉쇄를 허락한 경찰들을 위협했다.[26]

대만의 환경운동 지도층은 이렇게 종교를 이용하도록 하지 않았다. 근대화된 지도층은 일반적으로 매개물의 소유, 타오르는 향 단지, 신통한 점

---

25) 이 통계는 Robert P. Weller and Hsin-Huang Michael Hsiao, "Culture, Gender and Community in Taiwan's Environmental Movement" 논문에서 인용하였고, 이 논문은 1994년 Leiden에서 열린 아시아의 환경운동에 관한 워크숍에서 발표되었다.(International Institute for Asian Studies and Nordic Institute of Asian Studies)

26) 이는 1992년에 시위 주동자들과 한 인터뷰에 근거하고 있다.

으로 대표되는 전통에 근거하고 있는 지방의 종교적 실천과 거리를 둔다. 또한 그들은 이렇게 종교를 이용하는 지방주의나 향토주의를 배격한다. 지방 사찰의 신들은 무엇보다도 인간 공동체를 보호하며 환경이 사람들을 위협하는 경우에만 환경에 대해 염려한다. 대만의 종교는 구조적으로 그리고 문화적으로 지구 공동체적 또는 섬에 국한된 생태 환경적 견해에 별로 관심을 갖지 않는다. 그 대신에 특정 지역 사람들의 복지에 관심을 갖는다. 이러한 경우에 '천 그리고 지'는 국가의 정책에는 손상을 주지만 자기 지역에는 혜택을 주는 정책을 지원한다. 종교는 예를 들면, 핵에너지 혹은 핵 산업은 내가 사는 지역만 아니라면 어느 지역에 건설해도 좋다고 생각하는 즉 일반적으로 나에게 해가 되지 않는다면 괜찮다는 경향을 뒷받침한다.

또한 지방에서 벌어지는 시위도 종종 친족관계의 언어를 사용한다. 예를 들면 후손들의 복리를 간청하는 언어의 형태를 취하는데, 부계 연속성을 갖는 지방과 가족의 관심을 강조한다. 후손들을 위하여 자원을 비축할 것을 요구하는 것은 중국인의 효 사상 그리고 후손에게 최대한으로 재산을 물려주려고 하는 경제적 행위와 조화된다. 장례는 국가나 기업의 경제에 대한 우려를 전통 유교의 가치들로 접목시켜 효 사상을 더욱 촉진시킨다. 어떤 장례는 파괴된 토지나 물을 마치 부모처럼 여기며 슬퍼하면서 국가나 기업이 환경을 살해했다고 비난한다. 동시에 이 곡하는 사람들은 그들이 돈을 챙기려고 한다는 비난에 대해서 자신들은 효 사상의 확대 적용이라는 차원에서 곡을 한다고 항변한다.

국가 차원의 환경운동 지도자들은 이러한 친족관계의 언어들을 사용하지 않는다. 지역주의자들이 사용하는 친족관계의 특징들은 국가 차원의 환경운동 지도자들에게 별로 설득력이 없다. 추가로 친족관계/종교적 방식으로 환경 문제를 다루는 것은 결국 환경 그 자체를 어떻게 다루어야 하는지에 지대한 영향을 미친다. 친족관계의 비유는 녹색 운동가들의 보편적 원칙에 위반된다.[27] 국가 차원의 환경운동 지도자들은 자연을 인간들에 의해 위협받는 본래선으로 간주한다. 자연을 친족관계의 언어로 묘사하는 것은 지역주의자들의 부계적 유산이나 인간적 돌봄을 요구하는 아주 슬픈 경우에 지나지 않는다. 풍수 그 자체가 자연에 대한 태도를 분명하게 한다. 그것은 인간을 자연에 적응하도록 하지 않고, 어떤 특정 그룹의 사람들을 위해서 자연과 인간 모두에게 활기를 주는 힘에 중점을 둔다. 풍수는 자연과 문화 사이의 이분법을 부정하지만 인간의 이익을 중시한다. 또한 장기적 계획을 강조한다. 결국 효는 조상들을 인식하면서 후손들의 무한한 번영에 관심을 갖는 것이다. 이러한 대만의 환경주의는 중국에서 실행되는 인본주의적 우주공명이론에 잘 들어맞는다.

대만에서 지난 10~15년 사이에 크게 각광받고 있는 자연관광 역시 환경운동과 유사한 형태를 갖고 있다. 대만의 국립공원은 약 10년 정도의 역사를 갖고 있는데 미국의 국립공원(옐로스톤 국립공원과 같은)을 모델로 하고 있다. 대만의 국립공원은 자연과 문화를 분리시키는 서구의 모델을 따르고 있다. 즉 자연을 분명히 문화 형태들로부터 해방시킨 형태이다. 대만은 다섯 개의 국립공원 외에 수백 개의 사설 자연공원 관광지를 만들었다. 국립공원이 정책 수립과 직결된 반면에 사설 공원은 시장성과 직결되어 있다. 사설 공원은 오염되지 않은 자연을 강조하지 않는 대신에 인간 활동과 결합된 풍경을

---

27) 지방의 몇몇 서구 환경운동가들 역시 미래 세대를 위해 자원을 보존해야 한다고 말한다. 하지만 그들은 육친에 대한 중국의 특수성을 모르는 상태에서 이런 말을 한다. 이는 중국의 친족을 비유하는 지방주의가 아니라 보편주의자의 주장인 것이다.

전시한다. (폭포가 가장 대표적이다.) 사설 공원은 중국식 혹은 서구식 정원 그리고 사원, 어린이들이 놀 수 있는 오락장으로 구성된다. 이 공원은 순수한 자연을 필요로 하지 않는다. 중국의 전통적인 풍경화(서구의 풍경화는 그렇지 않다)가 사람들을 포함하는 것처럼 자연은 인간으로부터 분리되어 있지 않다. 그러나 자연은 인간의 이익을 위하여 사용된다.

마지막으로 멸절 위기에 있는 품종들에 대해 생각해야 한다. 우주공명이론은 모든 음식물이 인간의 몸에 영향을 주는 특징을 갖고 있다고 암시한다. 불행하게도 이국적인 동물들은 이국적이며 의학적 특징들과 연계되어 있다. 호랑이의 성기, 코뿔소의 뿔, 뱀의 쓸개 또는 천산갑의 비늘 등은 전통적으로 의료품과 직결되어 중국 사회가 부유해짐에 따라 그 수요가 급속하게 증가하고 있다. 우주공명은 무엇보다도 인간의 목적을 위해 사용되기 때문에 결코 환경보호를 보장하지 못한다.

결론

우리가 앞에서 살펴본 내용들은 네 가지 잠정적 결론뿐만 아니라 연구 방향과 정책 활동을 제안한다. 첫 번째 결론은 아주 유망하다. 앞에서 살핀 세 시대를 지배했던 세계관들, 즉 초기 중국 왕조시대의 우주공명이론, 후대의 신유교, 그리고 20세기의 민주주의 모델들의 정치적 권위와 인간 사회의 웰빙은 보다 광범한 환경의 의미와 연결되어 있다.

두 번째 결론은 전망이 밝지 않다. 이 동일한 세계관들은 생태적으로 건실한 환경정책들, 태도들 그리고 실천들을 의식적으로 확립하는 데 별 도움이 되지 못한다. 여기에는 두 가지 이유가 있다. 첫째, 정치적 일치와 사회적 조화의 문제를 숙고하는 소위 정치적 문화를 다루기 위해서 우리가 논의한 유기체적 세계관들은 자연의 웰빙에 관심이 없다. 유기체적 세계관은 자연이 인간 행위들로부터 회복할 수 있는 고유한 능력을 갖고 있다는 것을 가정한다. 둘째, 이 세계관들에 기초한 실천들 역시 인간의 실용을 위해 사용되며 개인적 그리고 특정 지방의 자기 확대와 정치적 이익들로 환원된다. 실용적 관념에서 보면 이러한 공리주의적 경향성은 비록 중국에서는 도덕적 실행의 몰락한 증거로 간주되지만 환경운동을 지원하는 가능성을 제공한다.

세 번째 결론은, 중국에서 환경정책을 수립하기 위한 노력은 그 정책들이 정책 입안자들로부터 공장 관리자들, 농부들의 복지 후생에 도움을 줄 수 있게 될 때에만 의미 있게 시행될 수 있다. 환경정책이 자연의 웰빙에 도움이 된다고 추상적으로 말하는 것으로는 아무 도움이 되지 못한다. 그 정책들이 성공하기 위해서는 개인들에게 혹은 지방에 혜택을 준다는 확신을 줘야한다. 특히 세계적으로 분명하게 문제를 인식하지만 지방에서는 별로 신경을 쓰지 않는 온실가스 배출과 같은 환경적 이슈들은 다루기 어려운 문제들이다. 다른 한편으로 환경정책으로 인해 지방이 갖게 되는 이익을 계산해 내는 데 있어서 변화에 필요한 적절한 가격 구조와 다른 기술들이 필요하다. 추가로 환경정책 수립에 필수적인 장기적 계획이 서구보다 중국에서 더 필요하며 이는 부계 사회의 미래 세대와의 연결을 중시하는 중국인들의 사고와 쉽게 조화될 수 있다. 또한 환경오염이 미치는 분명한 나쁜 영향들 역시 고려되어야 한다.

네 번째 결론 역시 환경정책에 영향을 주는 문제들과 연결되어 있다.

개념적 자료들은 중국의 정치와 문화 속에 존재하며, 환경정책들을 지원하는 공공 정책수립에는 필수적인 두 가지 태도가 있다. 첫째 인간 그리고 특히 정부는 환경 상태에 대해 직접적 책임을 갖고 있다. 둘째, 개인의 웰빙과 공동체의 복지는 환경 상태와 직결되어 있다. 이런 점에서 환경 이해는 중국인의 의약, 풍수 그리고 기공과 같은 실천들과 연결되어 이해될 수 있다. 비록 이 전통적 실천들은 도시에 사는 지식인 엘리트들에 의해 과거 회귀적이고 미신적이라며 배척되었지만 여전히 광범하게 실천되고 있다. 마지막으로 우주공명은 현대의 환경 과학과 잘 조화되는 인간의 삶에 대한 견해를 보여 주며, 이미 수립된 중국의 전통 의술의 일부분을 구성한다.[28]

---

28) 비록 근대 엘리트들은 이러한 주장을 받아들이지 않겠지만, 중국은 이미 전통적 중국 의술의 재수립, 부흥과 유사한 운동들을 전개했다.

찾아보기

【인명】

【서명, 편명】

저자소개(게재 순)

▶▶ 지은이

메리 에블린 터커(Mary Evelyn Tucker)

벅넬대학교 종교학과 부교수이다. 콜롬비아대학교에서 종교역사 전공 중에서도 일본유교 전공으로 박사학위를 받았다. 저서로는 *Moral and Spiritual Cultivation in Japanese Neo-Confucianism*(State University of New York Press, 1989) 등이 있고, 공편저로는 John Grim과 편집한 *World-views and Ecology*(Bucknell University Press, 1993; Orbis Books, 1994), Duncan Williams와 편집한 *Buddhism and Ecology*(Harvard University Center for the Study of World Religions, 1997) 등이 있다. 에블린 터커는 John Grim과 함께 하버드대학교 세계종교연구센터에서 현재 10개의 세계 종교와 생태계를 주제로 학회를 진행하고 있다. 또한 그들은 Orbis 출판사에서 발행하는 『생태계와 정의』(*Ecology and Justice*) 시리즈를 편집하고 있다.

존 버스롱(John Berthrong)

시카고대학교에서 중국학을 전공했으며, 현재 보스턴대학교 신학대학원 신학부 부학과장과 Institute for Dialogue among Religious Traditions의 소장으로 있다. 종교 간의 대화 프로그램에 깊이 관여하고 있으며, 종교 간의 대화, 중국 종교들, 신유교와 현대 신유학, 비교신학, 비교철학을 가르치고 연구한다. 최근 아시아의 유교사상 역사에 관한 저서 *Transformations of the Confucian Way*를 출판했다.

두웨이밍(杜維明)

하버드대학교 중국 역사와 철학과의 교수이며 하버드-연경 대학 연구소 소장이다. 저서로는 *Neo-Confucian Thought in Action: Wang Yang-ming's Youth*(University of California Press, 1976), *Centrality and Commonality: An Essay on Confucian Religiousness*(State University of New York Press, 1989), *Confucian Thought: Selfhood as Creative Transformation*(State University of New York Press, 1985), *Way, Learning, and Politics: Essays on the Confucian Intellectual*(State University of New York Press, 1993) 등이 있고, 편저로는 *The Living Tree: The Changing Meaning of Being Chinese Today*(Stanford University Press, 1994), *China in Transformation*(Harvard University Press, 1994), *Confucian Traditions in East Asian Modernity*(Harvard University Press, 1996) 등이 있다.

윌리엄 시어도어 드 배리(Wm. Theodore de Bary)

콜롬비아대학교의 John Mitchell Mason Professor 명예 교수이자 명예 학장이며, Heyman Center for the Humanities의 명예 사무장이다. 아시아 문명에 관해 약 20여 권이 넘는 책을 저술, 편집 했다. ― *Waiting for the Dawn*(Columbia University Press, 1993), *The Trouble with Confucianism* (Harvard University Press, 1991), *Confucianism and Human Rights*(Columbia University Press, 1998), *Asian Values and Human Rights*(Harvard University Press, 1998) 등이 있다.

로드니 L. 테일러(Rodney L. Taylor)

콜로라도대학교 종교학과 교수이자 대학원 부학장이다. 저서로는 *The Cultivation of Sagehood as a Religious Goal in Neo-Confucianism: A Study of Selected Writings of Kao-P'an-lung, 1562-1626*(Scholars Press, 1978), *The Way of Heaven: An Introduction to the Confucian Religious Life*(Brill, 1986), *The Confucian Way of Contemplation: Okada Takehiko and the Tradition of Quiet-Sitting*(University of South Carolina Press, 1988), *The Religious Dimensions of Confucianism*(State University of New York Press, 1990), *The Illustrated Encyclopedia of Chinese Confucianism*(Rosen Publishing Group, 2004) 등이 있고, 공저로는 F. M. Denny와 저술한 *The Holy Book in Comparative Perspective*(University of South Carolina Press, 1985), J. Watson과 저술한 *They Shall Not Hurt: Human Suffering and Human Caring*(Colorado Associated University Press, 1989) 등이 있다.

필립 J. 아이반호(Philip J. Ivanhoe)

종교학, 철학 그리고 아시아 학문 분야에 관한 연구 논문들을 발표해 왔다. 저서로는 *Ethics in the Confucian Tradition: The Thought of Mencius and Wang Yang-ming*(Scholar's Press, 1990), *Confucian Moral Self-Cultivation*(P. Lang, 1993)이 있으며, 편저로는 *Chinese Language, Thought, and Culture*(Open Court, 1996), 공편저로는 Paul Kjellberg와 함께한 *Essays on Skepticism, Relativism, and Ethics in the Zhuangzi*(State University of New York Press, 1996)가 있다. 현재 미시간대학교의 아시아 언어문화, 철학과 부교수이다.

마이클 C. 칼튼(Michael C. Kalton)

하버드대학교에서 비교종교와 동아시아 언어, 문명 전공으로 박사학위를 받았다. 현재 워싱턴대학교의 교수이자 인문학 과정 책임자이다. 저자 그리고 번역가로 한국 신유교에 관한 글이나 책을 저술, 번역한다. *To Become a Sage: The Ten Diagrams on Sage Learning by Yi T'oegye* (Columbia University Press, 1988), *The Four-Seven Debate: An Annotated Translation of the*

Most Famous Controversy in Korean Neo-Confucian Thought(State University of New York Press, 1994) 등이 있다.

조셉 A. 아들러(Joseph A. Adler)

케니언대학 종교학과 부교수이다. 캘리포니아대학교 종교학부에서 박사학위를 받았다. Peter K. Bol · Kidder Smith, Jr. · Don J. Wyatt와 함께 *Sung Dynasty Uses of the I Ching*(Princeton University Press, 1990)을 저술한 저자이자, 미국종교학회(American Academy of Religion)의 유교 전통 모임(Confucian Traditions Group)의 공동 의장이다.

도시오 구와코(桑子敏雄)

도쿄공업대학 대학원 社會理工學科(Decision Science and Technology)에서 가치구조를 가르치는 교수로 있다. 저서로는 *Energeia: The Creation of Aristotle's Philosophy*(University of Tokyo Press, 1993), *The Philosophy of Ch'i Phase*(Shinyosha, 1996), *Space and Body: A New Perspective on Philosophical Investigation*(Toshindo, 1998) 등이 있다.

노영찬(Young-chan Ro)

조지메이슨대학교 철학부 종교학과 부교수이다. 저서로는 *The Korean Neo-Confucianism of Yi Yulgok*(State University of New York Press, 1989) 등이 있고, 공저로는 *The Four-Seven Debate: An Annotated Translation of the Most Controversy in Korean Neo-Confucianism*(State University of New York Press, 1994) 등이 있다.

청중잉(成中英)

하와이대학교 철학과 교수이며, *Journal of Chinese Philosophy*의 편집자이다. 영문 저술로는 *Peirce's and Lewis' Theories of Induction*(Martinus Nijhoff, 1969), *Tai Chen's Inquiry into Goodness*(The East-West Center Press, 1971), *Philosophical Aspects of the Mind-Body Problem*(University Press of Hawaii, 1975), *New Dimensions of Confucian and Neo-Confucian Philosophy*(State University of New York Press, 1991)가 있고, 중국어 저술로는 *C Theory: Philosophy of Management in the I Ching*(Sanmin, 1995), *On Spirits of Chinese and Western Philosophies*(Dongfang, 1997)가 있다.

로버트 커밍스 네빌(Robert Cummings Neville)

보스턴대학교 신학부 학장으로 철학, 종교, 신학을 강의한다. 미국종교학회 회장 그리고 국제 중국철학회(International Society for Chinese Philosophy) 회장을 역임했다. 유교 그리고 유교와 생태학에 관해 연구하였으며 20여 권이 넘는 책을 저술했다. 저술로는 *Reconstruction of Thinking*(1981), *The Tao and the Daimon*(1982), *The Puritan Smile*(1987), *Recovery of the Measure*(1989), *Behind the Masks of God*(1991), *Normative Cultures*(1995), *The Truth of Broken Symbols*(1996) 등이 있다. 이 책들은 모두 State University of New York Press에서 출판되었다.

세이코 고토(Seiko Gotō)

하버드대학교 디자인대학원에서 공부한 후 치바대학교에서 1997년에 일본정원역사 전공으로 박사 학위를 받았다. 조경 건축가이며 東京家政学院大学에서 강의한다. 현재 토론토대학교 건축 조경학부에서 객원 교수로 연구 중이다.

줄리아 칭(Julia Ching)

토론토대학교 교수이며, 캐나다 왕립학회(the Royal Society of Canada)의 회원이다. 동아시아 철학 과 종교를 가르친다. 최근에 *Mysticism and Kingship in China*(Cambridge University Press, 1997)를 저술했다.

리후이리(李慧利)

대만에서 태어나 성장했다. 일리노이대학교에서 교육철학 전공으로 박사학위를 받았다. 현재 애 크런대학교 교육철학과 조교수이다. 에코페미니즘, 환경교육의 윤리적 기초 그리고 교사 교육 분야의 논문을 발표했다.

로버트 P. 웰러(Robert P. Weller)

보스턴대학교 인류학과 부교수이자 경제문화연구소 부소장이다. 중국과 대만의 문화와 경제 변 화, 특히 종교, 환경의식, 그리고 시민사회 조직에 대해 연구하고 있다. 저서로는 *Unities and Diversities in Chinese Religion*(Macmillan, 1987), *Resistance, Chaos, and Control in China* (University of Washington Press, 1994) 등이 있다.

피터 K. 볼(Peter K. Bol)

하버드대학교 중국역사학과 교수이며 동아시아 언어문화학부의 학과장으로 있다. 저술로는 *"This Culture of Ours": Intellectual Transitions in T'ang and Sung China*(Standford University Press, 1992)가 있고, 공저로는 Joseph A. Adler · Kidder Smith, Jr. · Don J. Wyatt와 함께 쓴 *Sung Dynasty Uses of the I Ching*(Princeton University Press, 1990)이 있다.

▶▶옮긴이

오정선

숭실대학교 철학과를 졸업하고, 감리교 신학대학교 신학대학원 신학 석사, Emory University 신학
대학원 신학 석사, Boston University 신학대학원 신학 박사 학위(철학·조직신학·윤리 전
공)를 취득하였다. 미국 Wellesley College, Bowdoin College, Boston University에서 강의하였
다. 현재 Boston University 신학대학원의 Center for Glbobal Christianity에서 Fellow로 연구하
고 있다.

저서로는 *A Korean Theology of Human Nature*(University of Press of America, 2005)가 있고, 논문으
로는 「미국 수정주의 신학자(Revisionist) 로버트 커밍스 네빌(Robert Cummings Neville)의 무
로부터 창조 이론(theory of creation ex nihilo)에 관한 연구」, "A Hermeneutics of Korean
Theology of filial piety as A Global Theology", "Reconstruction of a Korean Theology of Mission:
Hermeneutics of Korean Minjung Theology and Korean Indigenous Theology", "A Korean Theol-
ogical Anthropology of Filial Piety", "A Theory for a Contemporary Korean Christian Notion of
Salvation with Special Attention to Robert Cummings Neville's Covenant Theology" 등이 있다.

◈ 예문서원의 책들 ◈

원전총서

박세당의 노자(新註道德經) 박세당 지음, 김학목 옮김, 312쪽, 13,000원
율곡 이이의 노자(醇言) 이이 지음, 김학목 옮김, 152쪽, 8,000원
홍석주 노자(訂老) 홍석주 지음, 김학목 옮김, 320쪽, 14,000원
북계자의(北溪字義) 陳淳 지음, 김충열 감수, 김영민 옮김, 295쪽, 12,000원
주자가례(朱子家禮) 朱熹 지음, 임민혁 옮김, 496쪽, 20,000원
서경잡기(西京雜記) 劉歆 지음, 葛洪 엮음, 김장환 옮김, 416쪽, 18,000원
고사전(高士傳) 皇甫謐 지음, 김장환 옮김, 368쪽, 16,000원
열선전(列仙傳) 劉向 지음, 김장환 옮김, 392쪽, 15,000원
열녀전(列女傳) 劉向 지음, 이숙인 옮김, 447쪽, 16,000원
선가귀감(禪家龜鑑) 청허휴정 지음, 박재양·배규범 옮김, 584쪽, 23,000원
공자성적도(孔子聖蹟圖) 김기주·황지원·이기훈 역주, 254쪽, 10,000원
공자세가·중니제자열전(孔子世家·仲尼弟子列傳) 司馬遷 지음, 김기주·황지원·이기훈 역주, 224쪽, 12,000원
천지서상지(天地瑞祥志) 김용천·최현화 역주, 384쪽, 20,000원
도덕지귀(道德指歸) 徐命庸 지음, 조민환·장원목·김경수 역주, 544쪽, 27,000원
참동고(參同攷) 徐命庸 지음, 이봉호 역주, 384쪽, 23,000원

성리총서

범주로 보는 주자학(朱子の哲學) 오하마 아키라 지음, 이형성 옮김, 546쪽, 17,000원
송명성리학(宋明理學) 陳來 지음, 안재호 옮김, 590쪽, 17,000원
주희의 철학(朱熹哲學研究) 陳來 지음, 이종란 외 옮김, 544쪽, 22,000원
양명 철학(有無之境—王陽明哲學的精神) 陳來 지음, 전병욱 옮김, 752쪽, 30,000원
주자와 기 그리고 몸(朱子と氣と身體) 미우라 구니오 지음, 이승연 옮김, 416쪽, 20,000원
정명도의 철학(程明道思想研究) 張德麟 지음, 박상리·이경남·정성희 옮김, 272쪽, 15,000원
주희의 자연철학 김영식 지음, 576쪽, 29,000원
송명유학사상사(宋明時代儒學思想の研究) 구스모토 마사쓰구(楠本正繼) 지음, 김병화·이혜경 옮김, 602쪽, 30,000원
북송도학사(道學の形成) 쓰치다 겐지로(土田健次郎) 지음, 성현창 옮김, 640쪽, 32,000원
성리학의 개념들(理學範疇系統) 蒙培元 지음, 홍원식·황지원·이기훈·이상호 옮김, 880쪽, 45,000원

불교(카르마)총서

학파로 보는 인도 사상 S. C. Chatterjee·D. M. Datta 지음, 김형준 옮김, 424쪽, 13,000원
불교와 유교 — 성리학, 유교의 옷을 입은 불교 아라키 겐고 지음, 심경호 옮김, 526쪽, 18,000원
유식무경, 유식 불교에서의 인식과 존재 한자경 지음, 208쪽, 7,000원
박성배 교수의 불교철학강의: 깨침과 깨달음 박성배 지음, 윤원철 옮김, 313쪽, 9,800원
불교 철학의 전개, 인도에서 한국까지 한자경 지음, 252쪽, 9,000원
인물로 보는 한국의 불교사상 한국불교원전연구회 지음, 388쪽, 20,000원
한국 비구니의 수행과 삶 전국비구니회 엮음, 400쪽, 18,000원
은정희 교수의 대승기신론 강의 은정희 지음, 184쪽, 10,000원
비구니와 한국 문학 이향순 지음, 320쪽, 16,000원
불교철학과 현대윤리의 만남 한자경 지음, 304쪽, 18,000원
현대예술 속의 불교 동국대학교 불교문화연구원 엮음, 296쪽, 18,000원
유식삼심송과 유식불교 김명우 지음, 280쪽, 17,000원
한국 비구니의 수행과 삶2 전국비구니회 엮음, 368쪽, 18,000원

노장총서

유학자들이 보는 노장 철학 조민환 지음, 407쪽, 12,000원
노자에서 데리다까지 — 도가 철학과 서양 철학의 만남 한국도가철학회 엮음, 440쪽, 15,000원
不二 사상으로 읽는 노자 — 서양철학자의 노자 읽기 이찬훈 지음, 304쪽, 12,000원
김항배 교수의 노자철학 이해 김항배 지음, 280쪽, 15,000원

역학총서

주역철학사(周易硏究史) 廖名春·康學偉·梁韋弦 지음, 심경호 옮김, 944쪽, 30,000원
주역, 유가의 사상인가 도가의 사상인가(易傳與道家思想) 陳鼓應 지음, 최진석·김갑수·이석명 옮김, 366쪽, 10,000원
송재국 교수의 주역 풀이 송재국 지음, 380쪽, 10,000원

인물사상총서

한주 이진상의 생애와 사상 홍원식 지음, 288쪽, 15,000원

일본사상총서

일본 신도사(神道史) 무라오카 츠네츠구 지음, 박규태 옮김, 312쪽, 10,000원
도쿠가와 시대의 철학사상(德川思想小史) 미나모토 료엔 지음, 박규태·이용수 옮김, 260쪽, 8,500원
일본인은 왜 종교가 없다고 말하는가(日本人はなぜ 無宗教なのか) 아마 도시마로 지음, 정형 옮김, 208쪽, 6,500원
일본사상이야기 40(日本がわかる思想入門) 나가오 다케시 지음, 박규태 옮김, 312쪽, 9,500원
사상으로 보는 일본문화사(日本文化の歴史) 비토 마사히데 지음, 엄석인 옮김, 252쪽, 10,000원
일본도덕사상사(日本道德思想史) 이에나가 사부로 지음, 세키네 히데유키·윤종갑 옮김, 328쪽, 13,000원
천황의 나라 일본 — 일본의 역사와 천황제(天皇制と民衆) 고토 야스시 지음, 이남희 옮김, 312쪽, 13,000원
주자학과 근세일본사회(近世日本社會と宋學) 와타나베 히로시 지음, 박홍규 옮김, 304쪽, 16,000원

예술철학총서

중국철학과 예술정신 조민환 지음, 464쪽, 17,000원
풍류정신으로 보는 중국문학사 최병규 지음, 400쪽, 15,000원
율려와 동양사상 김병훈 지음, 272쪽, 15,000원
한국 고대 음악사상 한흥섭 지음, 392쪽, 20,000원

동양문화산책

공자와 노자, 그들은 물에서 무엇을 보았는가 사라 알란 지음, 오만종 옮김, 248쪽, 8,000원
주역산책(易學漫步) 朱伯崑 외 지음, 김학권 옮김, 260쪽, 7,800원
동양을 위하여, 동양을 넘어서 홍원식 외 지음, 264쪽, 8,000원
서원, 한국사상의 숨결을 찾아서 안동대학교 안동문화연구소 지음, 344쪽, 10,000원
녹차문화 홍차문화 츠노야마 사가이 지음, 서은미 옮김, 232쪽, 7,000원
류짜이푸의 얼굴 찌푸리게 하는 25가지 인간유형 류짜이푸(劉再復) 지음, 이기면·문성자 옮김, 320쪽, 10,000원
안동 금계마을 — 천년불패의 땅 안동대학교 안동문화연구소 지음, 272쪽, 8,500원
안동 풍수 기행, 와혈의 땅과 인물 이완규 지음, 256쪽, 7,500원
안동 풍수 기행, 돌혈의 땅과 인물 이완규 지음, 328쪽, 9,500원
영양 주실마을 안동대학교 안동문화연구소 지음, 332쪽, 9,800원
예천 금당실·맛질 마을 — 정감록이 꼽은 길지 안동대학교 안동문화연구소 지음, 284쪽, 10,000원
터를 안고 仁을 펴다 — 퇴계가 굽어보는 하계마을 안동대학교 안동문화연구소 지음, 360쪽, 13,000원
안동 가일 마을 — 풍산들가에 의연히 서다 안동대학교 안동문화연구소 지음, 344쪽, 13,000원
중국 속에 일떠서는 한민족 — 한겨레신문 차한필 기자의 중국 동포사회 리포트 차한필 지음, 336쪽, 15,000원
신간도견문록 박진관 글·사진, 504쪽, 20,000원
안동 무실 마을 — 문헌의 향기로 남다 안동대학교 안동문화연구소 지음, 464쪽, 18,000원
선양과 세습 사라 알란 지음, 오만종 옮김, 318쪽, 17,000원
문경 산북의 마을들 — 서중리, 대상리, 대하리, 김룡리 안동대학교 안동문화연구소 지음, 376쪽, 18,000원

민연총서 — 한국사상

자료와 해설, 한국의 철학사상 고려대 민족문화연구원 한국사상연구소 편, 880쪽, 34,000원
여헌 장현광의 학문 세계, 우주와 인간 고려대 민족문화연구원 한국사상연구소 편, 424쪽, 20,000원
퇴옹 성철의 깨달음과 수행 — 성철의 선사상과 불교사적 위치 조성택 편, 432쪽, 23,000원
여헌 장현광의 학문 세계 2, 자연과 인간 고려대 민족문화연구원 한국사상연구소 편, 432쪽, 25,000원
여헌 장현광의 학문 세계 3, 태극론의 전개 고려대 민족문화연구원 한국사상연구소 편, 400쪽, 24,000원
역주와 해설 성학십도 고려대 민족문화연구원 한국사상연구소 편, 328쪽, 20,000원

예문동양사상연구원총서

한국의 사상가 10人 — 원효 예문동양사상연구원/고영섭 편저, 572쪽, 23,000원
한국의 사상가 10人 — 의천 예문동양사상연구원/이병욱 편저, 464쪽, 20,000원
한국의 사상가 10人 — 지눌 예문동양사상연구원/이덕진 편저, 644쪽, 26,000원
한국의 사상가 10人 — 퇴계 이황 예문동양사상연구원/윤사순 편저, 464쪽, 20,000원
한국의 사상가 10人 — 남명 조식 예문동양사상연구원/오이환 편저, 576쪽, 23,000원
한국의 사상가 10人 — 율곡 이이 예문동양사상연구원/황의동 편저, 600쪽, 25,000원
한국의 사상가 10人 — 하곡 정제두 예문동양사상연구원/김교빈 편저, 432쪽, 22,000원
한국의 사상가 10人 — 다산 정약용 예문동양사상연구원/박홍식 편저, 572쪽, 29,000원
한국의 사상가 10人 — 혜강 최한기 예문동양사상연구원/김용헌 편저, 520쪽, 26,000원
한국의 사상가 10人 — 수운 최제우 예문동양사상연구원/오문환 편저, 464쪽, 23,000원